Profi-Wissen für Heimwerker

Renovieren und Modernisieren

Profi-Wissen für Heimwerker

Renovieren und Modernisieren

NGV

Decken und Wände

Fliesen selbst verlegen

Neue Türen und Fenster montieren

Neue Bodenbeläge

Bäder in neuem Glanz

Betonieren und Mauern

Trockenausbau-Systeme

Praxis des Dachausbaus

Sicherheit für das ganze Haus

Fassadendämmung leicht gemacht

Funktionelle Haustechnik

Rund ums Haus

Decken und Wände

- Farbharmonie – die Wahl der richtigen Töne
- Materialkunde Innenputz
- Dekorputze kreativ strukturieren
- Dekorative Feinputze verarbeiten
- Spachteltechnik mit Wachslasur
- Materialkunde Wandfarben und Lacke
- Werkzeuge zum Anstreichen
- Raufaser- und Strukturfaser-Tapete
- Alte Tapeten in neuem Glanz
- Arbeitsanleitung Decken und Wände streichen
- Kreative Anstrichtechniken
- Dekorative Abschlussleisten

Farbharmonie – die Wahl der richtigen Töne

Sorgen Sie durch die Wahl angenehmer Farben an Decken und Wänden für eine Verbesserung der Wohnqualität

Blautöne in Wohn- und Schlafräumen wirken kühl, aber auch beruhigend

Raumwirkung

Große Räume wirken harmonisch und gemütlich mit intensiven und warmen Tönen

Kleine Räume wirken mit hellen und kühlen Pastelltönen deutlich größer

Weit in den Raum reichende Dachschrägen in der Wandfarbe streichen

Hohe Räume wirken niedriger, wenn Decke und oberer Rand dunkler sind

Niedrige Räume wirken optisch höher, wenn die Decke hell gestrichen wird

Einen besonders edlen und eleganten Akzent setzen so genannte Deckenspiegel

Farben im Wohnbereich richtig einsetzen

Die für eine individuelle Farbgestaltung richtigen Töne werden durch Möbel, Accessoires, Baustil und nicht zuletzt den ganz persönlichen Geschmack bestimmt. Das Phänomen ist, dass nur bestimmte Kombinationen hinsichtlich Farbton, Helligkeit und Sättigung als wohltuend und ästhetisch empfunden werden. Wenn eine solche Kombination gelingt, spricht man von Farbharmonie.

Die Wirkung von Farben auf Körper und Seele

Jede Farbe sendet ganz bestimmte Schwingungen aus. Diese Schwingungen beeinflussen unsere Stimmungen und Gefühle, aber auch unser köperliches Wohlbefinden. Der menschliche Organismus reagiert, wie umfangreiche wissenschaftliche Untersuchungen ergeben haben, auf bestimmte Farben durch Veränderungen der Atem- und Pulsfrequenz, des Blutdrucks und anderer innerorganischer Prozesse. Farben können sogar die subjektive Temperaturempfindung beeinflussen, und zwar um immerhin 3 °C. Diesen unbewussten Reaktionen kann sich niemand entziehen. Daher ist die Wahl der richtigen Farbtöne für die private Umgebung von eminenter Bedeutung.

Blau
Die Farbe Blau wirkt beruhigend, mildert Nervosität, Unruhe und Schlafstörungen. Blau und Blaugrün als Farben des Wassers und Eises werden aber auch als kühl empfunden. Tatsächlich kann man in Räumen, die durch diese Farben dominiert werden, im Winter das Gefühl bekommen, es werde nicht ausreichend geheizt.

Gelb
In unserer Kultur wird die Farbe Gelb häufig mit negativen Begriffen wie Neid, Verrat und Feigheit in Verbindung gebracht. Dennoch ist Gelb eine warme Farbe, mit der man Licht und Sonne assoziiert. Gelb steht ebenso für Kreativität und wachen Verstand.

Orange
Das Feuer ist orange. Daher ruft diese Farbe automatisch ein Gefühl der Wärme, Geborgenheit und Gemütlichkeit hervor. Kinder reagieren sehr positiv auf Orange. Es hat angeblich auch einen günstigen Einfluss bei vielen Störungen der Befindlichkeit.

Grün
Leuchtendes Grün ist die Farbe der Natur, der Schöpfung und der Hoffnung. In Grüntönen gehaltene Räume wirken auf den Menschen wohltuend, entspannend und ausgleichend.

Rot
Als Symbol für Leben und für Blut, ganz allgemein für Vitalität ist Rot eine ausgesprochen starke Farbe. Sie birgt aber auch die Gefahr, Aggressivität hervorzurufen.

Einfluss der Farben auf die Raumwirkung

Unser Raumgefühl orientiert sich unbewusst an der Natur. Wir sind gewohnt, den meist hellen Himmel über uns und auf dem Boden die dunkleren Farben von Sand, Steinen, Erde, Moos oder Gras zu sehen. In Räumen, die nach dieser von der Natur vorgegebenen farblichen Glie-

Raum-Farbklima

Ein Raum – vier Farbgestaltungen. Ob Ton in Ton mit einem sehr ruhigen Gesamteindruck (li. oben), leicht verspielt mit frischen Tönen (re. oben), mit ausdrucksstarken Kontrasten (li. unten) oder kräftigen und vitalen Tönen (re. unten) – in jedem Fall wurden die Farben stilsicher zu einem harmonischen Gesamtbild kombiniert.

Farben stilsicher auswählen

Die Farbskala der zueinander passenden Töne wird beim Möbel- und Stoffkauf mitgenommen. Um sicher zu gehen, dass die Kombination bestimmter ...

... Farbtöne auch harmoniert, besorgen Sie sich kleine Testflaschen der gewählten Töne und bearbeiten Musterflächen damit. Ein selbst gestrichenes Tapeten- ...

... muster kann an die Vorhangstoffe und Möbel gehalten werden. So gelingt es Ihnen, die Einrichtung in ihren Farben stilsicher zusammenzustellen

derung gestaltet sind, fühlen wir uns instinktiv wohl.

Wenn Sie diese Aufteilung von Hell und Dunkel und gleichzeitig die optische Raumwirkung von Farben berücksichtigen, können Sie eine angenehme Atmosphäre erzeugen und architektonische Mängel oder unschöne Raumproportionen geschickt kaschieren bzw. ausgleichen. Schräge Wände, dunkle Ecken und Winkel sind nur einige Schönheitsfehler, die sich (fast) unsichtbar machen lassen.

Die optimale Farbabstimmung

Die Bereiche Flur und Treppenhaus sollten einen guten Übergang von draußen nach drinnen schaffen und gleichzeitig auf die Atmosphäre der ganzen Wohnung einstimmen. Ideal ist eine Farbstimmung, die zwar einladend und freundlich ist, aber nicht unbedingt zum Verweilen anregen muss. Rot und Gelb sind hierfür besonders geeignet. Absätze, Stufen und Schwellen können durch farbige Akzentuierung betont werden.

Im Wohnzimmer sollten grüne Akzente gesetzt werden – mit Zimmerpflanzen, Kissen oder auch einem grünen Lampenschirm. Die allgemeine Farbgestaltung muss hier besonders auf die Bewohner und ihren individuellen Geschmack abgestimmt sein. Schließlich verbringt man im Wohnzimmer den größeren Teil der häuslichen Freizeit.

Kinder- und Jugendzimmer vertragen eine kräftige und kontrastreiche Farbgestaltung

Die optimale Farbstimmung für den Schlafbereich erzielen Sie mit den für den Herbst und den Frühling typischen Tönen. Herbstfarben sind warmes Rot, Dottergelb, Kastanienbraun, Kupfer und Pflaumenviolett. Im Frühling ist Gelb die dominierende Farbe. Sie stellt die lichteste der drei Grundfarben (Gelb, Rot und Blau) dar, strahlt Optimismus und Heiterkeit aus. Diese Wirkung überträgt sich auch auf alle Mischtöne, die aus dieser Grundfarbe hervorgehen. Beruhigend wirken im Schlafzimmer blaue Akzente.

Fürs Esszimmer sind neben den Frühlings- und Herbstfarben das im Sommer dominierende Blau gut geeignet. Als Leitfarbe lässt sich Gelb sehr gut einsetzen. Als Treffpunkt der Familie sollte das Esszimmer auch ein paar orangefarbene Elemente enthalten, da Orange für Geborgenheit und Gemütlichkeit steht.

Im Kinderzimmer sollten natürlich freundliche, lebhafte und nicht zu kühle Töne dominieren. Allgemeingültige Empfehlungen sind darüber hinaus aber kaum zu formulieren. Lassen Sie ältere Kinder auf jeden Fall mitentscheiden, wie die Zimmer gestrichen werden und welche farblichen Akzente man setzen will.

Materialkunde Innenputz

Wer seine Innenwände mit attraktiven Dekorputzen versehen will, muss die verschiedenen Putzarten und ihre Anwendungsgebiete kennen

Anwendungsbereiche

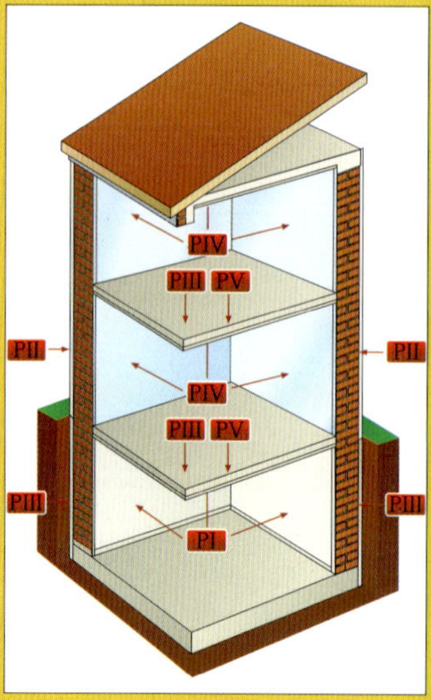

Anwendungsbereiche der verschiedenen Mörtelgruppen: Die Grafik zeigt, wo im Haus welche mineralischen Putze verwendet werden können.

Die wichtigsten Werkzeuge zum Verputzen

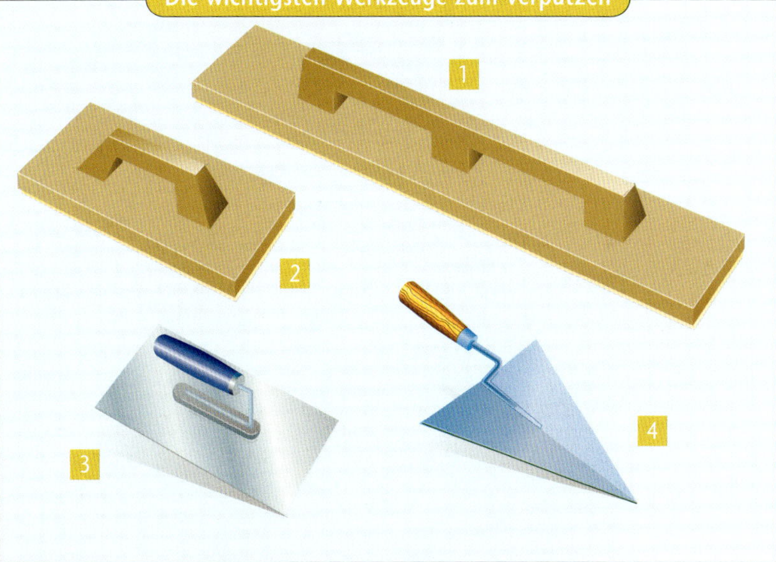

1 Kartätsche zum großflächigen Abziehen, 2 Reibebrett zum Glätten, 3 Glättkelle zum Aufziehen und Glätten, 4 Kelle zum Anwerfen

Putzarten und wo man sie einsetzt

Putz im Innenbereich dient in erster Linie dazu, die gemauerten Untergründe zu glätten, um Tapeten oder Anstriche aufzubringen bzw. Fliesen zu verlegen. Daneben erfüllt der Putz auch eine wichtige Funktion bei der Regulierung des Raumklimas: Er nimmt in einem gewissen Maße überschüssige Luftfeuchtigkeit auf und gibt sie auch wieder ab.

Beim Außenputz ist es vor allem die Schutzfunktion, die den Putz so wichtig macht. Er muss Regen abweisen und so verhindern, dass das Mauerwerk durchfeuchtet wird.

Bei Putzen sind zwei Hauptgruppen zu unterscheiden: mineralische Putze und Kunststoffputze. Mineralischer Putz besteht aus Sand und mineralischen Bindemitteln: das sind Zement, Kalk oder Gips. Unter Zumischung von Wasser verbinden sich die Zuschlagstoffe chemisch und bilden dann je nach Art und Mischung Wandbeläge mit unterschiedlichen Eigenschaften. Nach diesen Eigenschaften werden die mineralischen Putzmörtel in fünf Gruppen eingeteilt (siehe Tabelle). Reine Kalkmörtel (P I) haben gute feuchtigkeitsregulierende Eigenschaften, sind aber mechanisch wenig belastbar und eignen sich daher nur als Innenputze. Kalk-Zement-Mörtel (P II) dagegen zeichnen sich durch gute Dehnfähigkeit und Stabilität aus und können innen wie außen verwendet werden.

Reiner Zementmörtel (P III) ist hochbelastbar, aber wenig elastisch. Er wird überall dort aufgebracht, wo es besonders feucht werden kann.

Gipsmörtel (P IV) sind nicht witterungsbeständig und können nur innen benutzt werden. Anhydritmörtel (P V) schließlich haben ganz ähnliche Eigenschaften wie Gipsputz, werden in der Regel aber nur für Estriche verwendet.

Kunstharzputze stellt man mit organischen Bindemitteln her. Sie werden ausschließlich als gebrauchsfertige Mischungen angeboten, lassen sich leicht verarbeiten und werden sowohl im Innen- wie im Außenbereich meist als dekorative Oberputze verwendet. Es gibt sie in verschiedenen Körnungen und Farben.

Putzmörtel

Mörtelgruppe		Mörtelart	Sand	Bindemittel
P I	a	Luftkalkmörtel	3–4	1 Kalkhydrat
	b	Wasserkalkmörtel	3–4	1 Kalkhydrat
	c	Mörtel mit hydraulischem Kalk	3–4	1 hydraulischer Kalk
P II	a	Mörtel mit hochhydraulischem Kalk oder Putz- und Mauerbinder	3–4	1 hochhydraulischer Kalk oder 1 Putz- und Mauerbinder
	b	Kalk-Zement-Mörtel	9–11	2 Kalkhydrat + 1 Zement
P III	a	Zementmörtel mit Kalkhydrat-Zusatz	7–8	2 Zement + 0,5 Kalkhydrat
	b	Zementmörtel	3–4	1 Zement
P IV	a	Gipsmörtel	–	Stuckgips oder Gipsputz
	b	Gipssandmörtel	1–3	1 Stuckgips oder Gipsputz
	c	Gipskalkmörtel	3–4	1 Kalkhydrat + 0,5 bis 1 Stuckgips oder 1 bis 2 Putzgips
	d	Kalkgipsmörtel	3–4	1 Kalkhydrat + 0,1 bis 0,2 Stuckgips oder 0,2 bis 0,5 Putzgips
P V	a	Anhydritmörtel	1,5–2,5	1 Anhydritbinder
	b	Anhydritkalkmörtel	12	1,5 Kalkhydrat + 3 Anhydritbinder

Putzmörtel richtig aufziehen und glätten

Die wichtigste Voraussetzung für einen gelungenen Putzauftrag ist eine gute Haftung auf dem Untergrund. Der Putzgrund muss staubfrei und sauber sein. Stark saugende Untergründe wie etwa Porenbeton sollten mit Tiefengrund vorbehandelt werden. Bei schwach saugenden und glatten Untergründen wie Beton oder Kalksandstein müssen Sie zunächst einen dünnflüssigen Spritzbewurf aus 1 Teil Zement und 2 Teilen Sand aufbringen. Der Spritzbewurf macht die Oberfläche rau und vergrößert gleichzeitig die Haftfläche für den Putz.

Die größte Kunst beim Verputzen liegt darin, eine möglichst glatte, flucht- und lotgerechte Fläche zu erzielen. Um dies zu erreichen, braucht man so genannte Putzleisten oder Putzlehren, die in regelmäßigen Abständen an die Wand gesetzt werden und zwischen denen man den Putzauftrag mit der Kartätsche (siehe Seite 13) oder einer langen Aluschiene abziehen kann. Wichtigstes Hilfsmittel sind die rechts unten in der Anwendung gezeigten Eckschienen. Sie bestehen aus verzinktem Stahlblech und haben rechts und links von der glatten Außenkante einen Streifen Steckmetall mit rautenförmigen Aussparungen. Für den Außenbereich gibt es solche Eckschienen mit wetterfest beschichteten Kanten.

Mörtel aufbringen

1 Trockenmischungen aus dem Sack werden nur mit Wasser angerührt

2 Sie können nach dem Anmischen sofort verarbeitet werden

An allen Außenecken werden die Eckschienen vor dem Verputzen mit einzelnen Mörtelbatzen angesetzt. Man schneidet die Eckschiene in der erforderlichen Länge ab, gibt etwa alle 50 cm einen Mörtelbatzen auf die Kante des Mauerwerks und drückt dann die Schiene vorsichtig an. Am besten nehmen Sie zum Andrücken eine lange Aluschiene, an die Sie gleichzeitig die Wasserwaage halten. Innerhalb der Wandflächen befestigt man auf die gleiche Weise so genannte Schnellputzleisten. Die Profis vom Bau spritzen den Putz mit Maschinenhilfe an die Wand, ehe sie ihn glätten. Der Selbstbauer muss dies mit der Kelle tun. Anschließend wird der frische Putz zunächst großflächig mit der Aluschiene über den Putzlehren abgezogen und dann gleichmäßig abgerieben.

Soll anschließend noch ein Oberputz als Feinschicht aufgetragen werden, darf die Fläche des Grundputzes ein wenig rau bleiben. Soll ein Innenputz dagegen tapeziert oder gestrichen werden, müssen Sie mit der Glättkelle und dem Filzbrett noch einmal Feinarbeit leisten.

Beschichtungsstoff-Typen für Kunstharzprodukte

Beschichtungsstoff-Typ	für Kunstharzputz als
P Org 1	Außen- und Innenputze
P Org 2	Innenputz

Anwendungsgebiete der verschiedenen Putzarten

Putzanwendung	Unterputz	Oberputz
a) für Außenputze bei üblicher Beanspruchung	P I P II	P I, P II, P Org 1
wasserabweisend	P I c, P II	P I c, P II, P Org 1
Keller-Außenwandputz	P III	P III
Außensockel	P III	P III, P Org 1
b) für Innenputze bei geringer Beanspruchung	P I a oder b, P II, P IV	P I a oder b, P IV d
bei üblicher Beanspruchung	P I c, P II, P III, P IV a, b oder c	P I c, P II, P IV a, b oder c, P V, P Org 1
Bad, Duschbereich	P II, P III	

Vor dem Verputzen werden alle Außenecken des Mauerwerks mit solchen Eckschienen versehen. Sie dienen als Putzlehren und sorgen an den Ecken zudem für mechanische Verstärkung

Innenputz

1 Die Mauerfugen im Sanierungsbereich werden 2 bis 3 cm tief ausgekratzt. Dann entfernen Sie lose Mörtelreste mit einem harten Straßenbesen

2 Der als fertige Trockenmischung im Sack gekaufte Sanierputz muss nur noch mit Wasser angemischt werden. Dabei helfen Bohrmaschine und Rührquirl

3 Das Mauerwerk wird nun gut vorgenässt. Betonflächen bekommen zur Verbesserung der Haftfähigkeit zuerst einen Spritzbewurf aus verdünntem Mörtel

4 Mit der Glättkelle oder einer breiten Kartätsche zieht man den Putzmörtel in der gewünschten Schichtstärke bis an die Ränder des vorhandenen Altputzes auf

5 Um die Fläche zu glätten, zieht man sie, solange der Putz noch weich ist, mit der Kartätsche ab. An den Rändern kommt es auf einen glatten Übergang an

6 Wie schnell der Sanierputz trocknet, hängt vom Untergrund und von der Temperatur ab. Meist kann man die Fläche nach etwa 2 Stunden abreiben

Hilfsmitttel

1 Bei großen Flächen wäre ein Putzauftrag von Hand zu zeitaufwändig. Der professionelle Auftrag erfolgt aus diesem Grund zeitsparend mit der Putzmaschine

2 Und so geht es von Hand: Zwischen den vorher angebrachten Putzschienen zieht man den Mörtel nach dem Auftrag mit der Kartätsche gleichmäßig ab

3 Eckschienen bieten an Außenecken einen Anschlag zum sauberen Abziehen des Putzauftrags

Dekorputze kreativ strukturieren

Beim Strukturieren des frischen Dekorputzes sind der Fantasie kaum Grenzen gesetzt. Wir zeigen Ihnen einige besonders attraktive Beispiele

Wählen Sie den Putz passend zur gewünschten Struktur

Als strukturierbare Oberputze für innen und außen können Sie sowohl mineralische Putze als auch Kunststoffputze verwenden. Mineralische Putze werden als Trockenmischung angeboten, die Sie nur noch mit der notwendigen Menge Wasser vermischen müssen. Das geht am besten mit Bohrmaschine und Rührquirl. Kunststoffputze dagegen gibt's gebrauchsfertig im Eimer. Aufgrund ihrer Kunstharzanteile bleiben Kunststoffputze auch nach dem Aushärten flexibel. Sie sind daher ideal für rissgefährdete Problemuntergründe (Spanplatten, Gipskarton etc.).

Wer sich für Putz als dekorativen Wandbelag entscheidet, kann aber nicht nur zwischen Mineralputzen und Kunststoffputzen wählen, sondern auch zwischen Reibeputzen und Roll- bzw. Kellenputzen. Reibeputz enthält

Verarbeitungsschritte

1 Den mineralischen Putz rührt man in einem Eimer mit Wasser zu einer pastösen Masse an. Dazu die Bohrmaschine mit aufgestecktem Rührquirl einsetzen

2 Und so verarbeitet man Reibeputz am besten: Mit steil gestellter Kelle zieht man den Putz nach dem Auftrag sorgfältig und gleichmäßig auf Kornstärke ab

3 Mit dem Kunststoffglätter wird die gesamte Fläche anschließend in gleichmäßigen Bewegungen abgerieben. So entsteht eine schön strukturierte Oberfläche

Rollen oder frei strukturieren

So genannte Rollputze werden in einem Arbeitsgang mit der Rolle auf die Wand gebracht und entsprechend der Rollenoberfläche strukturiert

Hier kommt statt der klassischen Lammfellrolle eine gelochte Rolle aus weichem Schaumstoffmaterial zum Einsatz.
Sie erzeugt ein sehr feines Putzmuster

Mithilfe solcher Strukturrollen aus Kunststoff drücken Sie ein Muster in den zuvor in gleichmäßiger Schichtstärke aufgezogenen Dekorputz

Diese Rolle erzeugt senkrechte Riefen und Rillen im Dekorputz. Um ein gleichmäßiges Bild zu erzeugen, muss die Rolle zwischendurch gereinigt werden

Damit ein möglichst gleichmäßiges Strukturbild entsteht, fährt man in gleichmäßigen Auf- und Abbewegungen Bahn neben Bahn durch den frischen Dekorputz

Freie Strukturen erzielt man durch Bearbeiten der frischen Putzoberfläche mit den verschiedensten Werkzeugen, hier ein ganz normaler Spachtel

Ein breiter Pinsel, um die eigene Achse gedreht, erzeugt ein interessantes kreisförmiges Muster. Der Putz muss dafür relativ dünn angemischt werden

Wichtig beim Herstellen individueller Strukturierungen ist es, ohne abzusetzen in einem Zug durchzuarbeiten, damit ein möglichst gleichmäßiges Bild entsteht

Mit dem Kunststoffspachtel werden hier in sparsamer Weise Muster in den frischen Putz gedrückt. Der Fantasie sind dabei kaum Grenzen gesetzt

ein zwischen 2 und 5 mm dickes Strukturkorn. Nach dem Auftragen ziehen Sie ihn ganz einfach mit der steil gestellten Glättkelle auf Kornstärke ab. So haben Sie ohne große Mühe eine exakt gleiche Schichtstärke. Anschließend erhält die Fläche dann durch gleichmäßiges Abreiben mit dem Kunststoff-Reibebrett ihre dekorative Struktur. Je nachdem, ob Sie dabei in kreisförmigen Bewegungen arbeiten oder nur in einer Richtung, ergibt sich ein unterschiedliches Bild.

Wer den Putz ganz nach eigenem Gusto gestalten will, wählt einen Roll- oder Kellenputz ohne Korn. Auch diese Putze werden zunächst mit der Glättkelle möglichst gleichmäßig aufgezogen. Manche Rollputze lassen sich aber auch ganz einfach mit der Lammfellrolle auf der Wand verteilen.

Bei der Strukturierung des frischen Putzes sind Ihrer Fantasie dann keine Grenzen gesetzt. Es gibt eine ganze Reihe von Strukturrollen, mit denen sich gleichmäßige Muster hervorbringen lassen. Sie können aber auch mit Pinseln und Kellen ganz eigene Ideen verwirklichen. Unsere Fotos zeigen Ihnen dazu einige Beispiele.

Falls ein Strukturputz nach Jahren schmutzig und unansehnlich geworden ist, lässt er sich problemlos überstreichen. Für Kunststoffputz wählt man eine handelsübliche Dispersionsfarbe, für mineralische Putze eine mineralische Farbe.

Dekorative Feinputze verarbeiten

Feinputze für die dekorative Wandgestaltung bieten eine große Auswahl an unterschiedlichsten Strukturen und Farben

Die unterschiedlichen Strukturen

Der Fachmann unterscheidet zwischen dickschichtigen und dünnschichtigen Fein- oder Edelputzen. Der Putz wird also unterschiedlich dick aufgetragen. Je nachdem, welche Struktur man erzielen will, ist die Auftragsstärke entscheidend. Dünnschichtige Edelputze benötigen einen absolut ebenen und glatten Untergrund. Ein nachträgliches Ausgleichen etwaiger Unebenheiten in einem Arbeitsschritt ist mit ihnen nicht möglich. Sie müssen schon vorher nivelliert werden.

Münchner Rauputz

Eine der ältesten und bekanntesten Edelputzstrukturen ist unter dem Namen Münchner Rauputz bekannt und wird auch als Rillen- oder Wurmputz bezeichnet. Münchner Rauputz ist dünnschichtiger Putz, der nur in jeweiliger Kornstärke aufgetragen wird. Bei einem Korn von maximal 3 mm wird der Putz zur Erzielung der typischen Struktur also 3 mm dick auf den Untergrund aufgetragen. Man arbeitet dabei mit der Glättkelle und benutzt zum Reiben der Strukturen ein Kunststoffreibebrett. Beim Reiben werden die im Putz enthaltenen Körner auf dem Untergrund entlanggezogen. Die dabei entstehenden Riefen bzw. Rillen bilden die typische Struktur des Münchner Rauputzes. Man kann den Putz waagerecht, senkrecht oder auch in kreisenden Bewegungen abreiben. Dabei entstehen unterschiedliche Strukturen. Wenn Sie den Putz dicker als in der angegebenen Kornstärke

Werkzeuge für den Putzauftrag

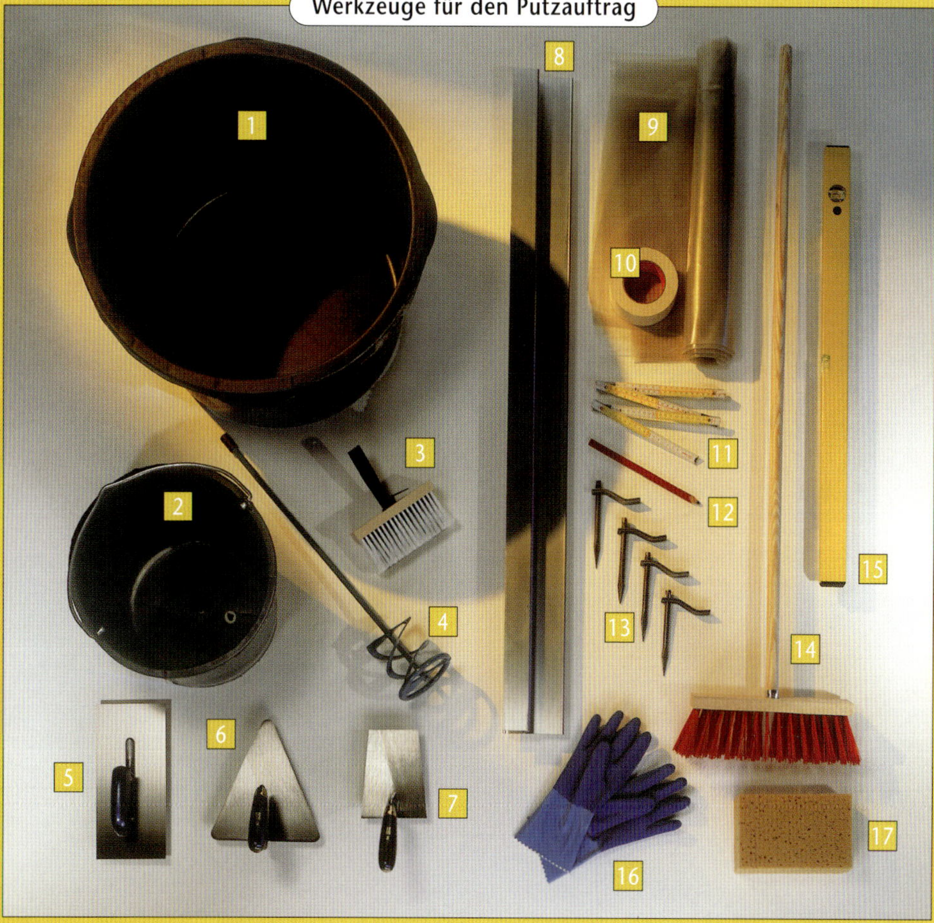

1. Mörtelkübel
2. Eimer
3. Quast
4. Rührquirl
5. Glättkelle
6. Dreieckskelle
7. Maurerkelle
8. Kartätsche
9. Abdeckfolie
10. Klebeband
11. Zollstock
12. Bleistift
13. Putzhaken
14. Besen
15. Wasserwaage
16. Handschuhe
17. Schwamm

Werkzeuge zum Glätten und Strukturieren

1. Kunststoff-reibebrett
2. Schwammbrett
3. Moosgummi-brett
4. Filzbrett
5. Eckenkelle
6. Kleines Reibe-brett
7.–12. Verschiedene Strukturrollen
13. Grober Zahnspachtel
14. Feiner Zahnspachtel

aufziehen, sind auch freie Strukturen möglich, die man mit der Kelle oder der Rolle formt.

Münchner Rauputz wird häufig für die Fassadengestaltung verwendet, ist aber auch für Treppenhäuser sehr beliebt.

Scheibenputz

Auch der so genannte Scheibenputz zählt zu den besonders beliebten Edelputzstrukturen. Seine sehr feine Struktur wird auch als Kratzputz bezeichnet.

Ähnlich wie der Münchner Rauputz ist der Scheibenputz ein dünnschichtiger Edelputz, der in der angegebenen Kornstärke auf den völlig ebenen Grundputz aufgezogen werden soll. Wählt man also einen Scheibenputz mit einem 2 mm-Korn, muss man ihn, um die gewünschte typische Struktur zu erzielen, auch 2 mm dünn auftragen. Anschließend wird der Putz mittels Glätter, Moosgummischeibe oder Schwammbrett (siehe Werkzeugübersicht auf Seite 19) abgerieben.

Die Bearbeitung mit einer Moosgummischeibe löst den Feinanteil an Bindemitteln und Farbpigmenten, die sich um die Körner gelegt haben. Auf diese Weise werden die Körner gleichsam freigelegt. So entsteht die typische Struktur des Scheibenputzes mit seiner rauen, körnigen Oberfläche. Arbeiten Sie statt mit der Moosgummischeibe mit einem gröberen Schwammbrett, werden die Körner noch stärker freigelegt, was eine gröbere Struktur zur Folge hat. Selbstverständlich kann auch der Scheibenputz bei dickerem Auftrag frei strukturiert werden. Zum Beispiel mit Strukturrollen oder einer Kelle.

Rustikalputz

Wie der Name vermuten lässt, zeichnet sich dieser Putz durch eine relativ grobe, rustikal anmutende Struktur aus. Auch der Rustikalputz gehört zu den dünnschichtigen Putzen. Er wird mit einer Glättkelle in 5 mm Kornstärke auf den ebenen Untergrund aufgetragen. Anschließend bearbeiten Sie den frischen Putz mit einem Schwammbrett oder mit einer Strukturrolle, um der Putzfläche die jeweils gewünschte Optik zu verleihen.

Edelfeinputz

Edelfeinputz ist ein dickschichtiger Edelputz, den man mit einer Glättkelle etwa 10 mm dick auf den bestehenden Untergrund aufträgt. Bei dieser Putzstärke lassen sich leichte Unebenheiten des Grundputzes kaschieren.

Der Edelfeinputz enthält eine Körnung von maximal nur 1 mm, ist also sehr fein. Mit einem Kunststoffreibebrett lässt sich die Oberfläche sehr fein und glatt abreiben. In der Regel wird Edelfeinputz jedoch für die Gestaltung freier Strukturen verwendet, z. B. für die so genannten Quast- oder Waschelstrukturen. Daneben kann der Putz auch mit beliebigen Strukturen versehen werden.

Strukturen

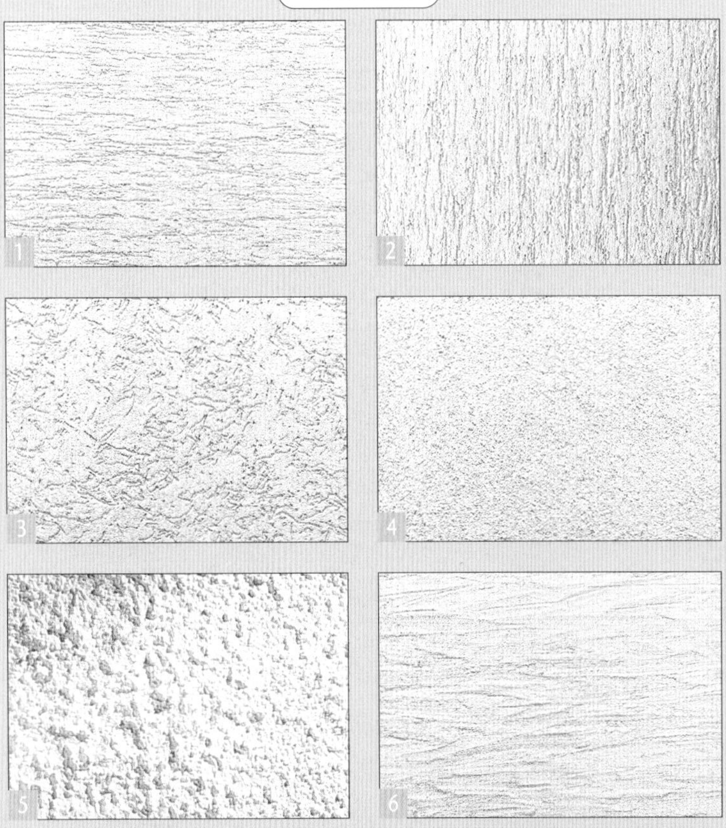

Je nach Reiberichtung entstehen unterschiedliche Strukturen: waagerecht gerieben mit Kunststoffbrett (1); senkrecht gerieben mit Kunststoffbrett (2). Wird Rauputz mit dem Kunststoffbrett rund gerieben, entsteht diese Struktur (3). Scheibenputz bearbeitet man mit der Moosgummischeibe (4). Rustikalputz, mit einer Strukturwalze bearbeitet, ergibt eine solche Struktur (5). Wird Edelfeinputz mit einem Quast in waagerechter Richtung „gewaschelt", entsteht dieses Bild (6).

Ein Treppenhaus wird mit Münchner Rauputz renoviert

Die Bilder auf dieser Doppelseite zeigen Ihnen ein gelungenes Renovierungsbeispiel. Das Treppenhaus und der Flur waren ursprünglich tapeziert gewesen. Auf der Suche nach einer dauerhaften Lösung für die Wandgestaltung hat man sich für Münchner Rauputz entschieden. Dieser Wandbelag ist ausgesprochen robust.

Renovierung mit Rauputz

Auf der Suche nach einer dauerhaften und zugleich edlen Lösung entschied man sich für Münchner Rauputz. Tapeten und Kleber sind hier schon entfernt

Zum Schutz der stoßempfindlichen Außenecken werden diese im ersten Arbeitsgang mit Eckschienen versehen, die man mit Gipsbatzen fixiert

Da es sich bei dem vorhandenen Gipsputz um einen stark saugenden Untergrund handelt, wird die Putzfläche mit einer Mineralputzgrundierung vorgestrichen

Um einen sauberen und geraden Putzabschluss zu erzielen, werden anschließend alle Randbereiche – und auch die Fenster – mit Kreppband abgeklebt

Dekor-Edelputz ist ein praktisches Fertigprodukt, das sich einfach und mit wenig Aufwand verarbeiten lässt. Sie müssen ihn nur noch mit Wasser anrühren

Um den Putz auf die Wand aufzutragen, legen Sie ihn mit der Kelle auf die Rückseite des Glätters. Dann können Sie ihn auf die Wandfläche aufbringen

In den Eckbereichen lässt sich der Glätter nicht gut verwenden. Tragen Sie den Putz hier am besten direkt mit der Kelle auf. Der Glätter dient als Ablage

Auf den Flächen wird der Putz direkt mit dem Glätter aufgezogen und abgerieben. Nachdem alle Flächen bearbeitet sind, zieht man das Kreppband ab

Farbige Mischung

Mineralputzgrundierung wird mit einer Malerrolle aufgetragen. So werden die Saugfähigkeit der Gipskartonplatten verringert und die Putzhaftung verbessert

Nun wird der Münchner Rauputz mit einem Rührquirl in einem Eimer angemischt. Mit der Glättkelle zieht man ihn anschließend in Kornstärke auf

Stück für Stück wird die Fläche mit dem farbigen Rauputz beschichtet. Seine typische Struktur bekommt er durch das gleichmäßige Abreiben auf Kornstärke

Werden die Körner waagerecht gezogen, vergrößert sich die Wand optisch. Sie können den Putz aber auch in senkrechten Bewegungen bearbeiten

Hier wird das Kunststoffbrett in Kreisen über die Fläche geführt. Die im Putz enthaltenen Körner formen entsprechende Riefen in den noch frischen Auftrag

Eine waagerechte Strukturierung sorgt wie eine quer gestreifte Tapete für eine optische Betonung der Breite. Schmale Räume werden so optisch gestreckt

Gipskartonplatten mit einem Putzauftrag veredeln

Beim hier gezeigten Beispiel galt es, einen Büroraum, dessen neu eingezogene Trennwände in Leichtbauweise erstellt worden waren, durch einen geeigneten Feinputzauftrag zu veredeln.

Die Wahl fiel auf Münchner Rauputz in einem kräftigen Blauton. Die Gipskartonplatten der Trennwandbekleidungen werden zunächst gespachtelt. Das heißt, alle Plattenstöße und Schraubenlöcher glättet man mit feinem Gipsspachtel. Dann wird ganzflächig mit Grundierung vorgearbeitet, damit der Untergrund gleichmäßige Saugeigenschaften bekommt und der Putz optimal haftet. Anschließend heißt es wieder, die Trockenmischung mit der angegebenen Menge an Wasser zu verrühren, den Putz aufzuziehen und abzureiben.

Auftragen und abreiben

1 Hier wurde umgebaut – mit neuer Raumaufteilung. Die Porenbetonflächen werden wie die vorhandenen Wandflächen mit einem Gipsputz verputzt

2 Anschließend werden die Wände vollflächig mit Aufbrennsperre grundiert. Mithilfe eines Rührquirl wird der Scheibenputz im Mörtelkübel angemischt

3 Der Glätter wird schräg an die Wand gesetzt und der Putz „knirsch" aufgezogen. Im Anschlussbereich zur Decke besonders vorsichtig arbeiten

4 An den Leibungen, an denen Eckschienen angesetzt wurden, wird der Putz mit der Kelle aufgetragen. Eckschienen haben sich als Kantenschutz bewährt

5 Man lässt den Scheibenputz dann etwa 15 Minuten antrocknen, ehe man die Fläche in kreisförmigen Bewegungen unter leichtem Druck abreibt

6 Ist der Putz durchgetrocknet, werden die Wände abgeklebt. Für die Decke wurde im hier gezeigten Beispiel Mineralfarbe im gleichen Ton gewählt

Farbiger Scheibenputz für ein gemütliches Esszimmer

So genannter Scheibenputz enthält Körner bis maximal 2 mm Durchmesser. So entsteht eine sehr dünne Putzschicht, die beim kreisförmigen Abreiben eine gleichmäßige, sehr feine Oberflächenstruktur erhält. Der hier gewählte Farbton Graugrün passt ausgezeichnet zu einem im rustikalen Landhausstil eingerichteten Esszimmer. Für die Decke des Raumes wählt man am besten eine Mineralfarbe, die vom Hersteller des Putzes im exakt gleichen Ton angeboten wird. So ergibt sich ein harmonisches Gesamtbild.

Die Verarbeitung des Putzmaterials ist auch für einen Anfänger kein Problem. Man grundiert die Wände, trägt den Putz dann in gleichmäßiger Schichtstärke auf und reibt ihn kreisförmig ab.

Rustikalputz

Im Wohnzimmer wurde ein Fertigkamin eingebaut. Im Zuge der Neuanschaffung sollen auch gleich die Wände mit einem passenden Putz überarbeitet werden

Klinkerflächen und Tür werden abgeklebt. Da Porenbeton ein stark saugender Untergrund ist, muss er mit Aufbrennsperre vollflächig vorgrundiert werden

Sind besonders rustikale Strukturen gewünscht, wird der Putz dicker aufgezogen. Nach ca. 10–15 Minuten wird er mit einer Strukturrolle bearbeitet

Die Strukturrolle wird Bahn für Bahn über den Putz gezogen. Achten Sie darauf, dass Sie gleichmäßig arbeiten. Die Rolle deshalb zwischendurch reinigen

Damit es zwischen Kamin und Wand keine Risse gibt, setzt man einen so genannten Kellenschnitt. Mit dem Glätter dann die Wandflächen beschichten

An den Wänden wird im Gegensatz zur Kaminoberfläche nicht mit einer Strukturrolle gearbeitet, sondern man tupft die Struktur mit einem nassen Quast auf

Rustikalputz für ein urgemütliches Kaminzimmer

Zu jeder Einrichtung der passende Feinputz. Hier war der Wohnraum mit einem offenen Kamin ausgestattet worden. Dieser behagliche Mittelpunkt des Raumes verlangt eine passende Wandstruktur, die auch mit dem Fliesenbelag des Bodens und der Ziegelverkleidung des Kamins harmoniert. Es soll ein einheitlich rustikales Bild entstehen.

Rustikalputz mit 5-mm-Körnung kann ganz individuell strukturiert werden. Der aus Porenbeton gemauerte Überbau des Fertigkamins wurde hier verputzt und dann mit einer Strukturrolle bearbeitet. Die Wände des Raumes dagegen wurden nach dem Glätten des Putzes mit einem nassen Quast getupft. Dabei entsteht eine feine Oberflächenstruktur, die sich vom Kamin etwas abhebt.

Putz und Fachwerkbalken

Ein bisher ungenutzter Raum soll zum Partyraum umgestaltet werden. Alle Anschlüsse zwischen Holz und Putz klebt man mit Kreppband sauber ab

Auch die Fenster schützt man am besten durch Abkleben mit Kreppband. Die Putzflächen werden nun vollflächig mit Mineralputzgrundierung gestrichen

Danach wird der Edelfeinputz mit einem Rührquirl angemischt. Da in diesem Fall feldweise gearbeitet wird, werden stets nur kleinere Mengen vorbereitet

In den Ecken wird mit einer kleinen Kelle gearbeitet. Zwischen Holz und Putz wird ein Schnitt gesetzt, um eine saubere Trennung beider Baustoffe zu erreichen

Nachdem der Putz im ersten Arbeitsschritt nur grob mit der Kelle abgezogen wurde, glättet man ihn anschließend mit einem feuchten Quast sorgfältig

Kleinere Flächen, wie die Fensterlaibungen, werden mit einem breiten Pinsel bearbeitet. Auf diese Weise entsteht eine glatte, aber nicht völlig ebene Putzfläche

Fachwerk-Look beim rustikalen Innenausbau

Der beim hier gezeigten Anwendungsbeispiel verwendete Edelfeinputz hat eine Körnung von nur 1 mm. Damit lassen sich Putzflächen erzielen, die besonders gut zu rustikalen Fachwerkbalken passen – ob bei der Sanierung historischer Gebäude oder zum Verputzen zwischen nachträglich angebrachten Deko-Balken.

Die Verarbeitung ist denkbar einfach. Man muss die Balkenkanten sorgfältig abkleben. Der mit Wasser angerührte Putz wird dann mit der Kelle zunächst grob auf den Wandflächen verteilt. Zur Erzielung eines rustikalen Charakters sind Unebenheiten durchaus erwünscht. Die typische Struktur eines Landhausputzes erhält die Oberfläche durch Glätten mit einem nassen Quast bzw. Flachpinsel.

Spachteltechnik mit Wachslasur

Mediterrane Wände wie in Landhäusern der Toskana oder Südfrankreichs erzielen Sie mit dieser Beschichtungstechnik

Vorarbeiten

Zuerst wird die Spachtelcreme auf den glatten Unterputz aufgetragen, um ihm die gewünschte rustikale Struktur zu verleihen.

Spachtelmasse und Wachslasur sind leicht zu verarbeiten

Die in der Regel möglichst glatt verputzten Wände unserer Häuser werden, um sie auf mediterranen Look zu trimmen, zuerst einmal mit einer unregelmäßigen Struktur versehen. Sie behandeln den Putz Ihrer Wände zunächst mit Tiefengrund und tragen dann eine spezielle, zum System gehörende Spachtel-Creme gleichmäßig mit einer Glättkelle auf.

Falls gewünscht, können Sie die frisch gespachtelte Oberfläche dann noch ein wenig nachstrukturieren. Wenn Ihnen die beim Abziehen mit der Glättkelle entstandenen Strukturen bereits zu stark erscheinen, können Sie die noch frische Spachtelmasse auch mit einem breiten Flächenpinsel wieder glätten.

Haben Sie auf diese Weise aus dem zuvor glatten Gipsputz einen unregelmäßigen Rustikalputz gemacht, wird mit einem so genannten Flächenstreicher oder einer Lammfellrolle eine zum System gehörende farbige Wachslasur aufgetragen.

Diese Wachslasur gibt es in acht verschiedenen Farbtönen. Um den typischen mediterranen Farbeffekt zu erzielen, verwischen Sie die noch nasse Lasur durch diagonale Bewegungen mit einem Schwamm.

Durch einen zweiten Lasurauftrag lassen sich Farbintensität und Tiefenwirkung auf Wunsch noch erhöhen. Testen Sie es am besten erst an einer Probefläche aus.

Die Verarbeitungstechnik für Spachtel-Creme und Wachslasur haben Sie im Nu erlernt. Kaufen Sie sich eine Glättkelle aus rostfreiem Stahl. Bei minderwertigen Werkzeugen besteht die Gefahr, dass sie Rostflecken bekommen, die Verfärbungen verursachen. Für die Wachslasur brauchen Sie einen breiten Flächenpinsel.

Üben Sie das Auftragen und Streichen am besten an einem Rest einer Gipskartonplatte. Erst wenn Sie mit dem dabei erzielten Gestaltungsergebnis zufrieden sind, sollten Sie sich daran begeben, auch die Wandflächen zu bearbeiten.

Beispiele, die Ihre Kreativität wecken sollen

Mit der Wachslasurtechnik entstehen Wände, die jeweils ein Unikat darstellen. Jeder Anwender hat seinen eigenen Stil beim Strukturieren des Untergrunds. Und auch der Auftrag der Wachslasur ist von der individuellen Arbeitstechnik abhängig. Sehen Sie hier weitere Beispiele und Farbmuster, die Ihre eigene Fantasie beflügeln können.

Verarbeitungsschritte

1

Tragen Sie die Spachtel-Creme mit einer Glättkelle gleichmäßig auf. Dann können Sie die Wand mit dem Werkzeug nach individuellem Geschmack strukturieren

2

Die Wachslasur wird mit einem breiten Flächenstreicher oder einer Lammfellrolle aufgetragen. Der Handel bietet bei den Lasuren verschiedene Farbtöne an

3

Um einen rustikalen Effekt zu erzielen, verwischen Sie die Lasur mit dem Schwamm. Ein zweiter Auftrag erhöht Farbintensität und Tiefenwirkung

Ob im Wohnzimmer oder im Wintergarten – der mediterrane Look passt eigentlich immer

Auch die Bearbeitung von Teilflächen kann sehr attraktiv wirken: Links wurde der Kamin hervorgehoben, oben hat man die Wände des Schlafzimmers in senkrechte Sektionen gegliedert

Materialkunde Wandfarben und Lacke

Farbbeschichtungen versehen den jeweiligen Untergrund mit einer zweiten Haut. Sie dekorieren, pflegen, veredeln und schützen

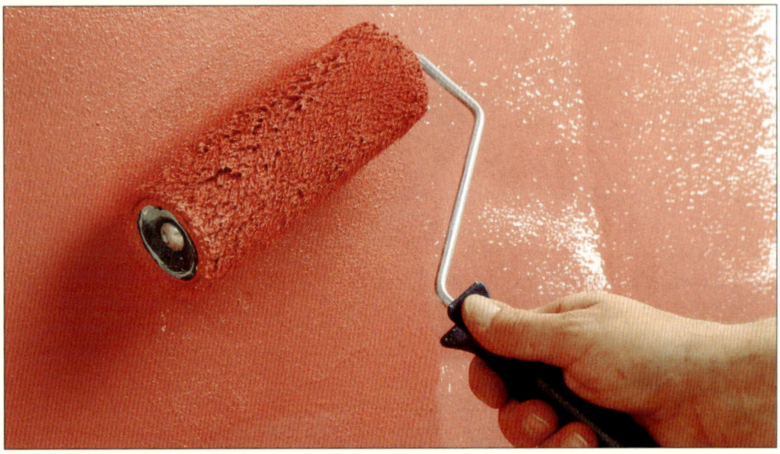

Dispersionen für die Wand- und Deckengestaltung

In der Vergangenheit fanden ganz verschiedene Produkte Anwendung für Wand- und Deckenanstriche. Vom einfachen Kalkanstrich mit Weißkalk über Kalk-Kasein-Farben und verschiedene Leimfarben reichte die Palette. Gegenüber modernen Dispersionen besitzen diese Anstrichmittel jedoch deutliche Nachteile. Ihre Haltbarkeit, Wisch- und Witterungsbeständigkeit, Deckkraft usw. lassen sehr zu wünschen übrig.

Aufgrund der unübertroffenen Produkteigenschaften werden Wand- und Deckenfarben heute überwiegend auf der Basis von Kunststoffdispersionen hergestellt. Die Bestandteile sind in diesen Farben nicht gelöst, sondern dispergiert, d. h., sie schwimmen darin in feinster Verteilung, ohne sich abzusetzen oder zu entmischen. Als Bindemittel kommen darin Acrylharze oder Latex zum Einsatz. Latexfarben sind besonders widerstandsfähig.

Flüssigdispersionen

Ein Standardprodukt, das sich seit vielen Jahren bewährt hat, bilden Dispersionsfarben. Weiße Flüssigdispersionen gibt es für alle Anwendungsbereiche wie Wände, Decken und Fassaden. Weil Flüssigdispersionen sich zwar problemlos verarbeiten lassen, sie aber trotz aller Vorsicht tropfen können, muss man Böden etc. abdecken.

Cremige Dispersionen

Als besonders verarbeitungsfreundliche Alternative hat man daher cremige bzw. kompakte Dispersionen entwickelt, die einerseits tropfgehemmt sind und andererseits durch ihre besonders starke Konzentration auch hochdeckend streichen. Kompakte Farbe gibt es in vielen fertig gemischten Tönen sowie in Weiß.

Feste Farbe

Wer Abdeck- und Säuberungsarbeiten weitgehend vermeiden will, kann schließlich auch auf so genannte Feste Farbe zurückgreifen. Mit diesem Produkt haben die Techniker eine Dispersion entwickelt, die sich durch feste Konsistenz und hohe Deckkraft auszeichnet. Sie spritzt und tropft so gut wie nicht.

Lacke versiegeln und verschönern Oberflächen

Wenn Sie eine Oberfläche mit Lack beschichten wollen, müssen Sie genau wissen, welche Ansprüche Sie an die Farbe und das Anstrichergebnis stel-

Wie Dispersionsfarben auftrocknen

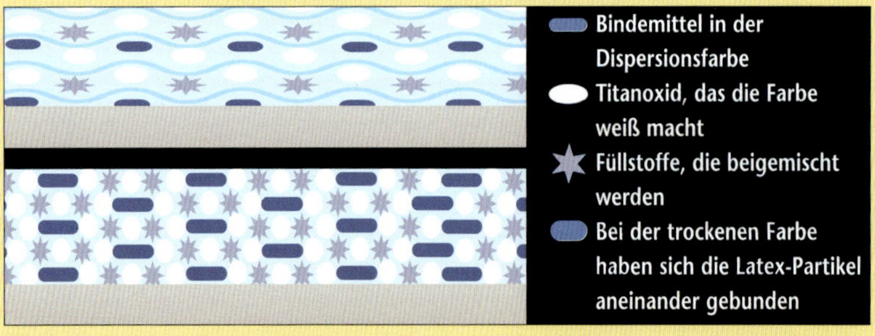

Die Grafik zeigt eine Dispersion, nachdem sie frisch aufgetragen wurde (oben) und nachdem sie durchgetrocknet ist (unten). Wenn das Wasser verdunstet ist, füllt Luft die Hohlräume zwischen den Partikeln.

len, denn die Auswahl an Lack-Produkten ist sehr groß und die Bezeichnungen sind zum Teil verwirrend.

Damit die Unterschiede klar werden, muss man zunächst einmal deutlich machen, wie ein Lack „funktioniert". Er besitzt drei Hauptbestandteile: Lösemittel, Bindemittel und Pigmente. Das Lösemittel besorgt die Lösung und Verteilung von Bindemittel, Pigmenten und etwaigen Hilfsstoffen. Das Bindemittel bewirkt, dass sich nach dem Verdunsten des Lösemittels ein Film bildet, in dem die Pigmente gleichmäßig verteilt sind. Die Pigmente schließlich sind verantwortlich für die jeweilige Farbgebung des Lackes und schützen vor UV-Strahlung. Die Hilfsstoffe verbessern die Verarbeitungseigenschaften.

Lackbestandteile

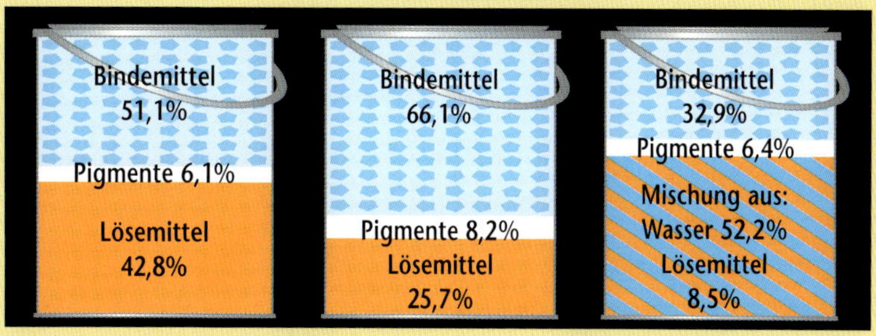

Konventioneller Alkyd-Lack (links), High-Solid-Lack (Mitte) und wasserverdünnbarer Acryl-Lack (rechts) im Vergleich. Die Grafik zeigt den unterschiedlichen Anteil an Bindemitteln und Lösemitteln bzw. Wasser.

Konventionelle und wasserverdünnbare Lacke

Lacke sind in den vergangenen Jahren in die Öko-Diskussion gekommen, weil die traditionell darin verwendeten organischen Lösemittel in großen Mengen in die Atmosphäre verdunsten und dort zur Luftverschmutzung beitragen. Auch das Einatmen organischer Lösemitteldämpfe ist gefährlich. Nicht zuletzt sind Lösemittel-Lacke feuergefährlich.

Leider kann man aber nicht so ohne weiteres auf organische Lösemittel in Farben und Lacken verzichten. Sie verhindern, dass die filmbildenden Bindemittel vorzeitig eine Verbindung mit den Pigmenten eingehen. Es bietet sich aber an, einen gänzlich harmlosen Stoff als Lösemittel einzusetzen: nämlich Wasser. Genau dies haben die Farbentechniker dann auch getan. Allerdings mussten Sie dabei einen Trick anwenden. Schließlich erwartet man, dass Lacke nach dem Austrocknen nicht mehr wasserlöslich sind. Der Trick besteht darin, dass man so genannte Emulgatoren als Zusatzstoffe in wassergelöste Lacke eingebaut hat. Sie sorgen für eine vorübergehende Wasserlöslichkeit der an sich wasserfesten Bindemittel im Lack.

Die als Acryl-Lacke bekannten auf Wasserbasis hergestellten und auch wasserverdünnbaren Lacke weisen heute weit gehend ähnliche Eigenschaften wie konventionelle Alkyd- oder Kunstharz-Lacke auf. Dennoch bleiben gewisse Nachteile: Acryl-Lacke verlaufen nicht ganz so gut, ihre Oberfläche ist weniger stark strapazierbar, und man kann keinen echten Hochglanz erzielen. Aus diesem Grund werden die mit organischen Lösemitteln angemischten Alkyd-Lacke auch nach wie vor angeboten. Man sollte also sehr genau überlegen, welche Lackeigenschaften für anstehende Arbeiten wichtig sind, und danach entscheiden, ob man konventionellen Alkyd-Lack oder einen modernen Acryl-Lack auf Wasserbasis verwendet.

„High-Solid-Lacke"

Mittlerweile haben die Farbentechniker aber noch eine weitere Lackvariante entwickelt, die die Vorteile der beiden genannten Lacktechnologien miteinander verbindet und gleichzeitig eine hohe Umweltverträglichkeit bietet. Die unter der Bezeichnung High-Solid-Lacke angebotenen Produkte kommen mit einem deutlich geringeren Anteil an organischen Lösemitteln aus als die meisten herkömmlichen Lacke. Sie werden dafür mit neuen, patentierten Bindemitteln auf Basis pflanzlicher Öle angereichert. Diese Kombination sorgt für bessere Umweltverträglichkeit und garantiert ein gutes Lackierergebnis.

Die verschiedenen Glanzgrade

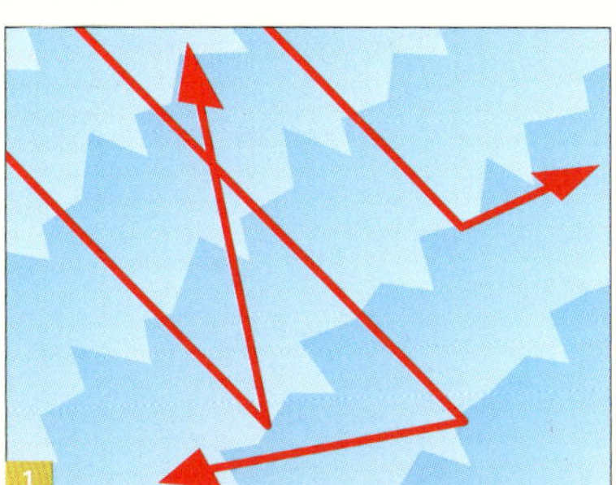

Bei unregelmäßiger Feinstruktur eines Anstrichs wird das Licht in verschiedenen Winkeln reflektiert. Der resultierende Glanzgrad ist dann „Matt"

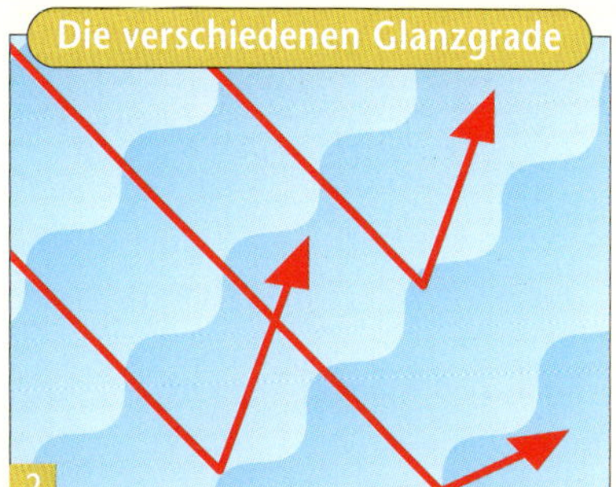

Sind die Reflexionswinkel dagegen aufgrund gleichmäßiger Strukturen sehr ähnlich, hat die Anstrichoberfläche den Glanzgrad „Seidenmatt"

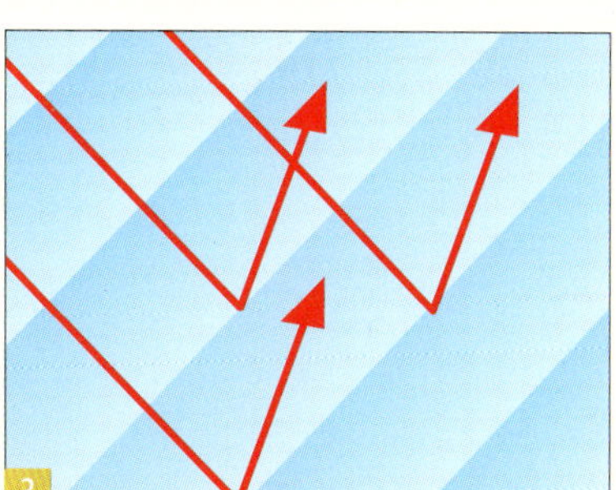

Hier die schematische Darstellung einer „Hochglanz"-Oberfläche. Es gibt sie bei vielen Lacken, aber auch bei speziellen Hochglanz-Dispersionen

Werkzeuge zum Anstreichen

Um mit Farben und Lacken hochwertige Oberflächen zu erzielen, benötigen Sie erstklassige Produkte, aber auch das richtige Werkzeug

Farbrollen

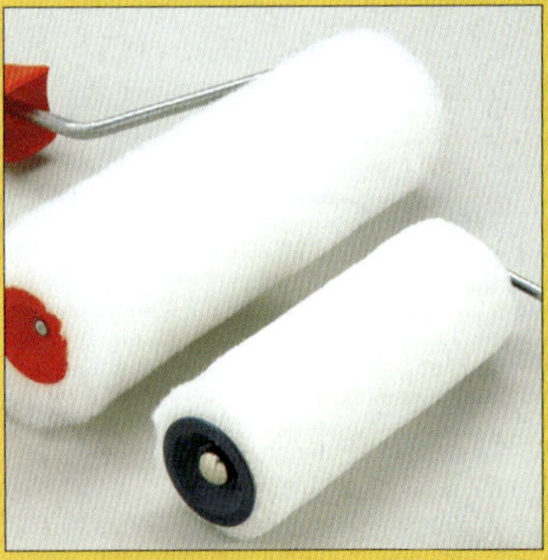

Langflorige Farbrollen, zu denen auch die klassische Lammfellrolle gehört, sind nur für flüssige Dispersionen geeignet. Für cremige Produkte und so genannte Feste Farbe, die heute mehr und mehr angeboten werden, brauchen Sie einen speziellen Kurzflorroller (große Abb.), der nicht so viel Farbe auf einmal aufnimmt.

Rollen für die Verarbeitung von Dispersionen

Wie bereits im vorhergehenden Kapitel angesprochen, gibt es bei den Dispersionen flüssige und cremige (kompakte) Produkte sowie die so genannte Feste Farbe. Für die Verarbeitung der schon seit Jahrzehnten bewährten flüssigen Dispersionen hat man die bekannte Lammfellrolle entwickelt, die seit den fünfziger Jahren bekannt ist.

Mit der aufsteckbaren Teleskopverlängerung vergrößern Sie nicht nur Ihre Reichweite, sondern entlasten durch beidhändiges Arbeiten auch Ihre Arme

Obwohl Techniker und Tüftler seither auch eine Vielzahl anderer Bezüge für Farbrollen entwickelt und auf den Markt gebracht haben, gilt die Lammfellrolle unter Fachleuten nach wie vor als das beste Werkzeug. Sie hat ein besonders gutes Farbaufnahme- und Farbhaltevermögen – dies bedeutet rationelles und gleichzeitig sauberes Arbeiten – und erzeugt auf dem Untergrund eine sehr feine Farbstruktur.

Als echtes Naturprodukt bedarf die Lammfellrolle allerdings auch besonders sorgfältiger Pflege. Als unkomplizierter und robuster erweisen sich Bezüge aus Perlon oder Nylon, die ebenfalls mit sehr guten Streichergebnissen aufwarten. Wenn Sie Ihre Anstricharbeiten nur für kurze Zeit (ein bis zwei Tage) unterbrechen, können Sie sich die relativ aufwändige Reinigung des Farbrollers getrost sparen. Stecken Sie das Werkzeug ganz einfach in einen ausreichend großen Plastikbeutel, den Sie gut verschließen. Wenn Sie die Rolle unter Luftabschluss sehr dicht einpacken, trocknet sie auch über einige Wochen noch nicht ein.

Für cremige Dispersionen und Feste Farbe brauchen Sie einen speziellen kurzflorigen Roller. Am besten verwenden Sie ein Werkzeug, das der Farbhersteller empfiehlt. In langflorigen Rollen würde von kompakten Dispersionen zuviel Farbe aufgenommen. Starkes Spritzen und Tropfen wäre die unweigerliche Folge.

Wenn es hoch hinausgeht oder Sie die Rolle beidhändig führen wollen, setzen Sie eine passende Teleskopverlängerung an.

Worauf es bei einem guten Pinsel ankommt

Für die Verarbeitung von Lacken, Lasuren, Beizen usw. brauchen Sie geeignete Pinsel. Wichtigstes Element jedes Pinsels ist die Borste. Sie soll relativ steif sein, aber auch genügend Elastizität aufweisen, um sich geschmeidig der jeweiligen Oberfläche anzupassen. Nicht zuletzt muss die Borste die zu transportierende Farbe gut halten und beim Verstreichen wieder abgeben. Schweinsborsten erfüllen diese Anforderungen ganz besonders gut. Daher werden Sie traditionell für hochwertige Pinsel verwendet. Ihr nierenförmiger Querschnitt macht sie stabil und elastisch. Der Schaft verläuft konisch und endet in drei bis vier dünnen Einzelfasern. Dieses Ende nennt der Fachmann Fahne. Es sorgt für eine gleichmäßige Verschlichtung der aufgetragenen Farbe. Die besten Schweinsborsten kommen heute aus China, daher sind Pinsel häufig mit der Bezeichnung „Echte Chinaborste" versehen.

Einen gravierenden Nachteil haben die Naturborsten allerdings: Sie quellen beim Kontakt mit Wasser ein wenig auf. Daher sind sie nicht für die Verarbeitung moderner wasserverdünnbarer Lacke geeignet. Um eine kostengünstige und wasserunempfindliche Alternative zu den Naturborsten zu schaffen, wurden die verschiedensten

Borsten

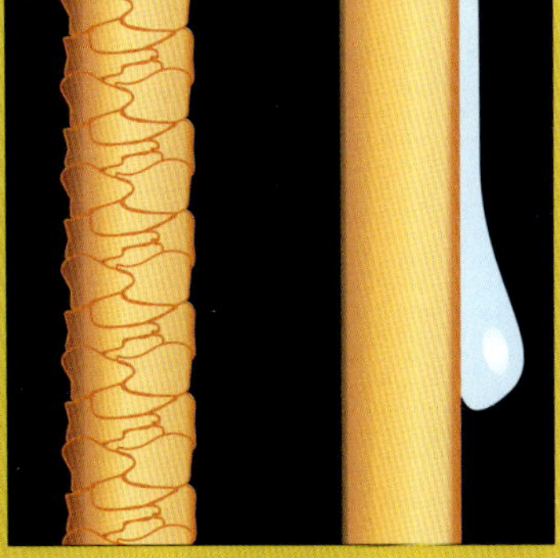

Natur- und Kunststoffborste im Vergleich: Die Naturborste (links) hält an ihrer rauhen Oberfläche die Farbe – an der Kunststoffborste läuft die Farbe dagegen ab.

Der so genannte Heizkörperpinsel ist geknickt, damit Sie mit ihm alle Ecken und Winkel erreichen, bei denen gerade Flach- oder Ringpinsel aufgeben müssen

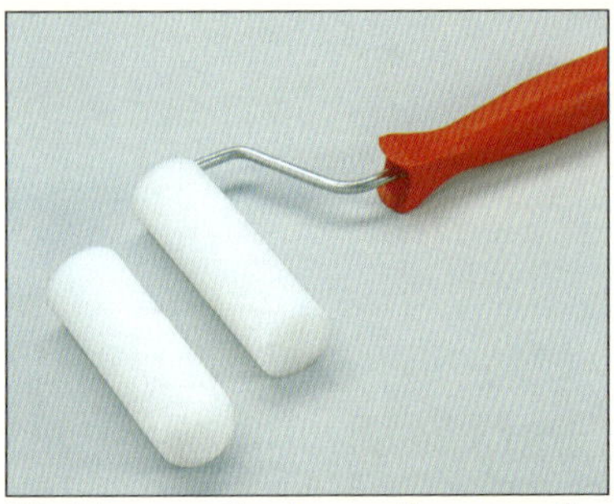

Mit Schaumstoffwalzen stellt man große Lackflächen mit gleichmäßiger Struktur und einem ansatzfreien Übergang zwischen den einzelnen Auftragsbahnen her

Tipp

Häufiges Reinigen belastet die Umwelt. Daher sollten Sie Pinsel für kurze Unterbrechungen der Arbeit in einem dichten Kunststoffbeutel aufbewahren (oben). Gehen Sie mit Farben sparsam um. Übriggebliebene Reste bleiben flüssig, wenn Sie die Gebinde umstülpen (Lack) oder mit PE-Folie verschließen (Dispersion).

Kunstborsten entwickelt. Darunter gibt es preiswerte PVC- oder Polyamid-Produkte, die nur für wenig anspruchsvolle Arbeiten geeignet sind, und hochwertige Borsten, die dem als Vorbild dienenden Naturprodukt sehr nahe kommen.

Wichtig für ein gutes Anstrichergebnis ist neben der Borstenqualität auch die richtige Form des Pinsels. Wenn es darum geht, große Flächen zügig zu beschichten, kommen Flachpinsel zum Einsatz. Sie sind als Flächenstreicher ideal für die Verarbeitung von Holzgrund und allen Lasuren.

Für Feinarbeiten dagegen sollten Sie auf einen Ringpinsel zurückgreifen, mit dem sich saubere Kanten ziehen lassen. Er nimmt viel Farbe auf und gibt sie gleichmäßig wieder ab. Man kann damit auch gut an Kanten arbeiten.

Walzen und Streichkissen für den Lackauftrag

Wenn es um die Lackierung großer Flächen geht, ist es fast unmöglich, mit dem Pinsel ein völlig gleichmäßiges Auftragsbild zu erzielen. Profis arbeiten daher mit hochwertigen Spritzanlagen. Auch dem Do-it-yourselfer stehen Spritzpistolen zur Verfügung. Der Umgang mit diesen Geräten erfordert allerdings einiges Geschick, und der Farbverbrauch kann durch „Streuverluste" relativ hoch sein.

Eine echte Alternative stellen hier so genannte Lackwalzen dar. Damit können Sie große Flächen sehr zügig und vor allem äußerst gleichmäßig beschichten. Am besten nehmen Sie eine fein strukturierte Schaumstoffwalze aus Neopren oder Moltopren.

Auch Streichkissen mit feinen Fiberfasern werden für die Verarbeitung von Lacken angeboten. Ihre Handhabung ist allerdings gewöhnungsbedürftig und nicht jedermanns Sache. Am besten testen Sie die Handhabung an einer Probefläche aus, ehe Sie mit der Arbeit beginnen.

Tipp: Nach dem Auftragen von Grundierungen, Vorlacken etc. ist zu überlegen, ob die verwendeten Pinsel und Rollen nicht weggeworfen werden, anstatt sie umweltbelastend mit Lösungsmitteln und/oder viel Wasser zu reinigen.

1 Japanspachtel
2 Glättspachtel
3 Drahtbürste
4 Ziehklinge
5 Schleifschwamm
6 Flachpinsel
7 Stielspachtel
8 Kittmesser
9 Cuttermesser
10 Ringpinsel
11 Kartuschenpistole
12 Stuckateurkelle
13 Glättkelle
14 Fensterpinsel
15 Heizkörperpinsel
16 Kreppband zum Abkleben
17 Gipsbecher
18 Abdeckfolie
19 Abstreifgitter
20 Farbroller mit Kurzflor- und Langflorrolle
21 Deckenbürste (Quast)
22 Lackwalze mit verschiedenen Rollen
23 Tapetenbürste
24 Farbwanne

Werkzeuge für Maler- und Anstreicharbeiten

Raufaser- und Strukturfaser-Tapete

Neue Materialien verbinden die attraktive Optik der Prägetapete mit besonders heimwerkerfreundlicher Verarbeitung

Vor dem Tapezieren werden die Gipsfaserflächen mit Tiefengrund behandelt

Raufaser für die Decke – Strukturfasertapete an der Wand

Bei der Deckengestaltung wurde im hier gezeigten Renovierungsbeispiel auf die klassische Raufaser gesetzt. Die Ausführung „Superkorn" verleiht der Decke ein markantes Gesicht. Auch nach mehrmaligem Überstreichen zeigt diese Tapete immer noch Struktur. Der nächste Tapetenwechsel kann also warten.

Für die Wände wurde eine so genannte Strukturfaser gewählt, die das interessante Erscheinungsbild einer Prägetapete mit besonders einfacher Verarbeitung und mehrfacher Überstreichbarkeit verbindet. Die Tapete ist darüber hinaus rückstandslos abziehbar. Sie besteht aus schwerentflammbarem wasserdampfdurchlässigem Zellstoff- und Textilfaservlies. Der Tapetenkleister kann für die Verarbeitung der Bahnen direkt auf den Tapezieruntergrund gestrichen werden.

Decke tapezieren

1 Die Bahnen der stark strukturierten Raufasertapete für die Decke werden zugeschnitten und anschließend auf dem Tapeziertisch partienweise eingekleistert

2

Wenn die Bahnen gleichmäßig eingeweicht sind, werden sie in Richtung des Lichteinfalls unter die Decke geklebt. Dabei stützt ein Helfer das freie Bahnende ab

Man legt die Bahnen dann trocken in das Kleberbett ein. Alternativ können Sie den Wandbelag auch mit einem Kleistergerät einkleistern und sofort ohne jede Weichzeit in der üblichen Art und Weise auf Stoß verkleben.

Anders als die relativ empfindlichen Prägetapeten aus Papier nimmt die hier gezeigte Strukturfaser das Anwalzen und Anbürsten mit herkömmlichen Tapezierwerkzeugen nicht übel.

Durch die Prägung des Materials ergibt sich eine punktförmige Verklebung. Dies hat in Verbindung mit der hohen Dimensionsstabilität der Tapete die Folge, dass der Belag auch für rissige Altbauwände geeignet ist.

Nach der Trocknung können die tapezierten Decken- und Wandflächen mit einer möglichst nicht füllenden Dispersions- oder Latexfarbe gestrichen werden. Auch Acryllack können Sie alternativ einsetzen.

3

Mit einer Tapezierbürste streichen Sie die Tapete gründlich an. Die Stöße der Bahnen müssen sauber aneinander liegen. Hier die Tapete leicht anstupfen

4

Die mit etwas Überstand zugeschnittenen Tapetenbahnen werden am Ende der Decke gekappt. Ein Beschnittlineal sorgt hier für gerade Endkanten

5

Ist die Raufasertapete an der Decke gut durchgetrocknet, geht man sofort ans Streichen. Hier entschied man sich für eine nicht füllende Dispersionsfarbe

Tipp

Wenn man die Decke vor dem Tapezieren der Wände streicht, können die Wände später nicht verschmutzt werden.

Wände tapezieren

1
Nachdem die Decke tapeziert und gestrichen ist, kommen die Wände dran. Die Strukturfasertapete wird auf die erforderliche Bahnenlänge zugeschnitten

2
Der Kleister wird nach Herstellerangabe in 3,5 Liter Wasser eingerieselt. Nach gründlichem Durchrühren ist der Ansatz anschließend sofort verarbeitbar

3
Bei der so genannten Wandtechnik, auch Rolltapezieren genannt, trägt man den Kleister in Bahnenbreite mittels einer Lammfellrolle direkt auf die Wand auf

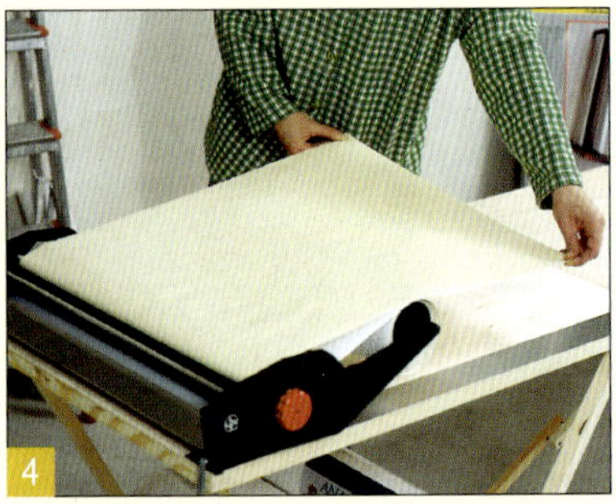

4
Wenn Sie das konventionelle Tapezieren vorziehen, füllen Sie den Kleister in eine Kleistermaschine, die dann Bahn für Bahn absolut gleichmäßig benetzt

5
Ganz gleich mit welcher Kleistertechnik Sie arbeiten, beim Ansetzen der Bahnen ist Sorgfalt gefragt. Man streicht die Tapeten mit der Bürste nach unten glatt

6
Die Stöße werden sauber aneinander gesetzt. Die robuste Prägung der Tapete nimmt dabei das Andrücken mit Tapezierbürste und Nahtroller nicht übel

Wände streichen

1 Zum Schutz der Decke wird ihr Rand mit Malerkrepp für gerade Kanten abgeklebt. Dann streicht man zuerst einen Streifen mit dem Heizkörperpinsel vor

2 Die mit Volltonfarbe in einem leuchtenden, warmen Orangeton abgetönte Wandfarbe wird gleichmäßig aufgerollt und durch Querrollen verschlichtet

3 Sobald die Farbe anzutrocknen beginnt, kann die Abklebung am Deckenrand entfernt werden. Man zieht das Kreppband schräg nach hinten ab

Das Ergebnis

Die warmen Orangetöne der Wand und das Buchendekor-Laminat am Boden bringen die dunklen Möbel und Dekorationen sehr attraktiv zur Geltung.

Alte Tapeten in neuem Glanz

Wenn alte Strukturtapeten nur unansehnlich und verschmutzt sind, brauchen Sie nicht gleich neu zu tapezieren. Versuchen Sie es doch mal mit einem Anstrich

Kaum zu glauben, dass hier ein alter Tapetenbelag nur durch einen Anstrich verschönert wurde

Eine preiswerte und attraktive Renovierung alter Strukturtapeten

Je nach Belastung durch Rauchen, Ofenheizung etc. kann ein Tapetenbelag schon nach zwei bis drei Jahren unansehnlich werden. Vielleicht hat sich aber auch nur Ihr Geschmack gewandelt. Der eintönige Strukturtapetenbelag, wie Sie ihn in Bild 1 auf der folgenden Seite sehen, gefällt ganz einfach nicht mehr.

Mit der Schwammtechnik können Sie beim Anstreichen schöne Verläufe erzielen

Muss dann gleich die komplette Tapete abgerissen und neu geklebt werden? Diesen Aufwand können Sie durchaus vermeiden. Sofern die alte Tapete fest an der Wand sitzt, kann sie wie eine Raufaser problemlos überstrichen werden.

Zuerst reinigen Sie die Tapete mit einer Bürste oder dem Staubsauger. Dann werden etwaige Beschädigungen repariert und lose Ränder mit Kleister nachgeklebt. Danach tragen Sie eine gut deckende Wandfarbe auf. Alle Tipps zum Anstreichen finden Sie auf den folgenden Seiten.

Besonders attraktiv wird der alte Wandbelag, wenn Sie zunächst einfarbig grundieren und dann mit der Wischtechnik farbige Strukturen zaubern. Ab Seite 46 finden Sie zu diesem Thema noch zahlreiche Anregungen. Soll eine alte Prägetapete aufgefrischt werden, können Sie ebenfalls mit Farbe arbeiten, wie die Fotos unten zeigen. Das Ergebnis ist überzeugend.

Arbeitsschritte

1 Die alte Strukturtapete ist unansehnlich geworden, sitzt aber sehr fest auf der Wand. Vor einem Neuanstrich muss sie zunächst gründlich gereinigt werden

2 Mit normaler Wandfarbe wird die Tapete nun gestrichen. Tragen Sie die Farbe mit einer Lammfellrolle auf. Nur an den Rändern wird mit einem Pinsel gearbeitet

3 Ist Ihnen der weiße Grundanstrich zu langweilig, können Sie im Anschluss mit einer Farbe Ihrer Wahl dekorative Strukturen auftragen (hier in Gelbtönen)

4 Verschiedene Werkzeuge bieten sich an, die Farben zu verteilen. Sie können einen Quast benutzen, aber auch mit Schwämmen oder Bürsten arbeiten

Tipp

Wenn Sie Prägetapeten mit abriebfester Dispersions- oder Latexfarbe streichen, erhalten sie einen strapazierfähigen Belag für Flure und Treppenhäuser.

Lasurtechnik

1 Im ersten Arbeitsschritt hat man die Prägetapete hier lasiert. Dann werden die erhabenen Teile mit einem feuchten Schwamm vorsichtig abgewischt

2 Statt zu lasieren, kann man die Tapete auch mit einer Dispersionsfarbe grundieren und anschließend mit der Überrolltechnik die Borte separat streichen

Arbeitsanleitung Decken und Wände streichen

Die Zeiten, in denen man Decken und Wände nur mit viel Mühe renovieren konnte, sind vorbei: Mit neuen Farben haben Sie Ihr Heim im Nu verschönert

Erster Schritt: den Untergrund prüfen

Für Decken und Wände benutzen Sie die im Kapitel Anstrichmittel bereits vorgestellten Dispersionen.

Warum müssen die Untergründe vor dem Anstrich geprüft werden? Nur wenn Sie genau wissen, welchen Untergrund Sie vor sich haben, sind Sie in der Lage, die richtige Vorbehandlung durchzuführen, die letztlich die Basis für einen hochwertigen und dauerhaften Anstrich darstellt.

Zweiter Schritt: den Untergrund vorbereiten

Grundsätzlich müssen verschmutzte Wand- und Deckenflächen gereinigt werden, um sie staub- und fettfrei zu machen. Nehmen Sie dazu ein trockenes oder nur leicht angefeuchtetes Tuch. Fettverschmutzungen entfernen Sie mit warmem Wasser und einem Schwamm, der mit etwas SE-Anlauger benetzt wurde.

Alte Leimfarben müssen Sie vor einem Neuanstrich gänzlich abwaschen. Sie taugen nicht als Untergrund für Dispersionsfarben. Der Neuanstrich würde abblättern. Darum wird die Leimfarbe mit Wasser und einer Wurzelbürste entfernt. Nach dem Trocknen grundieren Sie die gesamte Fläche mit einem lösemittelfreien Tiefengrund.

Kleine schwarze Punkte (Schimmelflecken bzw. Stockflecken) können Sie

Altbau

In Altbauwohnungen mit Kassettentüren und hohen Stuckdecken kann man den Reiz dieser aufwändigen Innenarchitektur durch geschickte Farbwahl in abgestuften Tönen dezent unterstreichen.

Untergründe prüfen

1 Dieser Test zeigt Ihnen sofort, ob der Untergrund stark sandet oder auskreidet: einfach mit einem schwarzen Stück Tuch einmal kräftig über die Wand reiben

2 Die Abreißprüfung zeigt Ihnen, wie gut ein vorhandener Altanstrich auf dem Putz haftet. Das Klebeband fest anreiben und anschließend ruckartig wieder abziehen

3 Derart marode Altanstriche, die bereits abblättern, müssen Sie gründlich entfernen, um einen tragfähigen Untergrund für die neue Wandfarbe zu schaffen

Untergründe vorbereiten

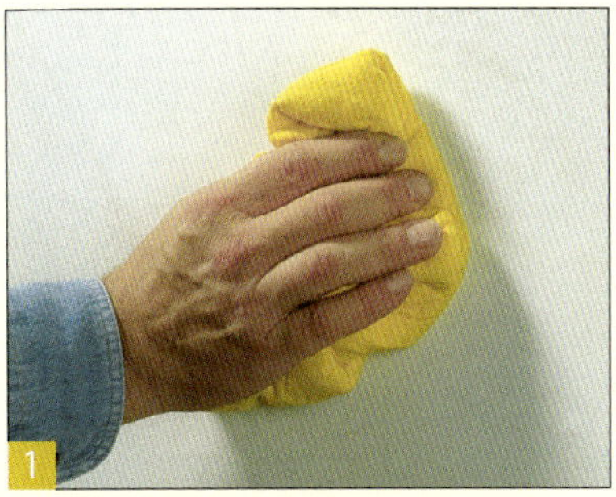

1 Mit einem leicht angefeuchteten Tuch können Sie geringe Verschmutzungen von Wänden problemlos entfernen. Bei Fettflecken etwas SE-Anlauger einsetzen

2 Alte Leimfarbenanstriche müssen Sie vor einem Neuanstrich entfernen. Auf einem solchen Untergrund finden moderne Dispersionen nämlich keinen Halt

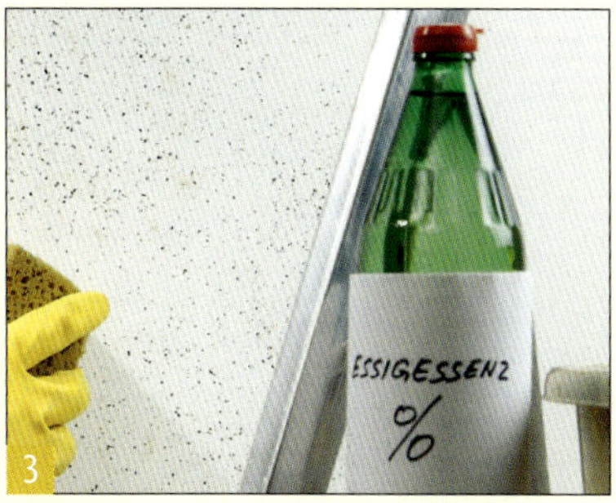

3 Essigwasser ist ein bewährtes Mittel zum Entfernen von Stock- und Schimmelflecken. Sorgen Sie aber auch dafür, dass es keine neuen Feuchteschäden geben kann

mit Essigwasser entfernen. Geben Sie dazu eine halbe Tasse ungewürzten Essig (oder die entsprechende Menge Essigessenz) auf fünf Liter warmes Wasser.

Weiße Salpeterausblühungen sollten Sie vorsichtig mit einem Spachtel abschaben. Damit ist jedoch nicht die Ursache dieser Erscheinung behoben. Prüfen Sie, ob eventuell eine Abdichtung des Mauerwerks gegen eindringende Feuchtigkeit erforderlich ist.

Rostflecken auf Wand- und Deckenflächen werden, sofern der Putz im Umfeld noch in Ordnung ist, mit einer Drahtbürste entfernt. Die Stellen anschließend mit Metallgrund isolieren. Nikotin- und Wasserflecken sollten Sie mit einer Isolierfarbe vorstreichen, damit die anschließend aufgebrachte Dispersion haftet.

Risse im Untergrund müssen Sie mit einem Stielspachtel möglichst tief aufkratzen und sorgfältig ausbürsten. Dann wird der Ritz angefeuchtet und zugespachtelt.

Abgeplatzte Stellen werden so weit vergrößert, bis Sie wieder auf tragfähigen Putz stoßen. Anschließend auch diese Bereiche ausbürsten, um lose Partikel zu entfernen. Die Reparaturstelle wird gut angefeuchtet. Nun können Sie die Löcher mit Wandfüller zuspachteln. Bevor Sie einen neuen Anstrich aufbringen, muss die Spachtelmasse komplett weiß aufgetrocknet sein.

Sollte der Untergrund aus einem Edelputz bestehen, lassen sich nur kleinste Löcher und Risse durch Wandfüller schließen. Mit Finger, Schwamm, Pinsel und Wasser werden die Reparaturstellen möglichst exakt nachmodelliert. Größere Fehlstellen müssen Sie aber mit Originalputz ausbessern. Achtung: Alle mineralischen Edelputze können erst 4–6 Wochen nach dem Auftragen gestrichen werden.

Mit Tiefengrund festigen

Nachdem der Putzuntergrund gereinigt, von Flecken befreit und bei Bedarf gespachtelt wurde, tragen Sie grundsätzlich einen lösemittelfreien Tiefengrund auf, der in den Putz eindringt und mürbe oder sandende Strukturen verfestigt.

Der richtige Aufbau eines Neuanstrichs: Die Vorbehandlung

Die bereits angesprochene Vorbehandlung mit lösemittelfreiem Tiefengrund gilt für alle Wand- und Deckenflächen, es sei denn, Sie haben als Untergrund mindestens eine waschbeständige Innenfarbe nach DIN.

Die Vorbehandlung mit Tiefengrund ist erforderlich, um die möglicherweise vorhandene restliche Alkalität des Untergrundes nicht an den Anstrich heranzulassen und der Fläche gleichmäßige Saugfähigkeit zu verleihen. Besteht bei alten Putzen die Gefahr, dass darin enthaltene Zusatzstoffe zu

Letzte Vorarbeiten

Altanstriche, die bereits anfangen abzublättern, muss man so weit wie möglich abtragen. Mit Stielspachtel und Drahtbürste entfernen Sie die maroden Partien

Vor dem Ausspachteln mit Wandfüller muss man den Riss sorgfältig anfeuchten, damit sich die verwendete Spachtelmasse optimal mit dem Untergrund verbindet

Sind die Tapeten restlos entfernt, waschen Sie etwaige Kleisterreste auf dem Untergrund mit warmem Wasser ab. Dann Unebenheiten und Fehlstellen nachspachteln

Vor dem Streichen

Wenn Sie beim Neuanstrich mit Fester Farbe arbeiten, brauchen Sie nur die Ränder sauber abzukleben. Zusätzlich ein paar Zeitungen an den Rand legen

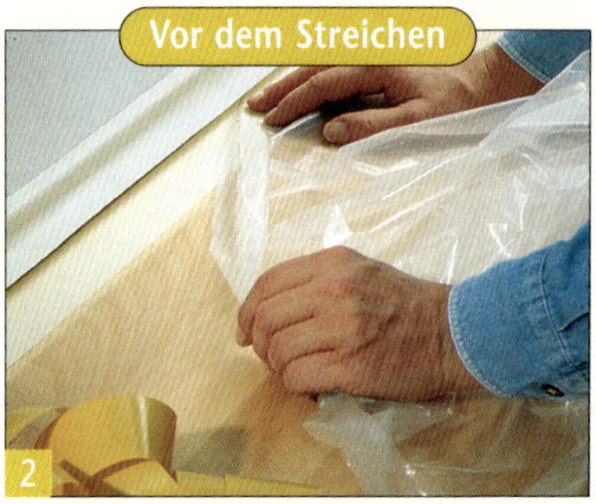

Wird die Wandfläche mit Tiefengrund vorbehandelt oder soll eine flüssige Dispersion aufgebracht werden, empfiehlt es sich, den Boden mit Folie abzudecken

Die Vorbehandlung der Wand mit Tiefengrund festigt sandenden und mürben Altputz. Außerdem wird der gesamten Fläche gleichmäßige Saugfähigkeit verliehen

Verfärbungen des Anstrichs führen, verwenden Sie statt des lösemittelfreien Tiefengrunds ein lösemittelhaltiges Produkt. Es sperrt Verunreinigungen des Untergrunds wirksamer ab.

Der Endanstrich

Welche Fläche Sie mit einer Farbe streichen können, steht stets auf dem Gebinde. So können Sie beim Vergleichen leicht ausrechnen, welche Farbe für Sie am günstigsten ist. Kaufen Sie aber auf jeden Fall nicht zu knapp ein, besonders wenn Sie noch wenig Übung im Streichen haben.

Nachdem Sie leichte Möbel aus dem Zimmer entfernt, schwere in die Mitte gerückt und den Boden mit Folie abgedeckt haben (bei Verwendung von Fester Farbe entfallen Abdeckarbeiten weitgehend), kann es losgehen. Hochwertige Wand- und Deckenfarben werden einmal oder maximal zweimal unverdünnt aufgetragen. Sie sollten nach Möglichkeit immer mit einem Roller arbeiten, um eine gleichmäßige Oberflächenstruktur zu erzielen. Bei stark strukturierten Putzuntergründen wird generell mit flüssiger Dispersion und einem langflorigen Roller gearbeitet. Ansonsten können Sie sich auch für cremige Dispersionen oder Feste Farbe entscheiden, die man mit der Kurzflorrolle aufträgt.

Und so streichen Sie richtig: Zur Vorbereitung des Gesamtanstrichs streichen Sie im Bereich von Ecken und Kanten – wo die große Rolle nicht hinkommt – mit einem flachen Pinsel vor. Anschließend sollten Sie hier aber unbedingt nochmals mit einer kleinen Heizkörperwalze nachrollen, denn bei stark strukturierten Flächen können die Vertiefungen durch den Pinsel regelrecht mit Farbe zugeschlämmt werden. Beim Trocknen reißt der Anstrich in diesen Bereichen und stört das Gesamtbild. Grundsätzlich gilt: immer zuerst die Decke und dann die Wände streichen. Tragen Sie die Dispersion in der Fläche mit dem Farbroller in leicht schrägen Bahnen in überkreuzender Richtung auf. Zum Schluss rollen Sie dann noch einmal senkrecht (an der Decke parallel zu einer Wand) mit überlappenden Bahnen nach. So entsteht ein perfekter Anstrich, wie vom Profi gemacht. Achten Sie bitte darauf, dass große zusammenhängende Flächen (z. B. Decken von mehr als 20 m^2) immer nur nass in nass gerollt werden, um sichtbare Ansätze zu vermeiden. Durch ungleichmäßiges Trocknen können sich zunächst Streifen zeigen. Diese verschwinden nach dem Durchtrocknen. Nach Möglichkeit sollte während der Anstricharbeiten die Heizung abgeschaltet werden. Erst 2–3 Stunden nach Fertigstellung des Anstrichs wird sie bei geschlossenen Fenstern wieder aufgedreht. Die Farbe trocknet dann schnell und gleichmäßig durch. Gelüftet wird am besten alle zwei Stunden für ungefähr zwei Minuten durch so genanntes Stoßlüften.

Streichtechnik

Im Bereich von Ecken und Rändern arbeiten Sie mit dem Flachpinsel vor. Für einen gleichmäßigen Farbauftrag anschließend mit der Heizkörperrolle nacharbeiten

Rollen in der Fläche: erst die Farbe in schrägen sich überkreuzenden Bahnen auftragen, dann die Farbe durch gerade überlappende Bahnen verschlichten

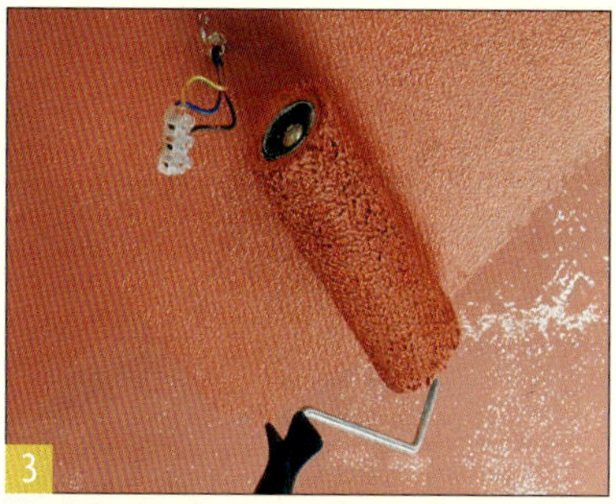

Ideal für Deckenanstriche ist so genannte Feste Farbe. Sie deckt besonders gut und tropft aufgrund ihrer festen Konsistenz nicht so stark wie normale Wandfarbe

Kreative Anstrichtechniken

Traditionelle Anstrichtechniken, mit deren Hilfe man früher die Wände dekoriert hat, erleben heute eine wahre Renaissance

Streifentechnik

Die Streifen-Technik erlaubt sehr vielfältige Wandgestaltungen. Wichtig ist, dass die Proportionen stimmen und die Farben gut miteinander harmonieren.

Schablonentechnik

1 Die Schablone wird mit Kreppband fixiert. Danach tupfen Sie die Kontrastfarbe mit einem Schwamm auf. Es darf keine Farbe hinter die Pappe laufen

2 Um eine Bordüre zu gestalten, lösen Sie die Schablone ab und fixieren sie im gewünschten Abstand erneut auf der Wand. Vorher anhaftende Farbreste entfernen

3 Zur Betonung kleinerer Motivteile oder zum Austupfen einzelner Schablonen verwenden Sie einen kleinen Schablonierpinsel, den Sie mit wenig Farbe benetzen

Zaubern Sie mit der altbewährten Schablonen-Technik

Muster und Farben müssen nicht unbedingt von der Tapetenrolle kommen, wenn es darum geht, Wände kreativ zu gestalten. Traditionelle Malertechniken, bei denen durch Tupfen, Spritzen, Wischen, Wickeln oder Abkleben attraktive Effekte erzeugt werden, sind neuerdings wieder hochaktuell.

Der Aufwand ist relativ bescheiden, das Ergebnis mehr als sehenswert. Sie brauchen für unsere Malertechniken nicht mehr Geschick als fürs Tapezieren. Dafür schaffen Sie sich auf ausgesprochen preiswerte Weise dekorative Wände, deren Outfit in jedem Fall ein Unikat darstellt.

Das hier vorgestellte Badezimmer präsentiert sich im maritimen Look. Leuchttürme, Muscheln und Fische zieren die tiefblaue Grundfarbe. Die Wände wurden zuerst mit einer blauen Dispersionsfarbe grundiert. Dann hat man rechts und links des Spiegels zwei Leuchttürme aufgemalt. Die entsprechenden Schablonen können Sie fertig kaufen oder mit etwas Geschick und einfachen Mitteln selbst herstellen.

Die Schablonen werden mit Malerkreppband in der gewünschten Position fixiert. Dann tupft man die Kontrastfarbe mit einem Schwamm auf. Sollen verschiedene Farben zur Anwendung kommen, lassen Sie die erste antrocknen und malen Sie dann Teilbereiche der Schablone mit der zweiten Farbe aus. Um waagerechte oder senkrechte Bordüren mit der Schablonentechnik herzustellen, setzen Sie eine oder mehrere verschiedene Schablonen entlang einer Schnur immer wieder hintereinander an und malen sie aus.

Tipps zum Arbeiten mit Schablonen

Beim Ausmalen der Motive müssen Sie immer von innen nach außen arbeiten. Dabei wird gestupft – wie der Fachmann sagt – und nicht gestrichen, denn sonst könnte Farbe unter die Schablone gelangen und die Kontur verschmieren. Den speziellen Schablonenpinsel stets nur sparsam mit Farbe benetzen und möglichst senkrecht zur Wand halten.

Ist eine Fläche gleichmäßig gefärbt, nehmen Sie die Schablone ab, um sie in der nächsten Position zu fixieren. Vorher wird die Rückseite auf Verunreinigungen kontrolliert und gegebenenfalls sorgfältig abgewischt. Zeigen die Motive zuletzt noch unsaubere Kanten, wird mit einem feinen Pinsel nachgearbeitet.

Die Schablone für eine strahlende Sonne wird mit Kreppband in der vorgesehenen Position fixiert. Dann tupfen Sie die Flächen von innen nach außen aus

Neben der optimalen Dispersion für Effekte brauchen Sie Pinsel, Schwamm und die vorbereiteten Schablonen (als Set erhältlich)

Attraktive Dekor-Effekte mit eingestreuten Farbplättchen

Sie streichen Ihre Wand zunächst in der gewünschten Grundfarbe. Geeignet sind glatt geputzte Wände, Raufasertapeten und andere strukturierte Wandbeläge.

Die Farbplättchen gibt es in verschiedenen Tönen – jeweils passend zu bestimmten Grundfarben. Sie werden in ein spezielles Basis-Gel eingerührt. Dabei müssen Sie ganz vorsichtig mit einem Holzstab arbeiten. Schnell drehende Rührquirle, in die Bohrmaschine eingespannt, würden die empfindlichen Plättchen nämlich zerstören.

Die Wände werden zuerst in der Grundfarbe gestrichen. Mit dem Roller oder einem breiten Pinsel tragen Sie die Mischung aus Gel und Farbplättchen am nächsten Tag auf die Grundfarbe auf. Das Gel trocknet farblos auf, und zurück bleibt ein buntes Muster von Farbplättchen. Nach vollständiger Durchtrocknung können Sie eventuell vorhandene Fehlstellen vorsichtig mit einem Pinsel nachtupfen.

Farbplättchen verarbeiten

1 Zuerst streichen Sie die Wand in gleichmäßigen senkrechten Bahnen mit der vorgesehenen Grundfarbe. Verwenden Sie hierzu eine einfache Lammfellrolle

2 Geben Sie im nächsten Schritt je nach gewünschter Intensität des Effekts zwei bis vier Päckchen der Farbplättchen in den Eimer mit dem Basis-Gel

3 Da die Farbplättchen sehr empfindlich sind, dürfen Sie zum Verrühren keinen Rührquirl verwenden. Mischen Sie die Plättchen mit einem Holzstab ein

4 Mit Roller oder Pinsel wird die Gelmischung nun möglichst dünn auf der Wandfläche verteilt. Das Gel trocknet unsichtbar auf und gibt den Plättchen Halt

Wischen und Tupfen mit Effektschwamm oder Naturschwamm

Auch bei dieser Anstrichtechnik wird die Wand zunächst einfarbig grundiert. Anschließend setzen Sie einen Schwamm als Auftragswerkzeug für eine zweite Effektfarbe ein. Der Fachhandel bietet Spezialschwämme an, die auf der Arbeitsseite Erhöhungen aufweisen. Der Schwamm wird angefeuchtet und mit etwas Effektfarbe benetzt. Dann wischen Sie in gleichmäßigen Bewegungen über die grundierte Wand. Sobald die Farbe aufgebraucht ist, muss der Schwamm erneut eingetaucht werden. Damit ein gleichmäßiges Bild entsteht, sollten Sie den Schwamm stets im gleichen Winkel und mit gleich bleibendem Druck führen. Auf keinen Fall darf die Arbeit auf halber Strecke unterbrochen werden. Alternativ können Sie auch einen Naturschwamm verwenden.

Effektfarbe verarbeiten

1 Zuerst wird die Wand mit der Rolle grundiert. Dann kann die Effektfarbe in wischenden Bewegungen mit dem Spezialschwamm aufgetragen werden

2 Befeuchten Sie den Effektschwamm mit etwas Wasser, und benetzen Sie die Unterseite mit wenig Farbe. Mit schwungvollen Bewegungen die Farbe verwischen

Schwammtechnik

1 Wenn Sie mit der Schwammtechnik arbeiten wollen, müssen Sie die Wandfläche mittels Lammfellrolle zunächst mit einer Farbe Ihrer Wahl grundieren

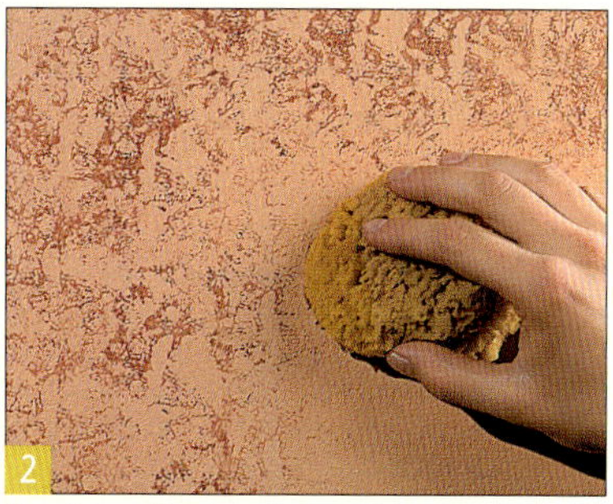

2 Feuchten Sie den Naturschwamm an und tauchen ihn kurz in die Farbe.
Mit leichtem Druck mehrfach in unregelmäßigen Abständen auf die Wand tupfen

Mit Effekthandschuh oder Bürste tolle Muster herstellen

Der Handschuh wird übergestreift und dann in die Dekorfarbe eingetaucht. Sie wischen damit ohne Druck in verschiedenen Richtungen über die wiederum mit einer Grundfarbe vorbehandelte Wand.

Sehr schön sind auch die gewischten Strukturen, die Sie mit Hilfe einer Bürste herstellen können. Man taucht nur die Spitzen der Borsten in die Farbe ein und führt das Werkzeug dann mit leichtem Druck in unregelmäßigen Schwüngen über die Wand. Um eine harmonische Wirkung zu erzielen, sollten Sie diagonale Streifen möglichst in Richtung des Lichteinfalls bürsten. Statt der hier gezeigten Spezialbürste können Sie auch ganz normale Handbürsten oder sogar einen kleinen Besen benutzen.

Effekthandschuh

1 Man taucht den Effekthandschuh nur ganz leicht in die vorbereitete Farbe ein. Anschließend streicht man damit unter sanftem Druck über die Wandfläche

2 Mit dem Effekthandschuh können Sie die verschiedensten Muster erzielen, je nachdem, wie Sie ihn über die Wand führen. Arbeiten Sie jedoch stets gleichmäßig

Bürsten-Technik

1 Die Wand wird zuerst mit einer Grundfarbe versehen. Diese mit der Lammfellwalze gleichmäßig deckend auftragen und über Nacht durchtrocknen lassen

2 Für den Einsatz der Bürste wird wieder zuerst grundiert. Dann die Borsten kurz in Farbe tauchen und in unregelmäßigen Schwüngen über die Wand wischen

Mit dem Stupfring arbeiten

Deutlich zeitaufwändiger als die bisher gezeigten Techniken ist die Arbeit mit dem hier vorgestellten Stupfring. Dieses Werkzeug wird in die Effektfarbe getaucht und in wechselnden Abständen auf die Wand getupft. Man braucht zwar ein wenig länger, um eine bestimmte Fläche zu bearbeiten, das Ergebnis ist aber ungemein attraktiv.

Sie können die Stupftechnik – wie auch die anderen Techniken – nacheinander mit verschiedenen Farben durchführen und so interessante Mischungen erzeugen. Je nachdem, wie fest Sie ihn aufdrücken, erhalten Sie zarte oder stärkere Farbeffekte.

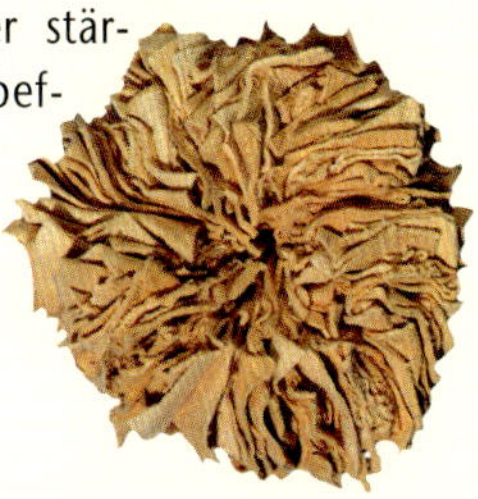

1 Wieder wird die Wand zuerst ganzflächig grundiert. Mit der Lammfellrolle tragen Sie die Farbe in senkrechten Zügen gleichmäßig auf die Wandfläche auf

2 Dann tauchen Sie den Stupfring leicht in die Effektfarbe ein. Nehmen Sie anfangs lieber zu wenig als zu viel Farbe auf. Sie können immer noch nachtupfen

3 Wenn Sie zu viel Farbe auf einmal aufnehmen, kann es zudem leicht dazu kommen, dass die Farbe heruntertropft. Das sollten Sie unbedingt vermeiden

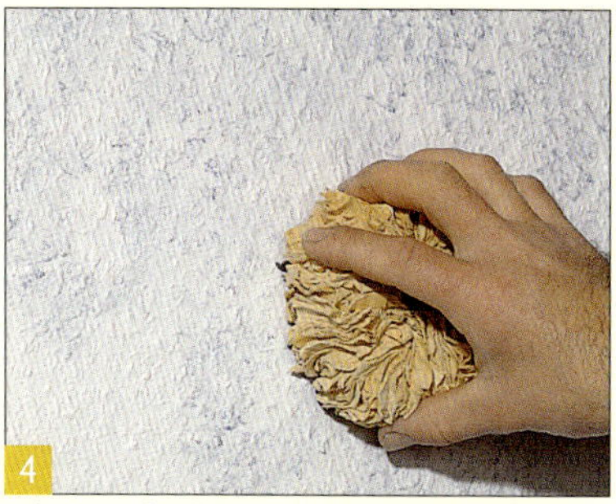

4 Mit ganz leichtem Druck stupfen Sie dann in wechselnden Abständen auf die Wand. Sie erhalten auf diese Weise einen sehr luftig wirkenden Pastelleffekt

Der Effektroller im Einsatz

Für die traditionsreiche und unverständlicherweise in Vergessenheit geratene Wickel-Technik brauchen Sie eine geschickte Hand. Man arbeitet dabei mit einem zusammengedrückten Tuch oder Fensterleder, mit dem man die Farbe auf die zuvor grundierte Wand tupft.

Ein ganz ähnliches Ergebnis erzielen Sie bei der Verwendung eines Effektrollers, dessen Oberfläche genau die gleiche Struktur zeigt wie ein zusammengedrücktes Tuch. Nur dass das Rollen viel schneller und leichter von der Hand geht.

Die zuvor mit seidenglänzender Farbe grundierte Wand wird bei dieser Technik mit einer zweiten Effektfarbe überstrichen. Dann rollt man in verschiedenen Richtungen mit dem Effektroller über die noch feuchte Effektfarbe.

Effektroller

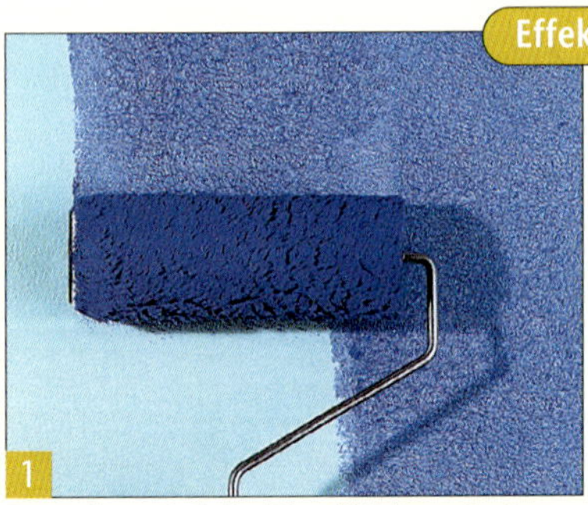

1 Zunächst wird die Wandfläche mit einer hellen Farbe grundiert. Anschließend überstreicht man die Fläche mit einer zweiten, dunkleren Farbe ganzflächig

2 Der Effektroller-Auftrag muss erfolgen, solange die zweite Farbschicht noch frisch ist. Die unterliegende Farbschicht kommt stellenweise zum Vorschein

Effektroller

1 Hier ein Beispiel, bei dem mit einem relativ zarten Farbton gearbeitet wird. Auf die zuvor weiß grundierte Wandfläche kommt lindgrüne Effektfarbe

2 Wenn Sie den Effektroller von Zeit zu Zeit von überschüssiger Farbe befreien, nimmt er die Farbe auch nach längerem Einsatz zuverlässig von der Wand ab

Tapeten mit Metalleffekt

Glatt verputzte Wände oder Raufasertapeten wirken in erster Linie durch die Farbe, mit der man die Fläche streicht. Anders bei Prägetapeten. Ihre Struktur lebt durch Licht und Schatten. Besonders attraktiv ist ein Anstrich mit Metalleffektfarbe. Um die links gezeigten Kassetten im Metall-Look herzustellen, wird die Tapete zunächst mit lindgrüner Wandfarbe grundiert. Dann klebt man die gewünschten Flächen mit Kreppband ab.

Da bei einer stark strukturierten Prägetapete unweigerlich Farbe unter das Kreppband gelangen würde, müssen Sie den Rand der Abklebung zusätzlich mit überstreichbarem Acrylat (kein Silikon verwenden) fixieren. Das Acrylat wird aus der Kartusche aufgetragen und nach innen mit dem Finger glatt gestrichen.

Metalleffektfarbe

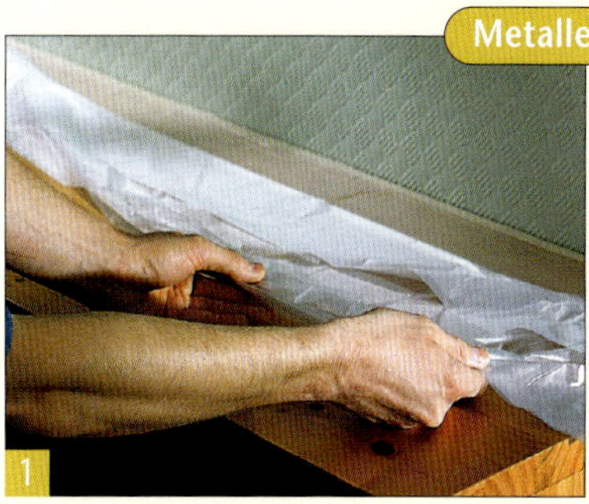

Zunächst wird unterhalb der geplanten Kassetten mit Folie abgeklebt, damit die Möbel nicht durch herabtropfende Farbe verschmutzt werden können

Nach dem Grundieren der gesamten Wandfläche klebt man die für die Behandlung mit Effektfarbe vorgesehenen Felder sorgfältig mit Maler-Krepp ab

Damit die Effektfarbe nicht unter die Abklebung läuft, wird der Rand mit Acrylat fixiert, das man mit dem Finger vom Klebeband weg nach innen streicht

Mit einer kleinen Farbrolle wird nun die Metalleffektfarbe ein- bis zweimal aufgetragen. Achten Sie darauf, dass die Farbe in alle Vertiefungen hinein gelangt

Dekorative Abschlussleisten

Das hier gezeigte Badezimmer stammt keineswegs aus der Gründerzeit – es ist ein Neubau. Und die Stuckleisten wie auch die schöne Rosette an der Decke bestehen nicht aus Gips, sondern aus Hartschaum

Zierprofile aus Hartschaum lassen sich leicht verarbeiten

Altbauten mit erhaltenen Stuckdecken werden heute liebevoll restauriert. Doch auch im Neubau muss man auf die dekorativen Elemente nicht mehr verzichten. Gerade bei einfarbig gestrichenen Wänden bilden die Zierprofile im alten Stil einen eleganten Abschluss, der das Gesamtbild deutlich aufwertet.

Die aus Hartschaum hergestellten Zierprofile schneidet man mit der Gehrungssäge auf die gewünschte Länge zu und fixiert sie – am besten vor dem Tapezieren – mit einem Spezialkleber direkt auf dem Putz. Werden sie erst nachträglich angebracht, müssen die Tapeten sehr gut haften. Als Anstrich eignen sich alle handelsüblichen Dispersionsfarben und Latexfarben. Für wasserlösliche Acryl-Lacke muss der Hartschaum erst grundiert werden.

Rosetten

Rosetten aus Hartschaum werden zur Renovierung alter Stuckdecken eingesetzt. Wo früher handwerkliche Kunst erforderlich war, die Zierelemente einzeln herzustellen, kann man heute auf vorgefertigte Elemente zurückgreifen, die man nur noch anklebt.

Neben den verschiedensten Profilleisten gibt es auch wunderschöne Rosetten, wie sie Stuckateure der „guten alten Zeit“ in mühseliger Handarbeit aus Gips gießen mussten, um sie dann weiterverarbeiten zu können.

Abschlussleisten auf Gehrung zuschneiden und verkleben

Die schönen Zierprofile aus Hartschaum werden mit Hilfe einer Gehrungslade und einer Handsäge mit feiner Zahnung in die richtige Form gebracht.

Vor allem die Gehrungen bei Innen- wie Außenecken müssen präzise zugeschnitten werden, damit ein sauberes Gesamtbild entsteht. Man legt die Profile stets mit der empfindlichen Motivseite in die Gehrungslade. Nur wenige Schnitte mit der Säge sind erforderlich, und schon ist die Gehrung exakt zugeschnitten.

Zum Befestigen der Zierprofile nehmen Sie den vom Hersteller empfohle-

Zuschneiden

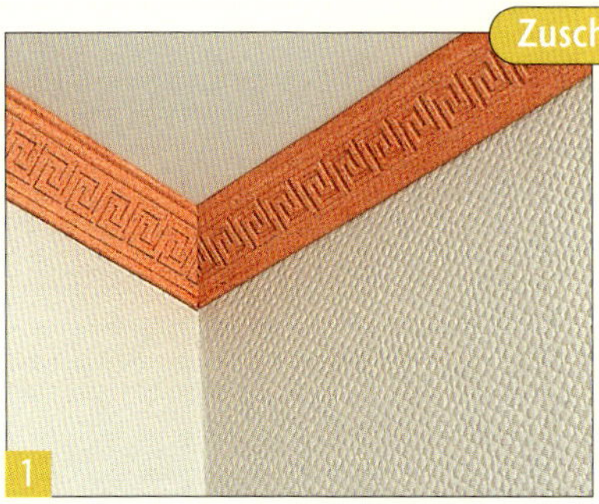

1 Um die Gehrungen für eine Innenecke herzustellen, muss man die Leisten so zuschneiden, dass sie sich nach oben hin verjüngen und in die Winkel einpassen

2 Die Leiste mit der Motivseite nach unten in die Gehrungslade legen und erst mit der linken Schlitzung, dann mit der rechten Schlitzung als Führung schneiden

3 Beim Zuschneiden der Passstücke für eine Außenecke benutzt man die verschiedenen Schlitzungen in umgekehrter Reihenfolge, erst rechts, dann links

4 Wenn man die Schnitte mithilfe der Gehrungslade sauber setzt, fügen sich die beiden Passstücke exakt aneinander, und man erhält eine elegante Außenecke

Kleben

1 Den Universal-Kleber aus der Kartusche in zwei Streifen auf die Rückseite des Profils geben. Auch die Stoßkanten müssen mit Kleber bestrichen werden

2 Richten Sie das Profil exakt waagerecht aus. Am besten die Position vorher unter Zuhilfenahme einer Wasserwaage anzeichnen. Dann das Profil fest andrücken

nen Universalkleber. Den Kleber in Streifen auftragen. Auch die Schnittkanten müssen bestrichen werden.

Leisten überstreichen

Zierprofile aus Polystryol, besser bekannt unter dem Markennamen Styropor, können mit jeder lösemittelfreien Farbe überstrichen werden. Elemente aus Polyurethan können Sie sogar mit beliebigen Farben behandeln.

Wer den Leisten ein besonders attraktives Erscheinungsbild verleihen möchte, kann sie auch marmorieren oder patinieren. Entsprechende Anstrichmittel gibt es vom Hersteller der Profile als Zubehör.

Der Patinierungsanstrich wird mit einem Flachpinsel aufgebracht. Dabei streicht man nicht, sondern betupft die erhabenen Flächen des Profils. Die Marmorierung wird mit einem Lappen aufgetragen und dann durch Wischen auf den erhabenen Flächen verteilt.

Zierprofile und Zierelemente bringen bei kleinem Aufwand große Wirkung

Deckenrosetten verarbeiten

Deckenleuchten entfalten ihre volle Wirkung erst dann, wenn ihre Aufhängung durch eine dekorative Rosette verziert wird. Ebenso können Rosetten aber auch als reine Dekor-Elemente an Decke oder Wand eingesetzt werden.

Auch Rosetten lassen sich wie die Zierprofile überstreichen. Besonders attraktiv wirkt eine Behandlung, bei der die erhabenen Teile nach einer Grundierung der gesamten Fläche dunkler gestrichen werden. So ergibt sich eine besonders interessante dreidimensionale Optik. Das I-Tüpfelchen bildet schließlich eine Verzierung mit spezieller Goldpaste.

Zur Befestigung der Rosetten wird der gleiche Kleber wie für die Leisten benutzt. Kleberreste sofort feucht abwischen.

Kreative Einrichtungs-Ideen mit Stuckleisten und Rosetten

Der Trend geht heute bei der Raumgestaltung ganz eindeutig weg vom langweiligen „Einheitsbrei" hin zu individuellen Lösungen. Kreative Produkte wie die hier gezeigten Zierprofile und Rosetten helfen bei solchen Lösungen.

Der rechts gezeigte Raum beispielsweise ließ ursprünglich jede Individualität vermissen. Mit Stuckleisten und Wandkassetten aus Zierprofilen hat er ein völlig anderes und dazu edleres Aussehen bekommen. Auch die anderen Ideen zeigen, was man mit einfachen Mitteln aus seiner Einrichtung machen kann. Also: Seien Sie doch auch mal kreativ!

Patinieren

Für den ersten vollflächigen Anstrich der Leiste mit dem Patinierungsmittel wählt man einen feinen Pinsel, der auch in die kleinsten Vertiefungen gelangt

Anschließend wird die Leiste mit einem breiten Pinsel gleichmäßig betupft. Wichtig ist, dass die Patinierung nur an den erhabenen Stellen der Leisten haftet

Marmorieren

Zum Marmorieren benutzt man das gleiche Mittel. Man streicht die Leiste zuerst vollflächig ein und tupft dann den Auftrag mit einem Tuch wieder ab

Alternativ kann man die Fläche auch wischen. Welche Technik Sie bevorzugen, ist letztlich reine Geschmackssache. Sie müssen es einfach ausprobieren

Rosetten verschönern

Vorgefertigte Hartschaumelemente mit Bilddekor wirken schon allein durch ihre Plastizität und kommen mit einem einfachen weißen Grundierungsanstrich aus

Je nachdem in welchen Farben man den Raum gestaltet, kann man die Hartschaumelemente durch einen Auftrag mit lösemittelfreier Dispersionsfarbe anpassen

Wer noch mehr Farbe ins Spiel bringen möchte, streicht die erhabenen Teile des Elements noch in einem dunkleren Ton, wenn die Grundfarbe getrocknet ist

Besonders edel wirkt die Rosette, wenn Sie einzelne Bereiche zuletzt mit einer Goldpaste bestreichen. Aber auch andere Farbtöne können attraktiv sein

Kleben

Beim Einsatz der Rosette für Deckenleuchten muss man mittig eine Aussparung vorsehen, ehe man den Kleber aufträgt. Ansonsten Kleber einfach auftragen

Die Position an der Decke mit einem Bleistift vormarkieren und das mit Kleber versehene Element für einige Sekunden fest andrücken, damit es dauerhaft hält

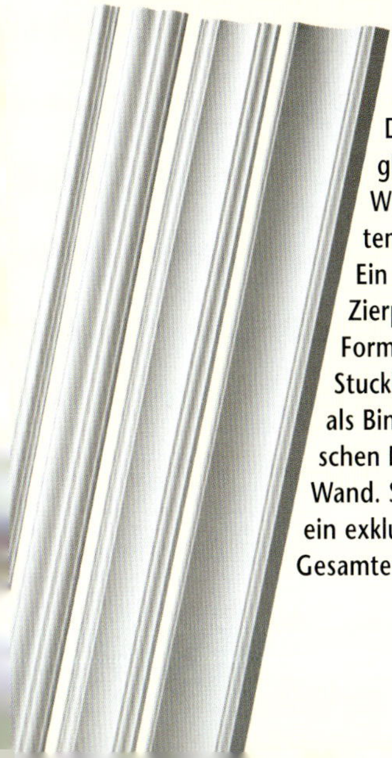

Die ehemals glatten Wände erhielten Kassetten. Ein schmuckes Zierprofil in Form einer Stuckleiste dient als Bindeglied zwischen Decke und Wand. So entstand ein exklusiver Gesamteindruck

Neue Bodenbeläge

- Die Palette der Fußbodenbeläge
- Ideal für Heimwerker: Dielen, Parkett und Laminat
- Der Unterbau für Bodenbeläge
- Teppichböden verlegen
- PVC, Linoleum und Kork fachmännisch verlegen
- Materialkunde Holzböden
- Massivholzdielen selbst verlegen
- Fertigparkett fachgerecht verlegen
- Mosaikparkett fest verkleben
- Laminat mit Klick
- Übergangsprofile und Randleisten
- Holzböden pflegen und reparieren

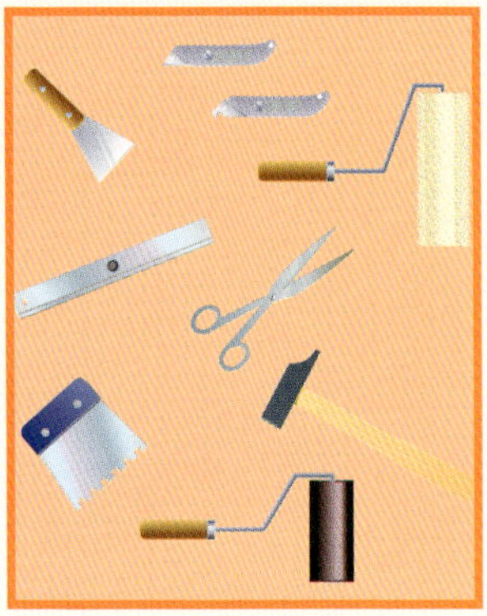

Die Palette der Fußbodenbeläge

Bodenbeläge bestimmen wie kein anderes Material des Innenausbaus, wie die jeweiligen Räume wirken und wie behaglich es darin ist

Riesenauswahl

Bei den Bodenbelägen, die man als Heimwerker selbst verlegen kann, gibt es heute eine große Auswahl. Die Eigenleistung spart eine Menge.

Für jeden Geschmack das richtige Material

In der ersten Hälfte dieses Jahrhunderts verlegte man meistens massive Holzböden. In einfachen Häusern waren es Dielenbretter, die auf die Deckenbalken genagelt und dann in der Regel mit rotbrauner Fußbodenfarbe gestrichen wurden. Wer es sich erlauben konnte, wählte stattdessen Parkettbelag aus Eiche oder Buche. Je nach Geschmack und Geldbeutel hat man die Böden dann noch mit losen Teppichen belegt.

In Küche, Flur oder Bad kamen seit den zwanziger Jahren vermehrt auch Linoleumbeläge zum Einsatz, die einen Dielenboden deutlich pflegeleichter machten.

Seitdem man, mit Beginn der Nachkriegszeit, statt Holzbalkendecken fast ausschließlich Decken aus Stahlbeton herstellte, gibt es nicht mehr die relativ unebenen Dielenböden, sondern glatt abgezogene Estrichflächen. Für diese Untergründe hat die Industrie Kunststoffbeläge und vor allem Teppichböden entwickelt, die einen ganz neuen Wohnkomfort ermöglichen. Seit gut 20 Jahren erleben auch Hölzböden wieder eine Renaissance. Sei es in der Form naturbelassener Dielen, als klassisches Massivparkett oder als so genanntes Fertigparkett, das sich schwimmend verlegen oder fest auf dem Estrich verkleben lässt.

Es gibt heute für jeden Wohnbereich und für jeden Grad der Strapazierung geeignete Teppichböden, Kunststoffböden oder Holzbeläge. Und was den Do-it-yourselfer freut: Alle modernen Bodenbeläge können ohne große Probleme auch selbst verlegt werden.

Teppichböden für jeden Wohnbereich

Unter der Bezeichnung „Teppichboden" bietet der Handel textile Bodenbeläge in einer breiten Palette der unterschiedlichsten Ausführungen und Qualitäten an. Gemeinsam ist allen Teppichböden, dass sie – den ganzen Boden bedeckend – von Wand zu Wand verlegt werden. Mitunter bilden sie in größeren Wohnbereichen oder ganzen Etagen einen durchgehenden Bodenbelag.

Ihren großen Boom erlebten Teppichböden in den sechziger und siebziger Jahren. Nachdem sie zunächst ein besonders exklusives Wohnattribut darstellten, wurden sie schnell für jedermann erschwinglich und sind heute in mehr als der Hälfte aller Wohnzimmer der Standard-Bodenbelag.

Rohstoffe und Herstellungsverfahren

Was die Strapazierfähigkeit angeht, sind Teppichböden mittlerweile hart im Nehmen. Es wurden Materialien und Herstellungsverfahren entwickelt, die Teppichböden sogar für öffentliche Gebäude und Kaufhäuser einsetzbar machten.

Zu mehr als 80% verwendet man Chemiefasern wie Polyamid, Polycrylnitril, Polyester oder Polypropylen. Es kommen aber auch natürliche Materialien wie Wolle, Baumwolle, Kokos oder

Florarten

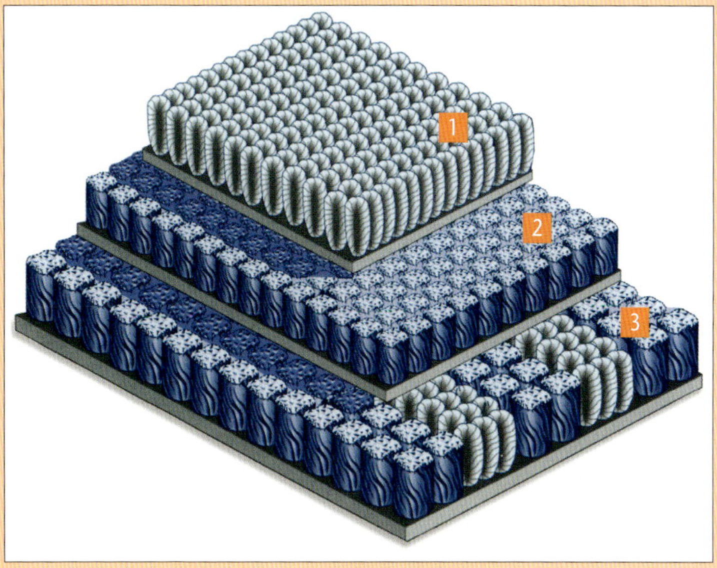

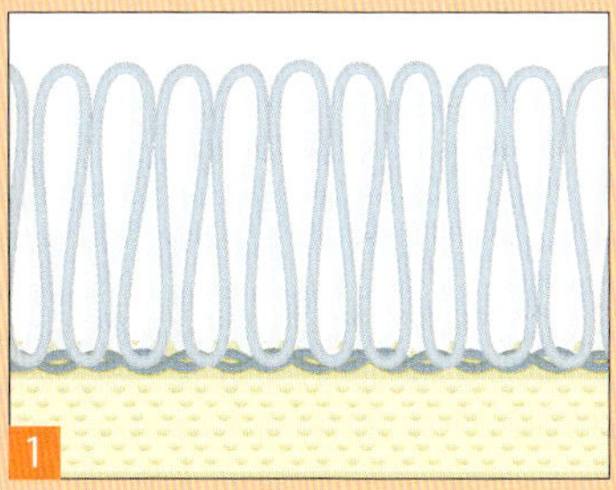

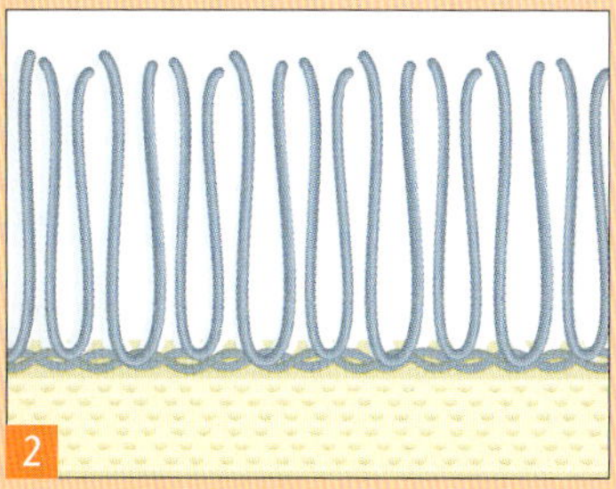

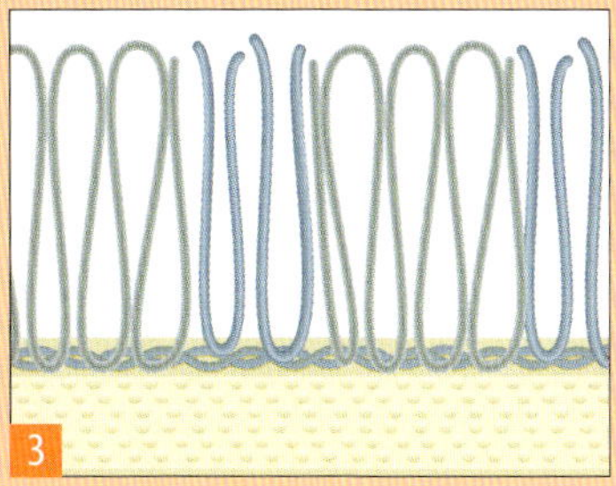

Ein Schnitt durch so genannte Schlingenware, bei der die Oberseite aus geschlossenen Schlingen besteht (1). Velours-Teppichboden, der durch Aufschneiden der Florschlingen entsteht (2). Schnittschlinge – eine Kombination aus geschnittenem Flor und Schlingenflor (3) Die Grafik oben zeigt, wie sich die Florarten als Teppichoberfläche darstellen.

Sisal zum Einsatz. Viele Teppichböden bestehen aus Fasermischungen.

Als wichtigste Herstellungsverfahren sind das Weben sowie die Tufting- und die Nadelfilz-Technik zu nennen.

Das Weben ist die älteste Methode der maschinellen Teppichherstellung. Dabei werden Fäden, Kette und Schuss im Winkel von 90° verkreuzt. So entsteht ein Grundgewebe, in das der maschinelle Webstuhl senkrecht einen so genannten Polfaden einarbeitet, der entweder als Schlinge belassen oder zu Veloursqualität aufgeschnitten wird.

Beim Tufting-Verfahren benutzt man ein Trägermaterial, das von der Rückseite her von einer Vielzahl von Nadeln durchstochen wird, die jeweils einen Polfaden durchschieben. Damit diese Fäden beim Zurückgleiten der Nadeln nicht wieder herausgezogen werden, schieben sich automatisch kleine Greifer zwischen Nadeln und Polgarn und halten die Schlaufen fest. Es entsteht Schlingenware. Sind die Greifer zusätzlich mit Messern verbunden, werden die entstandenen Schlaufen in einem Arbeitsgang aufgeschnitten, und es entsteht wiederum ein Veloursteppich. Alle Tufting-Teppichböden benötigen eine Latexschicht auf der Unterseite, damit die Polfäden sich fest mit dem Trägermaterial verbinden.

Bei der Nadelfilz- oder Presstechnik wird ein längs, quer oder diagonal verlegtes Faservlies mechanisch verfestigt und mit einem losen Jutegrundgewebe verbunden. Ein chemisch wirkender Binder fixiert die Fasern beim Pressen in der gewünschten Form.

Ober- und Unterseite des Teppichbodens

Wie bereits angesprochen, können die Polschlaufen eines Teppichbodens bestehen bleiben, um Schlingenware oder so genanntes Bouclé herzustellen. Veloursteppiche dagegen entstehen durch Aufschneiden der Schlaufen. Hoch-Tief-Strukturen erreicht man durch Kombination der beiden Herstellungs-Techniken.

Weiterhin wird das Oberflächenbild eines Teppichbodens durch die Länge der Polfäden und deren Dichte sowie Faser- und Garnqualitäten bestimmt. Außerdem gibt es verschiedene Musterungsmethoden (Jaquardverfahren) sowie Färbe- und Druckverfahren, um Teppichböden farblich zu gestalten.

Die Unterseite eines Teppichbodens – auch Rücken genannt – wird in der Regel mit Kunststoffschaum versehen. Man unterscheidet dabei zwischen Glatt-, Kompakt- und Prägeschaum. Besonders hochwertige Qualitäten erhalten einen textilen Zweitrücken, der aus Jute oder synthetischen Fasern bzw. Fasermischungen besteht. Solche Teppiche sind sehr elastisch und lassen sich gut verspannen.

Teppichboden

Teppichboden ist ein idealer Bodenbelag fürs Kinderzimmer. Der Boden ist fußwarm, elastisch und zudem ausgesprochen strapazierfähig.

Was sind zusätzliche „Ausrüstungen"?
Hinter dem Fachbegriff „Ausrüstung" verbirgt sich eine besondere Behandlung der Teppichfasern mit bestimmten Substanzen. Dies sind beispielsweise Fluorkohlenwasserstoffe, die sie unempfindlich gegen Flecken machen.

Um Naturfasern zu schützen, werden auch Motten- und Käferschutzmittel aufgebracht. Nicht zuletzt ist die antistatische Behandlung insbesondere von synthetischen Teppichböden zu nennen, die den Bodenbelag leitfähig macht und so verhindert, dass man bei elektrostatischer Aufladung des Materials einen leichten Stromschlag bekommt.

Kunststoffböden, Linoleum und Kork

Wenn von Kunststoffböden die Rede ist, meint man damit an erster Stelle PVC. Die Abkürzung steht für Polyvinylchlorid – ein Stoff, der in Verbindung mit Weichmachern, Füllstoffen und Pigmentfarben zu strapazierfähigen und pflegeleichten Bodenbelägen verarbeitet wird.

Attraktive Bodenbeläge aus PVC
War PVC-Belag früher eher ein Billigmaterial für Nebenräume, so hat sich dies in den letzten Jahren deutlich geändert. Es gibt heute eine Riesenauswahl attraktiver Dessins für alle Wohnbereiche.

Vor allem die so genannten heterogenen oder Verbundbeläge sind hier zu nennen. Sie bestehen aus mehreren Schichten: einem Kompaktrücken, einer durch Vlies armierten Schicht, einer elastischen Schaumschicht und der eigentlichen Nutz- bzw. Verschleißschicht. Diese Nutzschicht wird in einem aufwändigen Verfahren eingefärbt, bedruckt und bei Bedarf auch geprägt. Auch antistatische Behandlungen und schmutzabweisende Beschichtungen sind möglich.

Neben dem mehrschichtigen Material werden nach wie vor auch beson-

Kunsstoffböden
Kunststoffböden überzeugen durch ihre Strapazierfähigkeit und die Vielfalt der Dessins. Neben klassischem Steindekor gibt es die verschiedensten Muster.

Linoleumböden

Dieser fast schon vergessene Bodenbelag wird heute wieder vermehrt eingesetzt, weil er aus natürlichen Rohstoffen hergestellt wird und als umweltfreundlich gilt.

Korkböden

Ein Beispiel für individuelle Bodengestaltung mit Kork. Das fußwarme Material ist ideal als Spielfläche für Kinder.

ders strapazierfähige homogene PVC-Beläge angeboten, die ganz durchgefärbt sind.

Wenn Natur pur gefragt ist

Vor mehr als 100 Jahren wurde unter der Bezeichnung Linoleum ein Bodenbelag entwickelt, der ganz und gar aus natürlichen Rohstoffen besteht: Dies sind Leinöl, Harze, Kork-, Holz- und Sandsteinmehl, dazu Farbpigmente und Jute als Trägermaterial.

Obwohl schon unsere Großeltern Linoleum verwendeten, ist dieser Bodenbelag heute wieder hochaktuell. Vielseitige Einsetzbarkeit, moderne Dessins und Chemiefreiheit machen ihn für viele Menschen attraktiv.

Ein anderer durch und durch natürlicher Bodenbelag ist Kork. Das aus der Rinde der Korkeiche gewonnene Material wird zu Korkschrot gemahlen, mit Bindemittel versetzt und zu 4 bis 6 mm dicken Verlegeplatten gepresst. Korkboden ist antistatisch und fühlt sich angenehm warm an.

Der richtige Kleber für Ihren Bodenbelag

Welchen Kleber Sie für Ihren Bodenbelag verwenden, hängt zunächst davon ab, wie stark der Boden strapaziert wird. In vielen Fällen reicht es aus, einen PVC- oder Teppichboden mit Doppelklebeband zu fixieren.

Bei stärkerer Belastung besteht aber die Gefahr, dass nur punktuell verklebte Beläge Wellen oder Beulen bilden bzw. völlig verrutschen. Dagegen hilft nur ganzflächige Fixierung oder Verklebung.

Verkleben ist die sicherste Verlegeart

Bei der ganzflächigen Verklebung wird der Teppich- oder PVC-Belag fest mit dem Untergrund verbunden. Der Handel bietet hierfür gebrauchsfertige Universal-Kleber in verschiedenen Gebindegrößen an, die Sie direkt aus dem Eimer verarbeiten können. Ein solcher

Symbole

Achten Sie beim Kauf von Teppichböden auf die Symbole, die Auskunft über Strapazierfähigkeit etc. geben.

Kleber-Tipps

Produkte mit der Kennzeichnung EC-1 garantieren dem Verbraucher Sicherheit vor Raumluftbelastungen. Wenn Sie Parkettkleber kaufen, sollten Sie darauf achten, dass die Produkte wasser- und lösungsmittelfrei sind, damit das Holz beim Kontakt mit dem Kleber nicht aufquillt. Wie bei allen Produkten der Bauchemie gilt auch bei den Klebern für Bodenbeläge, dass man beim Verarbeiten die Räume gut durchlüftet. Sind Lösungsmittel enthalten, besteht bei mangelnder Lüftung sogar Explosionsgefahr. Kleberreste sollten Sie unbedingt nach den Herstellerangaben entsorgen.

langt werden Baustoffe, die keine flüchtigen Bestandteile (Emissionen) an die Raumluft abgeben und nicht zu unangenehmen Gerüchen führen.

Führende Hersteller haben aus diesem Grund die GEV (Gemeinschaft emissionskontrollierter Verlegewerkstoffe) ins Leben gerufen. Ziel ist es, dem Verbraucher eine wettbewerbsneutrale und verlässliche Orientierung bei der Auswahl der Produkte zu geben. Dies geschieht durch strenge Prüfungen und Kennzeichnung mit einem Prüfzeichen. Die Vergabe des Prüfzeichens EC-1, das Sie auf verschiedenen Gebinden finden, bedeutet „sehr emissionsarm". Solche Kleber bieten dem Verwender nach dem heutigen Stand der Technik die größtmögliche Sicherheit vor Raumluftbelastungen.

Kleberreste sollten Sie grundsätzlich getrennt vom Hausmüll bei den kommunalen Sammelstellen für Sondermüll entsorgen.

Kleber ist praktisch für alle gängigen Untergründe geeignet. In vielen Fällen wird vorher eine Behandlung des Bodens mit Tiefgrund empfohlen. Raue Untergründe müssen zudem durch Bodenausgleichsmassen egalisiert werden. Richten Sie sich, was die Vorbehandlung angeht, nach den Herstellerangaben auf dem Klebergebinde.

Wenn Sie Ihren Teppich- oder PVC-Belag ohne Beschädigungen des Untergrunds wieder aufnehmen wollen (z. B. in Mietwohnungen), empfiehlt sich der Einsatz einer Fixierung. Der Belag kann dann später ohne große Kraftanstrengung beschädigungsfrei wieder abgezogen werden. Eventuelle Rückstände der Fixierung lassen sich mit Spülmittel entfernen.

Kritsche Verbraucher fordern mit Recht verlässliche Aussagen über mögliche Ausdünstungen von Bodenklebern – insbesondere dann, wenn die Produkte in Kinderzimmern oder Schlafräumen eingesetzt werden. Ver-

Teppichböden kleben

1 Klebeband reicht aus, wenn ein Bodenbelag wenig strapaziert wird. Diese Fixierung ist leicht zu verarbeiten und zudem ausgesprochen kostengünstig

2 Belastbarer ist die vollflächige Verklebung. Sie verhindert, dass der Teppichboden Wellen wirft. Verwenden Sie unbedingt Wiederaufnahmekleber

Fixierungen

1 Fixierungen werden als gebrauchsfertige Mischungen oder als Pulver angeboten, das Sie mit Wasser anmischen. Nach dem Durchrühren ist das Material einsatzfähig

2 Mit einer Lammfellrolle wird die angemischte Fixierung gleichmäßig auf den Boden aufgetragen. Sie sorgt für gute Haftung, lässt sich aber wieder lösen

Ideal für Heimwerker: Dielen, Parkett und robustes Laminat

Nachdem in einer ersten Modernisierungswelle nach dem Krieg alte Dielenböden mit Teppichen bedeckt wurden, hat man heute den Reiz echter Holzfußböden längst wiederentdeckt

Fußwarm
Fertigparkett ist fußwarm, elastisch und strapazierfähig. Daher wird dieser natürliche Bodenbelag sehr gern in Kinderzimmern verwendet.

Fertigparkett kann jeder selbst verlegen

Während man echtes Massivholzparkett nur mit einigem handwerklichen Geschick selbst verlegen kann – zumal es nach dem Verlegen noch geschliffen und versiegelt werden muss – lässt sich Fertigparkett ausgesprochen leicht verarbeiten.

Die in unterschiedlichen Größen und Breiten angebotenen Elemente aus furnierter Span- oder Sperrholzplatte mit umlaufender Nut und Feder besitzen eine bereits fertig versiegelte Oberfläche. Die Nutzschicht aus Edelholz sollte nicht dünner als 5 mm sein, damit das Parkett bei Bedarf mindestens zweimal abgeschliffen und wieder neu versiegelt werden kann. So hält bei normaler Beanspruchung auch Fertigparkett ein Leben lang.

Der Untergrund muss fest und eben sein. Gegebenenfalls wird er durch eine selbstverlaufende Spachtelmasse egalisiert. Als Trittschalldämmung, die gleichzeitig letzte Unebenheiten des Bodens ausgleicht, dient eine Unterlage aus Schaumstoff-Vlies oder aus spezieller Rippenpappe. Die gleiche Wirkung erzielt ein vorhandener Teppichbodenbelag, der also vor dem Verlegen von Fertigparkett nicht unbedingt entfernt werden muss.

Da die Fußbodenheizung heute schon beinahe zur Standardausstattung zählt, stellt sich die Frage: Passen Heiz-Estrich und Parkett zusammen? Langzeitversuche haben ergeben, dass Parkett und Fußbodenheizung sich gut vertragen, wenn der Estrich vor der Verlegung des Bodens völlig ausgetrocknet ist. Die Heizung muss aber langsam über mehrere Tage hochgefahren werden. Die Erfahrung zeigt allerdings, dass schwimmend verlegtes Fertigparkett auf Heizestrichen mit der Zeit zum „Schüsseln" neigt. Die Elemente wölben sich an den Kanten nach oben, oft bricht dann die Leimfuge auf. Daher sollte man die Elemente besser fest auf dem Estrich verkleben.

Parkett

Parkett im Fischgrätmuster ist von zeitloser Eleganz. Heute gibt es fertig versiegelte Elemente für die leichte Selbstverlegung.

Laminat

Strapazierfähige Laminatböden gibt es in Holzdekor, aber auch farbig und mit ganz unterschiedlichen Mustern für jeden Geschmack.

Laminat – robust und vielseitig

Parkett – auch wenn es aus Hartholz besteht – bekommt mit der Zeit Gebrauchsspuren. Für besonders stark beanspruchte Wohnbereiche wird daher immer häufiger so genanntes Laminat eingesetzt. Wie Fertigparkett ist dieses Material verlegefertig vorbereitet: Die Platten besitzen umlaufende Nuten bzw. Federn und benötigen keine Oberflächenbehandlung. Neben den klassischen Holzdekoren gibt es auch immer mehr Laminatprodukte in verschiedensten Mustern und Farben.

Laminate bestehen aus vier Schichten: Den Kern bildet in der Regel eine Platte aus „Hochverdichteter Faser" (HDF), die dem

Nut-und-Feder-System

Die Schnittzeichnung zeigt, wie Fertigparkett-Elemente mit Nut und Feder ineinander greifen.

Allergiker

Wer unter einer Hausstauballergie leidet, weiß pflegeleichte Bodenbeläge aus Holz oder Laminat zu schätzen – gerade im Schlafzimmer.

Holzarten für Bodenbeläge

Landhausdiele in Lärche

Schiffsbodenparkett in Eiche

Buche

Esche

Ahorn

Stabparkett in Teak

Während für Dielenbretter traditionell Weichhölzer wie Fichte, Tanne, Kiefer und Lärche verwendet werden, benutzt man für Parkettböden schon immer die wesentlich strapazierfähigeren Harthölzer. Am beliebtesten sind dabei die Holzarten Buche, Eiche Ahorn und Esche. Teilweise wird auch importiertes Tropenholz wie Teak eingesetzt. Bei solchen Produkten sollten Sie darauf achten, dass das Holz aus kontrolliertem Plantagenanbau stammt.
Eichenholz ist meist gelblich bis braun. Die beiden Hauptarten Stieleiche und Traubeneiche unterscheiden sich kaum. Buche ist gelblich bis weiß rötlich gefärbt und besitzt im Gegegsatz zu der sehr ähnlichen Esche meist einen intensiveren Rotton. Ahorn wird in weißlichen und sehr leicht gelblich oder rötlich getönten Färbungen angeboten. Ahorn ist sehr hart, feinporig und hat eine besonders gleichmäßige Struktur. Diese Eigenschaften sind für Parkett ideal.

Paneel Härte und Zähigkeit verleiht. Auf dieses Trägermaterial werden unter hohem Druck und unter Hitzeeinwirkung eine Dekor- sowie als Oberfläche eine Melaminharzschicht aufgepresst. Das Harz macht den Bodenbelag äußerst strapazierfähig.

Was Sie beim Kauf von Laminat beachten sollten: Die Abriebfestigkeit ist auf der Verpackung ausgewiesen. Im Labor wird die Fläche im so genannten Taber-Test mit rotierenden Schleifscheiben bearbeitet. Das Test-Ergebnis, der Taber-Wert, sollte für Laminate im privaten Wohnbereich je nach Beanspruchung mindestens zwischen 3000 und 7000 liegen. Für besonders stark strapazierte Bereiche wie Hausflure, Küchen oder Kinderzimmer wählt man Laminat der höchsten Beanspruchungsklasse.

Ein durchgehender Holzbelag verleiht Ihrem Heim einen großzügigen Charakter. Hier verbindet Schiffsbodenparkett aus Erle den Schlaf- und Wohnbereich

Parkett im Fischgrätmuster wirkt besonders lebhaft, zumal, wenn die einzelnen Elemente im Ton und in der Maserung stark differieren

Mosaikparkett, das fest auf dem Unterboden verklebt ist. Die massiven Elemente können bei Bedarf sehr leicht geschliffen und neu versiegelt werden

Der Unterbau für Bodenbeläge

Damit neue Bodenbeläge sich optimal präsentieren können, brauchen sie glatte und tragfähige Untergründe. Wir zeigen Ihnen, welche Vorarbeiten notwendig sind

Trittschall

Die Trittschalldämmung muss lückenlos sein. Vergessen Sie nicht den Randdämmstreifen aus Schaumstoff oder Mineralfaser, der den Bodenaufbau von der Wand abkoppelt.

Schwimmender Estrich auf Böden aus Beton

Der standardmäßige Bodenaufbau im modernen Wohnungsbau sieht so aus, dass auf die rohe Stahlbetondecke eine PE-Folie gelegt wird, auf die dann zwei Lagen Hartschaum- oder Mineralfaserplatten als Trittschalldämmung und eine Lage Ölpappe folgen. Anschließend wird Zementestrich in einer Schichtstärke von 4–5 cm aufgebracht und sorgfältig nivelliert und geglättet.

Nachdem dieser Estrich vollständig ausgetrocknet ist – in der Regel muss man mindestens sechs Wochen warten –, können Sie darauf Teppichboden, PVC oder auch Fertigparkett verlegen. Zeigt eine aufgelegte Richtlatte aus Alu jedoch Niveau-Unterschiede von mehr als 10 mm, muss der Estrich zuvor durch Aufbringen einer selbstverlaufenden Ausgleichsmasse nochmals geglättet werden.

Das aufwändige Glätten und Nivellieren des klassischen Zementestrichs entfällt, wenn man stattdessen Fließestrich einsetzt. Dieses etwas teurere Material wird in dünnflüssigem Zustand verarbeitet und nivelliert sich von selbst zu einer absolut glatten Fläche.

Für beide Estricharten gilt: Durch den Unterbau aus Hartschaum- bzw. Mineralfaserplatten besitzt der Estrich keinen direkten Kontakt zur darunter liegenden Betondecke. Man spricht daher auch von einem schwimmendem Estrich.

Nassestriche

Fließestrich wird in die Räume gepumpt und verläuft selbsttätig (1). Das spart Arbeitszeit. Außerdem wird die Fläche absolut eben, was bei Zementestrich so nicht erreicht werden kann. Schwimmend verlegter Zementestrich im Schnitt (2): Die Hartschaumplatten unter dem Estrich sorgen für gute Trittschalldämmung des Bodenaufbaus.

So werden unebene Estriche geglättet

Grundsätzlich sollten alle Zementestriche vor dem Aufbringen eines Bodenbelags von allen Verunreinigungen befreit und dann einmal mit Tiefengrund behandelt werden. Dadurch verfestigt sich die Oberfläche, feiner Staub wird gebunden. Soll der Bodenbelag fest verklebt werden, sorgt die Grundierung zudem für eine gute Haftung des Klebers.

Niveau-Unterschiede ausgleichen

Auch wenn ein Betonestrich auf den ersten Blick völlig eben aussieht, weist er häufig bei genauerer Überprüfung erstaunliche Niveau-Unterschiede auf. Wie eben der Boden ist, lässt sich mit bloßem Auge kaum beurteilen. Am besten legen Sie zur Kontrolle eine zwei Meter lange Alu-Schiene auf den Estrich. Auf einen Meter sollen die Niveautoleranzen nicht mehr als 4 mm betragen. Entpuppt sich der Boden gar als regelrechte Berg-und-Tal-Bahn, sollten Sie ihn mit selbstverlaufender Fließspachtelmasse egalisieren, ehe Sie Teppichboden oder Fertigparkett verlegen.

Grobe Verunreinigungen werden mit einem scharfen Spachtel abgestoßen. Dann tragen Sie als Haftbrücke für den Ausgleichsbelag zunächst eine Grundierung auf. Oberflächliche Risse und Beschädigungen des Untergrunds bessern Sie anschließend mit kunststoffvergüteter Reparatur-Spachtelmasse aus.

Ist der aufgebrachte Reparaturspachtel durchgehärtet, rührt man den Fließspachtel an. Die relativ dünnflüssige Masse wird nach dem Anmischen einfach ausgeschüttet und dann mit der Glättkelle oder einer langen Estrichkelle gleichmäßig verteilt.

Die maximale Schichtdicke beträgt etwa 10 mm. Sind größere Toleranzen auszugleichen, müssen Sie nacheinan-

Fließspachtel

Vorhandener Betonestrich wird vor dem Aufbringen von Fließspachtel zunächst gründlich gereinigt und dann mit Tiefengrund gleichmäßig eingestrichen

Zum Füllen von Löchern und Rissen im Estrich sollten Sie nur mit Kunststoffanteilen vergüteten Reparaturspachtel besonders feiner Körnung verwenden

Sind Risse und Fehlstellen gespachtelt, rühren Sie die selbstverlaufende Spachtelmasse an und vergießen sie dann streifenweise auf dem Boden

Mit der Glättkelle sollten Sie den Verlauf der Spachtelmasse unterstützen. Erst wenn die Masse getrocknet ist, darf der neue Bodenbelag aufgebracht werden

der zwei Schichten aufbringen oder die Ausgleichsmasse durch Zugabe von feinem Quarzsand abmagern. Der zugegebene Quarzsand verhindert, dass sich bei größeren Schichtdicken Risse bilden. So lassen sich ohne Probleme Höhenunterschiede bis zu etwa 20 mm ausgleichen.

Alte Dielenböden fachgerecht vorbereiten

Um alte Dielenböden mit neuen Bodenbelägen versehen zu können, müssen die Unebenheiten der Bretter ausgeglichen werden. Die einfachste Lösung besteht darin, Spanverlegeplatten mit Nut und Feder aufzuschrauben. Dies ist aber mit einer deutlichen Erhöhung des Bodenniveaus verbunden und kann zudem keine Niveau-Unterschiede in der Fläche ausgleichen.

Doch selbst auf solchen Problemuntergründen können Sie heute mit flexiblen Spachtelmassen arbeiten, die aus

Dielenböden

1

2

Schnitt durch eine in Altbauten typische Holzbalkendecke (1). Sind die Dielen tragfähig und eben, kann man schwimmende Beläge wie Fertigparkett problemlos aufbringen.
Aufgeschraubte Spanverlegeplatten glätten unebene Dielenböden (2).
Mit elastisch aushärtendem Flexkleber können Sie darauf sogar Fliesen kleben.

Fließspachtel auf Dielen

1

Tragfähige Dielenböden sind für die Beschichtung mit Fließspachtel geeignet. Lose Bretter müssen zuvor sorgfältig verschraubt werden

2

Sind die Bretter gründlich gereinigt – vor allem von loser Farbe, Kleberresten etc. befreit –, tragen Sie zunächst eine spezielle Haftemulsion auf

3

Breite Fugen und Löcher im Dielenbelag werden dann im nächsten Arbeitsschritt mit kunststoffvergüteter Reparatur-Spachtelmasse geschlossen

4

Anschließend mischen Sie den pulverförmigen Fließspachtel aus dem Sack nach Hersteller-Angabe mit Wasser an, bis er absolut klumpenfrei ist

5

Streifenweise wird die dünnflüssige Masse nun ausgegossen. Für höhere Schichtstärken gibt man Quarzsand zu, dann verschlechtern sie die Fließeigenschaften

6

Mit einer Glättkelle oder einer langen Estrichkelle können Sie das Verlaufen des Fließspachtels unterstützen. Zuletzt muss die Masse vollständig durchtrocknen

dem unebenen Holzboden eine glatte Fläche machen. Lose Bretter werden zuvor sorgfältig mit den Lagerhölzern verschraubt. Abblätternde Farbe muss heruntergeschliffen werden. Auch Verunreinigungen der Dielen wie Kleberreste und Wachse entfernt man.

Anschließend tragen Sie mit einem breiten Flachpinsel Haftemulsion auf. Am nächsten Tag füllen Sie breite Fugen des Dielenbodens mit Reparatur-Spachtelmasse. Wenn diese Spachtelmasse ganz durchgehärtet ist, mischen Sie den Fließspachtel an.

Eine sorgfältig nach den Herstelleranweisungen vorbereitete Ausgleichsschicht sorgt dafür, dass die wie oben angegeben bearbeiteten Dielenböden gleichmäßig beschichtet werden können und der neue Bodenbelag einwandfrei verarbeitet werden kann.

Ist die Ausgleichsmasse klumpenfrei durchgerührt, wird sie auf dem vorbereiteten Boden ausgegossen und anschließend mit der Glättkelle gleichmäßig verteilt. Sind für den Niveauausgleich mehr als 10 mm Schichtstärke notwendig, trägt man die zweite Schicht direkt nach Begehbarkeit der ersten Lage auf. Dann verbinden sich die beiden Schichten optimal, sodass keine Rissbildung zu befürchten ist.

Wie bereits bei der Estrichsanierung angesprochen, lässt sich die Spachtelmasse auch durch Zugabe von Quarzsand abmagern. Dann reduzieren sich allerdings auch die Fließeigenschaften.

Trockenestrich aus Spezial-Gipsplatten

Der klassische Nassestrich aus Beton (siehe Seite 71) kann nur vom Fachmann verlegt werden. Zudem braucht er etwa sechs Wochen, um völlig auszutrocknen. Wer nicht so lange warten und den Bodenaufbau in Eigenleistung erbringen will, ist mit Trockenestrich-Systemen gut beraten. In vielen Fällen (Althaussanierung, Dachausbau etc.) lässt auch die Statik keine andere Wahl. Denn Nassestriche bringen ein enormes Gewicht auf die darunter liegende Decke.

1 Hier die Verlegung auf Trockenschüttung. Die Platten der ersten Lage stoßen mit Kreuzfugen aneinander. Die nächste Lage wird dann mit Versatz verlegt

2 Stückweise zieht man den zum Verlegesystem gehörenden Kleber auf die Trockenestrich-Elemente der ersten Lage und kämmt ihn dann gleichmäßig durch

3 So wird die zweite Lage ins Kleberbett gelegt. Unter der Plattenmitte befindet sich eine Kreuzfuge der ersten Lage. So wird der Verbund besonders stabil

4 Zusätzlich zur Klebung verbinden Sie die Platten im Randbereich durch je sechs 23 mm lange Tackerklammern. Mit dem Elektrotacker geht das sehr leicht

Es gibt Trockenestrich-Elemente, die aus drei Lagen je 8 mm dicker Spezial-Gipsplatten so miteinander verklebt sind, dass sie umlaufend einen Stufenfalz für die Endlosverlegung aufweisen (siehe Seite 30). Sie können aber auch mit den hier gezeigten 12,5 mm dicken Platten arbeiten, die Sie in zwei Lagen versetzt übereinander legen und vor Ort miteinander verkleben und zusätzlich klammern.

Um Unebenheiten des Unterbodens auszugleichen und für eine ausreichende Trittschall- sowie Wärmedämmung zu sorgen, können Dämmplatten aus Mineralfaser untergelegt werden oder man verlegt die Gipsplatten auf einer Trockenschüttung aus mineralischem Perlite-Material.

Dämmplatten können nur geringe Unebenheiten ausgleichen. Daher wählt man für Problemuntergründe stets die Trockenschüttung. Sie besteht aus einem Granulat der Körnung 0–4 mm. Das anorganische Material ist leicht, bewirkt eine ausgezeichnete Wärme- und Schalldämmung und verdichtet sich unter Belastung um etwa 5 %. Eine unkontrollierte Nachverdichtung ist auch bei hoher Belastung ausgeschlossen.

Auf Massivdecken wird vor dem Aufbau eines Trockenestrichs grundsätzlich eine 0,2 mm dicke PE-Folie ausgelegt, um eventuelle Restfeuchte des Betons abzusperren. Bei nicht unterkellerten Betonflächen ist zusätzlich eine Abdichtung gegen aufsteigende Bodenfeuchtigkeit erforderlich.

Zur Trennung des Trockenestrichs von den angrenzenden Wänden wird vor der Verlegung ein Randdämmstreifen angebracht. Seinen Überstand schneidet man erst ab, bevor die Randleisten verschraubt werden.

Teppichböden verlegen

Exakt ausmessen, sauber zuschneiden und perfekt verlegen

Klingen

Die Trapezklinge kommt beim Schneiden dünner Materialien wie Nadelfilz zum Einsatz (oben). Sonst wird meist mit der Hakenklinge gearbeitet (unten).

Werkzeuge und nützliche Verlegehilfen

Das wichtigste Werkzeug fürs Teppichverlegen ist ein scharfes Messer. Man benötigt ein Universal-Bodenlegermesser – allgemein als Teppichmesser bezeichnet. Ein solches Messer besitzt auswechselbare Klingen und kann in der Regel wahlweise mit Trapezklingen oder Hakenklingen bestückt werden.

Teppichböden sollten grundsätzlich mit Hakenklingen geschnitten werden. Für dünneres Material benutzen Sie eine kleine, für dickere Teppiche eine große Hakenklinge. Mit ein wenig Geschick lassen sich Teppichböden im Randbereich freihändig passend schneiden. Wenn später eine Fußleiste den Rand abdeckt, sind kleine Unregelmäßigkeiten ohnehin nicht mehr zu sehen. Wer eine so genannte Cutter-Kant-Schiene benutzt, schneidet im Randbereich immer millimetergenau. Sehr exakt arbeitet auch ein spezieller Kantenschneider, mit dem Sie den Teppich fest in den Winkel zwischen Boden und Wand drücken und gleichzeitig durchtrennen.

Immer wenn es um Stoßkanten geht, ist höchste Präzision gefragt. Hier wird mit einer Teppichschiene oder einem Stahllineal gearbeitet, an dem man das Teppichmesser entlangführt. Professionelle Bodenleger lassen die beiden Bahnen um einige Zentimeter überlappen und trennen sie im Doppelschnitt.

Wichtige Werkzeuge für Teppich-Verlegearbeiten

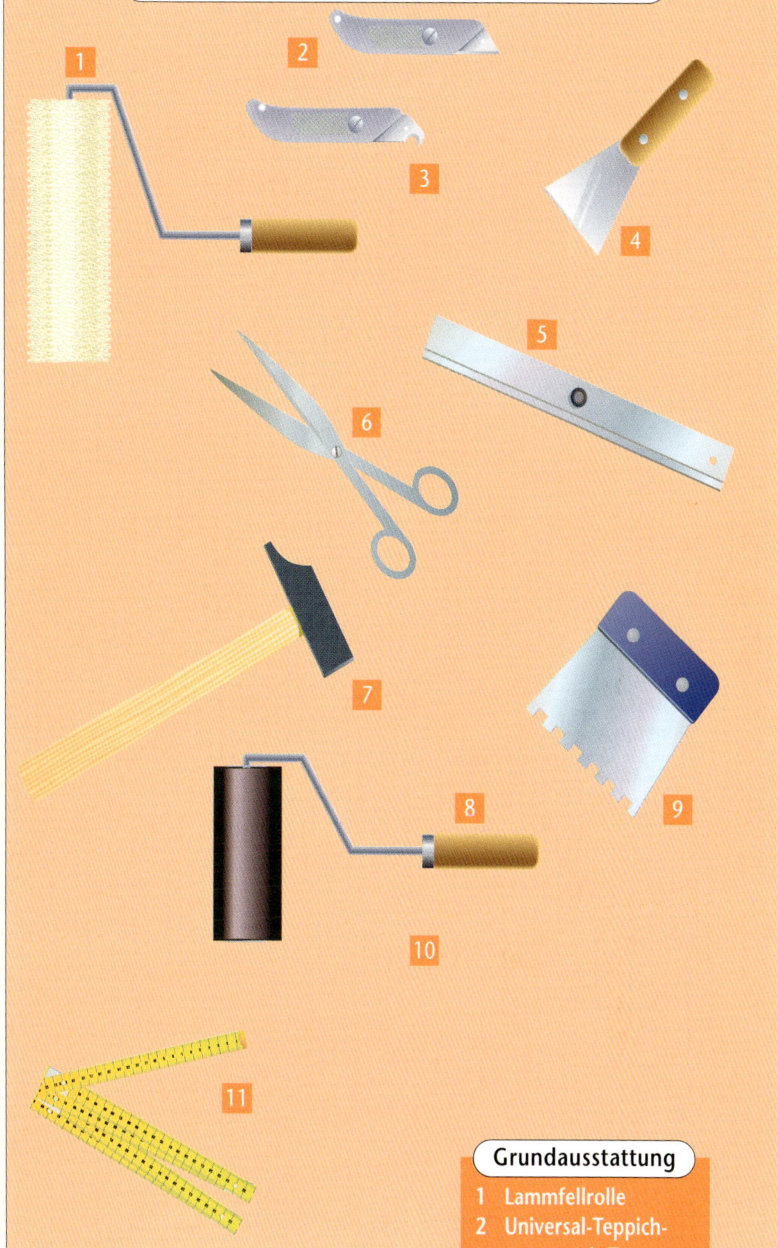

Werkzeuge für den Kleberauftrag

Sollen Teppichböden fest auf den Unterboden geklebt werden, müssen Sie den Dispersionskleber zunächst mit einer Glättkelle grob verteilen und dann mit einer Zahnkelle (Zahnung entsprechend den Herstellerangaben wählen) gleichmäßig durchkämmen.

In den meisten Fällen wählt man heute aber so genannte Wiederaufnahmekleber, die ein späteres Ablösen des Teppichboden-Belags wesentlich erleichtern. Diese Fixierung kann man mit einer Lammfell- oder Synthetikrolle auf dem Boden verteilen. Wichtig beim Arbeiten mit den verschiedenen Klebern: Die Werkzeuge nach Gebrauch sofort gründlich mit warmem Wasser aus- bzw. abwaschen, ehe der Kleber erhärtet.

Um den Teppichboden glatt und blasenfrei in das frische Kleberbett zu drücken, brauchen Sie ein Stück Brett

Grundausstattung

1 Lammfellrolle
2 Universal-Teppichmesser mit Trapezklinge
3 Universal-Teppichmesser mit Hakenklinge
4 Handspachtel
5 Metallschiene
6 Schere
7 Hammer
8 Andrückwalze
9 Zahnspachtel
10 Glättkelle
11 Zollstock

Werkzeuge, die mit Kleber oder Spachtelmasse in Berührung kommen, sollten Sie sofort nach jedem Gebrauch reinigen.

Teppichmesser

Dieses Messer wurde speziell zum Beschneiden von Rändern entwickelt. Man drückt damit den Teppich in den Winkel und durchtrennt ihn gleichzeitig

Das oben gezeigte Messer lässt sich auch einsetzen, um gleich bleibend breite Streifen zum Einkleben in ein Fußleistenprofil aus Kunststoff zu schneiden

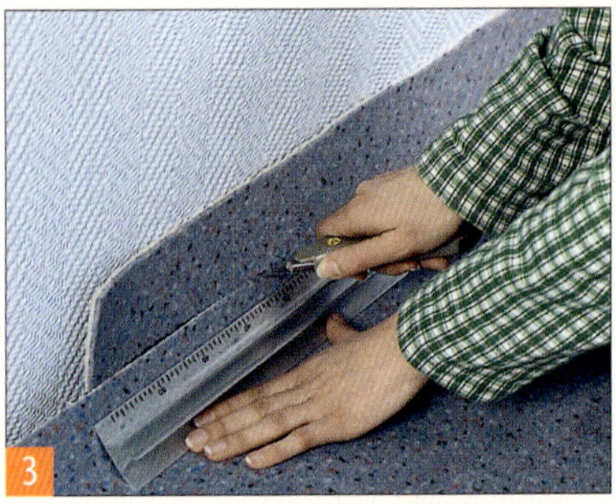

Die Cutter-Kant-Schiene wurde zum Schneiden gerader Ränder entwickelt. Sie ermöglicht es, den Teppich beim Anlegen kantenbündig zu durchtrennen

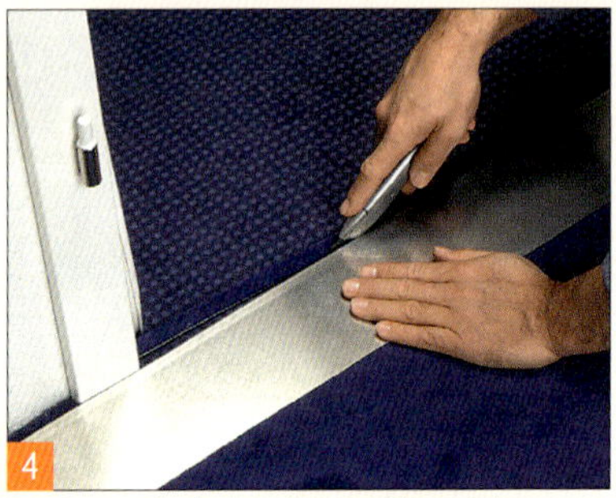

Für Doppelschnitte im Stoßbereich sollten Sie unbedingt eine solche Schiene verwenden, die dem Teppichmesser eine exakte Führung gibt

mit abgerundeter Kante oder ein dickes Rundholz. Für kleinere Flächen tut es auch eine Flasche mit zylindrischem Körper.

Im Randbereich und überall, wo Kanten aneinander stoßen, muss der Teppich mit einer Moltoprenwalze fest angedrückt werden. Dies gilt auch für Teppiche, die nicht flächig verklebt, sondern nur mit doppelseitigem Klebeband fixiert werden.

Die wichtigsten Arbeitstechniken

Eine alte Handwerkerregel lautet: Lieber zweimal messen als einmal falsch zuschneiden. Dies sollte sich jeder Do-it-yourselfer zu Herzen nehmen, wenn er sich ans Teppichverlegen begibt.

Bevor das Material eingekauft wird, zeichnen Sie die Größe des auszulegenden Raumes am besten auf Millimeterpapier auf. Auch wenn Sie von einem Neubau aktuelle Baupläne besitzen, ist es sicherer, alle Maße vor Ort zu überprüfen, denn oft genug weicht die Bauausführung erheblich von der Planung ab. Fensternischen, Türen, Erker etc. werden bei der Ermittlung der maximalen Länge und Breite mitgerechnet, denn hier sollten keine Stöße das Verlegebild beeinträchtigen.

Die gemessene Breite wird dann zur nächsthöheren Normbreite, beispielsweise 5 m, aufgerundet. Auch bei der Länge sollten Sie 20 bis 30 cm zugeben, um auf der sicheren Seite zu sein.

Bei gemusterten Teppichböden ist zusätzlich der Rapport zu beachten, das heißt die Länge von Musteranfang zu Musteranfang. Man teilt die gemessene Raumlänge durch die Rapportlänge. Dabei ergibt sich in der Regel ein Rest, der zu einer ganzen Rapportlänge aufgerundet wird. Rapportzahl mal Rapportlänge ergibt dann die zu kaufende Gesamtlänge.

Präzise messen

Besonders komfortabel für das Ausmessen von Flächen: Ein Ultraschallmessgerät, mit dem Sie Wandabstände ganz präzise ermitteln. Das Digitalmaßband rechts zeigt die Distanz im Display an. Werden Innenmaße abgenommen, schaltet man das Gerät um. Maße können zudem elektronisch gespeichert und addiert werden.

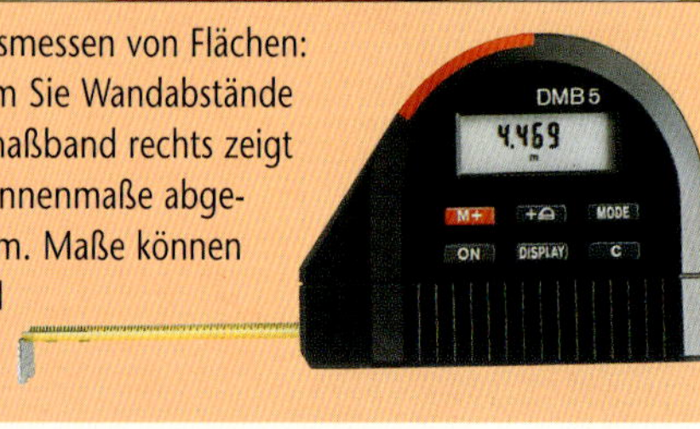

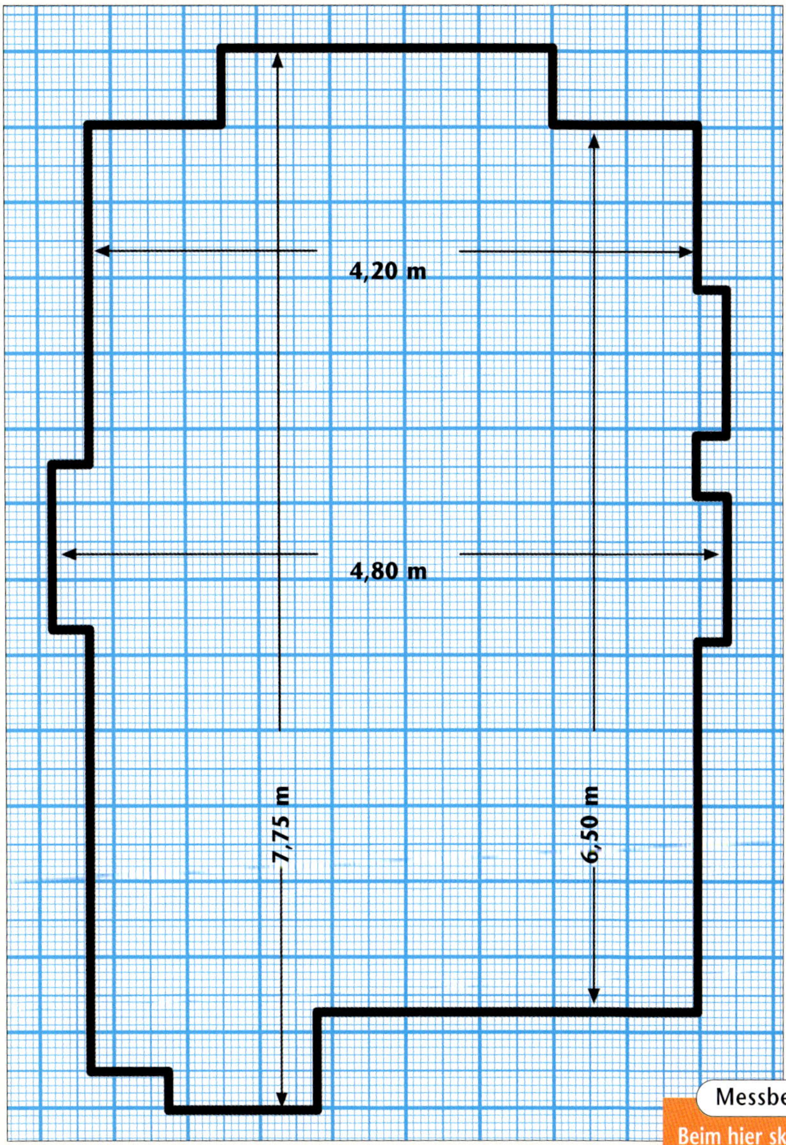

Sind Böden von Resten alter Beläge zu befreien, lohnt es sich, eine solche Maschine auszuleihen

Für kleinere Flächen und die Feinarbeit in Ecken und Winkeln bietet sich der Elektroschaber an, der mit verschiedenen Klingen ausgestattet werden kann

Messbeispiel

Beim hier skizzierten Beispiel wird die gemessene Breite von 4,80 m auf die Normbreite von 5 m aufgerundet. Die gemessene Länge von 7,75 m rundet man auf 8 m auf. So ergibt sich ein einheitliches Verlegebild ohne Stoßkanten.

Werkzeuge für präzises Messen

Obwohl der Zollstock ein überaus präzises Messwerkzeug ist, wenn man damit richtig umgeht, hat er doch den Nachteil, dass man bei größeren Distanzen mehrfach neu ansetzen und die Teilabschnitte addieren muss, was zu Fehlern führen kann. Besser ist ein Rollmaßband, das die Entfernung von Wand zu Wand direkt angibt.

Besonders komfortabel arbeitet es sich mit einem digitalen Maßband. Es zeigt die Länge des ausgezogenen Bandes auf einem Display an. Sehr hilfreich sind die elektronischen Addier- und Speicherfunktionen des Geräts.

Alte Bodenbeläge ablösen

Bevor es ans Verlegen eines neuen Teppichbodens geht, müssen alte Beläge gründlich entfernt werden. Handelt es sich beispielsweise um einen fest verklebten Teppichboden mit Schaumrücken, wird diese Arbeit zur schweißtreibenden Tortur, wenn Sie beispielsweise einen einfachen Handspachtel verwenden. Hier empfiehlt sich unbedingt der Einsatz geeigneter Elektrowerkzeuge. Es gibt handliche Elektroschaber, aber auch große Spezialgeräte, die man sich ausleihen kann.

Präzises Schneiden ist das A und O

Das fachgerechte Schneiden von Teppichböden erfordert einige Übung. Bevor Sie ans Verlegen hochwertiger Böden gehen, sollten Sie zuvor ein paar Übungsschnitte mit Restmaterial einplanen.

Die wichtigste Technik ist das Beschneiden der Ränder. Bei raumbreiter Auslegeware müssen Sie im Idealfall nur an zwei Seiten den anfallenden Überstand abtrennen. Wichtig ist hier, dass der Teppich fest in den Winkel zwischen Boden und Wand gepresst wird, während man mit der Hakenklinge schneidet.

Müssen mehrere Bahnen aneinander stoßend verlegt werden, kommen Sie meist nicht umhin, auch längs zur Bahn verlaufende Nahtschnitte zu machen. Obwohl generell der Doppelschnitt entlang einer Metallschiene empfohlen wird, ziehen professionelle Bodenleger gerade bei dickeren Teppichen häufig allerdings das einlagige Schneiden vor.

Dies gilt insbesondere dann, wenn man parallel zum Florverlauf in der Florgasse schneiden kann. Denn dabei entsteht ein besonders sauberer Schnitt. Außerdem wird ein Durchtrennen der Schlingen vermieden, was im Stoßbereich zwangsläufig ein unsauberes Verlegebild ergeben würde.

Zuschneiden

Nachdem der von der Rolle gekaufte Teppichboden ausgebreitet ist, schneidet man ihn rundum passend zu. Dann erst geht es ans Fixieren mittels Klebeband, flüssiger Fixierung oder Wiederaufnahmekleber aus dem Eimer.

Schneide-Tricks

Wenn Sie den Teppichboden in seine endgültige Lage gebracht haben, drücken Sie ihn fest in den Winkel und durchtrennen ihn dann mit einer Hakenklinge (1). Hier der Doppelschnitt entlang einer Schiene. Diese Technik bringt passgenaue Nahtkanten, ist bei dickerem Material jedoch nicht ganz unproblematisch (2). Beim einlagigen Schneiden entlang der Florgasse führt man das Messer freihändig und zieht den entstehenden Abfallstreifen stramm zur Seite weg (3).

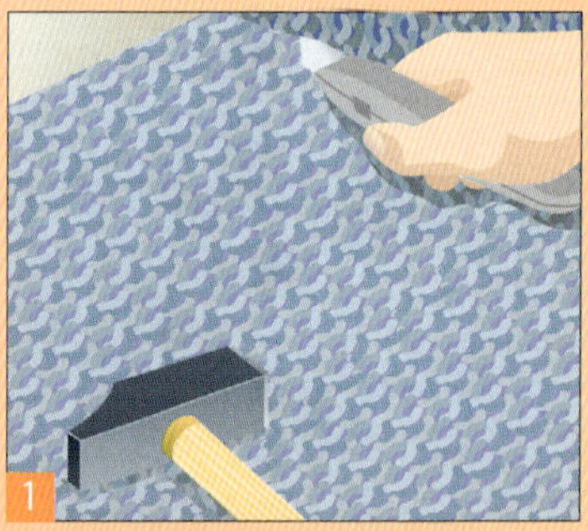

1 **Den Teppichboden in die Ecke drücken und dann durchtrennen**

2 **Beim Doppelschnitt zieht man das Messer an der Metallschiene entlang**

3 **Beim einlagigen Schnitt wird das Messer freihändig geführt**

Einige typische Verlegebeispiele

Wenn die Wahl des Teppichbodens getroffen ist, steht noch eine weitere Entscheidung an. Soll der neue Teppich nur fixiert oder fest auf dem Unterboden verklebt werden?

Bei Auslegeware mit Schaumrücken – dies ist die am häufigsten anzutreffende Qualität – sind beide Verlegearten möglich. Besitzt der Teppich dagegen einen Geweberücken, muss geklebt werden. Achtung: Besteht der Rücken aus Jutegewebe, dürfen Sie keinen wassergelösten Kleber verwenden, da der Teppichboden sonst unweigerlich Wellen schlagen würde. Stattdessen legen Sie besser ein Haftgitter unter.

Denken Sie daran, dass über die Beanspruchbarkeit und Lebensdauer eines Teppichbodens nicht nur die gewählte Qualität, sondern auch die Verlegeart entscheidet. So ist beispielsweise die durch das Rollensymbol (siehe Seite 65) ausgewiesene Stuhlrollenfestigkeit nur dann gegeben, wenn der Belag vollflächig verklebt bzw. fixiert ist. Nur diese Verlegeart stellt sicher, dass es bei den zu erwartenden Rollbewegungen nicht zu schädlichen Walkbeanspruchungen des Materials kommt. Auch im Kinderzimmer sollte ein Teppichboden besser ganzflächig mit dem Unterboden verbunden sein, damit er beim Herumtoben nicht verrutschen kann.

Die lose Verlegung mit Klebeband

Zur Akklimatisierung lagert man den neuen Teppichboden vor dem Verlegen für mindestens eine Nacht in der Wohnung. Der Boden des Verlegeraums muss von Unebenheiten befreit und sorgfältig gereinigt worden sein.

Im gesamten Randbereich wird dann doppelseitig klebendes Verlegeband auf den Unterboden geklebt und fest angerieben. Halten Sie dabei 1–2 cm Abstand zur Außenkante des Estrichs, da diese Kante meist ein wenig unregelmäßig verläuft. Bei sehr großen Räumen sollten Sie in der Mitte einen zusätzlichen Streifen Klebeband aufbringen, um Walkbewegungen des Teppichbodens zu verhindern.

Nun wird das Material ausgerollt und möglichst an zwei geraden Raumseiten kantenbündig angelegt. Dies ist nur dann möglich, wenn es dort keine Fenster- oder Türnischen gibt. Aber auch bei geraden Wandverläufen werden Sie häufig feststellen, dass es zwischen Boden und Wand erhebliche Unregelmäßigkeiten gibt, die erst durch die gerade Teppichkante sichtbar werden. Sind diese Unregelmäßigkeiten so groß, dass sie nicht durch die Fußleiste verdeckt werden, muss auch hier der Teppichboden einige Zentimeter hochgeschlagen und dann kantenbündig abgeschnitten werden. Dies geht am besten mithilfe eines Beschnittlineals. Haben Sie den Teppich dann rundum passend zugeschnitten, schlagen Sie die Ränder um, ziehen das Silikonpapier des Klebebandes ab und reiben den Belag fest an.

Teppichböden fest verkleben

Überall dort, wo ein Teppichboden stärker strapaziert wird, sollte er vollflächig verklebt werden. Nur dann können Sie sicher sein, dass der Tep-

Klebeband-Technik

1

Im gesamten Randbereich wird das doppelseitig klebende Verlegeband auf den sauberen und staubfreien Estrich geklebt und fest angerieben

2

Nun legen Sie den Teppichboden an zwei Raumseiten an die Wand stoßend aus und schneiden die überstehenden Ränder der anderen Seiten kantenbündig ab

3

Wenn der Belag genau passt, den Teppichrand Stück für Stück hochklappen, das Silikonpapier des Klebebands abziehen und den Belag fest anreiben

4

So präsentiert sich der fertige Raum. Bei einer anstehenden Renovierung ist der mit doppelseitigem Klebeband fixierte Boden schnell wieder aufgenommen

pichboden sich im täglichen Gebrauch nicht vom Unterboden löst und wellt.

Eine Grundvoraussetzung für die vollflächige Verklebung ist stets ein glatter Unterboden. Der Estrich muss gereinigt und gegebenenfalls mit selbstverlaufender Spachtelmasse egaliert werden (siehe S. 71).

Dann rollen Sie den Teppichboden aus und schneiden ihn rundum kantenbündig zu. Im nächsten Arbeitsschritt fixieren Sie ihn in einer Raumhälfte, indem Sie kleinere Möbelstücke, Bücherkartons oder ähnliches auf der Fläche verteilen. Er darf nämlich nicht mehr verrutschen, wenn Sie in der anderen Raumhälfte mit dem Verkleben beginnen.

Schlagen Sie den Teppich dann etwa 1 m um und bringen Sie auf der freiliegenden Estrichfläche den Kleber auf. Man verteilt den Kleber zunächst grob mit einer Glättkelle. Anschließend wird er – in einer Raumecke beginnend –

mit der Zahnkelle auf gleichmäßige Schichtstärke durchgekämmt. Ideal für diese Arbeit ist eine kombinierte Glätt- und Zahnkelle, dann brauchen Sie das Werkzeug nicht zu wechseln.

Nach der vom Hersteller angegebenen Ablüftzeit kann der Teppichboden in das Klebstoffbett eingerollt werden. Reiben Sie ihn mit einem abgerundeten Brettstück fest an. Die beim Aufkämmen des Klebers entstandenen Wülste werden dabei plattgedrückt, sodass eine völlig gleichmäßige Kleberschicht entsteht.

Jetzt müssen Sie die andere Raumhälfte wieder frei räumen und den Teppichboden vorsichtig zusammenrollen, bis die Grenze der ersten Verklebung erreicht ist. Dort setzen Sie dann an und ziehen Stück für Stück weiteren Kleber auf, kämmen ihn durch, lassen ihn ablüften und reiben den Teppich an. Nach dem Verkleben sollte der Belag bis zum Erhärten des Klebers nicht begangen werden.

Vollflächige Fixierung eines Belags

Statt eines Dispersionsklebers, der mit der Zahnkelle aufgetragen werden muss, können Sie auch mit einer gebrauchsfertig angemischten Fixierung arbeiten, die sich sehr leicht mit einer Farbwalze auftragen und verteilen lässt.

Auch hier gilt die Regel, dass der Unterboden sauber und eben sein muss. Sie schneiden den Teppichboden zu, schlagen ihn zur Hälfte ein, rollen die Fixierung auf und reiben ihn dann an. Anschließend wird die andere Hälfte eingeschlagen und verklebt.

Verlegen mit Folien und Gittermatten

Nicht immer können stark beanspruchte Teppichböden vollflächig verklebt werden, beispielsweise wenn in einer Mietwohnung alter Parkettboden überdeckt werden soll. Kleber oder Fixierung würden hier den Unterboden beeinträchtigen. In diesem Fall

Feste Verklebung

Falls vorhanden, müssen alte Teppichreste sorgfältig vom Untergrund entfernt werden. Am schnellsten geht dies mit einem solchen Elektroschaber

Bei besonders saugfähigen oder leicht sandenden Untergründen ist eine Grundierung mit Tiefgrund erforderlich. Sie verfestigt die Estrichoberfläche

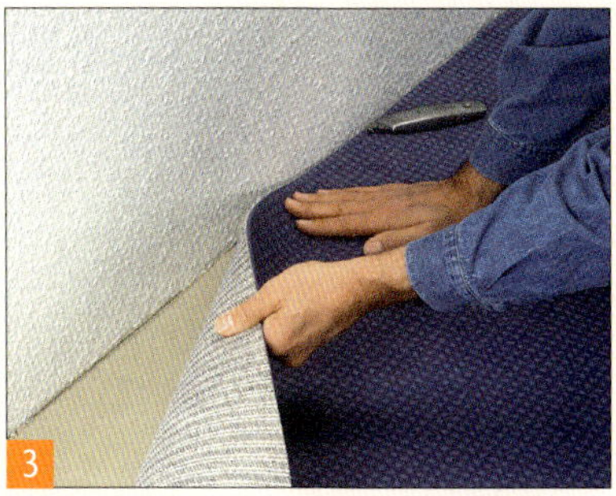

Jetzt wird der Teppich an zwei Seiten an die Wand stoßend ausgelegt und an den anderen Seiten entsprechend den Raummaßen zugeschnitten

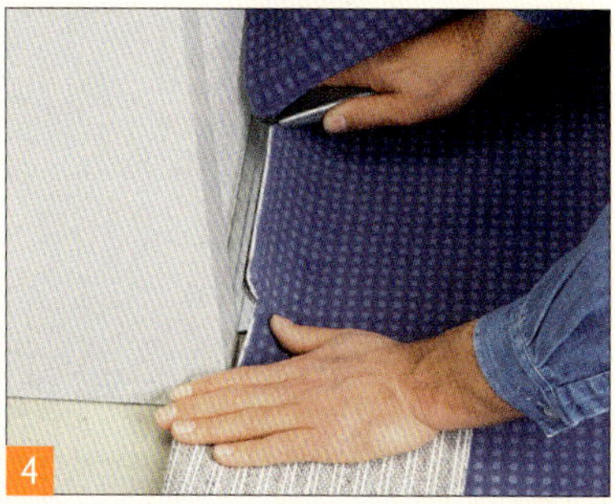

Beim Zuschneiden ist die Cutter-Kant-Schiene hilfreich. Man schiebt sie in den Winkel zwischen Boden und Wand und schneidet über ihrer Kante ab

An den Türrahmen muss immer besonders sorgfältig gearbeitet werden, da dort der Randschnitt später nicht durch eine Fußleiste verdeckt wird

An einer Raumseite schlagen Sie den Teppich etwa 1 m weit ein. Der gebrauchsfertige Kleber wird dann aus dem Eimer direkt auf den Boden gegossen

Zuerst wird der Kleber nur grob verteilt. Mit dem Zahnspachtel kämmen Sie ihn anschließend gleichmäßig durch. Wählen Sie dafür die Zahnung A3

Nach etwa 10 Minuten Ablüftzeit legt man den Teppichboden von der Mitte zum Rand hin ins Kleberbett. Dann wird er gleichmäßig angerieben

Teppichboden fixieren

1 Zuerst wird der Teppichboden ausgelegt und kantenbündig zugeschnitten. Auch hier wird die Cutter-Kant-Schiene benutzt, die wir bereits vorgestellt haben

2 Dann schlagen Sie den zugeschnittenen Belag zur Hälfte ein und rollen die Fixierung auf. Eine Teleskopstange an der Farbrolle erleichtert diese Arbeit

3 Ist die Fixierung abgelüftet, wird der Teppich von der Mitte zum Rand hin vorsichtig wieder ausgerollt. Dann fixiert man die andere Hälfte des Raumes

4 Mit einem abgerundeten Brett lässt sich der Belag wellenfrei anreiben. Für kleinere Flächen kann man sehr gut auch eine Flasche als Hilfsmittel benutzen

wählt man spezielle Folien oder Gittermatten. Dabei handelt es sich um doppelseitig klebendes Material, das ganzflächig aufgebracht wird und den Teppich fixiert. Später lässt es sich rückstandsfrei wieder vom Unterboden lösen.

Treppen mit Teppichboden belegen

Alte Holztreppen sind häufig sehr unansehnlich. Wird der Flur dann mit Teppichboden ausgelegt, bietet es sich an, auch die Treppe mit dem gleichen Material zu belegen. Dies hat zudem den Vorteil, dass die Treppe leiser wird. Die Auftrittsgeräusche werden durch den Textilbelag deutlich gedämpft.

Wählen Sie als Treppenbelag keinen zu hochflorigen und zu weichen Teppichboden. Abgesehen davon, dass sich solches Material schwer verlegen lässt, stellt ein sehr weicher und damit auch stumpfer Belag eine gewisse Sturzgefahr dar. Weil der Teppichboden im Bereich des Auftritts sehr stark belastet wird, sollten Sie aber auf jeden Fall eine besonders strapazierfähige Qualität wählen, ausgewiesen durch ein entsprechendes Symbol (siehe Seite 65).

Die einfachste Methode, den Belag auf den Treppenstufen zu fixieren, ist das Verlegen mit doppelseitigem Klebeband. Verwenden Sie ausschließlich Klebeband der Ausführung „extra stark" mit der höchsten Klebkraft.

Man arbeitet beim Verlegen von oben nach unten. Es werden immer eine Setzstufe (das ist der senkrechte Teil) und ein Auftritt rundum mit Klebeband versehen. Die Vorderkante des Auftritts und die Unterkante der vorspringenden Stufe bekleben Sie ebenfalls.

Dann ziehen Sie das Schutzpapier von der Setzstufe ab und drücken den zuvor passend geschnittenen Teppichbodenstreifen fest an. Anschließend wird die Folie im Auftrittsbereich der

Übergänge und Ränder

Wo der neue Teppichbodenbelag endet, wird der Übergang beispielsweise zu Parkett oder Fliesen mit einer Metallschiene bedeckt, damit keine Stolperkante entsteht (1). Der Handel bietet hierfür verschiedene Spezialprofile an.
Einen eleganten Randabschluss bildet das Fußleistenprofil zum Andübeln (2). Man schneidet aus Reststücken passende Teppichbodenstreifen zu, die man dann in das Fußleistenprofil einklebt (3).

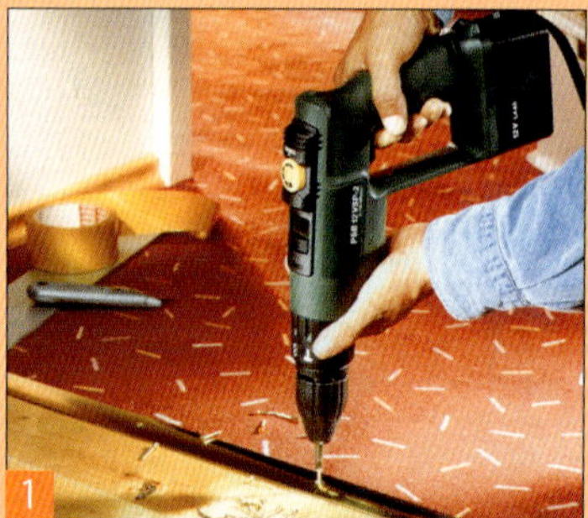

1 Beim Dübeln in den Estrich sicherstellen, dass man keine Rohre anbohrt

2 Das Fußleistenprofil aus Kunststoff wird mit Nageldübeln befestigt

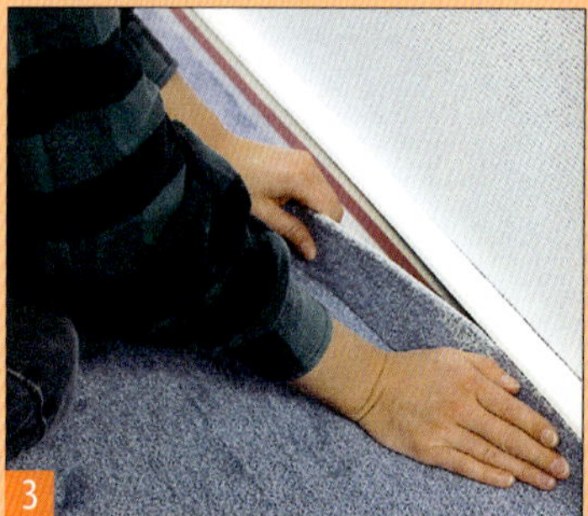

3 Auf seiner Vorderseite wird dann ein Teppichbodenstreifen eingeklebt

Stufe abgezogen und auch hier das passend vorbereitete Stück Teppichboden aufgelegt und fest angerieben. Erst dann ziehen Sie die Folie an der Vorder- und Unterkante der Stufe ab. Der Belag muss straff gezogen und gleichmäßig um die Kante herum gelegt und fest angedrückt werden. Bei steifem Material und bei Teppichen mit dickem Schaumrücken sollten Sie in die Unterkante zusätzlich ein paar feine Polsternägel einschlagen oder den Teppichrand dort antackern.

Schäden in Teppichböden reparieren

Immer wieder kommt es vor, dass hässliche Flecken oder Brandlöcher einen Teppichboden-Belag verunzieren. Dann stechen Sie die betreffende Stelle mit einem Locheisen aus und füllen Sie mit einem passenden Ersatzstück, das aus einem Teppichrest herausgestanzt wird. Den runden Flicken kleben Sie mit einem üblichen Alleskleber ein und bürsten den Flor anschließend gründlich durch.

Stufen bekleben

1 Setzstufe und Auftritt werden ringsum mit extra starkem Doppelklebeband versehen. Dann kommen Streifen auf Vorderkante sowie Unterkante der Stufe

2 Ziehen Sie anschließend die Schutzfolien an der Setzstufe ab und drücken Sie den passend zugeschnittenen Teppichbodenstreifen fest gegen das Klebeband

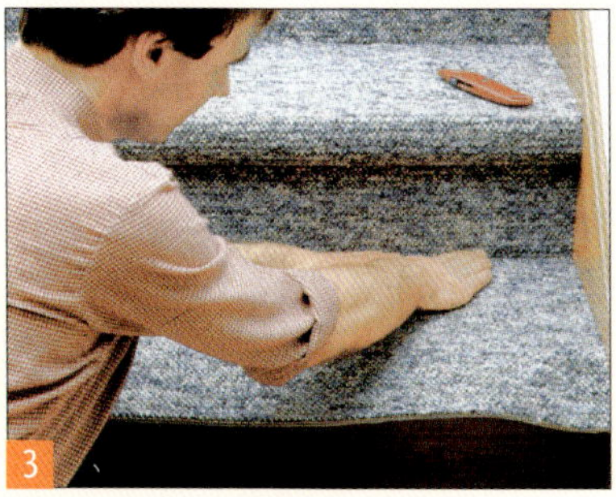

3 Ebenso verfahren Sie am Auftritt. Hier wird zuerst die Fläche der Stufe fest angerieben. Dann zieht man die Folie an der Vorder- und Unterkante ab

4 Im Problembereich der Kante müssen Sie den Belag besonders gut andrücken. Zusätzlichen Halt geben ein paar Nägel oder Tackerklammern in die Unterkante

PVC, Linoleum und Kork fachmännisch verlegen

So finden Sie den für Sie richtigen Bodenbelag, schneiden ihn passgenau zu und fixieren oder kleben ihn fachgerecht

Verlegewerkzeuge und Hilfsmittel

Was bereits im Kapitel „Teppichböden verlegen" gesagt wurde, gilt für die hier behandelten Bodenbeläge ganz genauso: Das wichtigste Werkzeug ist ein scharfes Messer – das so genannte Universal-Bodenlegermesser. Während man Teppichböden fast immer mit der großen oder kleinen Hakenklinge schneidet, ist für PVC, Linoleum und Kork in der Regel allerdings die glatte Trapezklinge besser geeignet.

Auch die anderen auf Seite 75 gezeigten Werkzeuge werden hier ebenso benötigt. Noch wichtiger als beim Verlegen von Teppichböden ist die Benutzung einer Schiene oder eines Stahllineals, wenn Stoßkanten zu schneiden sind. Während beim Teppichboden der Flor kleine Unregelmäßigkeiten des Schnitts verdeckt, fallen unsaubere Kanten bei einem glatten Belag sofort ins Auge.

Wenn beispielsweise die Ausschnitte für Heizungsrohre auf den Bodenbelag übertragen werden sollen, können Sie die auf der rechten Seite gezeigte Konturenlehre einsetzen. Bei unregelmäßigen Wandverläufen und Versprüngen lässt sich ein selbst hergestellter Parallelanreißer verwenden, der in der Zeichnung darunter dargestellt ist.

Grundlagen der Verlegetechnik

Arbeitet man in Räumen mit geraden Wänden ohne Versprünge, legt man das Belagsmaterial so aus, dass rund-

Untergründe

Die relativ dünnen Beläge aus PVC oder Linoleum brauchen absolut glatte Untergründe. Schon kleinste Unebenheiten drücken sich durch und beeinträchtigen das Bild.

um einige Zentimeter Überstand entstehen. Dann drücken Sie den Belag mit einem Hammerrücken möglichst fest in den Winkel zwischen Boden und Wand, um ihn dann mit dem Teppichmesser zu durchtrennen (siehe rechts).

Weist der Raum Versprünge wie Tür- und Fensternischen auf, ist es besser, den Belag so weit von der Wand abzuziehen, dass er glatt aufliegt, um dann die Schnittkante mit Hilfe eines Parallelanreißers zu markieren. Sie legen den Belag dazu zunächst mit soviel Übermaß aus, dass er nach dem Zuschneiden in alle Wandnischen noch ausreichend weit hineinragt.

Dann ziehen Sie entlang der Seitenkante des Belags eine Linie auf dem Boden. Im nächsten Schritt legen Sie von der Wand entlang der Seitenkante einen Zollstock an und machen im Abstand von beispielsweise 20 cm zur Wand eine Hilfsmarkierung auf dem Belag. Anschließend ziehen Sie den Belag von der Wand ab, bis er ohne Überstand glatt aufliegt. Nun messen Sie von der zuvor angelegten Hilfsmarkierung 20 cm in Richtung Wand ab. An dieser Stelle muss der Kantenschnitt beginnen. Stellen Sie aber sicher, dass von diesem Punkt bis zum Rand des Belags noch ausreichend Überstand vorhanden ist, um die Nischen des Raumes zu füllen.

Randschnitt

So wird ein PVC-Belag zugeschnitten: Zuerst in den Ecken einschneiden, dann den Überstand mit dem Hammerrücken andrücken und mit dem Teppichmesser durchtrennen.

Nun geht es ans Anreißen der Schnittlinie. Sie brauchen dazu einen Parallelanreißer, dessen Markierungsabstand etwas größer als die tiefste Stelle der Nische ist.

Der Belag wird zunächst parallel zur Seitenlinie so weit verschoben, bis der zuvor markierte Beginn der Schnittlinie genau unter dem Stift des Parallelanreißers liegt. Dann führen Sie den Parallelanreißer vorsichtig entlang der Wand weiter und zeichnen dabei den weiteren Verlauf der Schnittlinie auf den Belag auf.

Ist der Belag zugeschnitten, wird er in die Verlegeposition gebracht, und man schneidet ebenso auch die gegenüberliegende Seite zu.

Konturenlehre

Die Konturenlehre besteht aus schmalen Kunststoffplättchen, die längs in einem Rahmen beweglich gelagert sind. Stößt man die Plättchen gegen auszusparende Teile, wie die hier gezeigten Rohre, nehmen sie exakt deren Form an (1).
Diese Form lässt sich dann auf einen Bodenbelag übertragen (2). Ein solcher Parallelanreißer besteht aus einem Brettstück mit einer Bohrung für einen Filzstift (3).

1

Die Konturenlehre wird gegen die Heizungsrohre geschoben

2

Die abgenommene Form kann nun auf den Belag übertragen werden

3

Der selbst gemachte Parallelanreißer besteht aus einem Klotz mit Stift

Randzuschnitte anreißen

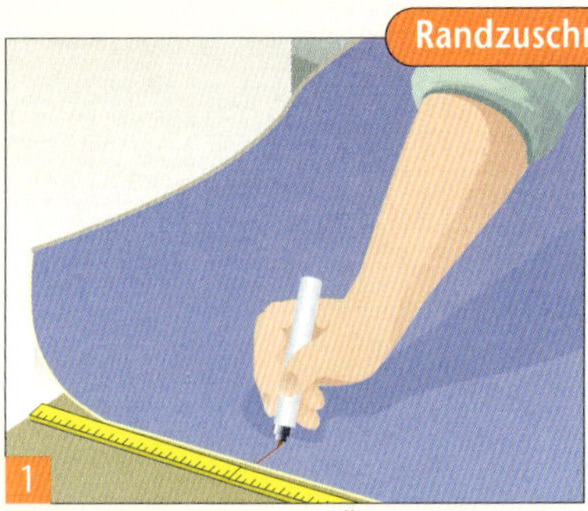

Legen Sie die Bahn mit Übermaß aus und ziehen Sie auf dem Boden eine Linie entlang der Seitenkante. Dann wird eine Hilfsmarkierung angerissen

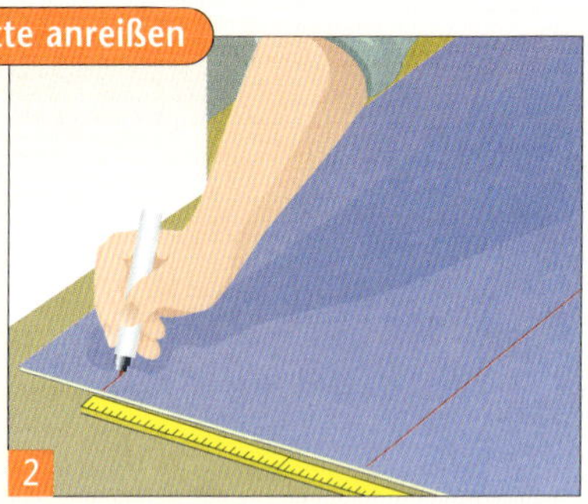

Nun den Belag zurückziehen. Mit dem Zollstock messen Sie dann von der Hilfsmarkierung zurück und zeichnen den Beginn der Schnittlinie an

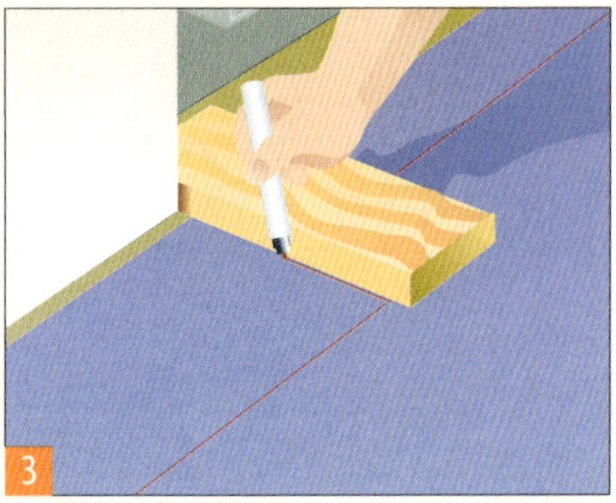

Mithilfe des Parallelanreißers können Sie jetzt die Schnittlinie weiterziehen und dabei auch Versprünge wie beispielsweise an Fensternischen berücksichtigen

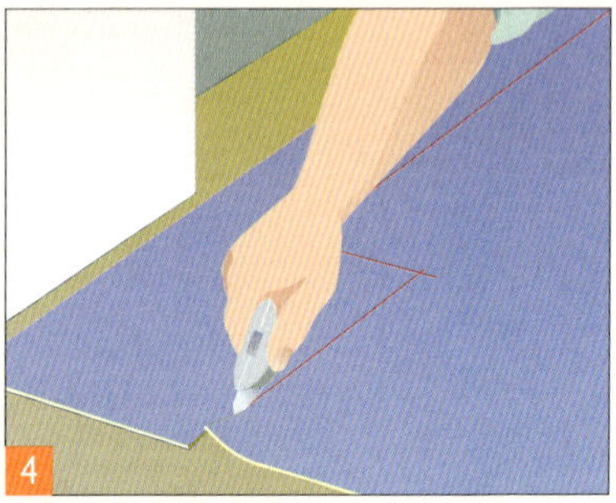

Zuletzt durchtrennt man den Belag entlang der Schnittlinie und erhält so einen passgenauen Zuschnitt, der ganz exakt dem Wandverlauf folgt

Bahnen sauber aneinander setzen

Müssen bei größeren Räumen mehrere Bahnen eines PVC-Belags aneinander gesetzt werden, arbeitet man mit der bereits im Kapitel „Teppichböden verlegen" vorgestellten Doppelschnitt-Technik. Sie legen einfach die beiden Bahnen mit etwa 5 cm Überlappung aufeinander, um sie dann mit einem Schnitt gemeinsam zu durchtrennen. Dabei wird das Teppichmesser an einer Metallschiene entlanggeführt. Anschließend klappt man den Schnitt auf, zieht den abgetrennten Randstreifen heraus und fixiert den Belag im Nahtbereich mit Klebeband.

Kaltschweißen versiegelt die Naht

Damit keine Feuchtigkeit eindringt, sollten die Nähte von PVC-Belägen verschweißt werden. Man arbeitet dabei mit der so genannten Kaltschweiß-Technik. Die Naht wird zunächst mit einem Streifen Klebeband abgedeckt. Vorsichtig durchtrennen Sie dieses Band anschließend entlang der Naht, um das Kaltschweißmittel auf den so entstandenen feinen Ritz auftragen zu können. Es verbindet die Kanten des Belags wasserdicht miteinander.

Fliesen-Material richtig verlegen

Bahnen aus PVC oder ähnlichen Materialien können bei mäßiger Belastung mit Doppelklebeband fixiert werden. Besser ist jedoch die vollflächige Verklebung bzw. Fixierung.

Fliesen aus PVC, Linoleum oder Kork müssen dagegen generell verklebt werden, um ihnen festen Halt auf dem Unterboden zu geben. Die Zeichnungen rechts zeigen, wie Sie entlang der Raumachsen die ersten Fliesen bei Parallel- bzw. Diagonal-Verlegung aneinander fügen. Unten das Zuschneiden von Randfliesen.

Fliesen haben den Vorteil, dass man beschädigte oder beschmutzte Elemente leicht tauschen kann.

Doppelschnitt

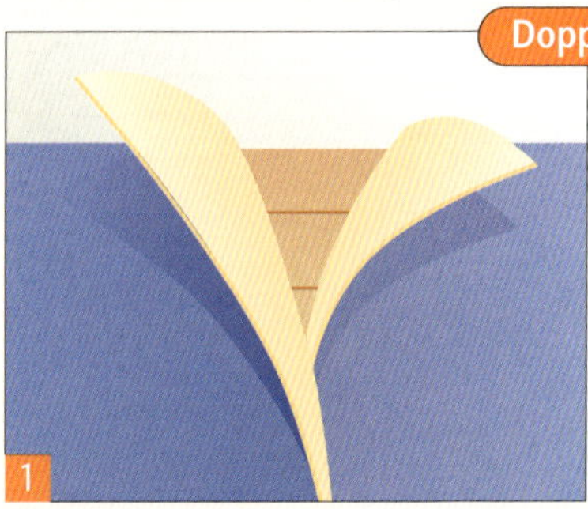

Vorbereitung für den Doppelschnitt: Man legt die Bahnen überlappend aufeinander. Sie können bereits mit Klebeband oder Fixierung befestigt werden

Entlang der Metallschiene werden nun beide Bahnen gleichzeitig durchtrennt. Das Messer dabei im gleichen Winkel halten. So entstehen passgenaue Nähte

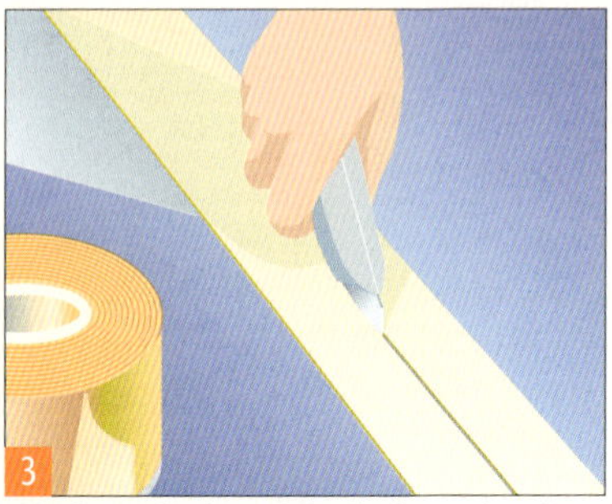

Mit der Kaltschweiß-Technik versiegelt man die Nähte von PVC-Belägen. Ein Klebeband wird aufgebracht und dann entlang der Naht durchtrennt

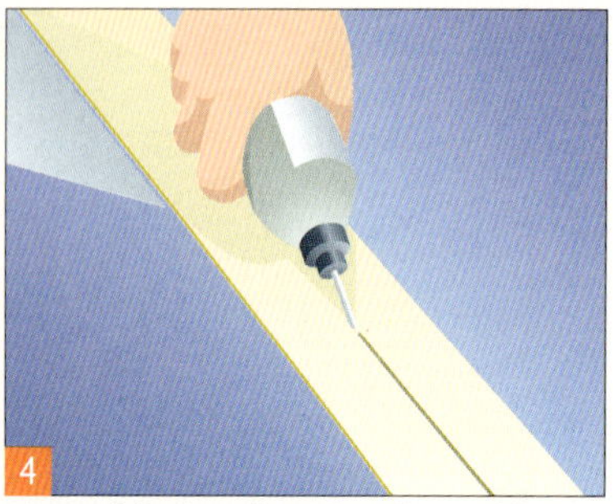

Die Nadelspitze der Schweißmittelflasche führen Sie über den Nahtschnitt. Dann das Klebeband entfernen. Die Kanten verschmelzen fugendicht miteinander

Verlegebeispiele für PVC, Linoleum und Kork

Die einfachste Art, einen PVC-Boden zu verlegen, ist das Fixieren mit Doppelklebeband. Diese Technik wurde bereits beim Teppichboden vorgestellt. Man reibt das Klebeband auf den Boden: im gesamten Randbereich und unter den Stoßnähten. Wird größerer Halt verlangt, wählen Sie stattdessen die vollflächige Fixierung.

PVC-Boden vollflächig fixieren

Für das vollflächige Fixieren von Teppichböden und PVC-Bodenbelägen gibt es moderne Produkte, die es ermöglichen, den Boden beispielsweise bei einem Auszug aus der Mietwohnung wieder beschädigungsfrei abzulösen.

Sie legen den PVC-Belag zunächst mit etwas Randüberstand auf den sorgfältig vorbereiteten Boden – etwaige Unebenheiten müssen gespachtelt oder durch Fießspachtel ausgeglichen werden. Dann fixieren Sie den Belag durch Gewichte gegen Verrutschen. Anschließend wird der Überstand rundum abgeschnitten, bis der PVC-Boden genau passt.

Randzuschnitt

Eine Platte auf die zuletzt verlegte legen und eine weitere an der Wand anhalten. Sie dient als Lineal, um den Schnitt anzureißen

Muster

Wer künlerisch begabt ist, kann in einen Linoleumbelag fantasievolle Muster einbauen. Man fertigt dazu Schablonen, legt andersfarbige Stücke auf und durchtrennt beide Lagen im so genannten Doppelschnitt.

Fliesen-Material

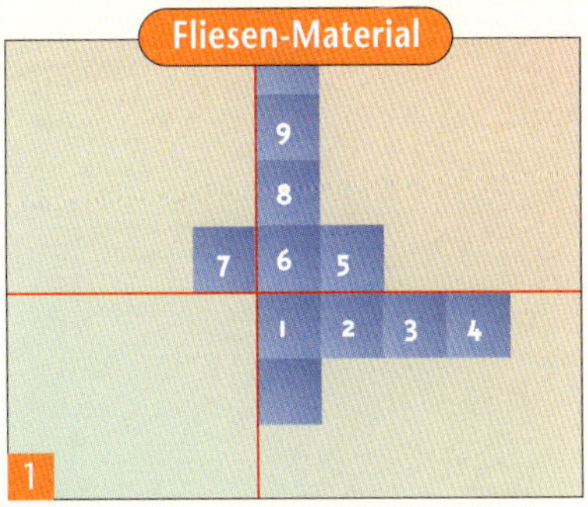

Werden PVC- oder Korkfliesen verlegt, beginnt man in der Raummitte. Zwei Schnüre markieren die Raumachsen. Die Ziffern geben die Verlegereihenfolge an

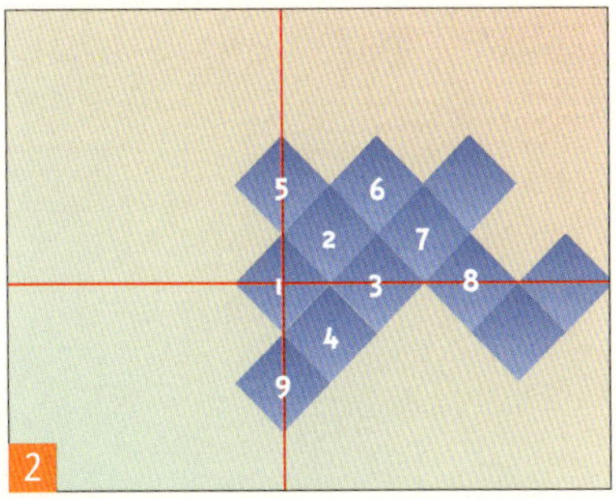

Diagonalverlegung: Entgegen der oben gezeigten Parallelverlegung werden hier die Fliesen diagonal zu den beiden Raumachsen angeordnet

Türfutter

Im Bereich von Türzargen müssen PVC-Beläge besonders sorgfältig angepasst werden, da dort die Ränder nicht von Fußleisten überdeckt werden. Am besten kürzt man die Zarge und schiebt den Belag darunter.

Beginnend am der Tür abgewandten Raumende, wird nun der Belag 1 m weit aufgerollt. Die Fixierung portionsweise auf den Boden gießen, grob verteilen und dann mit der Zahnkelle durchkämmen. Nun muss die Fixierung 10 Minuten ablüften, ehe Sie den Belag anreiben können. Ist dies geschehen, rollen Sie das andere Ende auf und fixieren den Boden abschnittsweise weiter.

Für PVC-Beläge, die besonders hohen Belastungen ausgesetzt sind, empfiehlt sich die vollflächige Verklebung. Dies geschieht genau wie die Verklebung von Teppichböden.

Einen Linoleumboden verkleben

Wer Vorbehalte gegen PVC hat – dieses Material wird schließlich aus gesundheitlich nicht unbedenklichen Vinylchloriden hergestellt – kann auch auf Beläge aus Natur- oder Kunstkautschuk ausweichen, die meist keine Weichmacher enthalten sowie formaldehyd- und FCKW-frei sind. Eine andere Möglichkeit ist die Wahl des seit Jahrzehnten bewährten Linoleums. Es enthält keine problematischen Zusatzstoffe und neigt zudem kaum zu elektrostatischer Aufladung.

Die Verlegung von Linoleum gleicht grundsätzlich der Technik, die wir bereits vom PVC kennen. Linoleum bricht aber sehr leicht und muss daher mit größter Vorsicht transportiert und zugeschnitten werden.

Nach dem Verkleben mit Dispersionskleber müssen die Stoßfugen der Linoleumbahnen bis auf etwa 2,5 mm Tiefe ausgefräst und dann mit einem speziellen Schmelzdraht wasserdicht verschlossen werden. Dies ist eine ziemlich komplizierte Arbeit, die man besser einem Fachmann überlässt. Daher empfiehlt es sich, Linoleum nur selbst zu verlegen, wenn es um kleinere Flächen geht und keine Stoßfugen zu versiegeln sind.

Korkfliesen müssen geklebt werden

Während man verschiedene Kunststoff- und Teppichbodenfliesen auch lose auslegen kann, müssen Korkfliesen grundsätzlich fest mit dem Unterboden verklebt werden. Wie bei allen elastischen Bodenbelägen werden relativ hohe Ansprüche an die Glätte des Untergrunds gestellt. Unebenheiten drücken sich durch und stören das Verlegebild. Gegebenenfalls müssen Sie also den Estrich noch mit Fließspachtel glätten.

Zeichnen Sie den Raum am besten auf Millimeterpapier und machen Sie dann einen exakten Verlegeplan. Schmale Randstreifen an gut sichtbaren Stellen sind dabei zu vermeiden. Wenn der Verlegeplan vorbereitet ist, übertragen Sie die Position der beiden Raumachsen, an denen die Verlegung beginnt, auf den Fußboden.

Die Zeichnungen auf Seite 53 zeigen Ihnen, wie man bei Parallel- bzw. Diagonalverlegung die ersten Fliesen richtig platziert. Liegt die erste Reihe erst einmal, ist das weitere Verlegen der Platten kein Problem mehr.

Da Kork ein Naturstoff ist, können bei Fliesen aus verschiedenen Packungen leichte Farbunterschiede auftreten. Daher das Material immer aus mehreren Paketen gemischt verarbeiten.

Den Dispersionskleber ziehen Sie abschnittsweise auf und kämmen ihn mit der Zahnkelle durch. Stets nur so viel Kleber aufbringen, wie in seiner „offenen" Zeit (d. h. bevor die Oberfläche antrocknet) mit Korkfliesen belegt werden kann. Die Platten werden dann laut Verlegemuster ins frische Kleberbett gedrückt und anschließend mit einem Moltoprenroller fest angedrückt.

Da sich die Fliesen manchmal „schüsseln", das heißt zum Rand hin aufwölben, müssen die Kanten gegebenenfalls nach 15–30 Minuten ein zweites Mal nachgerollt werden.

Linoleum kleben

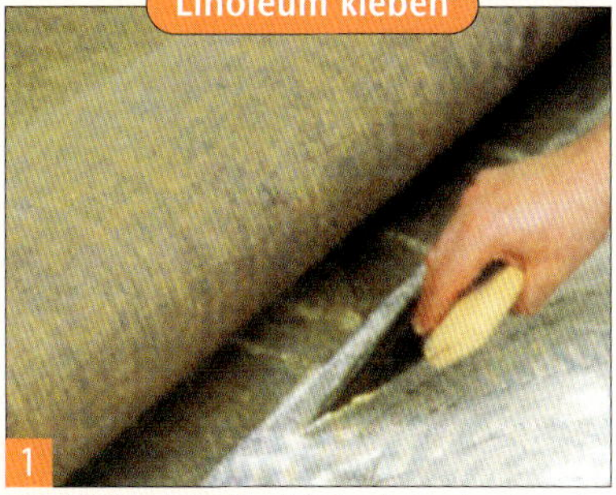

Die Klebetechnik gleicht der, wie sie für Kunststoffböden gezeigt wurde. Dispersionskleber aufziehen und mit dem feinen Zahnspachtel durchkämmen

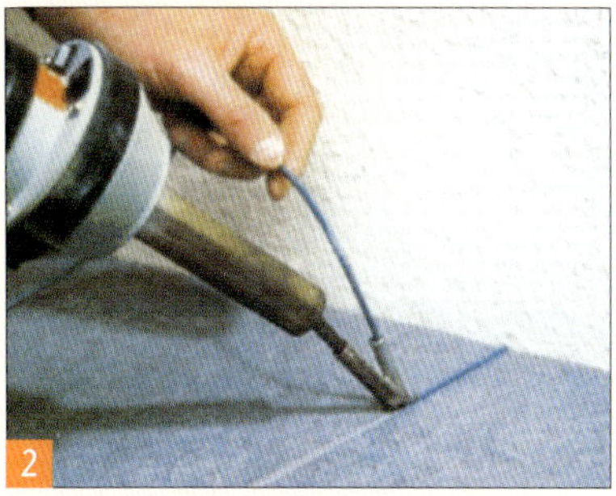

Für das Verschweißen der Stoßnähte brauchen Sie ein Spezialwerkzeug. Diese Arbeit sollte man besser einem Profi-Bodenleger überlassen

Kork kleben

Bei der Verklebung von Kork müssen Sie darauf achten, dass die empfindliche Oberfläche der Platten nicht versehentlich mit Kleber verschmutzt wird

Die Platten werden angesetzt und gleichmäßig ins Kleberbett gedrückt. Durch leichtes Schieben korrigieren, bis die Stoßfugen geschlossen sind

Edler Look

Linoleum wird heute in den verschiedensten Dessins für alle Wohnbereiche angeboten. Hier eine besonders edle Variante, die gut zu einer moderner Einrichtung passt.

Kinderzimmer

In vielen Kinderzimmern ist Linoleum zu Hause, weil Eltern das umweltfreundliche Material bevorzugen. Es gibt keine Ausdünstungen von Weichmachern wie bei Kunststoff.

Materialkunde Holzböden

Angefangen bei der klassischen Diele aus gehobelten Brettern, über Parkett aus Massivholz bis hin zu Fertigparkett und Laminaten bietet der Handel eine breite Palette an Hölzern und Holzwerkstoffen für den Boden

Dielenböden aus Massivholz sind praktisch und wirtschaftlich

Fußböden aus Massivholzdielen waren in Häusern der Vorkriegszeit Standardausstattung. Nachdem später Nass-Estriche mit den verschiedensten Teppich-, Kunststoff- und Fliesenbelägen den Vorzug erhielten, hat der echte Holzboden in den letzten Jahren wieder viele Freunde gewonnen. Als so genannte Hobeldielen werden die nach DIN 4072 gespundeten, d. h. mit Nut und Feder versehenen Bretter verarbeitungsfertig angeboten. Sie bestehen in der Regel aus Nadelholz und werden in einer Richtung auf Lagerhölzer, Holzbalkendecken oder Blindböden genagelt oder geschraubt. Dielenböden sind schnell und preiswert verlegt. Das Holz bleibt elastisch und verhindert vorzeitiges Ermüden der Fußmuskulatur. Nicht zuletzt sorgt das Holz für ein angenehmes Raumklima.

Die Dicken der Dielenbretter liegen meist zwischen 19,5 und 35,5 mm. Bei der Materialberechnung und der Bestellung wird zwischen Profilmaß und Deckmaß unterschieden. Das Profilmaß ist die Breite des Brettes einschließlich der Feder. Als Deckmaß bezeichnet man die nach der Verlegung sichtbare Breite ohne Feder. Die üblicherweise angebotenen Längen der Hobeldielen liegen zwischen 1,50 und 6,00 m. Damit die Bretter sich nach dem Verlegen nicht im Faserverlauf werfen, sind ihre Unterseiten heute oft in Längsrichtung mehrfach parallel eingefräst.

Heimische Holzarten, aus denen Hobeldielen gefertigt werden, sind

Edle Dielen

Dass Dielenböden nicht nur rustikalen Charakter haben können, beweist dieses Bild. Die endlos mit Nut und Feder an den Stirnseiten verlegten Bretter wirken sehr elegant.

Fichte/Tanne, Lärche, Kiefer und Douglasie. Teilweise werden aber auch American Red Cedar, Esche und Eiche als Importhölzer zu Dielen verarbeitet. Die Holzfeuchte der Bretter sollte beim Verlegen möglichst der durchschnittlichen Feuchte entsprechen, die sich nach dem Einbau ergibt. So vermeidet man durch Nachtrocknen entstehende Fugen oder Verwerfungen des Belags durch erneute Feuchtigkeitsaufnahme. Schmale Fugen zwischen den einzelnen Brettern lassen sich allerdings nie vermeiden, da die Luftfeuchtigkeit sich mit der Jahreszeit deutlich verändern kann.

Massivholzparkett – ein hochwertiger Bodenbelag

Bei Parkett aus Massivholz unterscheidet man zwischen Stabparkett und Mosaikparkett. Stabparkett besteht nach DIN 280, Teil 1 aus 22 mm dicken Parkettstäben oder -riemen. Parkettstäbe sind ringsum genutete Hölzer, die beim Verlegen mit Hirnholzfedern (Querholzfedern) verbunden werden. Parkettriemen weisen an zwei Kanten (Längskante und Hirnholzkante) eine angehobelte Feder auf und an den jeweils gegenüberliegenden Kanten eine Nut. Stabparkett besteht aus Harthölzern wie Eiche, Rotbuche, Esche usw. Die Stäbe oder Riemen werden vollflächig auf den Untergrund geklebt oder verdeckt auf eine Holzunterkonstruktion genagelt.

Neben dem Stabparkett verarbeitet man immer häufiger auch 10 mm dickes Massivparkett. Diese Parketthölzer sind rundum scharfkantig gehobelt, besitzen also keine Nut und Feder und werden auf dem Unterboden verklebt.

Mosaikparkett schließlich besteht aus 8 mm dicken Lamellen, die man schachbrettartig oder im Streifenmuster auf einem Geweberücken zu Platten zusammensetzt, die auf den Estrich geklebt werden. Das Schleifen und die Oberflächenbehandlung werden bei allen drei genannten Parkettarten nach dem Verlegen auf der Baustelle durchgeführt.

Massivholzdielen

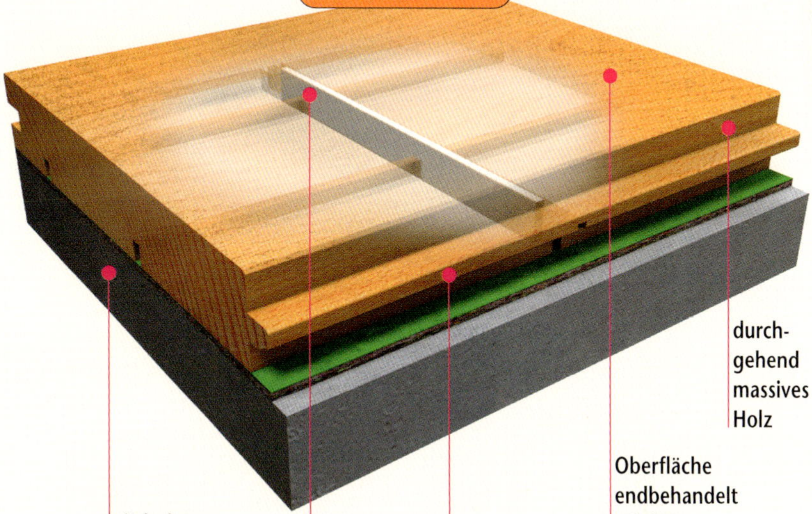

Dielensysteme

1 Massivholzdielen können auf Verlegespanplatten verschraubt oder vernagelt werden. Man setzt die Befestigungen durch die Nut in den Unterbau

2 Massivholzdielen können auf Verlegespanplatten verschraubt werden. Bei dieser Technik haben Sie Raum für Dämmmaterial und Installationen

Massivparkett

1 Massivparkett besteht aus 10 mm dicken Stäben, die auf dem Estrich verklebt werden: Das geklebte Material lässt sich bei Bedarf sehr gut abschleifen

2 Nach dem Verlegen wird Parkett aus Massivholz geschliffen und meist mit Speziallack versiegelt. Man kann das Holz aber auch ölen oder wachsen

Ideal für den Heimwerker: Fertigparkett oder Furnierboden

Während echtes Massivholzparkett nur mit einigem handwerklichen Geschick selbst verlegt werden kann, zumal es nach dem Verlegen noch geschliffen und versiegelt werden muss, lässt sich Fertigparkett ausgesprochen leicht verarbeiten. Die in unterschiedlichen Größen und Stärken angebotenen Elemente aus furnierter Span- oder Sperrholzplatte mit umlaufender Nut und Feder besitzen eine bereits fertig versiegelte Oberfläche.

Die Nutzschicht sollte nicht dünner als 5 mm sein, damit das Parkett bei Bedarf mindestens zweimal abgeschliffen und wieder neu versiegelt werden kann. So hält bei normaler Beanspruchung auch Fertigparkett ein Leben lang.

Neben Fertigparkett wird auch so genannter Furnierboden angeboten, dessen Nutzschicht aus einem nur 0,5 mm starken Edelholzfurnier besteht. Furnierboden kann daher nicht abgeschliffen werden. Dieser Belag ist preiswerter als Fertigparkett. Er kostet in der Regel so viel wie ein Markenlaminat.

Der Untergrund für die Verlegung von Fertigparkett oder Furnierboden muss fest und eben sein. Gegebenenfalls wird er durch eine selbstverlaufen-

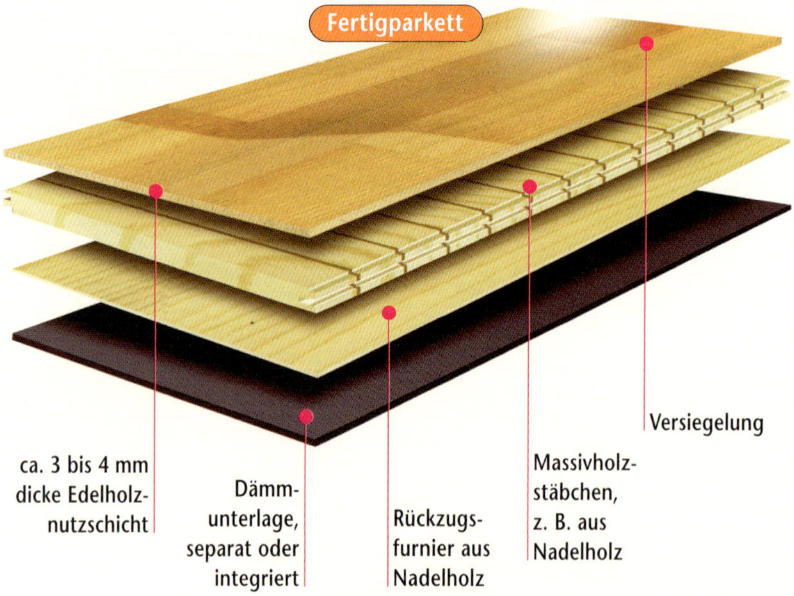

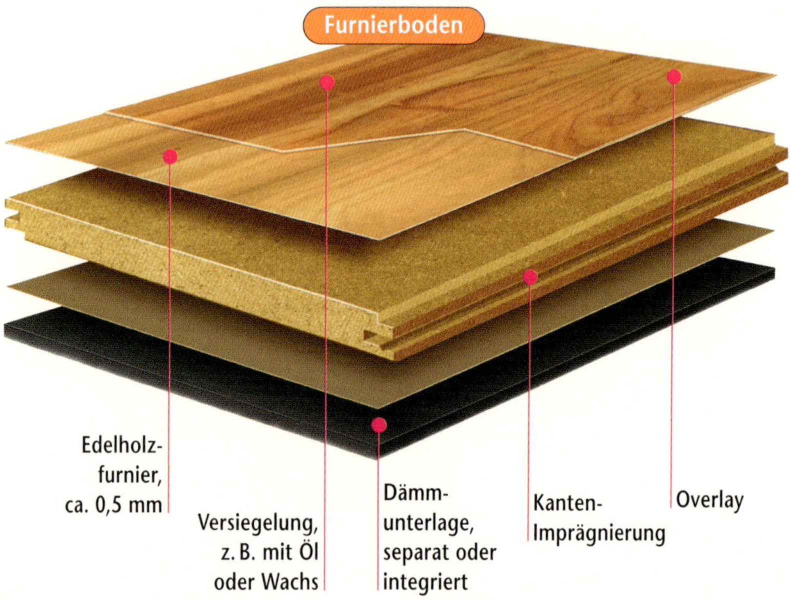

Fertigparkett
Hochwertiges Fertigparkett steht im Aussehen dem klassisch verlegten Stabparkett in keiner Weise nach. Die verschiedensten Holzarten und Verlegebilder machen Fertigparkett zu einem überaus kreativen Ausbaumaterial.

de Ausgleichsmasse egalisiert. Als Trittschalldämmung, die gleichzeitig letzte Unebenheiten des Bodens ausgleicht, dient eine Unterlage aus Schaumstoff-Vlies oder aus spezieller Rippenpappe. Die gleiche Wirkung erzielt ein vorhandener Teppichbodenbelag, der also vor dem Verlegen von Fertigparkett nicht entfernt werden muss.

Laminate – besonders robust und ebenfalls einfach zu verlegen

Auch wenn man für Parkettbeläge besonders hartes Holz wählt und sich für eine hochwertige Versiegelung der Oberfläche entscheidet, bleiben Gebrauchsspuren auf der Oberfläche mit der Zeit nicht aus. Für besonders stark strapazierte Wohnbereiche wird daher immer häufiger auch so genanntes Laminat eingesetzt. Wie Fertigparkett ist dieses Material verlegefertig vorbereitet: Die Platten besitzen umlaufende Nut bzw. Feder und benötigen keine Oberflächenbehandlung.

Laminate bestehen aus vier Schichten: Den Kern bildet in der Regel eine Platte aus Hochverdichteter Faser (HDF), die dem Paneel Härte und Zähigkeit verleiht. Auf dieses Trägermaterial werden unter Druck und Hitzeeinwirkung eine Dekor- sowie eine Melaminharzschicht aufgepresst. Das Harz macht den Bodenbelag äußerst strapazierfähig. Er hält im Gegensatz zu versiegeltem Holz problemlos Zigarettenglut, Pfennigabsätzen und Stuhlrollen stand. Auf ihrer Rückseite werden die Paneele zum Spannungsausgleich mit einer weiteren Beschichtung aus Melaminharz versehen.

Die Dekore werden bei Laminaten aufgedruckt. Den Gestaltungsmöglichkeiten sind also kaum Grenzen gesetzt. Täuschend echte Holzreproduktionen, aber auch „Marmor" oder „Granit" sind erhältlich. Auf den Laminatverpackungen finden Sie Symbole für die verschiedenen Beanspruchungsklassen, nach denen Sie das Material für entsprechende Wohnbereiche aussuchen.

Laminat

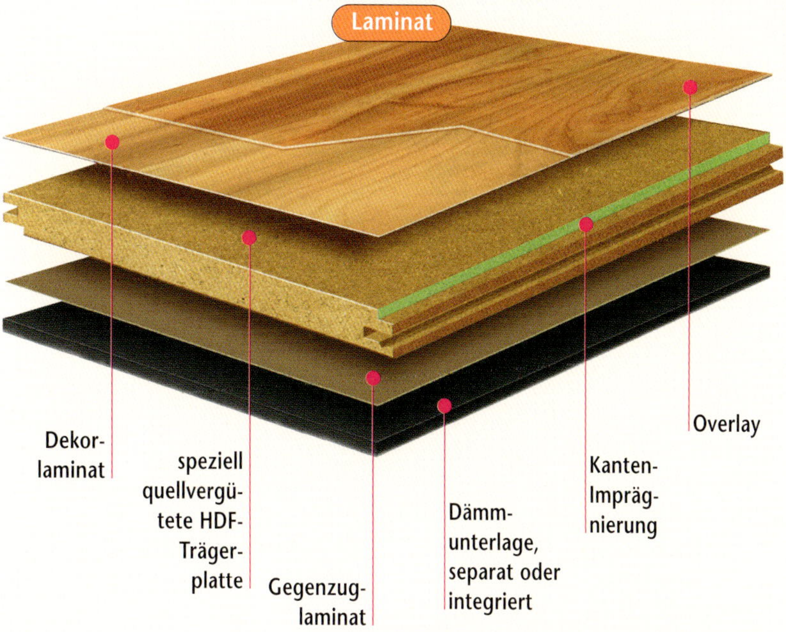

Kauf-Tipps

1 Achten Sie beim Kauf auf die Abriebfestigkeit von Laminat. Die Symbole zeigen Ihnen, für welche Wohnbereiche die jeweiligen Qualitäten geeignet sind

2 Laminat wird heute fast nur noch mit Klickverbindung hergestellt. Nut und Feder greifen beim Zusammenstecken formschlüssig ineinander

Laminat

Laminat in Echtholz-Optik stellt eine attraktive Alternative zu Fertigparkett dar. Mittlerweile werden Laminatböden mit den verschiedensten Dekoren angeboten.

Werkzeuge für die Verlegung von Holzböden

Messen und Anreißen

Selbstverständlich ist der gute alte Zollstock nach wie vor ein zuverlässiges Messwerkzeug. Bei größeren Distanzen müssen Sie jedoch mehrfach neu ansetzen und die Teilabschnitte addieren, was zu Fehlern führen kann. Ein Rollmaßband, das die Entfernung von Wand zu Wand direkt angibt, ist in dieser Hinsicht wesentlich vielseitiger. Besonders komfortabel arbeitet man mit einem digitalen Maßband. Es zeigt die Länge des ausgezogenen Bandes auf einem Display an. Addier- und Speicherfunktionen helfen beim Berechnen von Materialmengen.

Um Sägeschnitte im rechten Winkel anzureißen, benutzt man in den meisten Fällen einen Schreinerwinkel. Für längere Linien nimmt man ein Lineal oder eine gerade Latte. Auch die Kante eines Parkett- oder Laminat-Elements ist gut geeignet. Müssen variable Winkel auf ein Werkstück übertragen werden, kommt die verstellbare Schmiege zum Einsatz.

Parketthölzer, Dielen und Fertigparkett-Elemente ablängen

Ein guter Fuchsschwanz und eine Feinsäge mit verstärktem Rücken sollten zur Grundausstattung der Werkzeugausrüstung gehören. Mit der Feinsäge und einer einfachen Gehrungslade können Sie Leisten sauber im 90°- oder 45°-Winkel trennen. Noch präziser arbeitet eine spezielle Gehrungssäge, bei der das Sägeblatt durch Rollen geführt wird.

Unverzichtbar für Innenausbauarbeiten ist die elektrische Stichsäge. Am besten wählen Sie eine Maschine mit Steuerelektronik, damit die Hubzahl dem jeweiligen Werkstoff angepasst werden kann. Die Stichsäge ist universell einsetzbar, meistert bei exakter Führung auch längere Parallelschnitte, hat ihre Stärke aber insbesondere beim Ablängen von Brettern und Profilen sowie bei Kurvenschnitten. Für die Herstellung von Gehrungen lässt sich die Fußplatte der Stichsäge bis 45° nach beiden Seiten schwenken.

Hochwertige Stichsägen besitzen zudem eine zuschaltbare Pendelhubeinrichtung. Damit lässt sich die Schnittleistung deutlich verbessern. Bei dieser Technik wird das Sägeblatt in seiner Abwärtsbewegung vom Werkstück weggeschwenkt, um die Reibung zu vermindern und gleichzeitig die Spanabführung zu verbessern.

Für die häufig wiederkehrenden Ablängarbeiten und Gehrungsschnitte kann sich auch die Anschaffung einer Kapp- und Gehrungssäge lohnen. Damit gelingen besonders präzise Schnitte. Für längere Teile wie Bretter oder Paneele kann zusätzlich eine Auflageverlängerung mit Bodenstütze montiert werden.

Alte Bodenbeläge ablösen

Bevor es ans Verlegen eines Holzbodens geht, müssen oft alte Beläge entfernt werden. Handelt es sich beispielsweise um einen fest verklebten Teppichboden mit Schaumrücken, wird diese Arbeit zur schweißtreibenden Tortur, wenn Sie beispielsweise einen einfachen Handspachtel verwenden. Hier empfiehlt sich unbedingt der Einsatz geeigneter Elektrowerkzeuge. Es gibt handliche Elektroschaber, aber auch große Spezialgeräte, die man sich im Fachhandel ausleihen kann.

Konturenlehre

Unregelmäßige Konturen – hier beispielsweise von zwei Rohren – lassen sich mit einer Konturenlehre aus verschiebbaren Kunststoffplättchen abnehmen und exakt übertragen.

Messen und anreißen

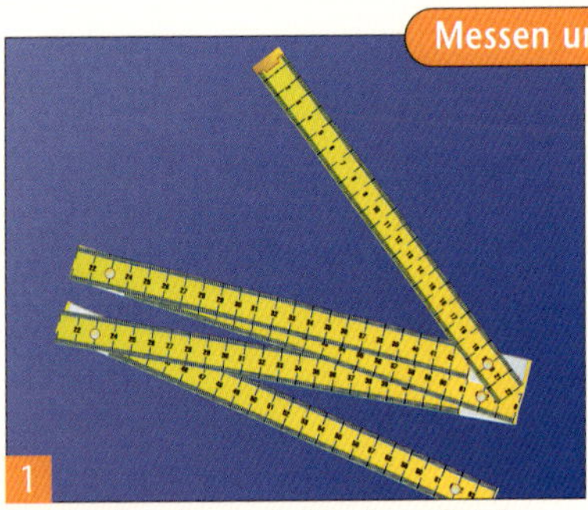

1

Der Zollstock – auch Gliedermaßstab genannt – ist das gebräuchlichste Messwerkzeug. Seine Gelenke sollte man gelegentlich ein wenig ölen

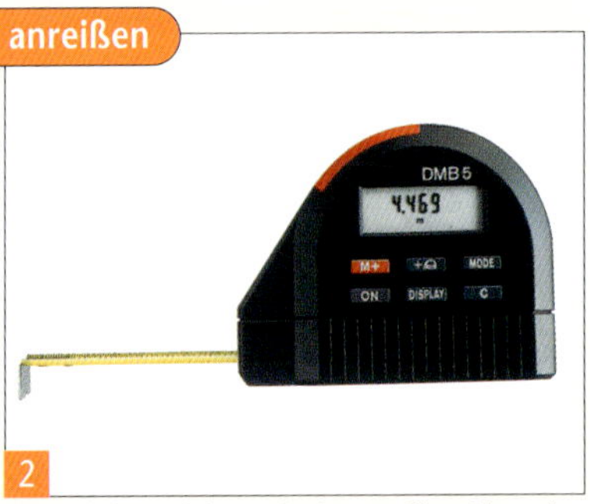

2

Ein solches elektronisches Rollmaßband kann Maße speichern und addieren. Sehr praktisch: Man kann an einer zweiten Skala auch Innenmaße abnehmen

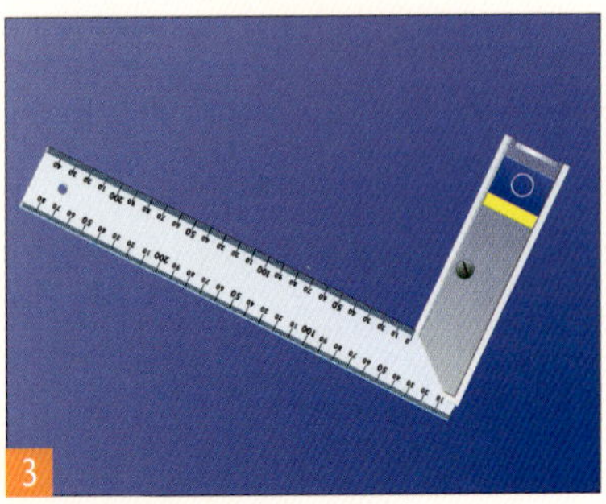

3

Der Schreinerwinkel ist ideal zum Anreißen rechter Winkel. Er besitzt zudem eine Skala zum Abmessen. Man markiert damit Zuschnitte beim Ablängen

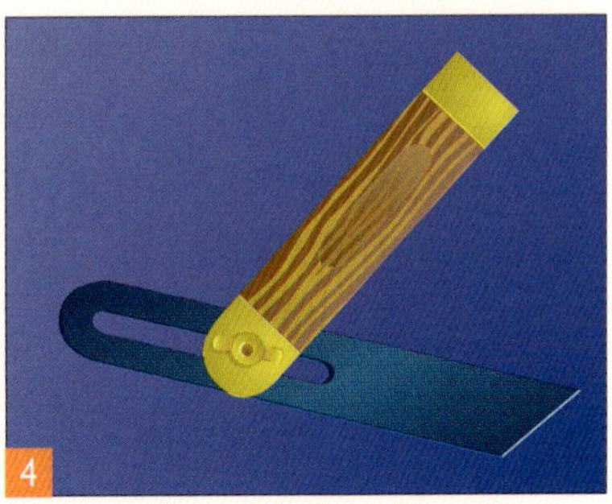

4

Die verstellbare Schmiege dient zum Übertragen beliebiger Winkel. Dieses Werkzeug kommt zum Einsatz, wenn man nicht rechtwinklige Räume hat

Müssen anschließend noch Unebenheiten des Bodens ausgeglichen werden, brauchen Sie eine Glättkelle zum Abspachteln. Werden Parkettelemente verklebt, kommt ein Zahnspachtel mit der jeweils zum Kleber passenden Zahnung zum Einsatz.

Was Sie an Verlegewerkzeug brauchen

Spezielle Verlegewerkzeuge wie Abstandskeile, Schlagklotz und Zugeisen können Sie genauso wie den speziellen Parkettleim in jedem Baumarkt erwerben. Der Schlagklotz aus Hartholz schützt die empfindlich dünne Federseite, wenn Sie die Fertigparkettstücke oder Laminat-Elemente mit dem Hammer ineinander treiben.

Die Abstandskeile aus Holz oder Kunststoff sorgen für die Dehnungsfuge zur Wand. Das Zugeisen wird zum Einfügen von End- und Randstücken benötigt, da Sie dort das Schlagholz nicht nutzen können.

Akkuschrauber

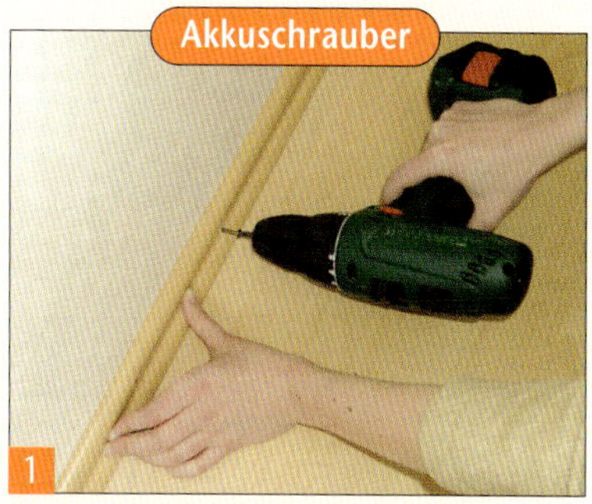

Einen Akkuschrauber brauchen Sie zum Befestigen der Abschlussleisten oder zum Anschrauben von Abdeck- und Übergangsprofilen bei Holzbelägen

Sägen

Die elektrische Stichsäge ist ein echtes Universalwerkzeug. Man kann damit gerade Schnitte, aber auch Kurvenschnitte problemlos herstellen

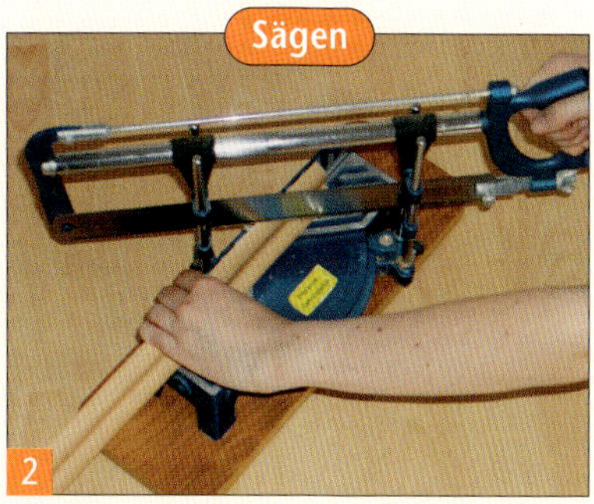

Die Gehrungssäge kommt vor allem beim Zuschneiden von Abschlussleisten zum Einsatz. Sie hat eine Führung und lässt sich auf verschiedene Winkel einstellen

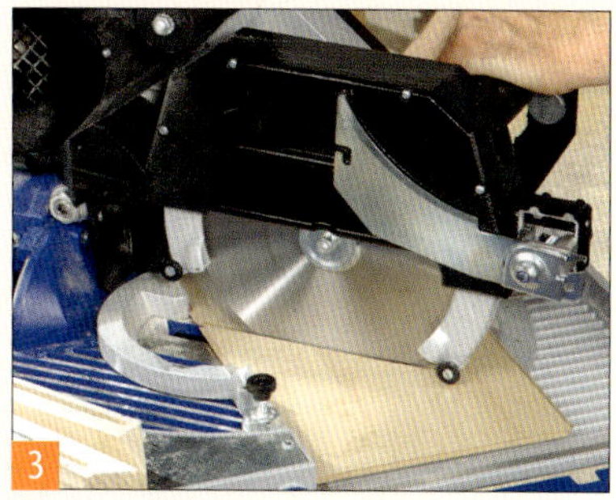

Der Vorteil der Kapp- und Gehrungssäge liegt darin, dass nicht das Werkstück, sondern das Sägeblatt bewegt wird. So gelingen besonders präzise Schnitte

Verlegewerkzeuge

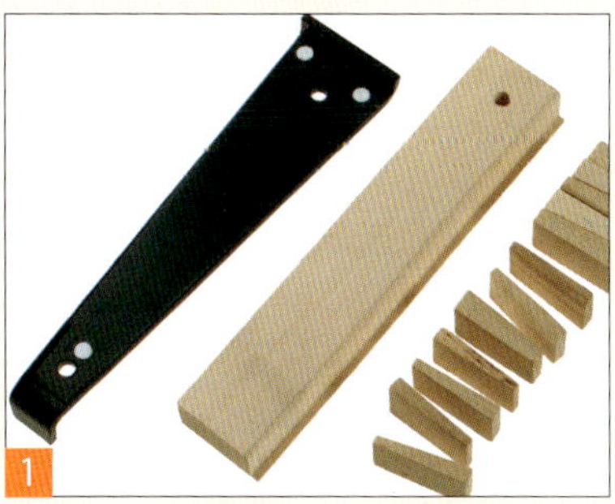

Zugeisen, Schlagklotz und Keile gibt es als Set zu kaufen. Kaufen Sie am besten gleich ein zusätzliches Paket mit Keilen. Davon hat man meist zu wenig

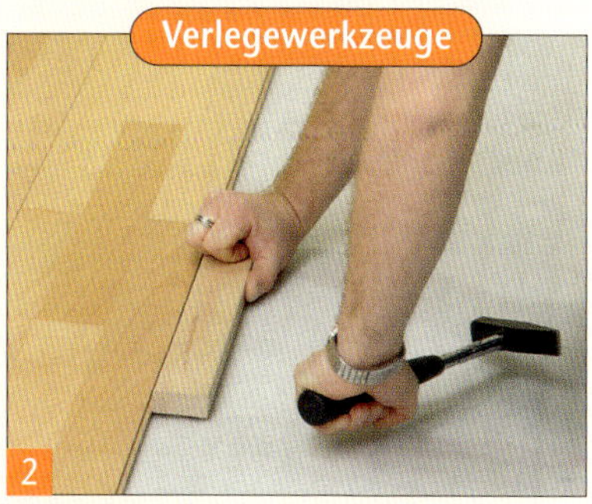

Der Schlagklotz aus Hartholz schützt die empfindliche Feder der Bodenelemente. Man muss das Werkzeug fest anlegen, ehe man mit dem Hammer schlägt

Ein solches Spannwerkzeug wird beim Verleimen von Fertigparkett und Laminat verwendet, um die ersten Reihen fugendicht zusammenzupressen

Böden vorbereiten

Für kleinere Flächen und für die Feinarbeit in Ecken und Winkeln bietet sich der Elektroschaber an, der mit unterschiedlichen Klingen bestückt werden kann

Zum Abspachteln des Bodens oder zum Aufziehen von Kleber brauchen Sie eine Kelle. Hier ein Modell zum Einsetzen unterschiedlicher Blätter

Sind Böden von Resten alter Beläge zu befreien, lohnt es sich, eine solche Maschine zum Abschaben im Fachhandel auszuleihen

Massivholzdielen selbst verlegen

Dielen aus gewachsenem Holz wurden früher nur genagelt oder geschraubt. Heute gibt es ganz neue Verlegetechniken, die den Einsatz von Dielen erheblich erweitern

Massivholzdielen – ein durch und durch solider Fußboden

Bei Holzbalkendecken, wie man sie in vielen Altbauten, mehr und mehr aber auch wieder in neuen Häusern vorfindet, können massive Dielen direkt auf die tragenden Balken genagelt werden. Um den Schallschutz zu verbessern, empfiehlt es sich jedoch, zunächst Dämmstreifen aufzubringen und die Dielen dann auf Lagerhölzern zu befestigen. Der seitliche Abstand zwischen Balken bzw. Lagerhölzern beträgt 45 bis 50 cm.

Beim Verlegen der Dielen müssen Sie beachten, dass zu den Wänden rundum ein Abstand von mindestens einem Zentimeter einzuhalten ist, der später durch Fußleisten verdeckt wird. Längsstöße der Bretter müssen stets auf den Balken liegen. Die Befestigung der Dielen erfolgt verdeckt durch die Feder oder sichtbar mit Schrauben oder Nägeln. Bei sichtbarer Befestigung sollten die Nagel- oder Schraubenköpfe versenkt und die Löcher mit passendem Holzkitt ausgefüllt werden. Neue Produktentwicklungen haben zu wesentlich vereinfachten Verlegetechniken geführt.

So genannte Landhausdielen mit fertiger Oberflächenversiegelung können im Gegensatz zu Massivdielen nicht auf Balken oder Lagerhölzer genagelt werden. Ihnen fehlt die dazu erforderliche Tragfähigkeit, weil sie

Höhenausgleich

Die Lagerbalken für einen Dielenbelag können auf spezielle Distanzschrauben gesetzt werden. Damit lassen sich Bodenunebenheiten ausgleichen, und man kann Raum für Installationen schaffen. Gleichzeitig bietet dieses System eine eingebaute Trittschalldämmung.

Landhausdielen

1 Landhausdielen aus nordischer Kiefer werden schwimmend auf einer Trittschalldämmung verlegt. Man benutzt Rippenpappe oder Schaumstoff

2 Man verleimt die Elemente in Nut und Feder und treibt sie mit einem Schlagholz zusammen. Die Verarbeitung gleicht der von Fertigparkett und Laminat

ähnlich wie Fertigparkett nicht aus gewachsenem Holz bestehen, sondern mehrschichtig aufgebaut sind. Landhausdielen verlegt man schwimmend – die einzelnen Elemente werden dabei, wie die Fotos rechts oben zeigen, in Nut und Feder zusammengesteckt und miteinander verleimt.

Klassische Dielenverlegung mit Nägeln und Schrauben

Auch wenn es heute zahlreiche modernere Methoden der Dielenverarbeitung gibt, so findet die klassische Variante immer noch zahlreiche Liebhaber. Der geringe Aufwand ist bei dieser Verlegungsart der entscheidende Vorteil. Die Basis bildet eine Unterkonstruktion aus parallel verlegten Kanthölzern, die zunächst durch seitlich quer aufgeschraubte Hilfslatten stabilisiert wird. Als Dämmmaterial eignet sich Mineralwolle. Passend zugeschnittene Stücke werden zwischen die Kanthölzer gelegt. Im nächsten Schritt können die Dielen befestigt werden. Die erste Reihe wird mit den Kanthölzern vernagelt, bei den weiteren Längsverbindungen kommen dann Schrauben zum Einsatz. An den Stirnseiten müssen Sie die Dielenenden miteinander verleimen.

Dielen schrauben

1 Unterkonstruktion aus im Abstand von ca. 50 cm verlegten Kanthölzern mit Trittschalldämmung. Bei Bodenunebenheiten die Hölzer eventuell unterkeilen

2 Eine quer verschraubte Hilfslatte verhindert, dass die Hölzer verrutschen. Sie wird vor dem Verschrauben des ersten Brettes wieder von den Balken gelöst

3 Schneiden Sie das Dämmmaterial zu und füllen Sie damit den Raum zwischen den Kanthölzern. Bei unterkellerten Räumen sorgt dies für zusätzlichen Wärmeschutz

4 Fixieren Sie dann die erste Dielenreihe mit Nägeln oder Schrauben an den Kanthölzern und achten Sie darauf, dass die Nutseite der Diele zur Wand zeigt

5 An den Stirnseiten werden die Dielen miteinander verleimt. Man benutzt dazu handelsüblichen Parkettleim aus der Dosierflasche in wasserfester Ausführung

6 An den Längsseiten werden die Dielen zuerst vorgebohrt. Dann kann man sie mittels Akkuschrauber durch die Feder mit den Lagerhölzern verschrauben

Fertigparkett fachgerecht verlegen

Ein schöner Boden aus Holz ist im Nu selbst verlegt. Wenn Sie die Grundregeln der Verarbeitungstechnik einhalten, kann sich das Ergebnis sehen lassen

Die Technik der schwimmenden Verlegung auf dem Estrich

Die meisten Fertigparkett-Elemente weisen als Verlegemuster den so genannten Schiffsbodenverband auf. Dabei besteht das Deckfurnier aus drei breiten Stäben, die in Längsrichtung versetzt zueinander angeordnet sind. Bei der Endlosverlegung der meist etwa 20 x 125 cm großen Elemente entsteht ein „fließender" Verband: Das Reststück einer Reihe ist stets der Anfang der nächsten Reihe. Die Position der Stoßfugen verändert sich dabei fließend.

Beim Mosaikparkett dagegen besteht das Deckfurnier aus schmalen, würfelartig zusammengesetzten Stäben. Meist bilden vier Würfel ein quadratisches Element von etwa 30 x 30 cm.

Fertigparkett im Schiffsbodenmuster ist für die schwimmende Verlegung geeignet. Die Elemente haben bei dieser Verlegeart keinen festen Kontakt zum Unterboden. Auf einer dünnen Dämmmatte als Zwischenlage bilden sie nach dem Verleimen eine raumgroße Platte.

Die weiche Zwischenlage bewirkt bei der schwimmenden Verlegung eine Dämmung des Trittschalls. Außerdem kann das Parkett später einmal ohne Probleme wieder aufgenommen werden, wenn es durch einen anderen Bodenbelag ersetzt werden soll.

Richtig verleimen

In die Nut des anzufügenden Parkett-Elements wird ein gleichmäßig breiter Streifen wasserfester Leim gegeben (1). Wer auf Nummer Sicher gehen will, benetzt auch die Oberkante der Feder am bereits verlegten Parkett (2). Tritt beim Zusammentreiben der Parkett-Elemente Leim aus, wird feucht abgewischt, bevor er abbindet (3). So soll eine Leimfuge aussehen. Der wasserfeste Leim versiegelt die Fuge bis zur Oberfläche (4). Leim, der herausquillt, feucht abwischen.

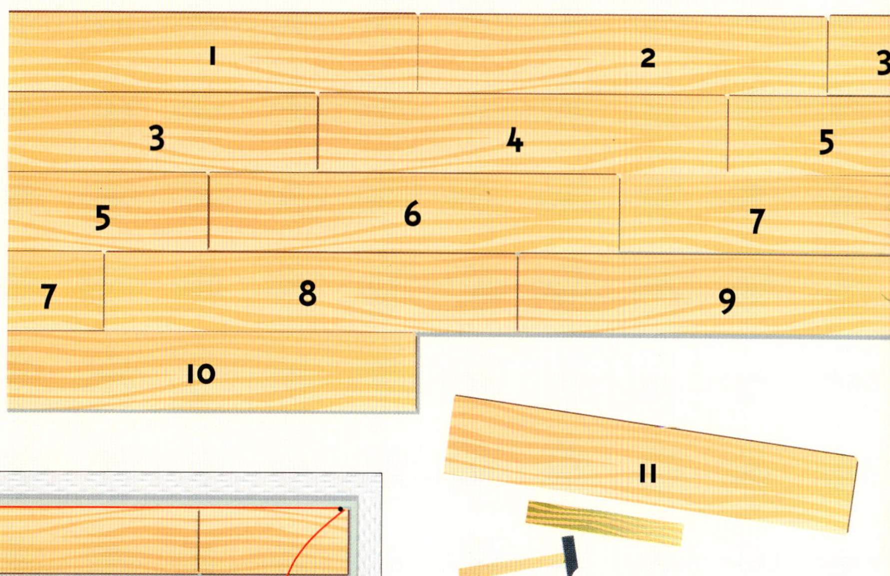

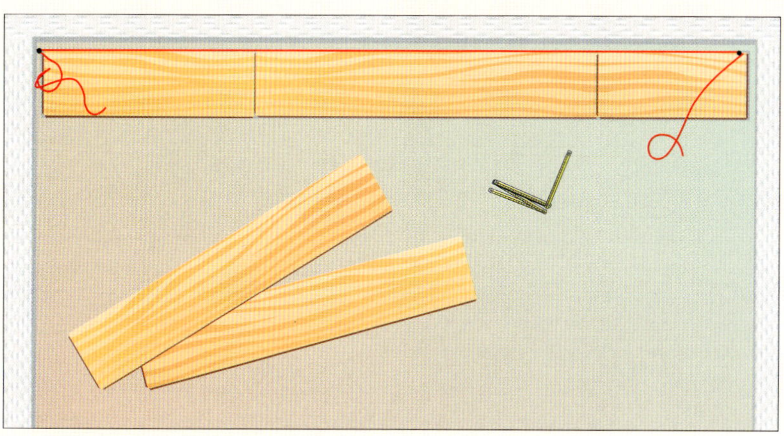

Verlegeschema

Die erste Verlegereihe muss an der Schnur ausgerichtet werden, da die Raumwände niemals exakt fluchten (links). Die Endlosverlegung schematisch dargestellt (oben).

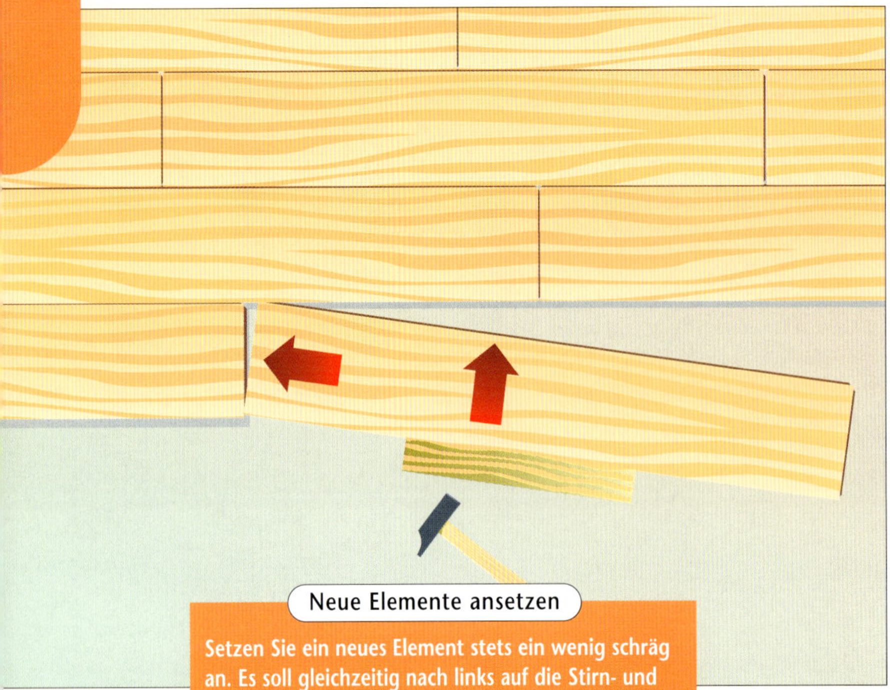

Neue Elemente ansetzen

Setzen Sie ein neues Element stets ein wenig schräg an. Es soll gleichzeitig nach links auf die Stirn- und nach vorn auf die Längsfeder geschoben werden. Wenn Sie zuerst nur die Längsverbindung herstellen, wird es schwierig, das Element durch Schläge auf seine rechte Stirnseite nach links zu treiben, denn die Längsverbindung setzt dem Widerstand entgegen.

So reißen Sie ein Endstück passend an. Es wird zum Anzeichnen umgedreht

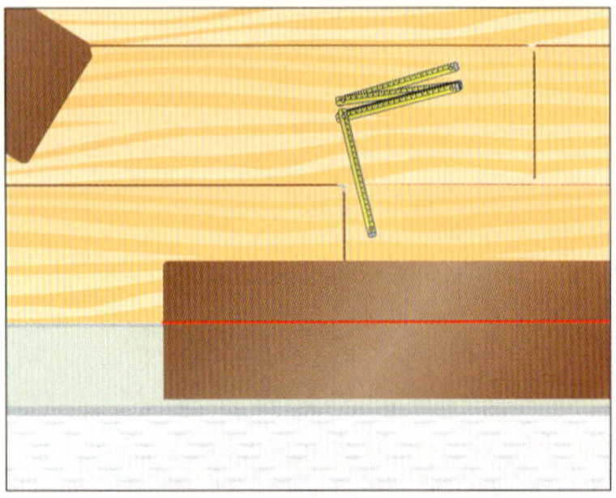

Hier sehen Sie das Anreißen der Passstücke für die letzte Verlegereihe

Fertigparkett ist fußwarm, elastisch und strapazierfähig. Daher wird dieser Bodenbelag besonders gern in Kinderzimmern verwendet

Man rollt die Dämmmatten auf Raumbreite aus und verbindet sie im Stoßbereich durch kleine Streifen Kreppband, die etwa alle 50 cm aufgeklebt werden. Entlang der Wand, an der die Verlegung beginnen soll, spannt man dann in etwa 1 cm Abstand zum Putz eine Schnur, an der die erste Parkettreihe ausgerichtet werden soll. Sie können sich niemals darauf verlassen, dass Raumwände gerade verlaufen. Die Schnur macht es sehr schnell deutlich: Fast immer wirft die verputzte Wand Wellen.

Nun legen Sie das erste Parkett-Element mit der Nut zur Wand in die von der Tür aus gesehen linke Raumecke. Ein kleiner Holz- oder Kunststoffkeil sorgt dafür, dass an der Stirnseite ein Abstand von etwa 1 cm zum Putz eingehalten wird. Rundum soll nämlich eine 1 cm breite Dehnungsfuge dafür sorgen, dass der Parkettbelag sich ausdehnen kann, ohne direkt an die Wand zu stoßen. Die Fuge wird später durch eine Fußleiste überdeckt.

An der Stirnwand richten Sie das Parkett-Element an der Schnur aus.

Verlegeschritte

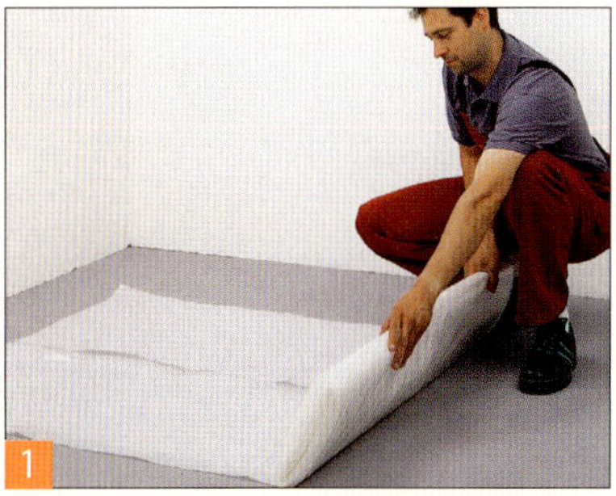

1 Grundsätzlich ist bei Estrichen und bei Verlegung auf Fußbodenheizung eine 0,2 mm starke PE-Folie auszulegen, und im Stoßbereich 30 cm zu überlappen

2 Zur Trittschalldämmung und zum Ausgleich kleiner Unebenheiten wird eine 2,5 mm dicke Rippenpappe (Rippen nach unten) bündig ausgerollt

3 Mit der Nutseite zur Wand wird die erste Reihe gerade ausgerichtet, stirnseitig verleimt und fest mit Abstandskeilen fixiert (umlaufend 10–15 mm Abstand)

4 Die Verlegung der weiteren Reihen erfolgt nun durch Verleimen in Nut und Feder. Den Leim dabei durchgehend auf die obere Nutwange geben

5 Nach dem Leimauftrag die Elemente mit Schlagklotz und Hammer leicht und fugenfrei zusammenfügen – stirnseitiger Versatz mindestens 50 cm

6 Mit dem Zugeisen werden die letzten Elemente jeder Verlegereihe angefügt. Das Werkzeug können Sie auch unter Heizkörpern einsetzen

7 Das letzte Element der Reihe unter Berücksichtigung des Wandabstands (10–15 mm) anzeichnen, absägen und auch mit dem Zugeisen einfügen

8 Für aus dem Boden herausragende Heizungsrohre werden in die Elemente Öffnungen gebohrt oder gesägt. Dabei rund um die Rohre Dehnungsfugen lassen

9 Zur Einhaltung des durchgehenden Randabstands muss bei Türübergängen ein Profilsystem eingesetzt werden. Es wird auf den Estrich gedübelt

10 In der Schiene ist ein Dehnungsabstand von 5 mm einzuhalten. Die Türzarge daneben muss in Parkettelementdicke mit einer Feinsäge abgeschnitten werden

11 Nach der Verlegung werden die Kunststoffkeile, mit denen man rundum den Wandabstand für die notwendige Dehnungsfuge hergestellt hat, entfernt

12 Eine Sockelleiste in der passenden Holzart dübeln Sie zum Schluss an die Wand (etwa alle 60 cm befestigen). Die Leiste überdeckt die Dehnungsfuge

Nun geben Sie Leim in die Stirnfuge des nächsten Elements und schieben die Nut auf die Feder des ersten. So arbeiten Sie weiter und richten die Elemente an der Schnur aus. Das letzte Teil der Reihe muss entsprechend dem Raummaß zugeschnitten werden. Auch dabei berücksichtigen Sie etwa 1 cm Wandabstand als Dehnungsfuge.

Erst wenn die erste Parkettreihe liegt und an der Schnur ausgerichtet ist, steckt man auch dort Keile in den Ritz zwischen Putz und Parkett. Wichtig: Belasten Sie dabei die Parkett-Elemente, indem Sie sich darauf stellen. Die Keile dürfen nur mit leichtem Druck eingefügt werden, damit sie die Flucht der Reihe nicht verändern.

Jetzt nehmen Sie das Reststück der ersten Reihe und geben in seine Längsnut einen feinen Streifen Leim. Links an der Wand wird wieder ein Keil zwischengelegt und dann das Element auf die Feder der ersten Reihe geschoben. Dabei muss man mit Hammer und Schlagholz nachhelfen, bis sich die Nut ganz geschlossen hat. In gleicher Weise fügen Sie die weiteren Elemente der zweiten Reihe an. Achten Sie darauf, dass ab dem zweiten Element auch die kurzen Stirnfugen mit Leim versehen werden müssen.

Beim Dosieren des wasserfesten Parkettleims dürfen Sie nicht zu sparsam sein. Der Leim soll im Idealfall die Fuge nach oben hin versiegeln, sodass später beim Bodenwischen keine Feuchtigkeit eindringen kann. Überschüssiger Leim, der aus der Fuge dringt, wird sofort feucht abgewischt. Zuviel Leim ist allerdings auch schädlich. Er kann verhindern, dass sich Nut und Feder vollständig zusammenschieben lassen. Nach zwei bis drei Verlegereihen hat man in der Regel die richtige Dosierung heraus.

Wenn die letzte Verlegereihe erreicht ist, müssen die Elemente auch in Längsrichtung zugeschnitten werden. Sie werden dann mithilfe des Zug-

Klebe-Tipp

1 **Dieses Problem taucht immer wieder einmal auf: Beim Zusammentreiben bleibt eine Fuge, weil die Elemente sich in Längsrichtung ein wenig verworfen haben**

2 **Der Trick mit dem Klebeband: Man klopft das „krumme" Element an einer Seite fugendicht an, fixiert es dort mit Klebeband und verfährt am anderen Ende genauso**

Holzböden laden geradezu ein, sich darauf zu setzen. Das Material ist warm und erzeugt eine behagliche Atmosphäre

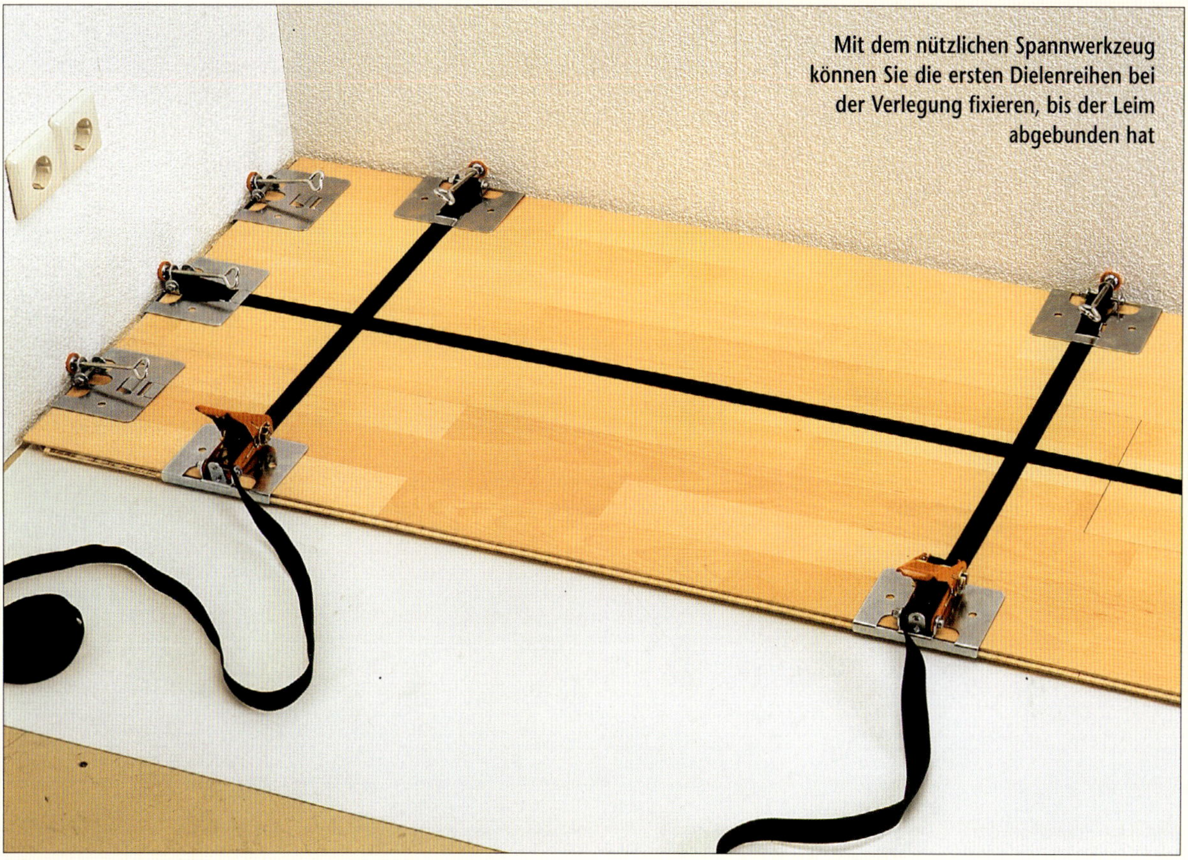

Mit dem nützlichen Spannwerkzeug können Sie die ersten Dielenreihen bei der Verlegung fixieren, bis der Leim abgebunden hat

Trittschalldämmung

Es gibt Spezialkunststoff, der als Ausgleichsschicht unter schwimmendem Parkett verlegt wird (1). Ebenso bietet sich Rippenpappe als Ausgleichsschicht unter dem Parkett an, sie verliert mit der Zeit jedoch etwas an Elastizität (2). Ist ein alter Teppichbodenbelag vorhanden, so kann dieser unter dem neuen Parkett liegenbleiben, sofern die Belaghöhe im Türbereich keine Probleme macht (3).

1

2

3

eisens auf die Federn der vorletzten Reihe gedrückt.

Probleme mit offenen Fugen bei der Verleimtechnik

Bei Fertigparkett gibt es gewaltige Qualitätsunterschiede, nicht nur was den Aufbau der Elemente, die Dicke ihrer Nutzschicht und die Versiegelung angeht, sondern auch hinsichtlich der Maßhaltigkeit. Billigware neigt häufig dazu, sich in Längsrichtung zu verwerfen.

Beim Zusammenfügen der Parkettelemente gibt es dann immer wieder offene Fugen. Beim Legen der ersten Reihen sollte man daher nach Möglichkeit mit einer Spannvorrichtung arbeiten (Bild oben), die die Parkettdielen fest zusammenfügt. Taucht das Problem offener Fugen jedoch mitten in der Verlegefläche auf, kann man sich mit einem Trick behelfen: Man fixiert die Elemente mit einem Stück Paketklebeband, nachdem man sie ausgerichtet hat.

Mosaikparkett fest verkleben

Verklebtes Mosaikparkett ist besonders strapazierfähig. Beim Verarbeiten kommt es besonders auf einen exakten Anfang an. Der Rest geht dann fast von selbst

Vorteile

Fest auf dem Unterboden verklebtes Mosaikparkett kann mehrfach abgeschliffen und neu versiegelt werden. Bei schwimmend verlegtem Fertigparkett dagegen ist dies nur eingeschränkt möglich.

Mit der richtigen Klebetechnik arbeiten

Fest verklebtes Parkett ist höher belastbar als schwimmend verlegtes. Es lässt sich bei Bedarf auch leichter abschleifen. Schwimmendes Fertigparkett neigt dazu, sich mit der Zeit zu „schüsseln", d. h., die Elemente stehen im Bereich der Längsfugen ein wenig hoch. Die Schleifmaschine findet dann keine ebene Fläche vor und trägt die Nutzschicht ungleichmäßig ab.

Vor dem Verkleben von Parkett muss der Boden mit Tiefgrund vorbehandelt werden, um seine Saugfähigkeit zu reduzieren. Etwaige Unebenheiten sind vorher zu egalisieren.

Legen Sie die Elemente zunächst probeweise im Verlauf der beiden Raumachsen aus, um eine optimale Einteilung zu finden. Im Sichtbereich sollte kein schmaler Randstreifen entstehen. Dann spannen Sie entlang einer Raumachse eine Schnur, an der die erste Mosaikreihe ausgerichtet wird.

Mosaikparkett

1

Beim vollflächigen Verkleben von Mosaikparkett muss der Untergrund eben sein. Der Kleber wird mit einem Zahnspachtel gleichmäßig durchgekämmt

2

Beim hier gezeigten Parkett sind die Lamellen zu rechteckigen Elementen zusammengefügt. Es gibt auch Mosaikparkett in quadratischer Form

Den Kleber immer nur für so viele Elemente aufziehen, wie innerhalb weniger Minuten verarbeitet werden können. Der Kleber hat nur eine kurze „offene" Zeit. Dann trocknet er an und verliert seine Haftfähigkeit. Ist eine Reihe von Wand zu Wand verlegt, kratzen Sie überschüssigen Kleber vom Boden und korrigieren etwaige Unregelmäßigkeit der Flucht durch Anlegen einer langen Richtlatte aus Alu.

Die erste Parkettreihe muss über Nacht fest abbinden, ehe Sie weiterarbeiten. Am nächsten Tag haben Sie dann einen festen Anschlag für die folgenden Reihen. Frisch verlegte Platten würden sich beim Anfügen weiterer Reihen unweigerlich seitlich verschieben und der ganze Belag geriete aus der Flucht.

Im Randbereich kann das Aufziehen und Durchkämmen des Klebers aus Platzgründen Probleme bereiten. Bei schmalen Randstreifen wird daher der Kleber mit dem Spachtel direkt auf die Parkettunterseite gegeben.

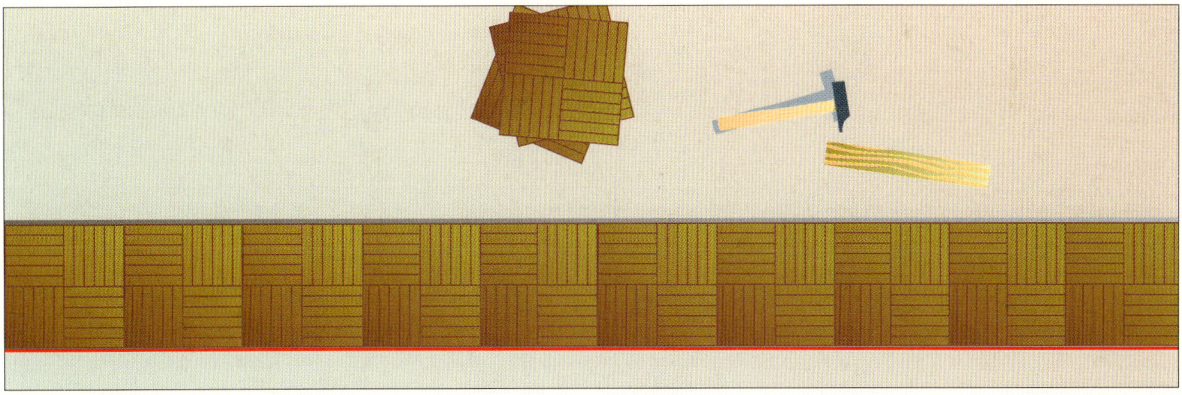

Die erste Reihe ausrichten

Die erste Reihe wird bei der Verlegung von Mosaikparkett parallel zu einer Raumachse an der Schnur ausgerichtet (oben). Solange der Kleber noch frisch ist, können Sie leichte Korrekturen an der Flucht vornehmen, indem Sie eine Richtlatte aus Alu anlegen.

Laminat mit Klick

Für die erste eigene Wohnung wird ein preiswerter und dazu strapazierfähiger Bodenbelag gesucht, den man leicht selbst verlegen kann – Laminat mit Klick-Verbindung ist hier die optimale Wahl

Halt durch Formschluss

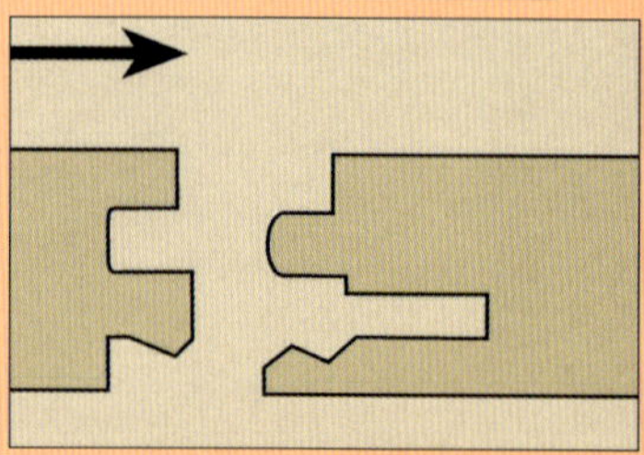

Während Fertigparkett, Furnierboden oder Laminat der alten Generation Nut und Feder mit gerader Kante besaßen, haben die Elemente der neuen Generation an der Unterseite der Nut eine Nase, die in ein entsprechend geformtes Gegenstück der Federseite greift. Auf diese Weise entsteht – hat man die beiden Teile zusammengetrieben – eine so genannte formschlüssige Verbindung, die nicht mehr auseinander rutschen kann, wenn es „geklickt" hat.

Bodenverlegung in Eigenleistung – nur was für Profi-Heimwerker?

Wenn man eine Wohnung preiswert renovieren will, ist Laminatboden eine gute Wahl. Die bisher dominierende Technik mit Verleimung von Nut und Feder hat allerdings so manchen potenziellen Käufer abgeschreckt. Obwohl diese Technik für einen geschickten Heimwerker durchaus kein Problem darstellt. Unsere Arbeitsanleitung hat es bewiesen.

Allerdings haben gerade preiswerte Laminate und Fertigparkette in der Vergangenheit dem Ruf dieser Produktgruppe sehr geschadet. Offene Fugen waren immer wieder das Problem. Kaum war eine Laminat- oder Parkettdiele an einer Seite sauber in die vorherige Reihe geschoben, rutschte sie schon wieder ein Stück heraus, sobald man auch das andere Ende mit dem Schlagholz bearbeitete. Mangelnde Maßhaltigkeit war die Ursache. Die Elemente waren unterschiedlich breit oder verwarfen sich in Längsrichtung. Wie man sich bei solchen Verlegeproblemen helfen kann, haben wir auf Seite 103 bereits angesprochen.

Mit der Klick-Technik schließen sich die Fugen absolut dicht

Mittlerweile hat die Herstellerseite nicht geruht und es ist gelungen, für die Produkte Laminatböden, Fertigparkett und auch Furnierboden ein neues Verbindungssystem zu entwickeln, das die Probleme offener Fugen gelöst hat. Klick-Technik heißt das Zauberwort. Eine kleine Nase unter der Nut greift bei den neuen Produkten in eine genau passende Vertiefung der Gegenseite. Diese formschlüssige Verbindung (siehe linke Seite) kann nicht mehr auseinanderrutschen, nachdem man sie einmal zusammengetrieben hat.

Das Zusammenfügen der Elemente ist allerdings ein wenig schwerer als man es von den Elementen mit gerader Nut und Feder kennt. So wie die formschlüssige Verbindung einem Auseinanderrutschen der zusammengefügten Teile erheblichen Widerstand entgegensetzt, so muss man auch deutlich mehr Kraft aufwenden, um sie erst einmal zu verbinden. Ganz praktisch heißt das: Man muss beim Verlegen viel kräftiger gegen die Holzzulage schlagen. Da das Schlagholz an die ohnehin empfindliche Federseite der Elemente angelegt werden muss, ist also behutsames Arbeiten gefragt. Denn kleinste Beschädigungen der Feder führen unweigerlich dazu, dass beim Anfügen der nächsten Reihe Probleme auftauchen. Die Teile passen nicht mehr ineinander.

Materialeinkauf

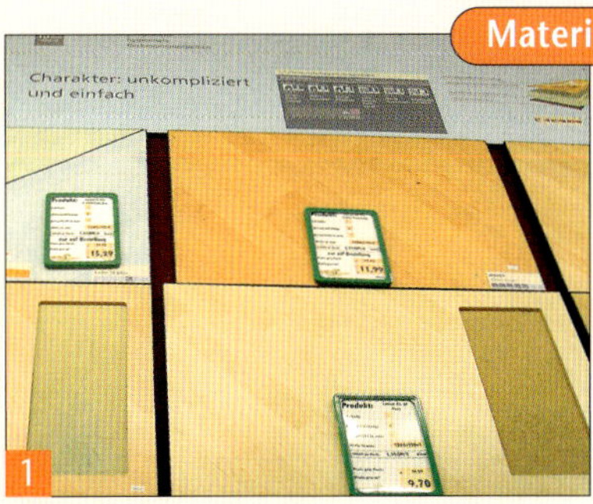

Die Auswahl an Laminat und Fertigparkett ist riesig. Für jeden Geschmack und Geldbeutel findet sich im Handel das passende Produkt

Erst bei ganz genauem Hinsehen erkennt man bei Laminat mit Holzdekor, dass es kein Echtholz ist. Beim Einkauf muss man etwa 10% Verschnitt einkalkulieren

Zubehör

Bei der notwendigen Trittschalldämmung kann man zwischen Schaumstoff, Rippenpappe und Kork wählen. Kork und Schaumstoff sind elastischer als Pappe

Passende Abschlussleisten werden gleich mitgenommen. Alle gängigen Holztöne sind im Angebot. Besonders montagefreundlich sind Leisten mit Clipsen

Transport

Beim Transport von Laminat oder Fertigparkett darf man das Gewicht der Pakete nicht unterschätzen.

Verlegeschritte

Sind alle erforderlichen Materialien und Werkzeuge beschafft, kann die Verlegearbeit losgehen. Das Laminat sollte über Nacht im Raum gelagert worden sein

Zuerst wird die Trittschalldämmung ausgerollt und im Bereich der Stöße mit Klebeband verbunden. Die Bahnen dürfen sich nicht überlappen

Schon geht es ans Zusammenfügen der Elemente. Die Klick-Technik sorgt für absolut dichte Fugen. Meist muss man aber sehr kräftig zuschlagen

Bei der Endlosverlegung schneidet man das letzte Elemente jeder Reihe passend zu. Das Maß wird abgenommen und auf das nächste Element übertragen

Mit dem Schreinerwinkel und einem Bleistift reißt man die Sägelinie auf der Rückseite des Elements an. Bei schrägen Wänden wird eine Schmiege verwendet

Mit der Stichsäge trennt man die Laminatdiele von der Rückseite her entlang der Risslinie durch. So werden Kratzer auf der Sichtseite vermieden

Zum Anfügen des Endstücks jeder Reihe braucht man das Zugeisen. Es überträgt die Hammerschläge durch sein abgewinkeltes Ende auf die Kante des Elements

Die letzte Verlegereihe des Raumes muss in Längsrichtung zugeschnitten werden. Den Streifen auch hier mit dem Zugeisen in die vorhergehende Reihe treiben

Keile aus Kunststoff

Waren früher kleine Holzkeile die üblichen Abstandhalter für die Dehnungsfuge, werden heute fast nur noch Kunststoffkeile verwendet. Zu einem Werkzeug-Set aus Schlagholz und Zugeisen gehören meist um die 50 Keile. Besser kauft man aber noch ein Paket hinzu. Der Verbrauch ist umso höher, je unregelmäßiger die heimischen Wände sind.

Die Verlege-Tricks bei der neuen Klick-Verbindung

Schon beim Auspacken, Zuschneiden und Zurechtlegen der Elemente muss man darauf achten, die empfindlichen Federn nicht zu beschädigen. Beim Anlegen des Schlagholzes dann darauf achten, dass es ganz dicht anliegt, und möglichst gleichmäßig mittig gegen das Holz schlagen.

Falls man sich bei Endstücken einmal vermessen hat und dies erst nach dem Zusammenfügen der Teile gemerkt hat, wird es schwierig. Ein einmal „eingeklicktes" Element kann nicht mehr zerstörungsfrei wieder herausgenommen werden. Um es lösen zu können, muss man zwangsläufig die Oberfläche beschädigen, indem man beispielsweise mit einem Stecheisen ansetzt. Das Element muss dann weggeworfen werden.

Vor diesem Hintergrund ist die Werbeaussage, man könne die Klick-Elemente bei Bedarf wieder aufnehmen und neu verlegen, mit Vorsicht zu genießen. Je besser und fugendichter sich die Teile zusammenfügen, umso schwerer lassen sie sich wieder auseinander ziehen.

Man kann Klick-Elemente auch verleimen oder versiegeln

Der wasserfeste Leim der alten Verbindungstechnik hat zwar zusätzliche Arbeit gemacht, sorgte aber auch für eine Versiegelung der Fugen gegen eindringende Feuchtigkeit. Die fehlt bei der Klick-Verbindung. Auch wenn die Fugen außerordentlich dicht schließen, muss man beim Reinigen vorsichtig sein und darf nur mit leicht angefeuchtetem Tuch wischen. Ist erst einmal Feuchtigkeit eingedrungen, quillt das Trägermaterial unweigerlich auf, die Fuge wölbt sich hoch, wird undicht und bietet Angriffsflächen für weitere Feuchtigkeit. Über kurz oder lang sieht der ehemals schöne Boden unansehnlich aus.

Um Klick-Elemente vor Feuchtigkeit zu schützen, kann man – obwohl es nicht nötig ist – dennoch Leim an die Oberseite der Feder geben, um die Fuge wasserdicht zu versiegeln. Den gleichen Effekt haben spezielle Versiegelungspasten, die mittlerweile vom Handel angeboten werden. Ihre Wirkung ist sicher gut, doch die Verlegearbeit wird erheblich aufwändiger. Hier gilt es abzuwägen, ob man seinen Boden zusätzlich schützen möchte.

Randleisten anbringen

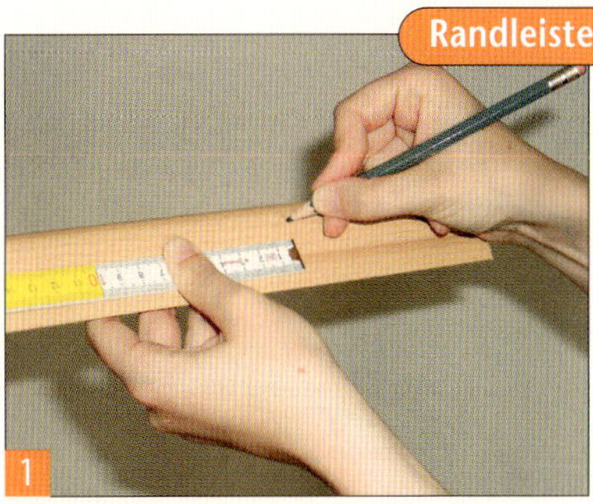

1 Schon geht es ans Zuschneiden der Randleisten. Das Maß wird an der langen Kante der Gehrung aufgezeichnet. Die Abfallseite am besten markieren

2 Die Gehrungssäge erlaubt präzise Schnitte in jedem gewünschten Winkel. Man legt die Leiste so ein, dass das Sägeblatt genau über der Markierung steht

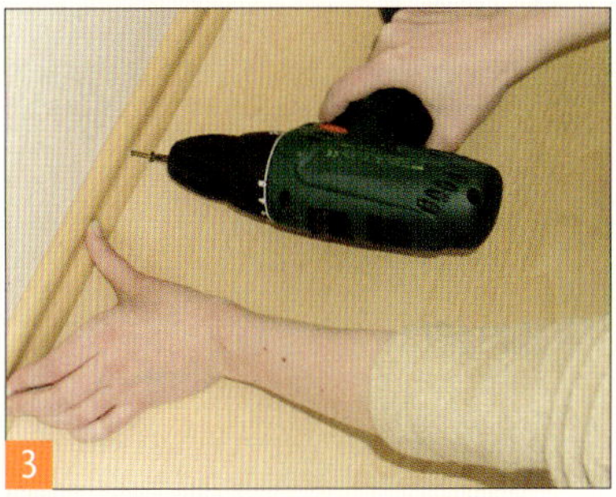

3 Will man die Leisten mit sichtbaren Schrauben befestigen, setzt man Dübel und dreht dann die Schrauben ein. Die Schraublöcher vorbohren und ansenken

4 Die fertige Innen- und Außenecke an einem Kaminvorsprung. Häufig kann man die Fußleisten nutzen, um dahinter Kabel (z. B. fürs Telefon) zu verbergen

Wiederaufnahme

Nicht jedes Klick-Laminat kann ohne Beschädigung wieder aufgenommen werden. Fragen Sie vor dem Kauf, wie fest sich die Elemente verbinden. Noch besser ist es, dies an zwei Musterstücken selbst zu probieren.

Übergangsprofile und Randleisten

Saubere Verlegebilder entstehen, wenn Sie die richtigen Übergangsprofile wählen und als Randabschluss eine zum Holzbelag passende Fußleiste montieren

Material-Mix
Immer beliebter wird Material-Mix bei den Bodenbelägen. Hier grenzt ein Fliesenbelag in rustikalen Brauntönen an einen Dielenboden. Da kommt es auf einen sauberen Übergang zwischen den Zonen an.

Von einem Belag zum anderen – ohne lästige Stolperkanten

Wohnräume werden heute immer häufiger mit verschiedenen Bodenbelägen versehen. In der Küche beispielsweise Fliesen, im Wohnzimmer und Schlafraum hingegen Parkett oder Dielen. In solchen Fällen muss man zwischen den Materialien für saubere Übergänge sorgen.

Mitunter wird sogar in einem Raum ein Material-Mix realisiert. Wie das große Bild links zeigt, lassen sich Holz und Keramikfliesen wunderschön kombinieren. Ein sauberes Verlegebild entsteht aber nur dann, wenn man die richtigen Übergangsprofile wählt.

Am besten machen Sie vor Beginn der Verlegearbeiten einen genauen Plan der vorgesehenen Materialgrenzen. Wenn Holz und Fliesen zusammenstoßen, hat natürlich das Fliesenformat Vorrang. Der Holzboden schließt sich entsprechend an. Die Übergangsprofile können auch Höhenunterschiede zwischen verschiedenen Belägen ausgleichen, sodass keine Stolperkanten entstehen.

Fußleisten befestigen

Klassische Massivholzfußleisten werden am besten mit Messing-Linsenkopfschrauben befestigt. Bohren Sie die passend abgelängte Leiste dazu in Abständen von etwa einem Meter vor. Auf der Sichtseite die Bohrungen mit-

Übergangsprofile

1 Eine elegante Lösung für aus dem Estrich herausragende Heizungsrohre und Heizungsträger stellen solche Rosetten dar, wie sie Parkett-Hersteller anbieten

2 Für Übergänge von Parkett zu anderen Bodenbelägen gibt es eine ganze Reihe spezieller Schienensysteme aus unterschiedlich gefärbten Aluminium-Profilen

3 Vor dem Verlegen des Holzbodens wird das Basisprofil auf den Estrich gedübelt. Die Parkettelemente werden dann mit etwas Überstand zugeschnitten

4 Die eigentliche Abdeckschiene kann anschließend einfach aufgesteckt werden. Ähnliche Systeme werden für Türübergänge und Wandabschlüsse angeboten

5 Für Dehnungsfugen im Türbereich wird ein Profil (aus Aluminium in verschiedenen Tönen) aufgeschraubt, das den Spalt zwischen den Belägen überdeckt

6 An der Grenze zwischen Fliesen- und Parkettbelag wurde beim Fliesenkleben eine Messingschiene eingelassen, die beide Materialien trennt

7 Vom Teppichboden zum Holzboden – das Übergangsprofil gleicht den Höhenunterschied problemlos aus. Dennoch bleibt eine kleine Unebenheit

8 Es gibt Übergangsprofile passend zu allen gängigen Holztönen. Hier wird zuerst eine Clipschiene angedübelt, in die man das Profil dann einsteckt

9 Dieses hier gezeigte Aluminium-Clip-System im passenden Holzdekor wird einfach auf das zuvor an den Estrich gedübelte Unterteil gesteckt

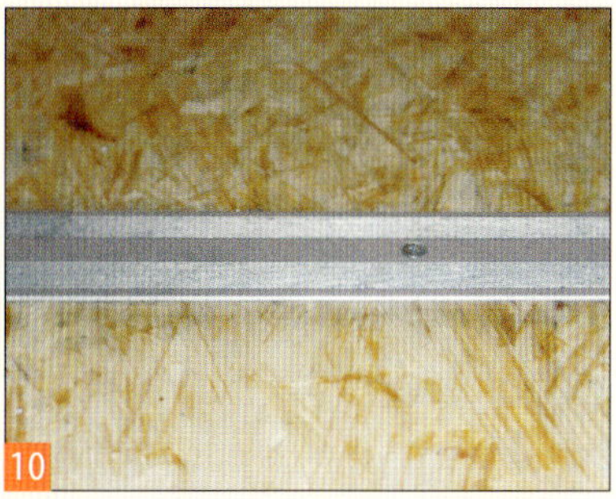

10 Dehnungsfugen zwischen größeren mit Holz belegten Bereichen können Sie mit solchen Aluminium-Profilen überdecken. Sie werden direkt im Estrich verdübelt

11 Die leicht gewölbte Messingschiene überdeckt die Fuge zwischen Parkett und angrenzendem Fliesenbelag. Kleinere Unsauberkeiten werden damit kaschiert

12 Mithilfe von Treppenkantenprofilen können Sie Parkett oder Laminat auch problemlos auf Treppenstufen verlegen

Randleisten

Rationelle Clip-Befestigung: Die Montageteile aus Kunststoff werden mit je zwei Dübeln befestigt. Dann die an der Rückseite geschlitzte Leiste aufstecken

Viel Platz im Hohlraum der Trägerschiene: Elektroleitungen, Lautsprecherkabel usw. können Sie mithilfe dieser Kunststoffleiste problemlos verschwinden lassen

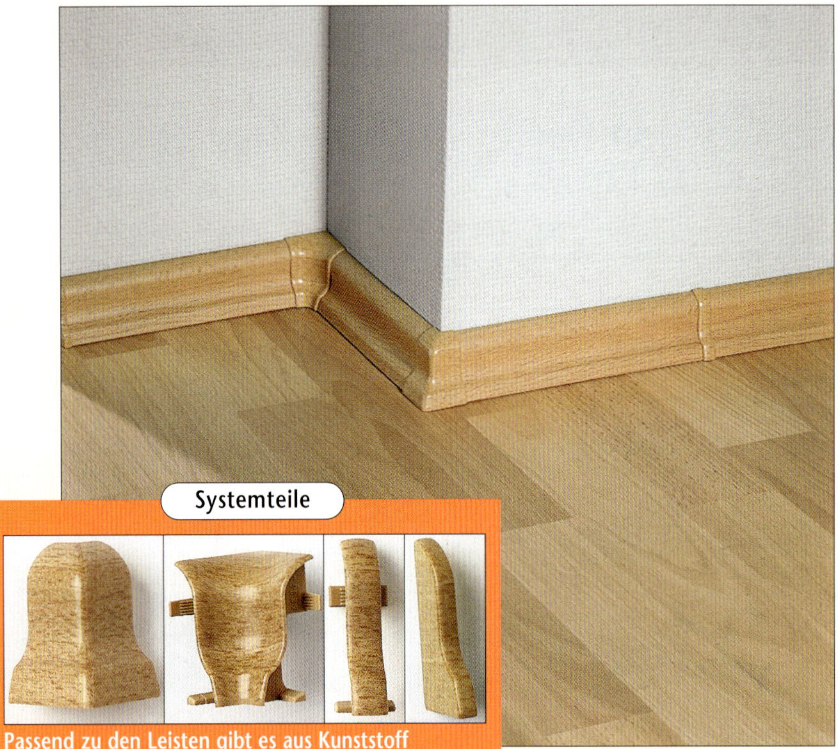

Systemteile

Passend zu den Leisten gibt es aus Kunststoff gefertigte Außenecken, Innenecken, Verbindungsstücke und Randabschlüsse zum Aufstecken.

Befestigungen

Bei der Steckleiste mit Kunststoffprofil, das noch zusätzliche Kabel aufnehmen kann, wird das Profil mit Dübeln etwa alle 50 cm an der Wand befestigt

Müssen Fußleisten an Trockenbauwänden befestigt werden, benutzen Sie besser Hohlwanddübel, die mit einer Spezialzange verarbeitet werden

hilfe eines Krauskopfes ansenken. Die vorbereitete Leiste dient nun als Schablone, um die Positionen der Bohrlöcher auf die Wand zu übertragen. Dann 6-mm-Dübellöcher bohren und die Leiste schließlich andübeln. Vorsicht! Messingschrauben nur leicht anziehen, da sich sonst die Köpfe abdrehen.

Besonders leicht lässt sich die links gezeigte Hohlraumleiste aus Kunststoff anbringen. Sie besteht aus einer Trägerschiene, die man einfach an die Wand nagelt. Zwischen den Stegen ist Platz für Kabel. Die Blende mit Holzdekor wird nur aufgesteckt. Sehr montagefreundlich sind auch Stecksysteme, bei denen eine Montageleiste aus Kunststoff angedübelt wird (Bild links unten). Die eigentliche Fußleiste aus Holz besitzt einen Schlitz, mit dessen Hilfe man sie über die Steckleiste schiebt. Das System bietet sogar Platz für Elektroleitungen.

Damit Sie keine Gehrungen schneiden müssen, bietet das oben rechts gezeigte System aus Kunststoff im Holz-Look Verbindungsteile, die man einfach zu Innen- und Außenecken zusammensteckt. Auch Verlängerungsstücke gehören dazu.

Clip-Technik vom Feinsten

Elegante Echtholzleisten ohne sichtbare Schrauben befestigen – das ist die optimale Lösung beim Montieren von Fußleisten. Die hier gezeigten Clip-Systeme gibt es passend zu verschiedenen Leistenformaten. Das Grundprinzip ist immer gleich: Sie längen das Kunststoffprofil entsprechend den Wandmaßen ab und dübeln es unter Benutzung der vorhandenen Bohrungen an. Wenn ein Bohrloch einmal keinen Halt gibt – kein Problem – Sie gehen ganz einfach ein Stück weiter.

Das in Bild 2 (rechts oben) gezeigte Doppelsteg-System meistert zudem Innen- wie Außenecken mit Leichtigkeit: Man schneidet es einfach ein und knickt es passend zur Ecke ab. Dann schneidet man die Leisten passend zu.

Clipsysteme

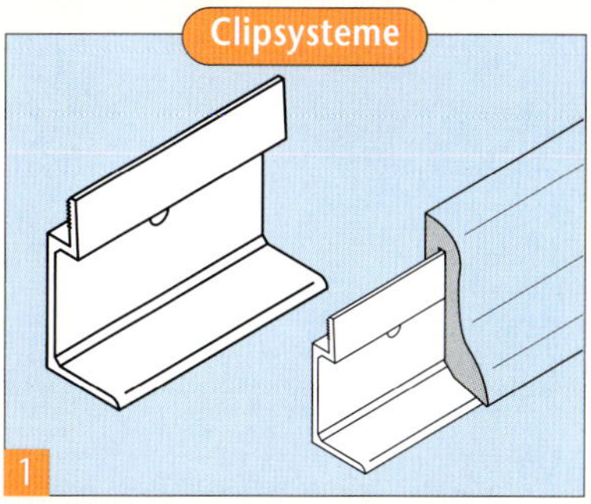

Clipsystem für Echtholzsockelleisten zum Aufstecken. Man dübelt zuerst das Basisprofil an die Wand und steckt anschließend die passenden Leisten auf

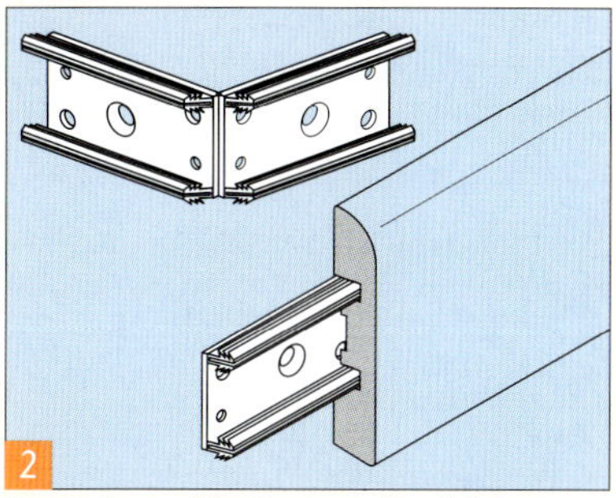

Doppelsteg-Clip-System, das sich besonders gut für Innen- und Außenecken einsetzen lässt. Das Basisprofil wird hier einfach angesägt und dann geknickt

So präsentiert sich die mithilfe eines Clip-Systems montierte Sockelleiste

Saubere Sache

Echtholzleisten ohne sichtbare Schraubbefestigung sehen einfach besser aus. Scheuen Sie sich nicht, hierfür ein paar Euro mehr auszugeben.

Holzböden pflegen und reparieren

Damit wertvolle Holzböden über viele Jahre ihre Schönheit behalten, müssen sie gut gepflegt und bei Bedarf fachgerecht repariert werden

Kleine Reparaturen

1 Dellen und Druckstellen verschwinden meist, wenn man sie gezielt anfeuchtet. Besonders wirksam ist ein feuchtes Tuch, mit dem heißen Bügeleisen angedrückt

2 Kratzer, die sich nicht wegpolieren oder durch Reparaturwachs schließen lassen, schleift man an und behandelt die Stelle dann mit verdünntem Versiegelungslack

3 Holzpaste wird benutzt, um Risse und Löcher zu schließen, ehe man die Versiegelung erneuert oder das Holz durch einen Öl- oder Wachsauftrag auffrischt

Kleine Schäden in Parkett und Laminat ausbessern

Die meisten kleinen Kratzer in Holzböden lassen sich ganz einfach mit Möbelpolitur unsichtbar machen. Tiefere Kratzer werden mit einem Reparaturwachs in der passenden Farbe gefüllt. Dellen in Dielen oder Parkettbelägen können Sie in den meisten Fällen durch gezieltes Anfeuchten beheben. Die bei der Beschädigung zusammengedrückten Holzfasern quellen durch das Anfeuchten auf, und die Delle verschwindet. Besonders effektiv ist diese Behandlung, wenn Sie ein feuchtes Tuch und ein Bügeleisen benutzen.

Kratzer in der Versiegelung, die sich nicht wegpolieren lassen, werden vorsichtig angeschliffen und mit verdünntem Versiegelungslack nachbehandelt. Die Übergänge dann mit feiner Stahlwolle schleifen.

1 Zuerst erfolgt der Grobschliff mit dem Kantenschleifer mit einem Schleifpapier von 24er Körnung

Werkzeugverleih

Die Schleifmaschinen zum Renovieren von Dielen- und Parkettböden sowie Holztreppen können Sie tageweise ausleihen.

Spachtelmasse

Als Spachtelmasse für Schadstellen und Nagellöcher in alten Dielenböden nimmt man ganz einfach Staub aus einem der letzten Schleifgänge und vermischt ihn mit etwas Siegellack. Bei größeren Löchern die Spachtelmasse schichtweise auftragen.

Renovierungskur für Holzböden und -treppen

Um in die Jahre gekommenen Holzdielen zu neuer Schönheit zu verhelfen, müssen etwaige alte Anstriche völlig abgetragen werden. Dafür benötigen Sie professionelles Gerät in Form einer Parkettschleifmaschine, die Sie mieten können. Diese Investition lohnt sich auf jeden Fall. Alle Versuche, mit Schwing-, Band- oder Winkelschleifer ans Werk zu gehen, erweisen

2 In den Ecken und an den Kanten der Holztreppe muss nach dem Grobschliff noch mit der Ziehklinge nachgearbeitet werden, um Lackreste zu entfernen

Schleifen

3 Nun folgen zwei weitere Schleifgänge mit feiner werdender Körnung: zuerst 40er, dann 80er Körnung. Der Wechsel des Papiers geht schnell vonstatten

4 Der Schleifstaub wird beim Arbeiten direkt im Staubsack des Schleifgeräts aufgefangen. Wenn die Maschine läuft, sollte man einen Gehörschutz tragen

5 Nach dem Schleifen geht es ans Ausbessern von etwaigen Fehlstellen. In Risse und Spalten der Holztreppe wird eine spezielle Spachtelmasse gedrückt

6 Sobald die Spachtelmasse durchgetrocknet ist, können Sie mit dem Feinschliff der Holzoberfläche beginnen. Hier arbeitet man per Hand mit 100er Körnung

7 Als Vorbereitung der Oberflächenversiegelung kommt zunächst eine Grundierung aufs Holz. An den Rändern arbeiten Sie mit einem Pinsel, sonst mit der Rolle

8 Ist die Grundierung durchgetrocknet, erfolgt die Endbeschichtung mit dem speziellen Treppenlack. Mit der Rolle tragen Sie den Lack drei- bis viermal auf

sich bei größeren Flächen als ziemlich aussichtslos. Mit dem Profigerät geht's einfach viel schneller und sauberer.

Führen Sie die ersten Schleifgänge stets schräg zur Laufrichtung der Dielen durch (etwa im Winkel von 45°), damit größere Unebenheiten des Holzbelags beseitigt werden. Man beginnt mit grobem Schleifleinen. Eine Körnung K40 bis K60 ist für den Anfang empfehlenswert.

Die letzten Schleifgänge erfolgen dann schrittweise mit feinerem Schleifleinen und in Faserrichtung der Holzdielen. Schließlich wird die Holzoberfläche neu versiegelt, um sie gegen Eindringen von Oberflächenschmutz und gegen Feuchtigkeit zu schützen. Ausschlaggebend für die Haltbarkeit der Versiegelung ist das Beachten der vom Hersteller angegebenen Trocknungs- und Aushärtungszeiten. Gerade in den ersten Tagen ist der frisch versiegelte Boden noch sehr empfindlich und sollte nach Möglichkeit nicht übermäßig strapaziert werden. Vor der ersten Beanspruchung sollten Sie ihn gründlich reinigen, denn Schmutz und Sand wirken auf den Lack wie Schleifpapier. Statt Versiegelungslack können Sie übrigens auch spezielle Öle oder Wachse zum Schutz eines Dielenbodens auftragen. Diese Behandlung dann gelegentlich wiederholen.

Wie eine Holztreppe abgeschliffen und neu versiegelt wird, zeigen die Arbeitsfotos ab Seite 115. Man hat hier einen Kantenschleifer zur Holzbearbeitung eingesetzt.

Die Treppe wurde mit grobem Schleifpapier vorbehandelt, dann mit immer feiner werdender Körnung glatt geschliffen. Nach dem Spachteln und Grundieren erfolgte ein viermaliger Auftrag des Versiegelungslacks.

Manuell verarbeiten

Abschnittweise gießt man das Hartwachs-Öl auf den trockenen und sauberen Holzboden aus. Zum Verteilen eignen sich ein breiter Flachpinsel aus Naturborsten oder eine solche Fußbodenbürste.

1 **Für die Beschichtung von Korkfußböden mit Hartwachs wählt man statt des Pinsels besser einen Spachtel**

2 **Der zweite Auftrag der Beschichtung wird dann mit einer kurzflorigen Mohair-Rolle vorgenommen**

Hartwachs-Öl für eine seidenmatt glänzende Oberfläche

Ob neue Dielenböden aus unbehandeltem Holz oder frisch abgeschliffene Holzoberflächen – statt Versiegelungslack wird immer häufiger Hartwachs-Öl aufgetragen. Eine solche Behandlung verleiht dem Holz eine besonders attraktive Oberfläche und kann problemlos immer wieder aufgefrischt werden.

Das Hartwachs-Öl ist gebrauchsfertig und wird in kleinen Mengen auf die saubere und trockene Holzoberfläche aufgebracht. Sie können das Material mit einem Naturhaarpinsel oder einer Fußbodenbürste verteilen. Der Auftrag erfolgt dünn. Überschüssiges Material wird wieder mit dem Pinsel aufgenommen. Dann lassen Sie den Boden über Nacht trocknen. Am nächsten Tag erfolgt dann ein zweiter Anstrich, der wiederum bei guter Belüftung trocknen muss.

Maschineneinsatz

Mit einer solchen Bürstenmaschine erleichtern Sie sich das Verteilen von Hartwachs-Öl auf größeren Flächen.

1 Nach dem maschinellen Verteilen des Hartwachs-Öls (großes Foto links) wird der Auftrag nochmals mit der Fußbodenbürste von Hand egalisiert

2 Frühestens zwei Tage nach der Behandlung mit Hartwachs-Öl darf die Oberfläche erstmals mit einer Poliermaschine nachbearbeitet werden

Eine weitere Nachbehandlung des Bodens ist nicht erforderlich. Wird ein stärkerer Glanzgrad gewünscht, können Sie den mit Hartwachs-Öl beschichteten Boden mit einer Poliermaschine bearbeiten.

Bei der Behandlung von Korkböden, die sich durch starke Aufnahmefähigkeit und hohe Elastizität der Oberfläche auszeichnen, wählt man zum Verteilen des Hartwachs-Öls besser einen Spachtel. Den ersten dünnen Auftrag 24 Stunden trocknen lassen. Den zweiten ebenfalls sehr dünnen Auftrag dann mit einer kurzflorigen Mohair-Rolle vornehmen und wieder 24 Stunden trocknen lassen. So entsteht eine zähe und elastische Oberfläche, die hoch beanspruchbar ist.

Die maschinelle Verarbeitung von Hartwachs-Öl

Bei der Behandlung von größeren Flächen lohnt sich der Einsatz von Maschinen für die Verarbeitung von

Pflege-Tipps

Verwenden Sie am besten die vom jeweiligen Hersteller des Bodenbelags empfohlenen Produkte zum Reinigen und Pflegen (1). Beim Wischen mit so wenig Feuchtigkeit wie möglich arbeiten und einen speziellen Reinigungs- und Pflegezusatz ins Wischwasser geben (2). Mit Hartwachs-Öl behandelte Flächen lassen sich mit Wachspflege- und Reinigungsmittel von Flecken befreien und bei Bedarf an abgenutzten Stellen oder auch ganzflächig auffrischen (3).

1

2

3

Hartwachs-Öl. Man gießt das Material zunächst wieder portionsweise auf den Boden und verteilt es dann gleichmäßig mithilfe einer Bürstenmaschine, die man ausleihen kann. Anschließend ist eine manuelle Egalisierung mit einer Fußbodenbürste aus Naturhaaren erforderlich (Bild 2). Es dürfen keine Überschüsse auf dem Boden stehen bleiben.

Nach einer Trocknungszeit von 8–10 Stunden wird das Hartwachs-Öl ein zweites Mal dünn aufgetragen und kann schließlich nach weiteren 8–10 Stunden zum ersten Mal betreten werden.

Reinigung und Pflege hält Holzböden schön

Böden aus Fertigparkett oder Laminat sollten grundsätzlich mit so wenig Wasser wie möglich gewischt werden. Verzichten Sie auf die Verwendung von scharfen Scheuermitteln, Bohnerwachsen und Polituren. Diese Mittel bilden mit der Zeit sichtbare Schichten auf den Oberflächen und beeinträchtigen die Optik.

Staub, Flusen und lose Partikel werden bei der regelmäßigen Reinigung abgefegt oder mit dem Staubsauger entfernt. Sand und Schmutz wirken wie Schmirgelpapier und sollten daher durch „Sauberlaufzonen" in den Eingangsbereichen (z. B. Fußmatten oder Teppichbrücken) aufgefangen werden.

Punktuelle Verschmutzungen mit einem feuchten Lappen abwischen. Für das Wischen des gesamten Bodens geben Sie dem Wischwasser ein spezielles Reinigungskonzentrat zu. Den Wischlappen stets nur „nebelfeucht" halten. Auf keinen Fall sollen sich Wasserpfützen auf dem Belag bilden.

Besondere Vorsicht ist bei Parkett oder Laminat geboten, das ohne Leim mit Klick-Verbindung verlegt wurde. Hierfür gibt es spezielle Wischzusätze, die die Fugen versiegeln.

Für mit Hartwachs-Öl behandelte Flächen gibt es ebenfalls spezielle Zusätze fürs Wischwasser. Zusätzlich werden Flecken mit Wachspflege- und Reinigungsmittel behandelt. Dieses Mittel gibt es zur leichteren Dosierung auch in der Sprühflasche. Es wird mit einem nicht fusselnden Tuch sauber verrieben. So erhält man die Flächen über viele Jahre schön.

Fliesen selbst verlegen

- **Grundlagen der Verlegetechnik**
- **Verlegepraxis Boden und Wand**
- **Fliesenbeläge richtig verfugen**
- **Innentreppe neu verfliesen**
- **Fliesen für Balkon und Terrasse**
- **Spaltplatten für den Garagenboden**
- **Anschlüsse und Übergänge**

Grundlagen der Verlegetechnik

Dünnbettverlegung heißt das Zauberwort: Nach diesem Verfahren kann jeder Heimwerker selbst Fliesen fachgerecht verlegen – und es sieht aus wie vom Profi gemacht

Völlig ebene Untergründe sind die Voraussetzung

Früher wurden Fliesen ausschließlich in einem etwa 15 mm dicken Mörtelbett angesetzt. Diese Methode hat einerseits den Vorteil, dass man Unebenheiten des Untergrunds direkt beim Kleben ausgleichen kann – andererseits erfordert das Ausrichten aber enormes Geschick. Der Heimwerker ist mit der Dickbett-Technik in der Regel hoffnungslos überfordert.

Anders beim Dünnbettverfahren, das sich in den letzten Jahren auch im professionellen Bereich mehr und mehr durchgesetzt hat. Voraussetzung sind aber völlig ebene Untergründe. Am Boden ist diese Voraussetzung durch sauber abgezogene Betonestriche meist ohnehin gegeben. Finden sich dennoch größere Unebenheiten – am besten mit einem langen Richtscheit aus Aluminium kontrollieren –, wird der Boden zunächst mit Fließspachtel ausgeglichen.

An den Wänden werden bei Massivbauweise die Steine mit einem glatten Gipsputz versehen oder bei Leichtbauweise mit Gipskartonplatten verkleidet. Letztere bieten sogar besonders glatte Flächen.

Wenn nun also keine Unebenheiten des Untergrunds durch den Fliesenkleber ausgeglichen werden müssen, gilt

Klebetest

Durch probeweises Lösen einer Fliese k trollieren Sie, ob die mit Kleber benetz Kontaktfläche mindestens die geforder 60 % der Fliesenrückseite beträgt.

Untergründe vorbereiten

Grundsätzlich müssen alle Untergründe mit Tiefengrund grundiert werden. Alte und mürbe Putze oder Estriche werden dadurch verfestigt. Neuen Putzen, Estrichen und Gipskartonbeplankungen verleiht die Grundierung ein gleichmäßiges Saugverhalten. Zu stark saugende Untergründe können nämlich die Haftung des Klebers beeinträchtigen. Bei Problemuntergründen sollten Sie durch Auftragen einer Haftemulsion für optimale Haftung des Klebers sorgen. Auch wenn ein Betonestrich auf den ersten Blick völlig eben aussieht, weist er häufig bei genauerer Überprüfung erstaunliche Niveauunterschiede auf. Wie eben der Boden ist, lässt sich mit bloßem Auge aber kaum beurteilen. Am besten legen Sie zur Kontrolle eine zwei Meter lange Alu-Schiene auf den Estrich. Auf einen Meter sollten die Niveautoleranzen nicht über 4 mm liegen. Entpuppt sich der Boden gar als regelrechte Berg-und-Tal-Bahn, sollten Sie ihn vor dem Verlegen eines Fliesenbelags mit selbstverlaufender Fließspachtelmasse egalisieren.
Sogar tragfähige alte Dielenböden lassen sich mit flexibler Spachtelmasse beschichten, um anschließend Fliesen verlegen zu können. Lose Bretter werden zuvor sorgfältig mit den Lagerhölzern verschraubt. Anschließend tragen Sie mit einem breiten Flachpinsel Haftemulsion auf.

es nur noch, die Kleberschicht in gleichmäßiger Schichtstärke aufzubringen. Dies wird durch zwei Arbeitstechniken bewerkstelligt: das Aufziehen des Klebers mit einer Glättkelle und das anschließende Durchkämmen mit einer gezahnten Kelle. Beim Aufziehen müssen Sie den pastös angemischten Kleber abschnittweise möglichst gleichmäßig auf dem Untergrund verteilen. Beim folgenden Durchkämmen erzeugen Sie durch die zuvor gewählte Zahnung der Kelle bzw. des Spachtels eine exakt gleich bleibende Schichtstärke – das heißt: eigentlich bleiben auf dem Untergrund dicht nebeneinander liegende Kleberstege in definierter Höhe zurück.

Wenn Sie den Kleber sorgfältig in überschneidenden Bahnen aufkämmen, befindet sich unter jeder Fliese exakt die gleiche Menge an Kleber. Beim Ansetzen drücken Sie die Fliese fest, wobei die Kleberstege komprimiert werden.

Mindestens 60 % der Fliesenunterseite sind bei der Wahl der richtigen Zahnungshöhe anschließend mit Fliesenkleber bedeckt. Sie können dies kontrollieren, indem Sie eine Fliese probeweise ins Kleberbett drücken und dann vorsichtig wieder abhebeln (siehe Zeichnung links oben).

Die Wahl der Zahntiefe bei Zahnkellen und Zahnspachteln richtet sich nach der Kantenlänge der zu verlegenden Fliesen. Für Mosaikfliesen genügen 3 bis 4 mm. Für Standardfliesen zwischen 100 und 200 mm Kantenlänge wählt man meist eine 6-mm-Zahnung. Besitzen die Fliesen allerdings stark profilierte Rückseiten, muss der Kleberauftrag entsprechend ein wenig dicker sein. Wichtig: Beim Andrücken darf die Fliese keinen direkten Kontakt mit dem Untergrund bekommen. Es darf nicht knirschen!

Wird der Kleber wie beschrieben direkt auf den Untergrund gebracht und die Fliese dann eingedrückt, spricht der Fachmann vom so genannten Floating-Verfahren. Manchmal bereitet es allerdings Probleme, den Kleber im gewünschten Bereich gleichmäßig aufzuziehen und durchzukämmen: beispielsweise bei schmalen Sockelfliesen. Hier kehrt man das Verfahren dann ganz einfach um. Statt auf die Wand geben Sie eine kleine Klebermenge direkt auf die Rückseite der Fliese. Der Fachausdruck für diese Technik lautet Buttering-Verfahren. Fliesen im Außenbereich werden im kombinierten Verfahren (Buttering-Floating-Verfahren) verlegt. Der Effekt ist, dass Sie auf diese Weise eine völlig hohlraumfreie Verklebung erzielen. Dann gibt es keine Frostschäden durch eingedrungenes Wasser.

Kleber aufziehen

Auf die ebene und grundierte Wandfläche – hier Gipskartonplatten – ziehen Sie den Kleber mit einer Glättkelle in möglichst gleichmäßiger Schichtstärke auf

Beim anschließenden Aufkämmen der beschichteten Fläche erzeugen Sie Kleberstege von exakt gleich bleibender Höhe. Diese ist abhängig von der Zahntiefe

Fliesen ansetzen

Die Fliesen werden ins frische Kleberbett gedrückt und anschließend ausgerichtet. Fliesenkreuze aus Kunststoff helfen Ihnen, gleichmäßige Abstände einzuhalten

Für die waagerechte Ausrichtung brauchen Sie eine Schnur. Diese kann an zwei in den Putz geschlagenen Nägeln befestigt werden

Das kombinierte Verfahren

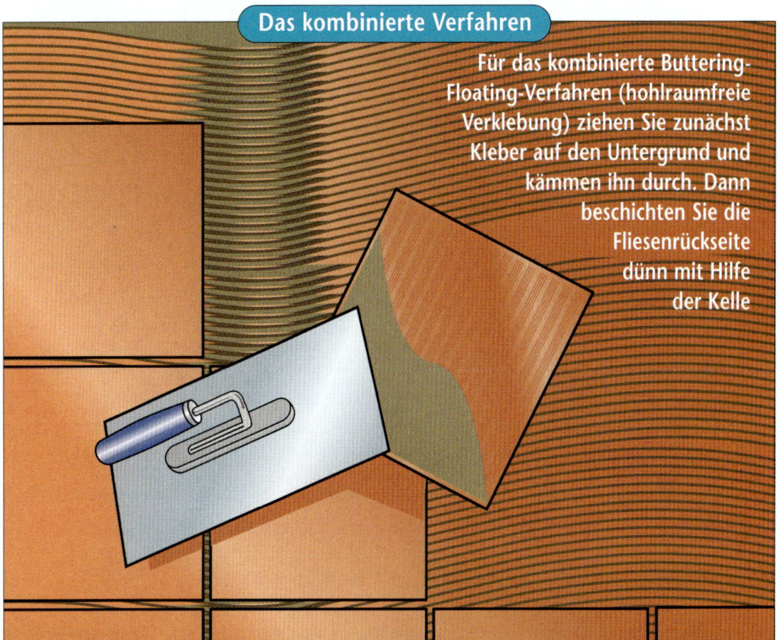

Für das kombinierte Buttering-Floating-Verfahren (hohlraumfreie Verklebung) ziehen Sie zunächst Kleber auf den Untergrund und kämmen ihn durch. Dann beschichten Sie die Fliesenrückseite dünn mit Hilfe der Kelle

Verlegepraxis Boden und Wand

Sehen Sie, wie ein Boden- oder Wandbelag aus Fliesen entsteht. Die Arbeitsschritte sind leicht nachzuvollziehen

Bodenfliesen im Dünnbett-Verfahren verlegen

Nachdem der Untergrund gut vorbereitet ist, können Sie nun mit dem Verlegen der Bodenfliesen beginnen. Der benötigte Kleber wird mit der Bohrmaschine nach den Herstellerangaben mit Wasser in einem Eimer sorgfältig angemischt. Danach gilt es, die Kleberschicht in exakt gleichmäßiger Schichtstärke aufzubringen. Im Bereich der markierten ersten Verlegelinie wird der Kleber auf dem Untergrund verteilt. Anschließend wird er mit einer speziellen Zahnkelle durchkämmt, die dabei am besten in einem Winkel von 45° gehalten wird.

Die Zahnung der Kelle sorgt für dicht nebeneinander liegende Kleberstege in definierter Höhe und ist je nach Anwendungsbereich und Kelle unterschiedlich. Für übliche Fliesen-

Bodenverlegung

1 Zuerst wird der pulverförmige, kunststoffvergütete Flexkleber nach Herstellerangabe sorgfältig mit Wasser angemischt, bis er völlig klumpenfrei ist

2 Die Linie für das maßgenaue Verlegen der ersten Reihe ist bereits gezogen. Diese Verlegelinie dann mit Klebeband markieren und den Kleber verteilen

3 Die in einem Winkel von etwa 45° schräg gehaltene Zahnkelle zieht den zunächst nur grob verteilten Kleber nun auf gleichmäßige Stärke ab

4 Durch Abziehen des Klebebandes wird die Verlegelinie wieder sichtbar. Damit haben Sie einen festen Anhaltspunkt und können die Fliesen präzise ausrichten

5 Die erste Fliesenreihe kann verlegt werden. Die Fliesen sinken allein durch ihr Gewicht in das Mörtelbett ein und brauchen nicht festgeklopft zu werden

6 Die angehobene Fliese zeigt: Ohne Festklopfen ist die Platte bei Verwendung von so genanntem Flex- und Fließkleber vollflächig und hohlraumfrei benetzt

7 Für Passstücke am Ende der Reihe wird die Schneidemaschine benutzt. Sie schneidet die benötigten Platten schnell und in stets gleicher Breite zu

8 Stets nur so viel Kleber aufziehen, wie in 20 Minuten belegt werden kann

Abstandhalter

Die Sockelfliesen werden auf Abstandhalter (beispielsweise aus Pappe) von etwa 5 mm Dicke gelegt.

formate zwischen 100 und 200 mm Kantenlänge wird eine Weite der Zahnung von 6 mm empfohlen. Wenn Sie den Kleber nach dem Verteilen mit der Glättkelle sorgfältig aufkämmen, befindet sich unter jeder Fliese die gleiche Menge. Ziehen Sie immer nur Kleber für so viele Fliesen auf, wie Sie in höchstens 20 Minuten (offene Zeit des Klebers) verlegen können. Nun können Sie die ersten Reihen in das Mörtelbett legen. Genau gleiche Fugenabstände halten Sie am einfachsten mit Fliesenkreuzen ein.

Zuerst die Wandflächen symmetrisch aufteilen

Zum genauen Einteilen der Fliesen wird die Wandfläche mit Wasserwaage und Senklot symmetrisch aufgeteilt. Wichtig ist, dass Sie beim Ausrichten der Wandfliesen rundum ausreichend Abstand für die später anzulegenden Dehnungsfugen lassen. Am Boden müssen Sie die Höhe des Fliesenbelags einschließlich Kleberschicht berücksichtigen. Mit Hilfe von Bleistift, Wasserwaage und einer langen Richtlatte ziehen Sie bei raumhoher Verlegung in der Mitte der Wand eine Linie und kleben diese mit einem Klebeband ab. Der angesetzte Fliesenkleber wird dann gleichmäßig bis zum Klebeband aufgezogen. Danach können Sie den Kleber wie bei den Bodenbelägen durchkämmen. Auch hier gilt: Nicht

Wandverlegung

1 Vor dem Aufziehen des Klebers wird die Fläche mit Lot und Wasserwaage symmetrisch aufgeteilt. Dann die erste Verlegereihe mit einem Klebeband markieren

2 Der zuvor gut durchgerührte Flexkleber wird mit der glatten Seite der Zahnkelle auf den unteren Bereich der Wand aufgetragen und gleichmäßig verteilt

3 Anschließend kämmen Sie den Kleber mit der gezahnten Seite des Werkzeugs durch. So entstehen die für die Dünnbettverlegung erforderlichen Kleberstege

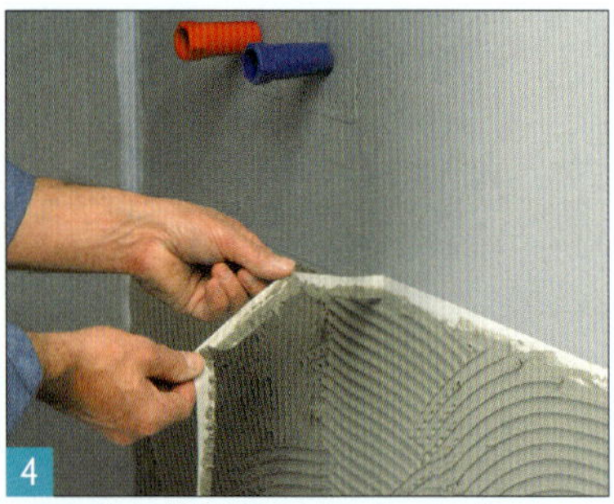

4 Nach dem Abziehen des Bandes kommt die angezeichnete Linie zum Vorschein. Nicht vergessen: Eck- und Anschlussfugen müssen frei gehalten werden

5 Nach der ersten Fliese der Reihe wird die letzte an der anderen Seite gesetzt. Zusätzliche Hilfe beim Ausrichten gibt die mit den Ecken fixierte Gummischnur

6 So drücken Sie die Fliesen fachgerecht in den Dünnbettmörtel: Die Fliesen immer mit einer Kante ansetzen und beim Ausrichten nach unten schieben

7 Zuletzt kontrollieren Sie die Kante durch Auflegen von Schiene und Wasserwaage. Wenn Sie Fliesenkreuze verwendet haben, diese nach 60 Minuten entfernen

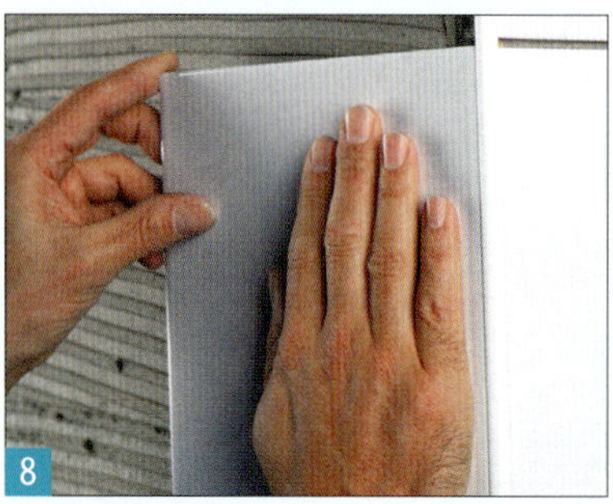

8 An Außenecken sorgt ein Randleistenprofil für einen sauberen Übergang. Die Leiste wird vor dem Ansetzen der letzten Fliese ins Kleberbett gedrückt

Fugen auskratzen

Wenn der Kleber angezogen hat, kratzen Sie überschüssiges Material mit einem Stück Holz aus den Fugen.

mehr Kleber aufbringen, als Sie in etwa 20 Minuten belegen können. Nach dem Abziehen des Klebebandes kommt die vorher gezeichnete Linie wieder zum Vorschein. Jetzt haben Sie einen präzisen Ansatzpunkt für die erste Fliesenreihe. Nach der ersten Fliese setzen Sie zunächst die letzte Fliese in dieser Reihe. An diesen beiden Fliesen können Sie außen die so genannten Fliesenecken anbringen. Die zwischen den Ecken gespannte Gummischnur ermöglicht nun ein waagerechtes Verlegen der anderen Fliesen. Die weiteren Fliesen setzen Sie danach in den durchkämmten Kleber. Dabei die Platten stets mit einer Kante oben ansetzen, dann ganz in das Bett drücken und gleichzeitig die Oberkante an der Markierung ausrichten.

Nach ungefähr 60 Minuten hat der Kleber angezogen, und die Fugen können durch Auskratzen mit einer schmalen Holzleiste von Kleberresten gereinigt werden.

Überall dort, wo Fliesen mit Aussparungen versehen werden müssen, lassen Sie zunächst die entsprechen-

Dichtband

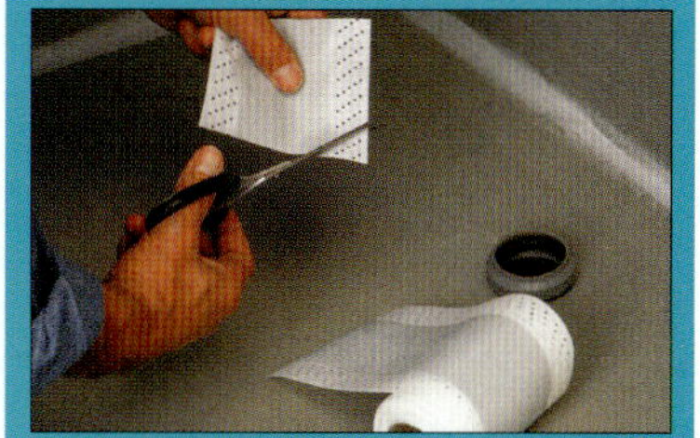

Das für den Eckbereich von Duschen vorgesehene Dichtband können Sie auch verwenden, um rund um die Rohrdurchführungen von Duscharmaturen für eine wasserundurchlässige Abdichtung zu sorgen (siehe Bild 5).

Nassbereich abdichten

1 Die Duschecke aus Gipsfaserplatten wird zunächst mit Tiefgrund behandelt. Diese Vorbehandlung verleiht dem Untergrund bessere Haftfähigkeit

2 Jetzt tragen Sie Fliesen-Abdicht-Vorstrich in den Ecken satt auf. Eine übliche Farbrolle ist das ideale Werkzeug zum gleichmäßigen Verteilen des Anstrichs

3 Das flexible Abdichtband anschließend in den frischen Vorstrich einbetten. Man arbeitet dabei von unten nach oben und schneidet das Band zuletzt oben ab

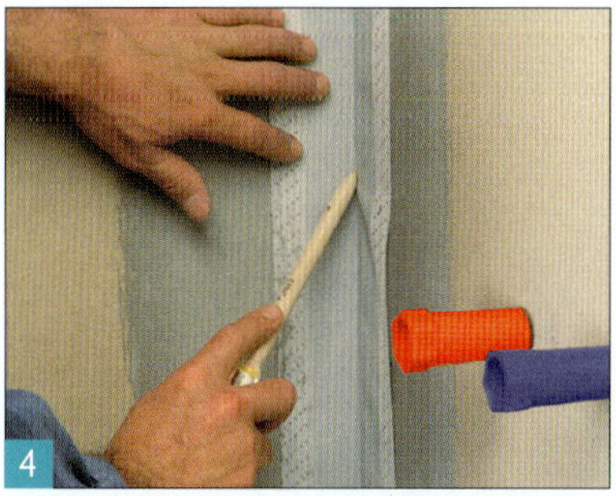

4 Mithilfe eines Pinselgriffs lässt sich das Profil sauber in die Innenecke drücken. Es ist wichtig, dass das Band spannungsfrei bis in den Winkel reicht

5 Rund um die Sanitäranschlüsse werden Gummimanschetten aufgeklebt. Diese lassen sich nach Bedarf aus dem Dichtband von der Rolle zuschneiden

6 Nun streichen Sie die gesamte Fläche des Nassbereichs mit Abdicht-Vorstrich ein. So entsteht eine durchgehende Dichtschicht im späteren Duschbereich

7 Nach zwei Stunden Trocknungszeit erfolgt ein zweiter vollflächiger Anstrich des Nassbereichs. Man beginnt dabei an den Kanten des Abdichtbandes

8 Wichtig ist beim zweiten Anstrich ein sauberes Überdecken der Dichtbandkanten. Diese aufwändige Vorbehandlung sorgt für dauerhaft trockene Wände

Dichtbahnen verkleben

Zum Verkleben der Bahnen wird ein auf den Untergrund abgestimmter Fliesenkleber auf Zementbasis verwendet. Den Kleber mit der Zahnkelle aufziehen

In die mit der Zahnkelle gleichmäßig aufgekämmte Kleberschicht legt man die Abdichtbahnen faltenfrei ein und drückt sie dann mit der Kelle gleichmäßig an

Die Bahnen müssen mit mindestens 5 cm Überlappung verarbeitet werden. So stellen Sie sicher, dass sich eine durchgehende wasserdichte Schutzschicht bildet

An der Wand werden die Bahnen in gleicher Weise verklebt. Auch hier den Kleber aufziehen, mit der Zahnkelle durchkämmen und die Bahnen andrücken

Ist die Abdichtung vollständig aufgebracht, zieht man Dünnbettkleber auf und verarbeitet die Fliesen wie gewohnt an der Wand wie auch am Boden

Die beschriebene Technik ist sehr aufwändig, garantiert aber, dass auch bei extremer Feuchtigkeitsbelastung des Fliesenbelags keine Schäden auftreten

Entkoppelungsmatten

Auch für die Entkoppelungsmatten wird üblicher Zementkleber aufgezogen. Den Estrich sollten Sie vorher grundieren, damit er nicht zu stark saugt

Die Bahnen dann in den frischen Kleber einlegen. Sie sollten die Bahnen am besten vorher genau auf die Raummaße zuschneiden, damit sie sicher passen

Die einzelnen Bahnen stoßen stumpf aneinander. Achten Sie darauf, dass im Stoßbereich kein Kleber hochgedrückt wird und für Wülste sorgt

Um absolut wasserdichte Fliesenbeläge zu erreichen, werden im Stoßbereich zusätzlich 12,5 cm breite Streifen der oben gezeigten Dichtbahnen verklebt

Auch im Winkel zwischen Wand und Boden wird ein Streifen Dichtband verklebt. So verhindern Sie, dass durch brüchige Silikonfugen Wasser eindringt

Nun können Sie die Bodenfliesen wie üblich im Dünnbett-Verfahren auf den Entkoppelungsmatten verlegen. Risse im Fliesenbelag sind damit ausgeschlossen

den Felder frei. Dort kleben Sie die einzelnen Passstücke zum Schluss ein.

Vorbehandlung für die Dusche

Ein besonders beanspruchter Wandabschnitt ist die Duschecke. Der Fliesenbelag darf hier keine Feuchtigkeit ins Mauerwerk eindringen lassen. Bauschäden sind sonst die unausweichliche Folge. Dieser Nassbereich braucht eine spezielle Abdichtung, aber auch für andere spritzwassergefährdete Stellen empfiehlt sich eine Vorbehandlung des Untergrunds.

Mit einem speziellen Abdichtvorstrich bekommen Sie die Duschecke und die Wandanschlüsse der Armaturen dicht. Nach einem ersten Vorstrich mit dem Produkt wird dazu ein elastisches Abdichtband eingelegt. Für die Armaturen schneiden Sie aus dem Dichtband eine Manschette, die um die Anschlüsse gelegt und fest angedrückt wird. Nach dem Trocknen des ersten Anstrichs wird die gesamte Fläche noch einmal gestrichen. Im Nassbereich dürfen Sie nur wasserundurchlässigen Kleber verwenden. Alternativ zum Dichtanstrich können Sie auch Spezialmatten überlappend auf den Untergrund kleben.

Abdichtungsbahnen überlappend verkleben

Statt einer flüssigen Dichtbeschichtung können Sie in Nassbereichen auch spezielle Kunststoffbahnen überlappend auf dem Untergrund verkleben. Die hier vorgestellte Dichtmatte besteht aus Polyäthylen und ist beidseitig mit Vliesgewebe kaschiert. Mit einem auf den Untergrund abgestimmten Kleber (in der Regel hydraulischer Fliesenkleber mit Kunststoffzusatz) werden die Bahnen vollflächig auf Wand und Boden verklebt.

Die Ränder müssen sich um mindestens 5 cm überlappen. Für Sanitäranschlüsse und Rohrdurchführungen gibt es ein spezielles Klebeband, mit dem Sie die Rohrstutzen umranden. Auf dem so abgedichteten Untergrund können Sie den Fliesenbelag dann wie gewohnt verkleben.

So verhindern Sie Risse im Fliesenbelag

Verformungen des Untergrunds durch Schwund oder Ausdehnung können so stark sein, dass der relativ starre Fliesenbelag reißt. Hier hilft eine Trägermatte aus geripptem Polyäthylen, die Untergrund und Fliesenbelag entkoppelt. Die Matte mit ihren 4 mm hohen Rippen schützt feuchtigkeitsempfindliche Untergründe wie Gipsplatten. Sie bildet im Inneren der Rippen zudem einen Luftraum zum Dampfdruckausgleich eventuell verbleibender rückwärtiger Feuchte. Die Fliesen sind nach dem Verlegen kraftschlüssig mit der Matte verbunden, nicht aber mit dem Untergrund. Die Matte entkoppelt die beiden Ebenen. Sie ist in der Lage, Spannungen aus dem Untergrund gegenüber den Fliesen zu neutralisieren.

Kleine Kleberkunde

Der Handel bietet heute eine breite Palette an Fliesenklebern für die verschiedensten Anwendungsbereiche an. Die hier erwähnten Produkte sind vornehmlich für die Verlegung im so genannten Dünnbettverfahren geeignet (siehe Seite 122). Grundsätzlich gibt es nach Zusammensetzung und Eigenschaften vier Gruppen von Fliesenklebern.

Klebemörtel auf Zementbasis
Diese Fliesenkleber müssen nach Herstellerangabe mit Wasser angemischt werden. Das Wasser wird teilweise beim Aushärtungsprozess gebunden. Mit dem in die Bohrmaschine gespannten Rührkorb für Mörtel vermischen Sie das graue Kleberpulver zu einem klumpenfreien Brei. Die meisten Mörtel brauchen dann noch eine „Reifezeit" von einigen Minuten, bis sie nach nochmaligem Durchrühren mit dem Quirl gebrauchsfertig sind.

Kunststoffvergütete Klebemörtel
Für Nassbereiche und alle arbeitenden Untergründe wie Trockenestrich-Elemente, Heizestriche, Faserzement- und Gipskartonplatten usw. muss der hydraulisch härtende Klebemörtel mit Kunststoffzusätzen versehen werden, die ihn flexibel und gleichzeitig wasserundurchlässig machen. Solche Vergütungen kann man auch nachträglich zumischen. Ein flexibel aushärtender Fliesenkleber nimmt die Bewegungen des Untergrunds auf und verhindert, dass der Belag durch Schwingungen oder Spannungen reißt.

Schnellkleber Für alle Bereiche, die schnell nach dem Verfliesen begehbar sein sollen (Eingänge, Treppenstufen usw.), verwendet man Schnellkleber, die bereits nach drei Stunden hart sind und verfugt werden können.

Dispersionskleber
Im Gegensatz zu den pulverförmigen Zementklebern wird Dispersionskleber auf Kunststoffbasis gebrauchsfertig angeboten. Er behält auch nach dem Aushärten eine gewisse Flexibilität und eignet sich daher für Untergründe aus Gipskarton oder Spanplatten. Aufgrund seiner langen Verarbeitungszeit können Sie den Sitz der frisch verlegten Fliesen noch nach etwa 15 Minuten korrigieren. Auch das Kleben von „Fliese auf Fliese" ist mit Dispersionskleber möglich. Der Kunststoffkleber ist im Verhältnis zu zementgebundenem Fliesenkleber aber relativ teuer, nicht frostbeständig und für die Verlegung am Boden aufgrund seiner langen Trockenzeit nicht zu empfehlen.

Zwei-Komponenten-Kleber Für besonders stark beanspruchte Fliesenbeläge auf Problemuntergründen wird dieser aus Epoxidharz und Härter angemischte Kleber verwendet. Die beiden Komponenten werden gründlich vermischt. Die Verarbeitungszeit („offene" Zeit) ist bei Zwei-Komponenten-Kleber relativ kurz.

Fliesenbeläge richtig verfugen

Kaufen Sie den Fugenmörtel am besten beim Hersteller des zuvor verwendeten Klebers. Dann passen die Produkte optimal zusammen

Den richtigen Mörtel auswählen

So wie ein Bild durch einen farblich passenden Rahmen an Ausstrahlung gewinnt, so gewinnen geflieste Flächen durch die richtige Fuge.

Zunächst gilt es also, die Farbe der Fugen zu bestimmen. Meist wählt man den Fugenmörtel aus der Farbenfamilie der Fliese: Weiß zu Grau, Braun zu Beige und so weiter. Beliebt ist die Ton-in-Ton-Variante, bei der die Fuge die Fliesenfarbe aufnimmt, damit sich eine geschlossene und gleichmäßige Fläche bildet. Durch die bewusste Wahl einer Fugengegenfarbe unterstreichen Sie andererseits den Fliesencharakter. Profis empfehlen: Kaufen Sie Kleber und Fugenmörtel am besten vom gleichen Hersteller.

Bei Bodenfliesen müssen Sie zwei Tage und bei Wandfliesen mindestens einen Tag warten, ehe Sie mit dem Verfugen beginnen können. Den Fugenmörtel bekommen Sie wie den Fliesenkleber als fertige Trockenmischung, die nach Herstellerangaben in einem Baueimer mit Wasser angemischt wird. Die Bohrmaschine mit Rührquirl sorgt dafür, dass die Mischung zum Schluss keine Klümpchen mehr aufweist.

In Nassbereichen kommt es auf Wasserdichtigkeit und hohe Flexibilität des Fugenmörtels an. Die Fugen müssen, als Voraussetzung für ein gleichmäßiges Fugenbild, sauber und gleichmäßig tief sein. Damit das gelingt, sollten Sie Kleberreste in den Fugen am besten schon während der Verlegearbeiten herauskratzen. Der Kleber hat nach 60 Minuten angezogen, und die Fugen können dann mit einem Stückchen Holz gereinigt werden.

Nicht zu viel auf einmal

Anfänger machen häufig den Fehler, zu große Flächen in einem Arbeitsgang verfugen zu wollen. Sie schaffen es dann oft nicht rechtzeitig, die Fläche zu reinigen, ehe der Fugenmörtel hart wird. In diesem Fall wird es ausgesprochen mühevoll, die Fläche zu säubern, da die Masse auch auf der glasierten Oberfläche sehr gut haftet. Teilen Sie große Flächen besser in mehrere Abschnitte ein, die Sie dann nacheinander verfugen.

Das fachgerechte Bodenverfugen ist schnell gelernt

Die angemischte und fließfähige Fugenmasse schütten Sie aus dem Eimer auf die zu verfugende Fläche. Danach verteilen Sie die Masse diagonal zum Fliesenverlauf. Bei großen Flächen erleichtert Ihnen ein Gum-

Waschbrett mit Waschboy

Bodenfliesen verfugen

1 Mit Bohrmaschine und Rührquirl mischen Sie die Fugenmasse an. Für den Boden muss der Fugenmörtel relativ dünnflüssig sein, um sich gut einarbeiten zu lassen

2 Die fließfähige Masse wird auf dem Fliesenbelag ausgeschüttet. Beginnen Sie zuerst mit einer kleineren Fläche und arbeiten abschnittweise weiter

3 Diagonal zum Fugenverlauf schlämmt man den Mörtel mit einem breiten Gummiwischer gleichmäßig ein – erst in einer Richtung, dann im rechten Winkel dazu

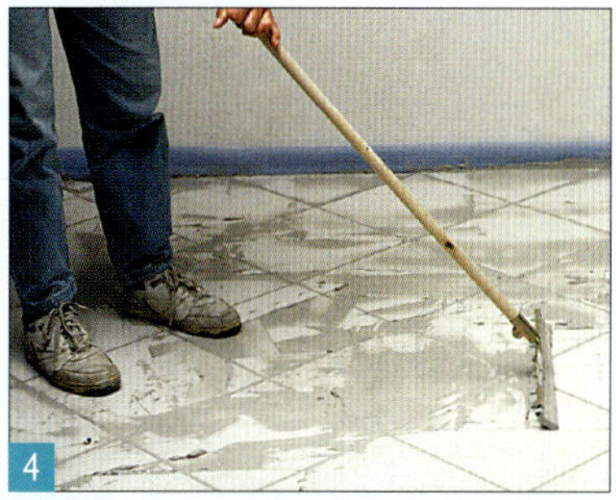

4 Nachdem man mehrmals mit dem Gummiwischer über den Bodenbelag gegangen ist, kann man sicher sein, dass alle Fugen gleichmäßig eingeschlämmt sind

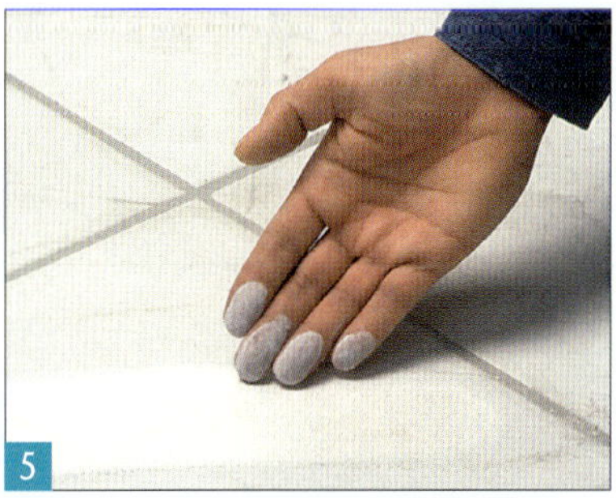

5 Nach 15 Minuten prüfen Sie durch Wischen mit den Fingerspitzen, ob die Fugenmasse zu trocknen beginnt. Wenn ja, ist es Zeit, den Belag zu reinigen

6 Das Schwammbrett ist das ideale Werkzeug, um Mörtelreste von der Fliesenoberfläche zu entfernen. Er wird immer wieder frisch ausgewaschen

7 Wie beim Verfugen arbeiten Sie auch beim Reinigen diagonal zum Fugenverlauf. So verhindern Sie, dass die Fugen unbeabsichtigt ausgewaschen werden

8 Der letzte Mörtelschleier lässt sich leicht mit einem weichen Lappen abwischen. Ist der Mörtel ganz trocken, erfolgt zuletzt die Versiegelung der Randfugen

miwischer diese Arbeit. Streichen Sie mehrmals darüber, bis auch wirklich alle Fugen gleichmäßig gefüllt sind. Überschüssiges Material ziehen Sie dann vorsichtig mit dem Wischer ab und nehmen es wieder auf. Nach ungefähr 15 Minuten machen Sie mit den Fingern eine Wischprobe. Dabei können Sie feststellen, ob der Mörtel so weit trocken ist, dass Sie mit dem Abwischen der Reste beginnen können. Mit einem Schwammbrett und Wasser wischen Sie wie beim Verfugen diagonal die Fläche ab. Unebenheiten werden dabei egalisiert, und Sie erreichen ein einheitliches Fugenbild. Der letzte noch verbleibende feine Mörtelschleier lässt sich mit einem Baumwolllappen einfach wegpolieren. Zum Schluss müssen noch alle Eck-, Übergangs- und Anschlussbereiche mit dauerelastischem Sanitär-Silikon verfugt werden.

Fugenmörtel an der Wand einarbeiten

Bei den Wandfliesen spielt die Ästhetik der Fugen für den Gesamteindruck ebenfalls eine wichtige Rolle. Auch hier bekommen Sie den Fugenmörtel als pulverförmige Trockenmischung. Die Standardprodukte sind „Fugenweiß", „Fugengrau" und „Fugenbunt". Im Innenwandbereich stehen außerdem viele Farbtöne, abgestimmt auf die gängigen Sanitärfarben, zur Verfügung.

Mit einem Fugbrett lässt sich das angemischte Material leicht auf die Wand bringen. Auch hier gilt: mehrmals den Mörtel diagonal einschlämmen und nicht zu große Flächen auf einmal bearbeiten. Zum anschließenden Abwaschen des Mörtels nach etwa 15 Minuten haben sich Waschbrett und ein so genannter Waschboy-Eimer (siehe S. 131 unten) bewährt.

Zur Endreinigung nehmen Sie einen Haushaltsschwamm, der immer wieder in reichlich Wasser ausgespült wird. Dabei dürfen Sie den Schwamm nur mit leichtem Druck führen – schließlich wollen Sie den Mörtel nicht wie-

Wandfliesen verfugen

1 An der Wand arbeiten Sie die Fugenmasse mit einem Fugbrett diagonal ein. Die Masse muss hier deutlich fester sein als beim Verfugen von Bodenfliesen

Fugbrett

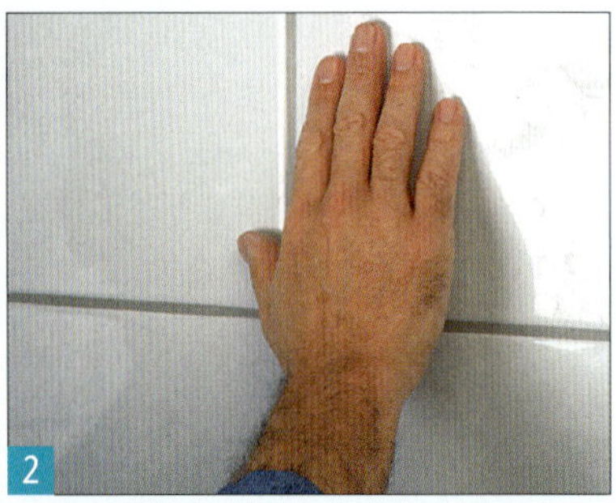

2 Etwa 15 Minuten nach dem Einarbeiten beginnt der Fugenmörtel bereits zu trocknen. Machen Sie eine Wischprobe, bevor sie mit der Reinigung anfangen

3 Mit dem Schwammbrett wird überflüssiges Material gleichmäßig abgenommen. Wieder wird das Werkzeug diagonal zum Fugenverlauf geführt

4 Zuletzt wischen Sie die Fläche mit einem feuchten Haushaltsschwamm ab. Damit die Haut nicht angegriffen wird, sollten Sie dabei Gummihandschuhe tragen

5 Zuletzt wird – wie bereits bei den Bodenfliesen gezeigt – der verbleibende Mörtelschleier mit einem trockenen Tuch entfernt. Die Glasur zeigt dann ihren Glanz

der herauswaschen. Nach dem völligen Trocknen des Fugenmörtels sollten Sie die gesamte Wandfläche mit einem weichen Baumwolllappen gut nachreinigen und polieren. Dabei aber keinen Fugenmörtel durch zu festen Druck wieder auskratzen.

Die dauerelastische Verfugung in den Anschlussbereichen

Stein, Zement, Gips sind Materialien, aus denen die meisten Häuser bestehen. Die Annahme, dass diese Baustoffe sich nicht bewegen, ist ein Irrtum. Durch Temperaturschwankungen, sich verändernde Luftfeuchtigkeit und mechanische Bewegungen verändern sie ständig Form und Größe. Sie dehnen sich aus und ziehen sich wieder zusammen. Gerade im Sanitärbereich sind die Materialien durch den Kontakt mit heißem Wasser solchen Belastungen unterworfen. Um Spannungsrisse zu vermeiden, muss an wichtigen Nahtstellen deswegen dauerelastisch verfugt werden.

Früher wurden alle Fugen mit normalem Fugenmörtel geschlossen. Das Ergebnis in alten Badezimmern: Rund um die Wanne und in Ecken sind die Fugen meist gerissen. Das sieht nicht nur unschön aus, sondern in den Ritzen können auch Schimmelpilze gedeihen. Für eine dauerelastische Versiegelung müssen Sie die Fugen zuerst von Mörtelresten befreien. Dann kleben Sie die Ränder mit Klebeband ab. Die Silikonkartuschenspitze schneiden Sie in der Stärke der Fugenbreite schräg ab. Mit Hilfe einer Kartuschenpistole drücken Sie die Dichtmasse gleichmäßig und blasenfrei in die Fuge. Danach glätten Sie die Fuge am besten mit einem Spezialwerkzeug aus Kunststoff. Nach dem vorsichtigen Entfernen des Klebebandes streichen Sie noch einmal zum Glätten mit dem angefeuchteten Finger (Spülmittel) über die Fuge.

Tipp

Da silikonhaltige Dichtmittel relativ schnell eine Haut bilden, sollten Sie die frische Fugenabdichtung innerhalb von 15 Minuten glätten. Sonst entsteht eine runzelige Fugenoberfläche.

Dehnungsfugen versiegeln

1 Dehnungsfugen müssen, wenn sie zu tief sind, mit Schaumstoffschnüren gefüllt werden. Danach kleben Sie die Fugenränder mit Kreppband sauber ab

2 Die Spitze der Kartusche mit dem Sanitärsilikon wird schräg abgeschnitten. Dann die Kartusche in die Pistole einlegen und die Masse in die Fuge drücken

3 Vor dem Glätten sprüht man die frische Fugendichtung mit Wasser ein, dem ein wenig Spülmittel zugegeben wurde. So lässt sich das Material besser abheben

4 Der Glätt-Cutter – ein Spezialwerkzeug aus Kunststoff – trägt überflüssige Masse ab. Man schiebt das löffelförmige Teil unter leichtem Druck nach vorn

Versiegelung außen

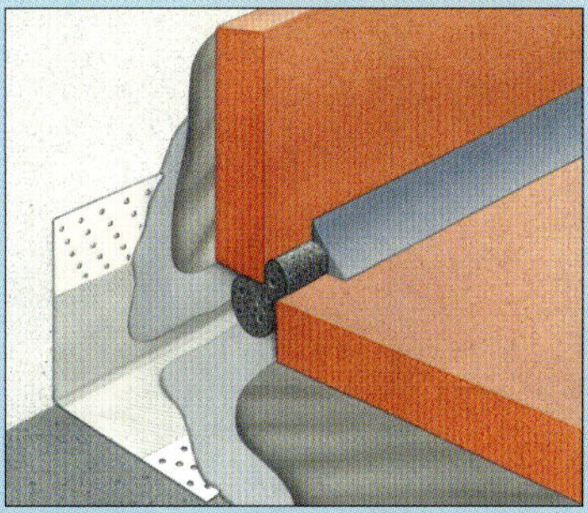

Querschnitt durch eine fachgerecht angelegte und hinterfüllte Randfuge im Außenbereich

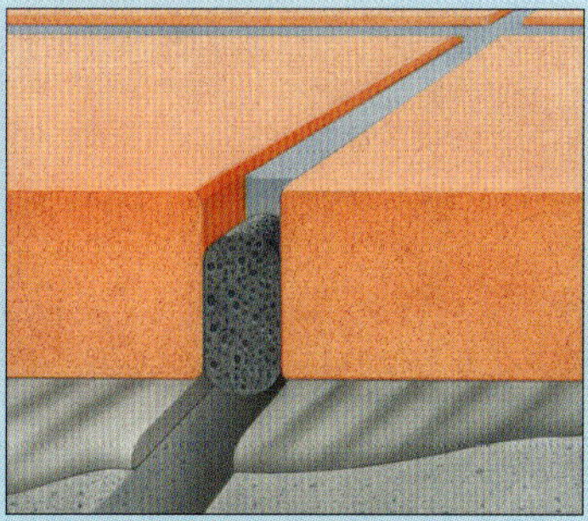

Dehnungsfuge im Schnitt: Ein Schaumstoffprofil füllt auch hier den unteren Teil der Fuge

Bei großflächigen Verfliesungen im Außenbereich müssen Sie ungefähr alle vier Quadratmeter eine Dehnungsfuge ausbilden. Durch die Erhitzung im Sommer dehnen sich die Fliesen aus und lösen sich vom Unterbau ab.
Im nächsten Winter sickert Wasser in die entstandenen Ritzen, und der Frost sprengt den Belag vollends ab.
Schon bei der Fliesenverlegung müssen Sie im Außenbereich an den Stellen, an denen der Belag an eine Senkrechte stößt, ein Abdichtband einarbeiten.
Die Rand- und Dehnungsfugenränder kleben Sie mit Klebeband sorgfältig ab. Silikon haftet auf den meist saugfähigen Fliesenkanten ohne eine vorherige Bearbeitung mit einem speziellen Fugenvorstrich nicht optimal. Da zum Untergrund kein Kontakt bestehen darf, füllen Sie die Fuge mit so genannten Hinterfüllschnüren. Dann können Sie die elastische Dichtmasse einspritzen, glätten und das Klebeband wieder entfernen.

Innentreppe neu verfliesen

Steinzeugfliesen sind der ideale Belag für Treppenstufen: strapazierfähig, witterungsbeständig und zudem leicht zu reinigen

Tipp
Besonders tritts chere Treppens fen erhält man, wenn für die V derkanten der trittsflächen sp elle Profile mit eingearbeiteter Gummikante ve wendet werder

Sonderformate für die Trittkanten

Ob im Eingangsbereich oder im Inneren des Hauses: Treppen gehören zu den am meisten strapazierten Bereichen. Der Bodenbelag hat hier einiges auszuhalten. Optimale Produkteigenschaften hat gesintertes Steinzeug ohne Glasurschicht.

Weil Steinzeugfliesen keine Feuchtigkeit aufnehmen, sind sie auch absolut frostsicher. Bei Außentreppen müssen Sie darauf achten, dass hohlraumfrei verlegt wird und die Stufen nach vorn ein ganz leichtes Gefälle von etwa 2 % aufweisen. Dann kann kein Wasser auf den Stufen stehen bleiben, was – vor allem im Winter – Rutschgefahr bedeuten würde.

Für eine Treppe müssen Sie den Fliesenbedarf sehr genau berechnen. Am besten jede Stufe einzeln ausmessen. Da die Flächen relativ klein sind, muss ein hoher Verschnittanteil von bis zu

Kantenprofile kleben

1 Wenn Sie mit speziellen Formteilen für die Trittkante arbeiten, werden diese zuerst ins Kleberbett gelegt und dann mit dem Gummihammer leicht angeklopft

2 Mit Fliesen im Normalformat komplettieren Sie die Auftrittsflächen und Vorderkanten. Bei gleichen Stufenbreiten können Sie die Platten in Serie zuschneiden

3 Nachdem auch der Sockel im Wandbereich verklebt und die Flächen verfugt sind, stellen Sie im Anschlussbereich eine dauerelastische Dehnungsfuge her

Neuer Fliesenbelag

1 Sind die alten Fliesen abgeschlagen und verbliebene Kleberreste gründlich entfernt, wird die Betontreppe mit Tiefengrund oder Haftemulsion vorbehandelt

2 Zuerst bekleben Sie die Vorderkanten der Stufen mit passend zugeschnittenen Platten. Dann Fliesenkleber auf die Trittfläche geben und gründlich durchkämmen

3 Die Fliesen werden aufgelegt im Kleber ausgerichtet und mit dem Gummihammer leicht angeklopft. Hier das Abmessen eines Passstücks für den Wandanschluss

4 Das Maß müssen Sie auf die Fliese übertragen. Dann mit der Schneidemaschine entlang der Linie anritzen und brechen oder mit der Trennscheibe schneiden

5 Zur Wand muss eine etwa 10 mm breite Fuge bleiben. Hier wird zuletzt ein Sockel aus 70 mm breiten Fliesenstreifen mit einer Dehnungsfuge angeschlossen

6 Bevor der Klebemörtel anzieht, sollten Sie den Fliesenbelag im Auftrittsbereich mit der Wasserwaage überprüfen und bei Bedarf letzte Unebenheiten ausgleichen

30 % einkalkuliert werden. Messen Sie jede Treppenstufe einzeln aus, und zählen Sie die erforderlichen Stufenplatten, Sockelfliesen und Normalfliesen für Auftrittflächen und Podeste. Viele Hersteller bieten zum Verfliesen von Treppen verschiedene Sonderformate an. Besonders elegant wirken rechtwinklige Trittkanten aus Steinzeug, wie sie auf den Fotos links zu sehen sind.

Die erforderliche Klebermenge richtet sich nach der zu verwendenden Zahnung für das Aufkämmen des Mörtels. Weil man eine hohlraumfreie Verlegung erreichen will und die Treppenfliesen häufig stark strukturierte Unterseiten aufweisen, wird man in der Regel eine 8-mm-Zahnung wählen. Wenn im kombinierten Buttering-Floating-Verfahren gearbeitet werden muss, erhöht sich der Bedarf nochmals. Muss die Treppe schon nach kurzer Zeit wieder betreten werden können, arbeiten Sie mit Schnellkleber.

Schritt für Schritt zum neuen Treppenbelag

Beim hier gezeigten Beispiel waren die Innentreppe eines Hauses samt Flurbereich von einem alten Fliesenbelag befreit worden. Man hatte seinerzeit glasierte Dekorfliesen verwendet, die erstens unmodern geworden waren und zweitens im Bereich der Auftritte bereits starke Abnutzungserscheinungen aufwiesen.

Nach dem Abschlagen des alten Belags – für diese Arbeit ist ein Bohrhammer mit Meißel ideal – galt es zunächst, die Flächen fürs Neuverfliesen vorzubereiten. Dazu wurden die Stufen nach dem Entfernen alter Kleberreste grundiert. Ist die Grundierung trocken, rühren Sie den Kleber an. Weil das Zuschneiden und Verlegen der Platten an der Treppe besonders arbeitsintensiv ist, sollten Sie nur kleine Mengen vorbereiten. Zuerst ziehen Sie Klebemörtel auf die senkrechten Treppenkanten auf und setzen hier die zugeschnittenen Fliesen bündig mit der Oberkante an. An der offenen Treppenseite stets mit einer ganzen Fliese beginnen. Nur wenn an der Innenwange ein zu kleiner Streifen entsteht, gehen Sie von der Stufenmitte aus und schneiden beide Außenplatten zu. Im nächsten Schritt geht es an die Auftrittsflächen. Deren Vorderkanten müssen genau in einer Flucht mit den senkrechten Platten liegen. Im Randbereich und besonders bei gewendelten Treppen müssen für die Auftritte Fliesen auf Maß zugeschnitten werden. Vielfach ist die Fliesenschneidemaschine beim Herstellen der Passstücke überfordert, vor allem, wenn schmale Streifen abgetrennt werden müssen. Hier arbeiten Sie besser mit dem Winkelschleifer und einer Steinscheibe oder einer speziellen Diamant-Trennscheibe für Fliesen. Dazu die Platten im Freien auf einer Holzunterlage festspannen und bei mäßigem Vorschub durchschneiden. Handschuhe und Schutzbrille nicht vergessen!

Fliesen für Balkon und Terrasse

Im Außenbereich sind Fliesenbeläge durch ständige Bewitterung besonderen Belastungen ausgesetzt

Der Belag muss fachgerecht aufgebaut werden

Der Estrich muss im Außenbereich mindestens zwei Prozent Gefälle haben und eine richtig ausgeführte Abdichtung der Betonsohle aufweisen. Achten Sie beim Fliesenkauf unbedingt auf Frostsicherheit des Materials. Nur gesintertes Steinzeug ist hier geeignet. Auch der Kleber und der Fugenmörtel müssen laut Herstellerangaben für außen zugelassen sein. Der gesamte Verlegebereich wird mit einem Abdichtvorstrich versehen. Wo Balkon oder Terrasse an eine Senkrechte stoßen, wird ein Abdichtband eingearbeitet. Die Bodenfliesen verlegen Sie danach wie innen. Bei großen Flächen wird oft versäumt, die erforderlichen Dehnungsfugen (etwa alle 4 m) vorzusehen. Im Sommer dehnen sich die Fliesen aus und können abplatzen oder Risse bekommen, wenn Dehnungsfugen fehlen. Dann dringt nach und nach Feuchtigkeit ein, die im Winter gefriert und durch die Ausdehnung des gefrierenden Wassers zu weiteren Abplatzungen führt.

Tipp

Fliesen im Außenbereich sind bei feuchter Oberfläche oft gefährlich rutschig. Verwenden Sie daher nur Platten mit trittsicher strukturierter Oberfläche.

Dehnungsfugen in der Fläche fachgerecht anlegen

Auch wenn es sich mittlerweile herumgesprochen hat, dass Balkon- und Terrassenflächen etwa alle 4 m mit Dehnungsfugen versehen werden müssen, wird bei der Ausführung dieser Dehnungsfugen doch so manches falsch gemacht.

Der Wandanschluss im Schnitt

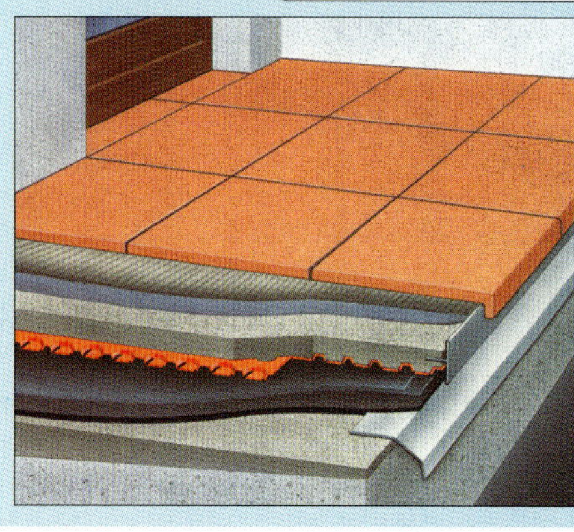

Die Silikonfuge soll nur an den Flanken haften (oben). Korrekter Konstruktionsaufbau für Balkon oder Terrasse: Auf die Bitumenabdichtung kommen zwei Lagen PE-Folie, eine Dränmatte und ein schwimmender Estrich (links).

Balkon fliesen

1 Man zieht hochwertigen, kunststoffvergüteten Kleber auf. Die Verlegelinie für die erste Reihe zeichnet man zuvor an und markiert sie mit Klebeband

2 Nun kann die erste Fliesenreihe ausgelegt werden. Die Fliesen sinken in den so genannten Flex- und Fließkleber ein und müssen nicht angeklopft werden

3 Reihe um Reihe wird nun ebenso verlegt. Man gießt den Kleber aus, kämmt ihn durch und legt die Fliesen ein. Fliesenkreuze sorgen für richtigen Abstand

Silikonfugen außen

1 Vor dem Ausspritzen kleben Sie die Ränder der Randfuge sauber ab. Die Hinterfüllschnur aus Schaumstoff drückt man tief in die Fuge ein

2 Jetzt wird die elastische Dichtmasse gleichmäßig in die Fuge eingespritzt. Den Glätt-Cutter mit Spülwasser benetzen und die Fuge glätten

3 Sofort das Klebeband entfernen und anschließend Spülwasser aufsprühen. Die letzte Glättung können Sie mit der Fingerkuppe vornehmen

Dehnungsfugen

1 Fuge seitlich mit Kreppband abkleben. In einer möglichst gleichförmigen Bewegung zieht man die Kartusche über die Fuge und drückt das Silikon hinein

2 Mit einem speziellen Fugenglätter aus Kunststoff wird die Fuge dann abgezogen. So entsteht eine gleichmäßige leichte Vertiefung der Dehnungsfuge

3 Zuletzt das Klebeband vorsichtig seitlich abziehen und die noch frische Fuge mit der Fingerkuppe, die mit Spülwasser benetzt wurde, sorgfältig glätten

Wichtig ist zunächst, dass die Dehnungsfuge tatsächlich bis auf den Untergrund durchgehend mörtelfrei ist. Beim Verfugen der Fläche muss man sie sorgfältig abkleben und gegebenenfalls frischen Mörtel mit einer passenden Leiste wieder herauskratzen.

Die heute angebotenen hochelastischen Silikonmassen sind in der Lage, die durch Materialausdehnung des Fliesenbelags entstehenden Bewegungen aufzufangen und die Fugen trotz Dimensionsänderungen dicht zu halten. Sie dehnen sich unter Zug wie ein Gummiband aus und ziehen sich anschließend wieder zusammen. Dies funktioniert aber nur dann, wenn das Silikon ausschließlich an den Fliesenkanten haftet, nicht aber den Boden der Fuge berührt. Diese so genannte Zwei-Flanken-Haftung ist die Voraussetzung dafür, dass das Silikon seine Elastizität dauerhaft behält.

Wenn man die Dehnungsfuge – wie es häufig gemacht wird – einfach komplett ausspritzt, braucht man sehr viel Material und gleichzeitig bildet sich ein Silikonwulst, der auch am Boden der Fuge klebt und mit der Zeit reißt. Der Boden der Fuge muss also vor dem Versiegeln mit einem Folienstreifen abgedeckt werden. Bei tiefen Fugen wird zusätzlich ein Fugenfüllstreifen aus Spezialschaumstoff (gibt's in verschiedenen Dicken) eingedrückt.

Spaltplatten für den Garagenboden

Ein mit robustem Steinzeug gefliester Garagenboden lässt sich gut reinigen und ist unempfindlich gegen mechanische Belastungen

Ein strapazierfähiger Belag für den gesamten Außenbereich

Unter der Produktbezeichnung Spaltplatten wird unglasiertes Steinzeug angeboten, das sich durch besonders hohe Widerstandsfähigkeit gegen mechanische Belastungen auszeichnet. Die Bezeichnung Spaltplatte bezieht sich auf das Herstellungsverfahren. Die Platten haben auf den Rückseiten typische Stege.

Unglasiertes Steinzeug besitzt eine hohe Abriebfestigkeit und ist dank seiner mikrorauen Oberfläche bei Nässe auch trittsicherer als glasiertes Fliesenmaterial. Zusätzliche Sicherheit bietet das kleine Format mit dem gegenüber großformatigen Fliesen wesentlich höheren Fugenanteil.

Im Außenbereich kommt es auf hohlraumfreie und damit frostsichere Verlegung an, damit kein Wasser eindringen und den Belag sprengen kann. Bei den so genannten Fließklebern sorgt die weiche Konsistenz für eine entsprechende Verbindung. Ansonsten empfiehlt sich das kombinierte Verfahren.

Tipp

Legen Sie Spaltplatten zunächst trocken aus, um die optische Wirkung des vorgesehenen Verlegemuters zu beurteilen

Verlegeschritte

1 Für hohlraumfreies Verlegen wird der Kleber mit einem Zahnspachtel von 6–8 mm durchgekämmt. Eventuell die Fliesen zusätzlich dünn beschichten

2 Zuerst werden die Anfangs- und Endplatte der ersten Reihe gelegt. Dann spannt man eine Gummischnur und legt die Platten entlang der Schnur

3 Platten, die zugeschnitten werden müssen, zeichnet man an und legt sie auf die Fliesenschneidemaschine. Einmal entlang der Markierung anritzen und brechen

4 Nun folgt bereits die zweite Fliesenreihe. Sie wird längs zur Wand verlegt. Die Fliesen immer gut ins Kleberbett drücken, damit sich keine Hohlräume bilden

5 Durch den Wechsel zwischen längs und quer verlegten Reihen entsteht ein schönes Verlegebild. Welches Verlegemuster Sie wählen, ist Geschmackssache

6 Zur Sicherheit sollten Sie immer, wenn eine Reihe fertig verlegt ist, die Schnur spannen und die Flucht der Fliesenkanten nochmals daran ausrichten

7 Als Abstandhalter für die Sockelfliesen dient eine Leiste. Den Kleber hier nicht an der Wand aufziehen, sondern direkt auf die Rückseiten der Platten geben

8 Durch leichte Schläge mit einem Gummihammer drückt man die schmalen Sockelfliesen an. Sind sie fest, können Sie die Leiste wieder entfernen

Verfugen des Belags

1 Die Fugen der schmalen Sockelfliesen werden mit einem Spachtel oder von Hand mit Fugenmörtel gefüllt

2 Nun trockenes Fugenmaterial aufstreuen und die Fläche mit dem Gummiwischer grob reinigen

Für Fliesenbeläge im Außenbereich sollte grundsätzlich ein durch Kunststoffzuschläge vergüteter Fugenmörtel verwendet werden. Die pastös angemischte Masse wird mit dem Gummiwischer in diagonaler Richtung verteilt und gut in die Fugen eingearbeitet. An den Sockelfliesen verteilt man den Fugenmörtel von Hand (Gummihandschuhe benutzen!). Dann mit trockenem Mörtel abstreuen und grob reinigen. Anschließend mit dem Schwammbrett gründlich säubern.

3 Sobald der Fugenmörtel beginnt, hart zu werden, wird der Belag mit dem Schwammbrett gereinigt

Anschlüsse und Übergänge

Zu einer sauberen Fliesenarbeit gehören die passenden Abschluss- und Übergangsprofile. Hier eine Übersicht der wichtigsten Produkte

Saubere Außenecken mit Abschlussprofilen aus Kunststoff

Für die saubere Ausbildung von Außenecken braucht man Fliesen mit glasierter Kante (Jollies). Es werden aber kaum noch Fliesen angeboten, bei denen die Glasur auch über die Kanten reicht. Die Folge: An den Wandaußenecken ist das Grau oder Braun des Rohlings zu sehen.

Die optimale Lösung sind Außenecken mit eingelegten Kunststoffprofilen. Sie verlegen zunächst die Fliesen auf einer Seite der Außenecke exakt kantenbündig. Am besten mit einer Richtlatte kontrollieren. In den frischen Kleber der Gegenseite wird anschließend das Profil gedrückt und an die Flanken der bereits verlegten Fliesen geschoben. Nun kleben Sie die erste senkrechte Reihe der neuen Fläche und setzen auch diese Fliesen dicht an das Profil. Wie Sie sehen, entsteht so eine makellose Außenecke.

Kantenprofil verarbeiten

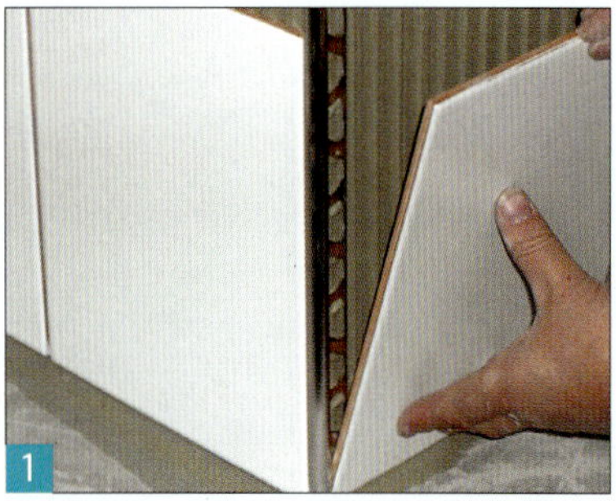

1 Zunächst wurde hier die linke Seite des Fliesenbelags verklebt. Ins frische Kleberbett der rechten Seite drückt man das Profil und setzt die Eckfliese an

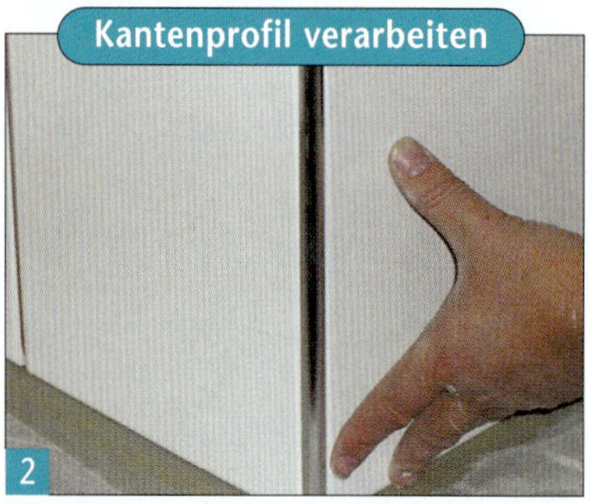

2 Die Fliesen so im frischen Kleberbett ausrichten, dass die Profiloberkante bündig mit der Fliese abschließt. So arbeitet man sich Reihe für Reihe nach oben

3 Den Fugenraum zwischen Profil und Fliese zuletzt mit Fugenmörtel ausfüllen. Für Innen- und Außenecken gibt es spezielle Stopfen, die man einfach einsteckt

Spezialprofile für Übergänge, Dehnungsfugen, Treppenkanten und flexible Randfugen

Auch die sauberste Fliesenarbeit wird optisch abgewertet, wenn im Bereich der Abschlüsse und Übergänge keine optimale Lösung gewählt wird. Viele Heimwerker wissen ganz einfach nicht, welche intelligenten Spezialprofile es für die verschiedensten Problemfälle gibt.

Sehr häufig werden heute verschiedene Bodenbeläge miteinander kombiniert. Wie das große Bild auf Seite 110 und das Foto unten zeigen, harmonieren beispielsweise Holzböden und Fliesen- bzw. Steinbeläge ganz ausgezeichnet. Entscheidend für den Gesamteindruck ist jedoch, dass an der Belagsgrenze für einen sauberen Übergang gesorgt wird.

Der Fliesen- oder Steinbelag muss wegen der festen Formate stets zuerst verlegt werden. Man kann das Basisprofil, das später mit einer Abdeckschiene versehen wird, bereits vor dem Verlegen der Fliesen auf den Estrich dübeln. Ansonsten wird es entlang der Kante des fertigen Belags befestigt. Dann legt man den Holzboden bis ans Profil heran und steckt zuletzt die Abdeckschiene auf. Auch Höhenunterschiede zwischen den verschiedenen Belägen lassen sich mit entsprechenden Profilen ausgleichen.

Übergang von Holz zu Stein

Vor dem Verlegen des Holzbodens wird das Basisprofil entlang des Steinbelags auf den Estrich gedübelt. Die eigentliche Abdeckschiene kann anschließend aufgesteckt werden. Ähnliche Systeme werden für Türübergänge und Wandabschlüsse angeboten.

Abschlüsse und Übergänge

Die klassische Abschlussschiene aus Messing für Fliesenbeläge

Dieses Kunststoffprofil sorgt für einen stufenlosen Übergang

Treppenkanten

Ein Treppenkantenprofil mit auswechselbarer Auftrittsfläche aus Kunststoff

Treppenprofil aus Edelstahl mit spezieller rutschhemmender Struktur

Dehnungsfugen am Boden

Elastisches Profil zur Aufteilung eines schwimmenden Estrichs in Einzelflächen

Die Dehnungsfuge des Fliesenbelag wird dann so ausgebildet

Profile für flexible Randfugen

Ein solches Profil macht das Ausspritzen mit Silikon überflüssig

Hier die senkrechte Variante an einer Innenecke der Dusche

Oben sehen Sie eine Auswahl verschiedener Profile für Übergänge, Dehnungsfugen und Treppenkanten. Besonders interessant sind die in den unteren Bildern gezeigten flexiblen Eckprofile für den Sanitärbereich. Sie ersetzen die individuell ausgespritzte Silikonfuge. Sie sind garantiert dicht und müssen vor allen Dingen niemals erneuert werden.

ETIENNE
XXL

Bäder in neuem Glanz

- Badausbau in allen Arbeitsschritten
- Badrenovierung mit Vorwandinstallation
- Bade- und Duschwanne einbauen
- Alte Fliesen neu beschichten

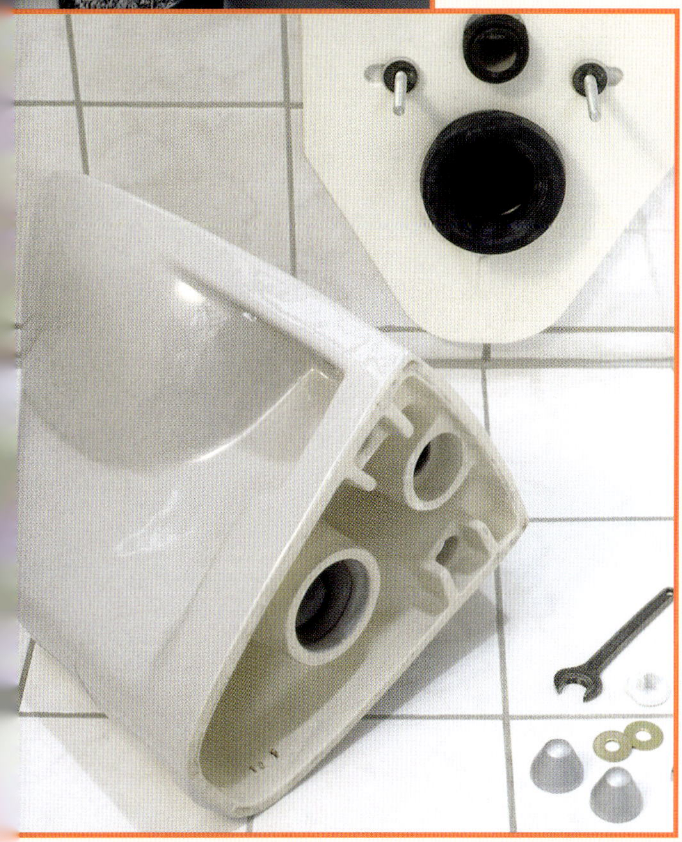

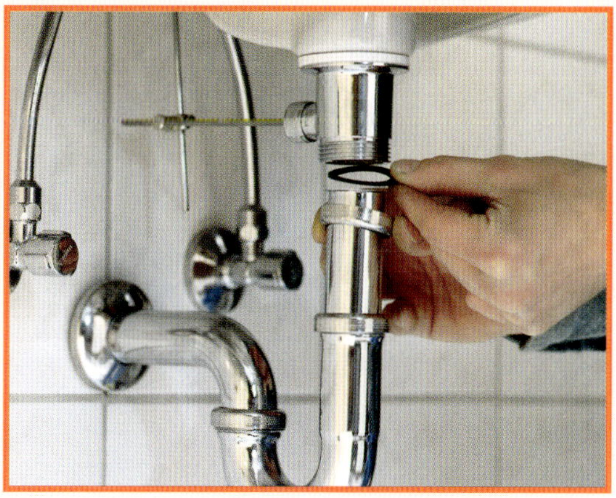

Badausbau in allen Arbeitsschritten

Was früher dem Profi vorbehalten war, können Sie heute sehr gut in Eigenleistung ausführen. Heimwerker-freundliche Installationstechnik macht es möglich

Teuer, aber gut

Die hier gezeigten ummantelten Kunststoffrohre sind wesentlich teurer als Kupferrohre. Sie sparen sich aber nicht nur das Löten, Sie haben auch ein besonders hochwertiges und langlebiges Installationsmaterial.

Von der Idee zum individuellen Traumbad

Weil es bei der Badplanung auf jedes Detail ankommt, empfiehlt es sich, Grundrisszeichnungen der in Frage kommenden Raumaufteilungen anzufertigen. Dazu muss zunächst die zur Verfügung stehende Fläche ausgemessen werden. Bei der Badgestaltung orientiert man sich nicht mehr – wie es früher sehr häufig der Fall war – an

Unterputzdosen montieren

1 Damit die Abstände der Kalt- und Warmwasserrohre genau zur Armatur passen, benutzt man solche Unterputzdosen

2 Das Bauteil wird in eine vorbereitete Wandaussparung gesetzt, angedübelt und genau in die Waage gebracht

einem möglichst geringen Installationsaufwand. In älteren Häusern sind Waschbecken, WC, Wanne und Dusche meist entlang einer Wand montiert, um die Leitungsführung so einfach wie möglich zu halten. Heute lassen sich mit Hilfe von Installationswänden und der Vorwandtechnik (siehe S. 150) völlig neue Badlandschaften realisieren – steigender Komfort und Verbesserung der Funktionalität inklusive.

Das Rohr-in-Rohr-System und seine praktischen Vorteile

Wer nicht löten will oder kann, für den gibt es heute Kunststoffrohre mit Klemmfitting-Verbindungen, die meist als so genanntes Rohr-in-Rohr-System angeboten werden. Die Vorteile liegen auf der Hand. Erstens gewährleistet die flexible Ummantelung der wasserführenden Leitung eine gute Wärme-, aber vor allem auch Schallisolierung. Dies ist insofern wichtig, als Fließgeräusche in Wasserleitungen als äußerst störend empfunden werden. Zudem ermöglicht das System im Falle einer mechanischen Beschädigung der Wasserleitung ein relativ einfaches Auswechseln des betreffenden Teilstücks. Es müssen dabei nur die Verbindungsstellen gelöst, das Rohr herausgezogen und ein passendes Ersatzstück wieder eingeschoben werden.

Die Schraubfittings, mit denen man die Rohrstücke verbindet, bestehen aus Messing. Die Installation erfordert keine besonderen Fachkenntnisse. Sie benötigen dafür eine Spezialzange zum Ablängen der Kunststoffrohre und passende Maulschlüssel.

Zunächst stülpen Sie jeweils eine Überwurfmutter und einen so genannten Klemmring über die Rohrenden. Um die Stützhülse leichter in die Rohrenden hineinschieben zu können, empfiehlt es sich, diese mit dem Fön leicht anzuwärmen. Die Stützhülse wird bis zum Anschlag in das Rohr eingeführt und die Überwurfmutter fest mit dem Fitting verschraubt. Schon ist die Verbindung dauerhaft dicht.

Kunststoffrohre anschließen

Für das Rohrsystem der Kalt- und Warmwasserleitungen wird hier Kunststoffmaterial verwendet. Die Druckrohre sitzen in einem schützenden Mantelrohr

Noch vor den Estricharbeiten befestigt man die Rohre auf dem Rohboden und führt sie in Wandschlitzen zu den Dosen. Zum Ablängen genügt eine Spezialzange

Man schiebt das abgelängte Rohr in das Winkelstück der Unterputzdose und zieht die Überwurfmutter fest an. Ohne Löten entsteht eine dichte Verbindung

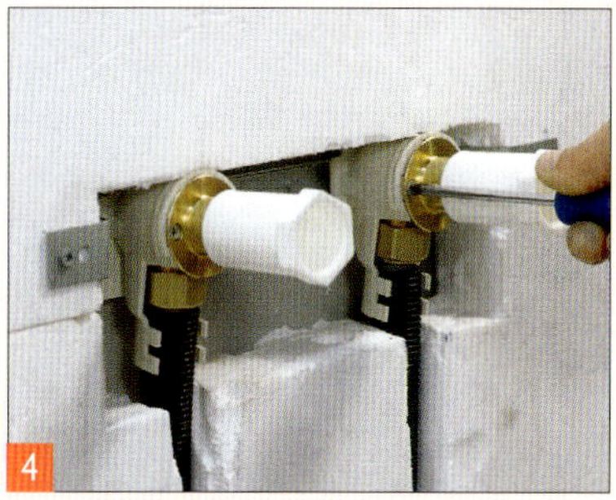

Die Winkelstücke werden nun in den Unterputzdosen verschraubt. Die vorn eingedrehten Putzstopfen schützen die Anschlüsse beim Putzen und Verfliesen

Verteilungen anschließen

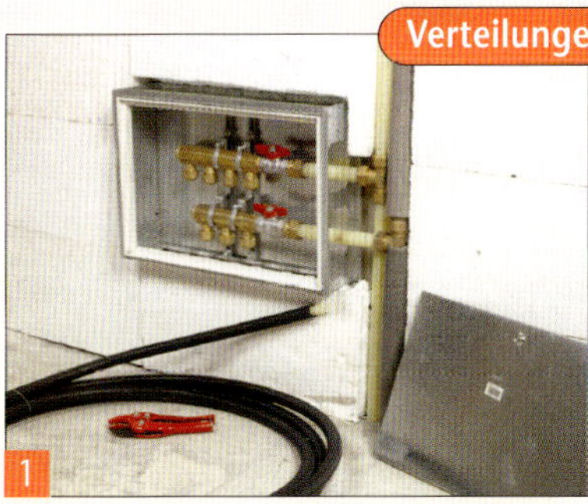

Auf dem Rohboden werden die Rohre zu den auf jeder Etage vorbereiteten Verteilerkästen geführt. Dort kommen die Hauptleitungen aus dem Keller an

Die Kunststoffrohre können übrigens durch Übergangsstücke problemlos mit traditionellen Wasserleitungen aus verzinktem Stahlrohr verbunden werden

Abflussrohre

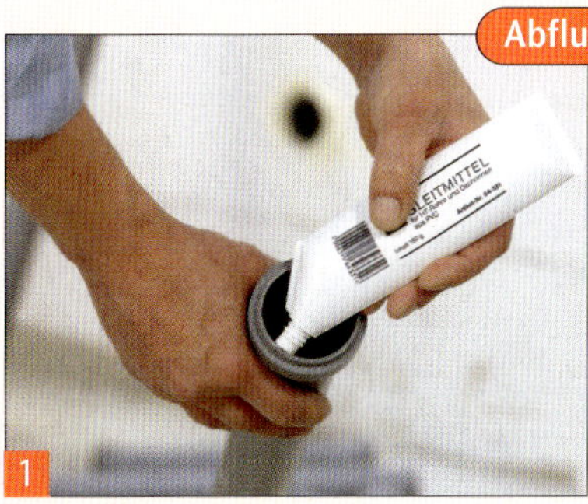

Die Abflussrohre bestehen aus grauem HT-Rohr (HT=hochtemperaturbeständig). Gleitmittel an den Dichtungsringen sorgt für leichtes Zusammenschieben

Sie sollten die Teile zunächst bis zum Anschlag zusammenschieben und dann etwas zurückziehen. Dann bleibt Platz für Ausdehnungen durch Wärme

Wannen und Duschenträger setzen

1 Wenn die Position der Wanne festgelegt ist, zeichnet man sie an und zieht Fliesenkleber auf. Dann wird der Wannenträger aufgesetzt und genau ausgerichtet

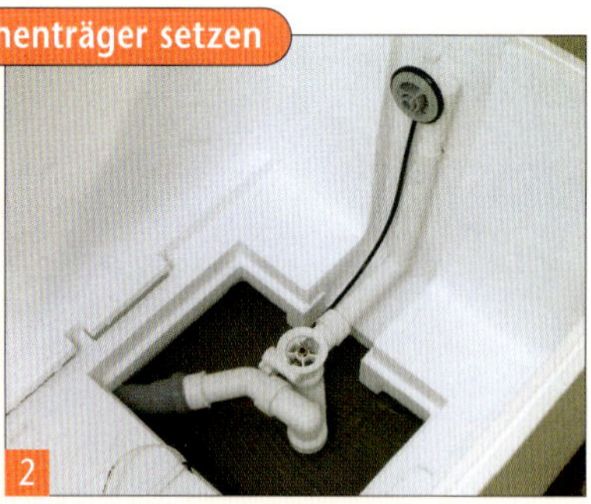

2 An das vorbereitete Abflussrohr wird nun der Wannenabfluss angeschlossen. Der Siphon ist genau ausgerichtet und sitzt unter dem Ablauf der Wanne

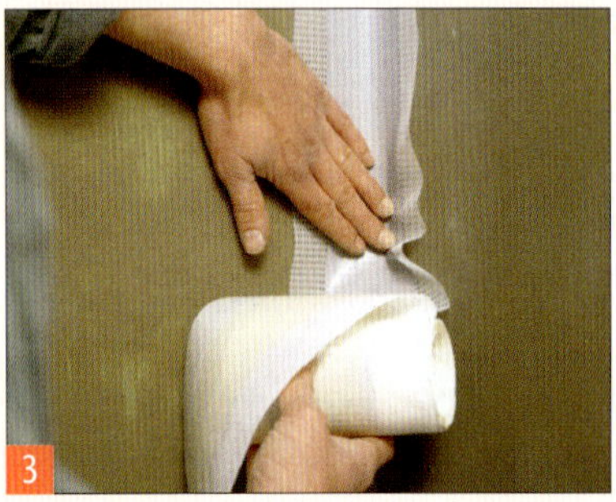

3 Im Bereich der Dusche beschichtet man die Wand mit einer speziellen Abdichtung und legt im Winkel noch ein elastisches Band in die frische Masse ein

4 Auch hier kommt ein Wannenträger aus Hartschaum zum Einsatz. Das Abflussrohr wurde vorbereitet. Das Element wird hier gerade in den frischen Kleber gesetzt

5 Beim probeweisen Einsetzen der Duschtasse kontrolliert man, ob der Abfluss sauber passt. Vorn hat der Wannenträger eine Revisionsöffnung

Abwasserleitungen installieren

Bei den Abwasserleitungen stellt sich die Materialfrage eigentlich nicht. Heute werden nahezu ausschließlich hochtemperaturbeständige HT-Kunststoffrohre eingesetzt. Ihre Montage ist ausgesprochen einfach: Die einzelnen Rohrteile werden Stück für Stück mithilfe eines Gleitmittels ineinander gesteckt. An den Rohrenden befindet sich eine Muffe, in die ein Dichtring eingelegt werden muss. Für den rechtwinkligen Zuschnitt der Rohre verwenden Sie am besten eine Metallsäge. Die Sägekante muss dann noch mit einer Feile entgratet und angeschrägt werden, damit sich das Rohrende besser in die Muffe einführen lässt.

Hartschaum-Wannenträger aus einem Stück

Besonders schnell und problemlos geht der Einbau von Wanne oder Duschtasse mit Komplett-Wannenträgern aus Polystyrol-Hartschaum. Dieses laut Hersteller schwer entflammbare, FCKW-freie und voll recyclebare Material bringt in Bezug auf Einbau, Weiterbearbeitung und späteren Badekomfort eine Reihe von Vorteilen.

- Der Einbau geht schnell vonstatten und es entsteht kein Dreck wie etwa bei Mauerarbeiten.
- Die Träger sind, nachdem sie positioniert und angeschlossen wurden, fertig zum Verfliesen.
- Die Dusch- oder Badewanne ist durch einen solchen Träger optimal schall- und wärmegedämmt.

Laut Herstellerangabe reduziert sich bei Verwendung von Komplett-Wannenträgern die Badewassertemperatur in 25 Minuten um nur 1 °C. Wie die Bildfolge zeigt, ist die Montage von Wannenträgern aus Hartschaum im Nu geschehen. Nachdem Sie den Boden gereinigt haben, ziehen Sie auf dem Boden Fliesenkleber auf. Dann wird der Boden des Wannenträgers auf den Kleber gestellt und exakt ausgerichtet. Sie können anschließend sofort verfliesen. Erst nach Abschluss der Fliesenarbeiten setzt man die Wanne ein.

Fliesenarbeiten

Beim hier gezeigten Badausbau wurde zuerst der Boden gefliest. Wie im Kapitel „Fliesen selbst verlegen" bereits ausführlich erklärt wurde, arbeitet man dabei im so genannten Dünnbettverfahren. Der Kleber wird aufgezogen, grob verteilt und dann mit der Zahnkelle durchgekämmt. So entsteht eine gleichmäßige Schichtstärke. Als Orientierung dient eine Schnur, die man von Reihe zu Reihe immer wieder neu spannt, um die Fliesenkanten daran auszurichten. Wichtig: Man darf immer nur so viel Kleber aufziehen, wie in der offenen Zeit des Materials mit Platten belegt werden kann. Ist die offene Zeit überschritten, trocknen die Wülste des aufgekämmten Klebers oberflächlich an. Die Haftkraft lässt deutlich nach.

Ist der Boden belegt, geht es ans Verfliesen der Wände. Die Arbeitsfotos auf dieser Seite zeigen Ihnen die wichtigsten Schritte im Detail.

1 Nachdem der Verlegeplan festgelegt wurde, spannt man die Schnur für die erste Reihe, zieht Kleber auf und legt die Platten. So geht es dann immer weiter

2 Wie Sie sehen, sorgen kleine Fliesenkreuze für die richtigen Abstände. Wer schon ein bisschen Übung hat, kann auf diese Hilfsmittel allerdings auch verzichten

3 Passtücke für den Randbereich werden mithilfe der Fliesenschneidemaschine hergestellt. Entlang der Markierung die Glasur anritzen und dann brechen

4 Individuelle Aussparungen, beispielsweise für Abflussrohre im Boden, können Sie mit der Papageienschnabelzange herstellen. Bis zur Markierung abknabbern

5 Ist der Bodenbelag komplett, muss er 24 Stunden trocknen. Dann rühren Sie den Fugenmörtel an und drücken ihn mit dem Fuggummi in die Fugen

6 Sobald der Fugenmörtel zu trocknen beginnt, muss man die Fläche mit dem Schwamm gründlich reinigen. Zuletzt die Fliesen mit einem Tuch nachpolieren

7 Wo ein Sockel aus schmalen Fliesenzuschnitten vorgesehen ist, setzt man diese auf Abstandhalter aus Pappe oder Sperrholz. Zuletzt die Fuge ausspritzen

8 Als Alternative zur Silikonfuge im Winkel zwischen Boden und Wand können Sie auch mit solchen Dichtprofilen arbeiten, die man in den frischen Kleber drückt

9 Auch beim Verfliesen der Wand wird wieder mit der Dünnbett-Technik gerabeitet. Kleber aufziehen, durchkämmen und die Platten entlang der Schnur andrücken

10 Bei Außenecken bietet es sich an, mit passenden Fliesenprofilen zu arbeiten. Sie sorgen für ein besonders sauberes Verlegebild (hier an der Fensterlaibung)

Wannen und Duschenträger setzen

1 Sind die Fliesenarbeiten abgeschlossen, können die Sanitärobjekte montiert werden. Die Wanne setzt man in den Wannenträger und dichtet sie rundum mit Sanitärsilikon ab

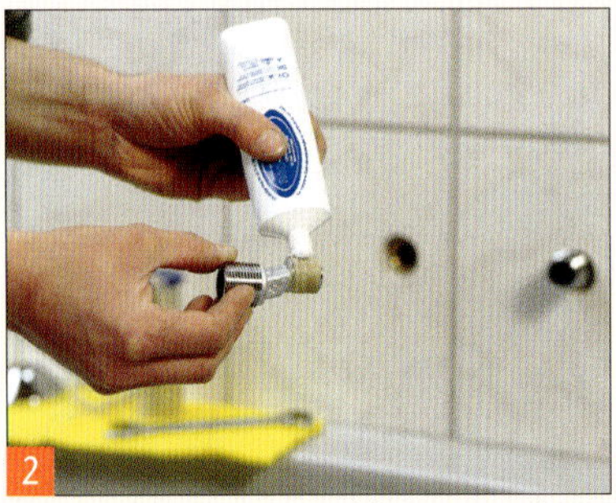

2 Aus den Armaturenanschlüssen werden die Putzstopfen herausgedreht, um die Anschlussstücke eindrehen zu können. Das Gewinde mit Hanf umwickeln

3 Das Gleit- und Abdichtmittel aus der Tube sorgt dafür, dass Sie die Teile ohne große Kraftanstrengung eindrehen können. Zuletzt den Abstand kontrollieren

4 Sind die Armaturenanschlüsse im richtigen Abstand und genau auf gleicher Höhe, schiebt man die Manschetten auf. Sie verdecken kleine Unsauberkeiten

5 Das Verschrauben der Armatur ist nun ein Kinderspiel. Man legt die Dichtringe ein und dreht die Überwurfmuttern an. Dann mit dem Schlüssel nachziehen

Sanitärobjekte montieren und Armaturen anbringen

Das große Foto oben zeigt, wie die Badewanne in den fertig gefliesten Wannenträger eingesetzt wird. Der Wannenabfluss wurde bereits vorbereitet und muss nur noch mit der Wanne verschraubt werden.

Die beiden Wasseranschlüsse der Wannenarmatur werden dann von den Baustopfen befreit, die beim Verputzen und Fliesen dafür sorgen, dass die Gewinde nicht verschmutzt werden. Nun dreht man die leicht angewinkelten Anschlussstücke in die Gewindebuchsen ein. Das Gewinde wird vorher mit Hanf umwickelt und mit Abdichtpaste eingeschmiert. Sie erleichtert das Eindrehen. Sind die Anschlussstücke auf den Abstand der Armaturenanschlüsse ausgerichtet, setzt man die Manschetten auf, setzt die Armatur an und dreht die beiden Überwurfmuttern auf die Anschlussstücke. Dabei die Dichtringe nicht vergessen.

Waschbecken anschließen

1 Zuerst müssen Sie die Eckventile eindrehen, an denen später die dünnen Rohre der Armatur angeschlossen werden. Das Gewinde vorher mit Hanf umwickeln

2 Zwei in die Wand gedübelte Stockschrauben tragen das Waschbecken. Man schiebt es vorsichtig auf die Schrauben und dreht dann die Halteschrauben auf

3 Nun können Sie die Rohre der Armatur durch die Öffnung des Waschbeckens schieben. Vergessen Sie nicht die dazugehörige Gummidichtung aufzulegen

4 Die Armatur wird von unten verschraubt. Dann die Anschlussrohre passend biegen und an den Eckventilen verschrauben. Bei Bedarf die Rohre mit der Säge kürzen

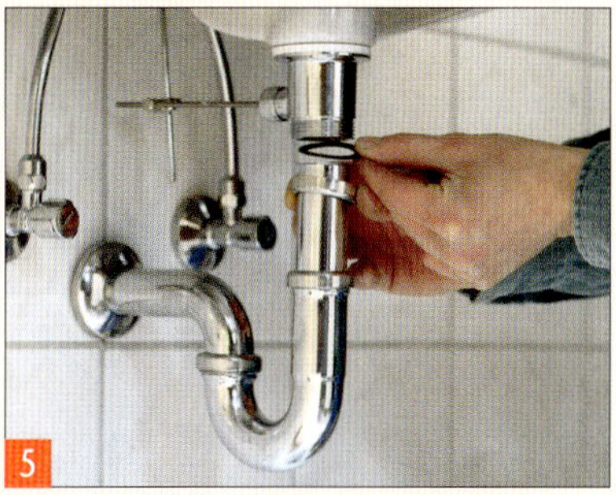

5 Zuletzt wird der Siphon montiert. Schrauben Sie ihn komplett zusammen und stecken dann das Endstück ins Wandrohr. Dann den Ablauf anschließen

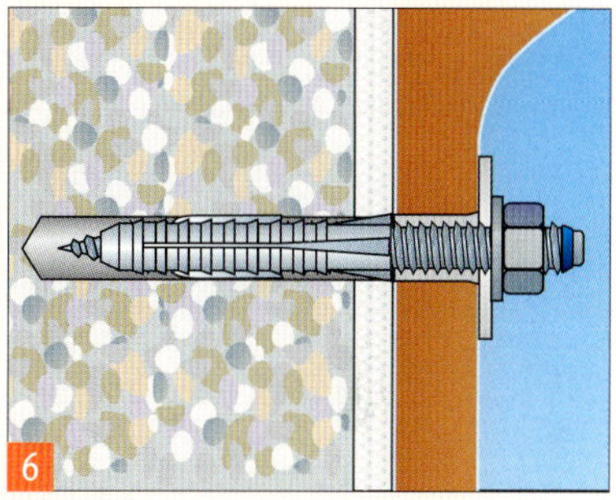

6 Die Zeichnung zeigt, wie das Waschbecken von den angedübelten Stockschrauben gehalten wird. Kunststoffscheiben schützen die Keramik

Die Waschbeckenmontage beginnt mit dem Eindrehen der so genannten Eckventile in die Rohranschlüsse. Sie dienen später als Anschlüsse für die beiden Rohre der Armatur.

Anschließend bohrt man die Befestigungslöcher zum Aufhängen des Beckens. Am besten benutzen Sie komplette Dübelsets, bei denen zum Dübel passende Stockschrauben mitgeliefert werden. Die Stockschrauben haben auf einer Seite Holzschraubengewinde zum Eindrehen in den Dübel. Nach außen steht dann normales Maschinenschraubengewinde heraus, auf das die Haltemuttern aufgedreht werden können. Ist das Waschbecken schließlich fest verankert, schiebt man die Armatur ein, biegt die Rohre passend und verschraubt sie mit den Eckventilen.

Bei der Montage eines wandhängenden WCs an einem Installationsmodul, brauchen Sie das Teil nur aufschieben und verschrauben.

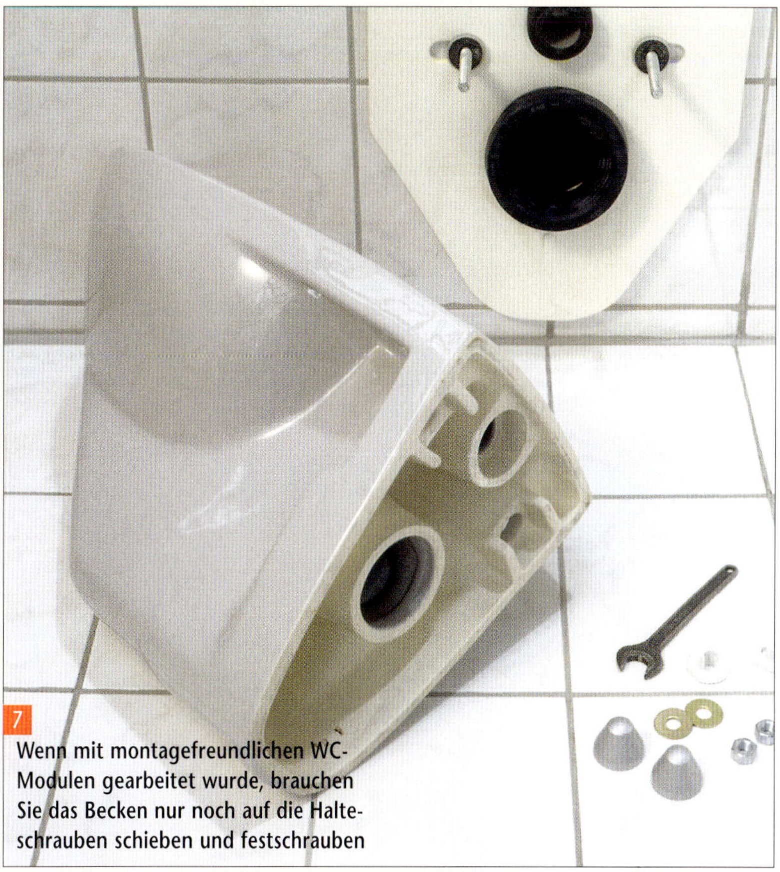

7 Wenn mit montagefreundlichen WC-Modulen gearbeitet wurde, brauchen Sie das Becken nur noch auf die Halteschrauben schieben und festschrauben

Badrenovierung mit Vorwandinstallation

Die neue Technik erlaubt es, Sanitärobjekte problemlos an jeder Stelle im Raum zu platzieren. Die Rohre verschwinden in den Modulen

Vorwandinstallation

Während früher alle Wasserleitungen und Abflussrohre mühsam unter Putz verlegt wurden, geht man heute mehr und mehr dazu über, die Rohre auf der Wand zu verlegen und anschließend durch eine vorgesetzte Wand zu verkleiden. Mittlerweile gibt es ausgeklügelte Vorwandinstallationssysteme, die bereits mit den montagefertigen Anschlüssen für die verschiedensten Sanitärobjekte versehen sind.

Arbeitsschritte

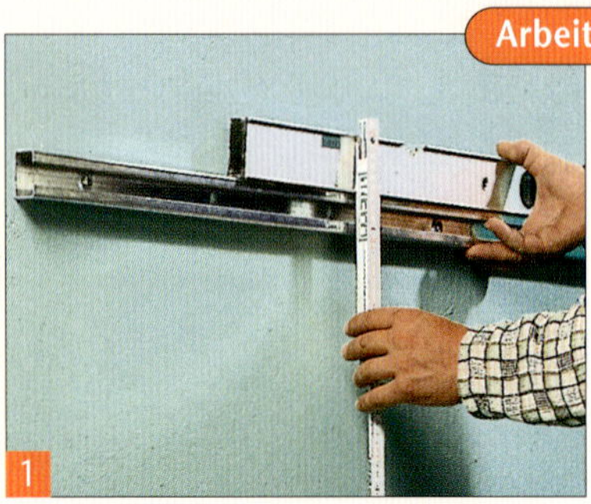

1 Bei diesem System bilden durchgehende Wand- und Bodenschienen das Gerüst. Zuerst dübeln Sie die Wandschiene in der vorgesehenen Höhe an

2 Ist die Wandschiene befestigt, schneidet man in gleicher Länge eine Frontschiene zu und schraubt zunächst die Winkel zur Befestigung der Frontschiene an

Die Vorwandinstallation bringt dem Heimwerker eine Reihe von Vorteilen:

- Sie ist eine „saubere Sache", weil das Stemmen von Schlitzen entfällt.
- Die Rohrleitungen liegen außerhalb der Wand und müssen nicht gesondert schallisoliert werden. Dies bedeutet eine Reduzierung der Fließgeräusche.
- Durch den Einbau großzügiger Revisionsöffnungen kann man etwaige Reparaturen am Leitungssystem später ohne aufwändige Stemmarbeiten ausführen.
- Sie haben mehr gestalterische Möglichkeiten beim Positionieren der Sanitärobjekte.
- Nach dem Verschließen der Vorwandinstallation mit Gipskarton- oder Gipsfaserplatten können Sie sofort mit dem Verfliesen beginnen.
- Bei der Badmodernisierung ist eine völlig neue Anordnung der Sanitärobjekte möglich.

Montage der Elemente

Vorwandinstallationen lassen sich mithilfe montagefertiger Module erstellen, die einfach nebeneinander an die Wand geschraubt werden. Nachdem Sie die Stützen montiert und ausgerichtet haben, steht der äußere Rahmen der Konstruktion. Als Nächstes werden die einzelnen Montageelemente in diesen vorbereiteten Rahmen eingesetzt. Dann folgt der Anschluss der Installationen und die Verkleidung mit Gipskartonplatten.

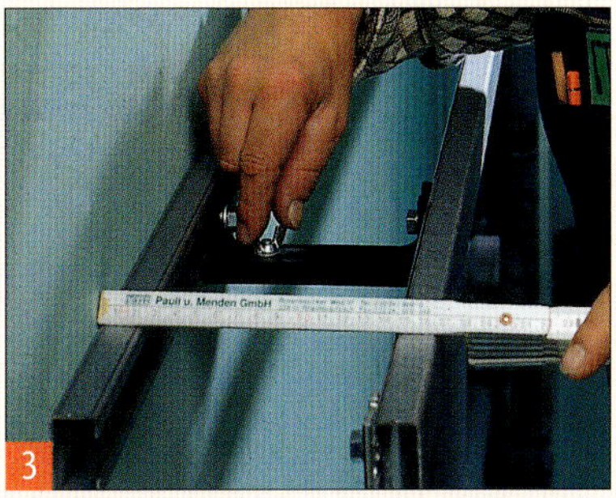

3 Vor dem Festziehen der Schrauben wird der Abstand kontrolliert. Das System erlaubt unterschiedliche Wandabstände, die sich nach der Installation richten

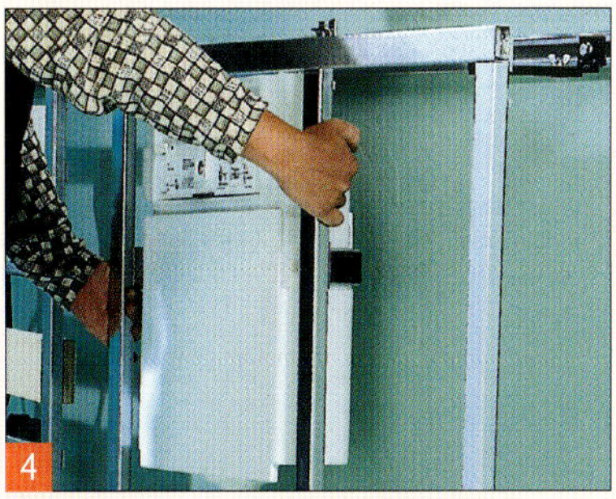

4 Nun wird die Fußschiene senkrecht unter der Frontschiene auf den Boden gedübelt. Sind auch die Stützen montiert, hängt man den Spülkasten ein

5 Auch an der Firstpfette wird die Folie mit doppelseitigem Klebeband fixiert. Wiederum die Folie stramm ziehen und die Dachlatte anschrauben

6 Die extra dicken Gipskartonplatten erhalten Ausschnitte für die Rohranschlüsse. Runde Aussparungen werden mit einer passenden Lochsäge hergestellt

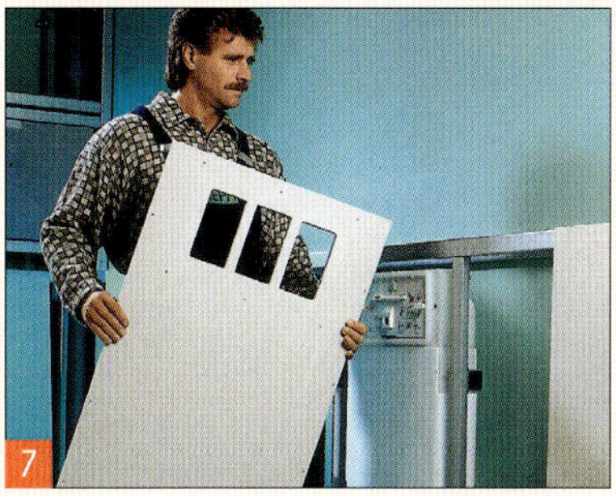

7 Hier die Ausschnitte für die Bedienungsfelder des WC-Spülkastens. Sie wurden mit einer Stichsäge geschnitten. Hier kommt es auf präzises Arbeiten an

8 Ist die gesamte Metallkonstruktion beplankt, werden Fugen und Schraublöcher zugespachtelt. Anschließend können die Fliesen aufgeklebt werden

Bade- und Duschwanne einbauen

Die Ummauerung für Bade- und Duschwannen kann man leicht aus Porenbeton herstellen

Porenbeton zuschneiden und verkleben

Wenn Sie bei der Badrenovierung die alten Sanitärobjerkte austauschen wollen, müssen diese wieder neu umbaut werden. Das geht mit Porenbeton sehr leicht.

Für die Dusche wurde im hier gezeigten Fall eine Nische gemauert. Daneben schließt sich ein Podest an. Die vordere Schürze der Duschtasse kann erst gesetzt werden, nachdem der Ablauf angeschlossen ist.

Dünnformatige Platten aus Porenbeton eignen sich hervorragend, um die Lücke zu schließen. Man kann diese Steine mit einer Säge zuschneiden und mit normalem Fliesenkleber vermauern. Noch besser ist spezieller Dünnbettkleber für Porenbeton. Wenn Sie die Steine sauber ausrichten, kann direkt auf diesen Untergrund gefliest werden.

Mit dem gleichen Material wird im hier gezeigten Beispiel auch die Wannenumrandung hergestellt. Wie bei der Dusche schließt man zuerst den Ablauf an.

Bei Dusch- und Badewannen aus Stahl muss zusätzlich an die laut VDE-Vorschriften erforderliche Erdung gedacht werden. Die Stahlwandung hat an der Unterseite eine Lasche, an die das Erdungskabel angeschlossen wird. Es ist mit dem Potenzialausgleich der Hauselektrik verbunden. Diese Arbeit sollte aus Sicherheitsgründen der Elektriker übernehmen.

Podest und Duschwanne

1 Wenn Sie ein Podest fliesen wollen, ziehen Sie zunächst den Kleber auf den Sockel auf und setzen dort die passend zugeschnittenen Platten an

2 Dann geht es mit der Auflagefläche des Podestes weiter. Wichtig ist genaues Messen bei schrägen Randzuschnitten. Hier mit einer Schmiege arbeiten

3 Bevor man die Duschtasse in die Nische schiebt, muss an der hinteren Wand eine Auflage geschaffen werden. Hier wurde sie aus Porenbeton aufgemauert

4 Jetzt wird die vordere Ummauerung hergestellt. Man schneidet die Porenbetonplatten zu und klebt sie mit Dünnbettmörtel oder Fliesenkleber zusammen

5 Mit der Wasserwaage wird kontrolliert, ob die Schürze eben ist. Solange der Kleber noch nicht abgebunden hat, sind leichte Korrekturen problemlos möglich

6 Sie können nun die Fliesen für die Bekleidung der Duschwannenfront zuschneiden. Den Kleber direkt auf den Porenbeton ziehen und die Fliesen ansetzen

1 Ist die Badewanne vorschriftsmäßig angeschlossen, kann auch hier die Ummauerung mit Porenbeton-Planelementen in Angriff genommen werden

2 Man gibt Kleber auf den Boden und setzt eine Reihe Platten an. Die zweite Reihe wird dann mit einem Versatz von einer halben Steinbreite gemauert

3 Die Ummauerung darf nicht bündig mit dem Wannenrand abschließen. Damit noch Platz für den Fliesenbelag bleibt, setzt man die Platten 10 mm zurück

Die Porenbetonplatten für die Wannenumrandung werden gegenüber dem Wannenrand etwa 10 mm zurückgesetzt. Auf diese Weise ergibt sich nach dem Verfliesen ein glatter Übergang.

Zum Schluss wird bei unserer Renovierung auch der Boden Fliese auf Fliese neu belegt und verfugt.

Tipp

Wer auf Nummer Sicher gehen will, plant bei der Ummauerung von Dusche oder Wanne eine Revisionsöffnung ein. Hierfür gibt es Fertig-Elemente aus verzinktem Blech.

4 Beim Verfliesen der Ummauerung zieht man den Kleber wie gewohnt mit der Zahnkelle auf und setzt die drei Verlegereihen von unten beginnend an

5 Am nächsten Tag kann bereits verfugt werden. Und dann geht es an den Bodenbelag, um die Komplett-Renovierung des Badezimmers abzuschließen

Alte Fliesen neu beschichten

Wollen Sie ein neues Bad ohne viel Schmutz und die sonst erforderlichen Stemm- und Installationsarbeiten? Dann verpassen Sie den Fliesen und Sanitärobjekten ein neues Make-up

Optische Auffrischung mit System

Eine Komplettrenovierung des Badezimmers mit Abschlagen der Fliesen, Neuverlegung oder Überkleben und Austausch der Sanitärobjekte bedeutet erheblichen Aufwand. Es gibt mittlerweile aber eine elegante Alternative – nämlich ein hochwertiges Beschichtungssystem – mit dessen Hilfe Sie der Oberfläche von Fliesen und Sanitärobjekten im Nu zu einem völlig neuen Aussehen verhelfen.

Die hier vorgestellte Fliesenbeschichtung erreicht nach der Abbindezeit von 24 Stunden eine Oberflächenhärte, die der höchsten Beanspruchungsgruppe (IV) bei Fliesen entspricht. Die Beschichtung erfolgt in mehreren Stufen. Farbschicht und Versiegelung werden getrennt aufgebracht. Zur Erhöhung der späteren Belastbarkeit sollten Sie beide Schichten jeweils zweimal auftragen. Soll die Fliesenbeschichtung dauerhaft halten, muss der Untergrund entsprechend sorgfältig vorbereitet werden. Daher gehören neben der Farbe auch ein Grundreiniger und ein Haftgrund zum System. Grobe Verunreinigungen werden zuvor mit dem Spachtel oder mit Stahlwolle abgetragen. Sanitärobjekte wie Waschbecken und Toilettenschüsseln werden ganz abgebaut.

Die Versiegelung

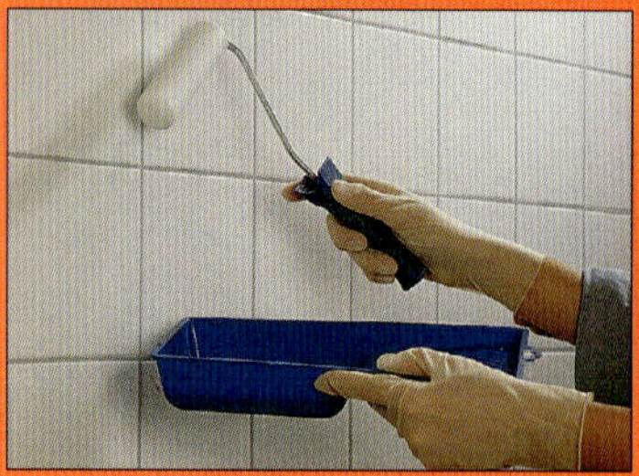

Den erforderlichen Schutz vor mechanischer Belastung bietet erst die Versiegelung der Farbbeschichtung mit einem transparenten Speziallack. Auf Wunsch können Sie vorher noch Dekorstreifen oder -quadrate auf die Fliesen kleben.

Beschädigungen der alten Fliesen und hässliche Dübellöcher können Sie vor dem Aufbringen der Farbe mit handelsüblichem Füllspachtel reparieren. Lose Fliesen vorher einfach neu ankleben. Achten Sie dabei darauf, dass die angeklebten Fliesen in einer Ebene mit dem restlichen Belag liegen.

Besonders wichtig beim Beschichten der vorbereiteten Fliesen ist es, mit gleichmäßigem Rollendruck immer die gleiche Menge an Farbe aufzutragen, da Sie sonst keine völlig glatte Fläche erzielen werden. Zuerst bearbeiten Sie die Wände, im zweiten Schritt folgt der Fliesenboden.

Mit dem gleichen System können Sie anschließend auch alle Sanitärobjekte wie Badewannen, Waschbecken und Toiletten (diese aber nur von außen) und sogar die Heizkörper im Badezimmer beschichten. Nur Acrylobjekte sind nicht geeignet. Auf ihnen haftet die Beschichtung nicht.

Die Oberflächen werden gründlich gereinigt und entfettet, Kalkablagerungen und Silikonreste mechanisch entfernt. Abgeplatzte Stellen können Sie mit handelsüblichem Feinspachtel reparieren. Glasierte Flächen müssen Sie mit feinem Schleifpapier (400er oder 600er) leicht anschleifen und den Schleifstaub gründlich entfernen. Dann wird Haftgrund mit einem Tuch dünn aufgerieben.

Mit dem Pinsel oder besser noch einer feinporigen Schaumstoffrolle tragen Sie die Fliesenbeschichtung dann auf. Nachdem die erste Lage durchgetrocknet ist (mindestens 6 bis 12 Stunden warten) wird die zweite Schicht aufgetragen. Nach weiteren 12 Stunden Aushärtung schleifen Sie die Farbe mit sehr feinem Schleifpapier unter ganz leichtem Druck glatt, um Sie im letzten Arbeitsgang durch zwei Schichten Versiegelung vor mechanischer Belastung zu schützen. Durch die Endbeschichtung (siehe Kasten linke Seite) schaffen Sie eine transparente, keramikartige Verschleiß-Schutzschicht.

Arbeitsschritte

1 Dübellöcher im alten Fliesenbelag werden einfach mit Füllspachtel verschlossen. Grobe Verschmutzungen entfernen Sie mit dem Spachtel oder mit Stahlwolle

2 Schmutz und Fettreste lassen sich mit dem Grundreiniger entfernen. Das Mittel gleichmäßig auf die Fliesen sprühen und dann mit einem sauberen Tuch abreiben

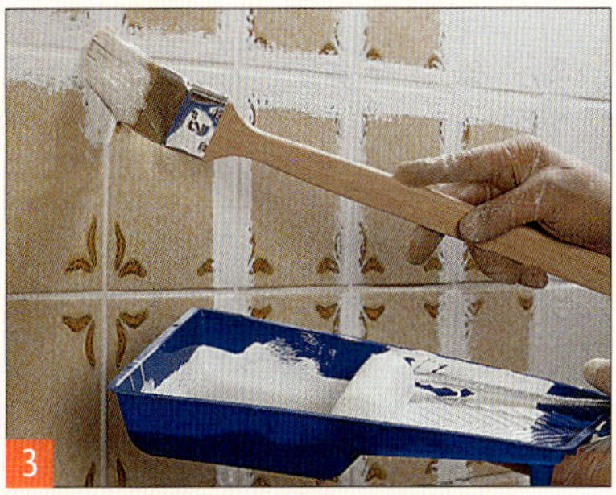

3 Die Beschichtung: Mit einem Pinsel streicht man zuerst die Fugen mit Farbe ein. Tragen Sie die Farbe dünn auf, und gehen Sie segmentweise vor

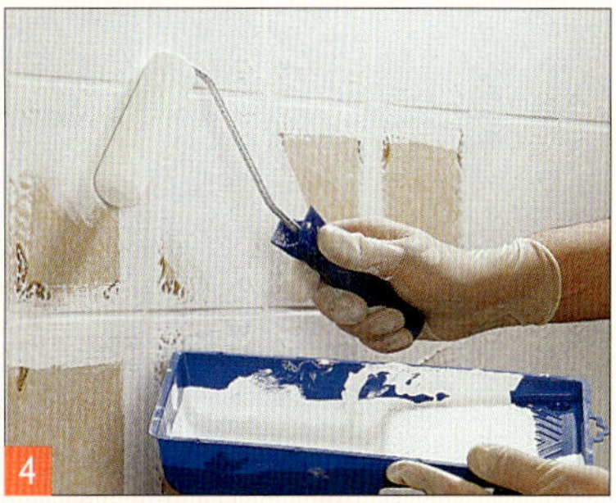

4 Die übrige Fläche wird mittels der zum System gehörenden Schaumstoff-Rolle beschichtet. Sie müssen nach jeder Beschichtung die Rolle wechseln

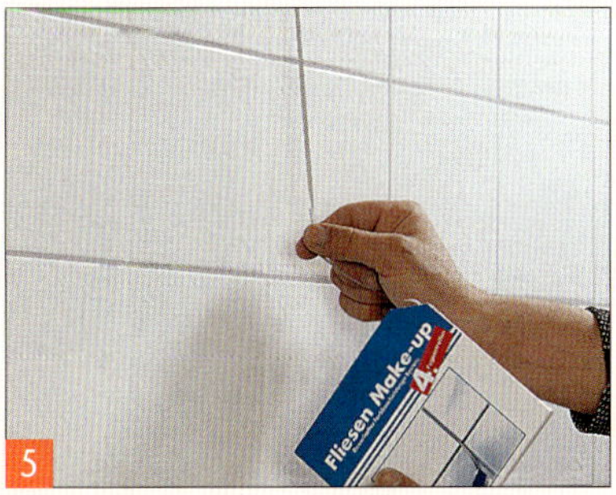

5 Nachdem die Fliesen ein zweites Mal mit Farbe gestrichen wurden, können Sie die selbstklebenden Fugenstreifen fixieren – zuerst waagerecht, dann senkrecht

6 Soll auch die Badewanne beschichtet werden, reinigen Sie die Oberfläche mit Grundreiniger und schleifen die Glasur dann mit feinem Schleifpapier an

7 Nach dem Schleifen wird Haftgrund mit dem Lappen aufgerieben. Anschließend können Sie mit dem Farbauftrag beginnen. Auch hier zum Schluss versiegeln

8 Im letzten Arbeitsgang reinigen und beschichten Sie den Fliesenboden. Nachdem der Belag durchgetrocknet ist, erneuern Sie die Silikonfugen ringsum

Neue Türen und Fenster montieren

- Innentüren einbauen
- Eine neue Haustür
- Neue Fenster einbauen
- Wintergärten für Selbstbauer

Innentüren einbauen

Zwei-Komponenten-Schaum für die Montage von Türfuttern und Isolierschaum für die Abdichtung zwischen Fensterrahmen und Mauerwerk erleichtern Ihnen die Arbeit

Zargenmontage

Die Zargen heimwerkerfreundlicher Türen werden vor dem Einbau an den Gehrungen verschraubt und verleimt. Ist die Zarge, wie rechts beschrieben, eingeschäumt, wird die Zierbekleidung aufgesetzt. Zuletzt schneidet man die Gummidichtung zu und drückt sie in die vorbereitete Nut (oben).

Türzarge einsetzen

1 Das zusammengebaute Futter wird in die Türöffnung gestellt und genau ausgerichtet. Dann fixieren Sie es mit Holzkeilen zunächst an den oberen Ecken

2 Nun verkeilen Sie das Futter in Bodennähe sowie auf halber Höhe. Verstellbare Türspreize erzeugen den nötigen Gegendruck

3 Zuletzt spritzen Sie Montageschaum an den oberen Zargenecken sowie jeweils oberhalb und unterhalb der Keile in den Hohlraum zwischen Zarge und Mauer

Montageschaum hält die Tür in der Laibung

Wenn Sie die Zarge zusammengebaut haben, wird sie in die Türöffnung gestellt, ausgerichtet und auf halber Höhe sowie etwa 20 cm von der Unter- und Oberkante entfernt verkeilt. Auf der Höhe der Keile wird das Futter dann mit passenden Leisten oder speziellen Türspreizen gegen die Keile gedrückt. An den sechs Fixierpunkten spritzen Sie neben den Keilen Zwei-Komponenten-Schaum ein. Ist der Schaum ganz ausgehärtet, werden Überstände abgeschnitten und zuletzt die Zierbekleidung aufgesetzt.

Fenster einschäumen

1

2

3

Auch beim Einbau von Fenstern wird Schaum verwendet. Hier hat er allerdings nicht die Aufgabe, das Element in der Maueröffnung zu fixieren. Das Fenster muss vielmehr durch Schrauben befestigt werden, die durch den Rahmen bis ins Mauerwerk reichen. Der Isolierschaum hat dann die Aufgabe, die Hohlräume zwischen Rahmen und Mauerwerk vollständig zu füllen. Den Untergrund sollte man vor dem Einsprühen des Schaums mit Wasser aus einer Sprühflasche anfeuchten. Der Schaum reagiert nämlich mit Wasser und haftet dann besonders gut. Um Verschmutzungen am Rahmen zu vermeiden, wird das Profil vor dem Ausschäumen rundum mit Kreppband abgeklebt. Ist der Schaum ausgehärtet, können Sie die Überstände abschneiden. Zuletzt wird der Schaum am Fensterrahmen sauber übergeputzt.

Eine neue Haustür

Die Haustür gilt als Visitenkarte des Hauses. Hier kommt es auf Funktionalität und guten Einbruchschutz an

Beschlagteile

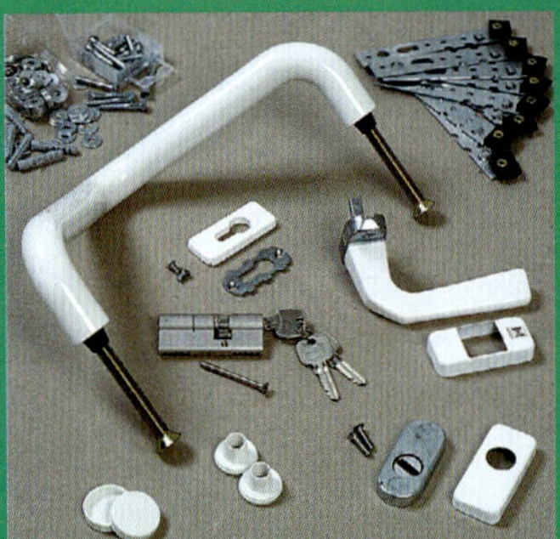

Bevor die Haustür eingebaut werden kann, muss man das Türblatt mit Schloss, Zylinderabdeckung, Türdrücker und Kunststoffgriff für die Außenseite versehen.

Haustürmontage bei Althausmodernisierung oder Neubau

Formschöne, stabile und sichere Haustüren gibt es heute in jedem Baumarkt. Das hier gezeigte Modell hat ein verglastes Seitenteil, damit der Flur ausreichend Tageslicht bekommt. Der Rahmen des montagefertig gelieferten Elements besteht aus thermisch getrennten Drei-Kammer-Aluminiumprofilen von 60 mm Bautiefe und weißer pulverbeschichteter Oberfläche. Das bis auf ein rautenförmiges Fenster geschlossene Türblatt hat eine Kunststofffüllung mit wärmedämmendem Hartschaumkern.

Für einen guten Einbruchschutz der neuen Haustür sorgen auf der Bandseite zwei stabile dreidimensional verstellbare Scharniere. Zusätzlich findet sich dort ein so genannter Sicherheits-

Schloss- und Drückermontage

1 Zuerst schraubt man die Zylinderrosette an der Außenseite des Türblatts an. Dieser Beschlag bietet der Zylinderabdeckung den notwendigen Halt

2 Von der Innenseite des Türblatts wird der Zylinder eingeschoben. Hier wurde ein hochwertiges VdS-geprüftes Produkt mit Aufbohrschutz verwendet

3 Befindet sich der Schließzylinder in seiner richtigen Position, wird er durch eine lange Schraube von der Stirnseite des Türblatts her festgeschraubt

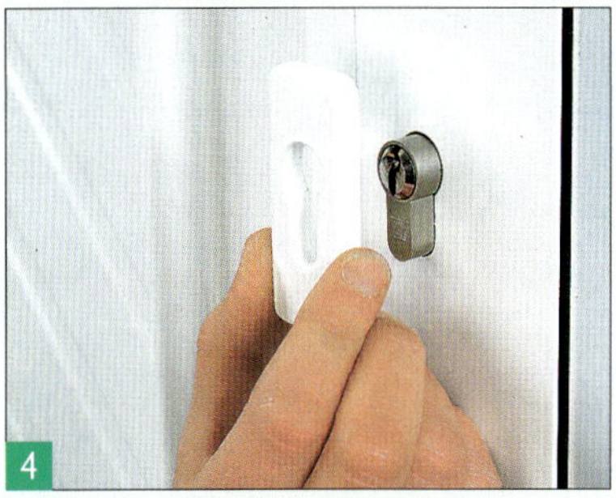

4 Auf der Innenseite umfasst eine Kunststoffabdeckung den Zylinder. Dieses Teil steckt man einfach auf. Es wird durch einen Clip-Mechanismus gehalten

5 Der Kunststoffgriff für die Türaußenseite hat zwei lange Befestigungszylinder, die man nun durch die dafür vorgesehenen Bohrungen des Türblatts steckt

6 An ihren Enden haben die Zylinder des Türaußengriffs jeweils ein Innengewinde. Dort werden von innen die zugehörigen Befestigungsschrauben eingedreht

7 Man zieht die langen Innensechskantschrauben fest an. Weiße Kunststoffkappen decken zuletzt die beiden Befestigungsschrauben ab

8 Oberhalb der Schlossrosette wird nun der Sockel für den innenseitigen Türdrücker aufgeschraubt. Seine Grundplatte hat zwei Bohrungen

9 Um die Grundplatte mit den beiden Schraubenköpfen zu verdecken, schiebt man danach eine Kunststoffabdeckung auf, die bei festem Druck einrastet

bolzen, der bei geschlossener Tür in eine entsprechende Aussparung des Rahmens greift. Die Bandseite ist durch diese konstruktiven Maßnahmen an drei Punkten gesichert.

Auf der Schlossseite der Tür sorgt ein geprüftes Schloss mit aufbohrgeschütztem Zylinder und stabilen Außenbeschlägen für die notwendige Sicherheit. Das Element kann gegen Aufpreis mit einer Mehrfachverriegelung versehen werden. Dann greifen mehrere Riegel in entsprechende Fallen des Rahmens. Aufhebelversuche haben bei einer so gut gesicherten Tür kaum eine Chance. Wer noch mehr tun will, kann auf geprüfte Sicherheitstüren zurückgreifen, die von unabhängigen Prüfinstituten auf ihren Einbruchschutz untersucht wurden. Nach DIN 18103 geprüfte einbruchhemmende Sicherheitstüren gibt es in drei Sicherheitsklassen: ET1 (schützt vor körperlicher Gewalt, z. B. Eintreten oder Eindrücken), ET2 (schützt zusätzlich gegen einfache Hebelwerkzeuge) und ET3 (schützt gegen Hebel- und Schlagwerkzeuge).

Die hier gezeigte Haustür wird in sieben Modellvarianten jeweils in den Normgrößen 1000 x 2100 mm bzw. 1100 x 2100 mm angeboten. Darüber hinaus gibt es Maßanfertigungen im Breitenbereich von 950 bis 1200 mm

Einbau des Rahmens und Einhängen der Tür

1 Ein selbstklebender Dichtungsstreifen aus Schaumstoff sorgt für einen winddichten Anschluss des Türrahmens am Mauerwerk der Laibung

2 Stabile Ankerlaschen sorgen für die Verbindung zum Mauerwerk. Jeweils drei Anker werden am Profil der beiden senkrechten Rahmenteile verschraubt

3 Um den vorbereiteten Rahmen in die Öffnung zu stellen und auszurichten, braucht man einen Helfer. Dann markiert man die Befestigungspunkte der Anker

4 Damit die Anker ins Mauerwerk eingelassen werden können, meißelt man Schlitze in die bereits verputzten Innenwände. Die Anker werden dann umgebogen

5 Um die exakte Einbauhöhe für die Haustür zu finden, orientiert man sich an zwei Meterrissen, die zuvor rechts und links an der Laibung markiert worden sind

6 Zum Ausrichten wird der Rahmen auf Steine gesetzt und so unterkeilt, dass die Markierungen an Rahmen und Mauerwerk auf gleicher Höhe sind

7 Seitlichen Halt bekommt der Rahmen durch Holzkeile. Dann bohrt man durch die Ankerlaschen ins Mauerwerk der Laibung, um die Dübellöcher herzustellen

8 Anschließend werden die mitgelieferten 10-mm-Kunststoffdübel in die Montagebohrungen gesteckt. Vorher das Bohrmehl mit einem Strohhalm ausblasen

9 Den Türrahmen jetzt nochmals genau lotrecht ausrichten und in seiner korrekten Position mit Keilen fixieren. Dann dreht man die Schrauben ein

10 Ist der Rahmen fest verschraubt, verputzt man die Schlitze der sechs Ankerlaschen. Das vorbereitete Türblatt kann jetzt in die Scharniere gehängt werden

11 Fast immer muss man die Tür nachjustieren, bis sie rundum gleichmäßigen Abstand zum Rahmen aufweist und sich leichtgängig öffnen und schließen lässt

12 Inbusschrauben halten die Bänder der Scharniere am Rahmen. Wenn man diese Schrauben ein wenig löst, kann die Tür seitlich ausgerichtet werden

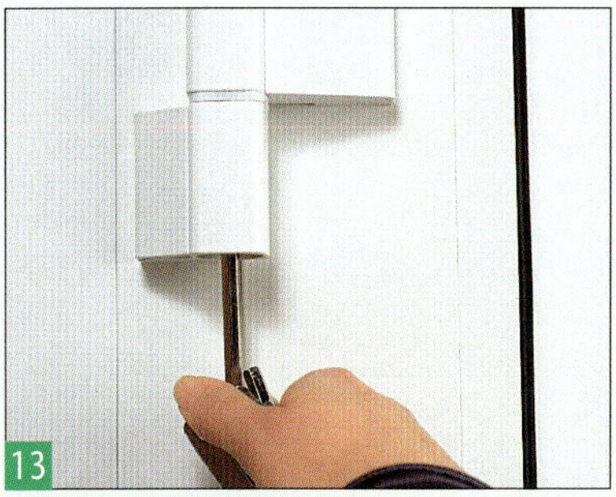

13 Wenn man die Abdeckkappe unter dem Scharnier entfernt, ergibt sich eine weitere Verstellmöglichkeit: eine Schraube, die das Türblatt anhebt oder senkt

14 Auch der Abstand zwischen Tür und Rahmen lässt sich verändern. Man muss das Blatt dazu aushängen und die Lagerbuchse am Scharnier verdrehen

und in individuellen Höhen zwischen 2000 und 2300 mm. Für Rundum-Dichtigkeit und einen besonders guten Schallschutz sorgen dauerelastische, doppelte Anschlagdichtungen und eine zusätzliche Dichtung im Schwellenbereich.

Das Montageset umfasst neben dem Türblatt und einem möglicherweise gewünschten Seitenteil alle Beschläge wie auch das Befestigungsmaterial. Außer dem üblichen Werkzeug wie Zollstock, Hammer, Schraubendreher etc. sind vor allem eine gute Schlagbohrmaschine oder ein Bohrhammer unverzichtbar. Für die Verankerung der am Rahmen befestigten Laschen im Mauerwerk müssen die erforderlichen Löcher gebohrt werden.

Nach der Befestigung des Rahmens wird das Türblatt in die Scharniere eingehängt. Dann gilt es, die dreidimensional justierbaren Bänder so auszurichten, dass die Tür sauber schließt.

Kellertür austauschen

1

2

3

4

Austausch einer alten Kellertür gegen eine moderne Sicherheitstür aus Stahl:
Die alte Holzzarge wird herausgenommen. Dann zeichnen Sie die Befestigungspunkte der neuen Zarge an (1).
Dort flexen Sie Schlitze in den Putz, bohren Dübellöcher und schrauben die Laschen der Zarge fest (2).
Nun kann die neue Tür eingehängt und ausgerichtet werden (3).
Anschließend setzen Sie den Schließzylinder ein und probieren, ob sich das Schloss problemlos betätigen lässt. Bei Bedarf müssen Sie die Position der Zarge nochmals korrigieren. Zuletzt wird rund um die Zarge beigeputzt (4).

Neue Fenster einbauen

Mehr Wohnkomfort und erhebliche Energieeinsparungen durch neue Fenster. Wir zeigen den Einbau verschiedener Systeme

Kunststofffenster sind leicht zu montieren

Wer die Montage der Fenster im Neubau oder den Austausch alter Fenster bei der Hausmodernisierung selbst übernimmt, kann erheblich sparen. Es gibt ein großes Sortiment an Standardfenstern. Doch auch Sonderanfertigungen nach individuellen Maßen sind möglich.

Die Entscheidung für Holz oder Kunststoff ist weit gehend eine Geschmacksfrage. Zweifellos sind Kunststofffenster pflegeleichter. Doch ein echtes Holzfenster passt halt besser zu einem rustikaleren Wohnstil.

Die Montageschritte sind in beiden Fällen ganz ähnlich. Während man bei Holzfenstern die Befestigungsschrauben meist direkt durch den Rahmen ins Mauerwerk führt, werden Kunst-

Kunststofffenster

Zuerst wird der Fensterflügel aus dem Blendrahmen herausgenommen. Dann können Sie den Rahmen in die Maueröffnung einsetzen und ausrichten

Unten stellt man den Rahmen auf Klötzchen, bis er die richtige Höhe hat. Seitlich wird er dann ausgerichtet und durch Keile in der Montageposition fixiert

Die zuvor an der Wandseite des Blendrahmens angeschraubten Ankerlaschen dienen nun beim Bohren der Befestigungslöcher als Bohrlehren

Zur Verankerung werden Kunststoffdübel in die Bohrlöcher gesetzt. Man bläst zuerst den Bohrstaub aus und schlägt dann den Dübel mit dem Hammer ein

Beim Eindrehen der Befestigungsschrauben in die Dübel hilft ein Akkuschrauber. Die Ankerlaschen müssen fest ans Mauerwerk gedrückt werden

Noch einmal wird nun die Position des Rahmens mithilfe der Wasserwaage überprüft. Wenn alles stimmt, wird er an den Befestigungspunkten eingeschäumt

Nun sitzt der Rahmen fest, und Sie können die Flügel des Fensters einsetzen. An den Bändern lassen sie sich bei Bedarf justieren, bis sie sauber schließen

Hier der Einbau einer zweiflügeligen Terrassentür. Die Arbeitsschritte sind die gleichen: Man nimmt die Flügel heraus und fixiert den Rahmen in der Laibung

Wieder werden durch die Löcher der zuvor angeschraubten Ankerlaschen Dübellöcher gebohrt und anschließend die Kunststoffdübel eingesteckt

stofffenster meist mit Ankerlaschen befestigt, wie sie in den Montagebildern oben zu sehen sind.

Das Wichtigste beim Fenstereinbau ist genaues Messen und Ausrichten. Erst wenn der Rahmen genau lotrecht in der Maueröffnung verkeilt ist, darf gebohrt und gedübelt werden. Sind die Schrauben fest eingedreht, hängt man den Flügel ein. Zum Schluss wird das Fenster dann eingeschäumt.

Für einen dichten Anschluss zwischen Rahmen und Mauerwerk und zusätzliche Verankerung sorgt das Ausschäumen der Anschlussfuge mit Montageschaum

Sie können nun die Flügel der Terassentür wieder einhängen. Durch probeweises Öffnen und schließen stellt man fest, ob noch nachjustiert werden muss

Holzfenster einbauen

1 Der Flügel wird vor der Montage aus dem Rahmen ausgehängt. Dann stellt man den Rahmen in die Maueröffnung und fixiert ihn provisorisch mit Keilen

2 Nun geht es ans Ausrichten. Zuerst wird die Position innerhalb der Laibung festgelegt. Dann legt man die Wasserwaage an und verkeilt den Rahmen

3 Die Bohrlöcher (3 bis 4 auf jeder Seite des Rahmens) werden am Rahmen so angezeichnet, dass man in der Laibung möglichst in eine Mauerfuge trifft

4 Zuerst wird mit dem Holzbohrer der Rahmen durchbohrt. Dann wechselt man auf einen Steinbohrer und schaltet das Schlagwerk der Bohrmaschine zu

5 Für die Fenstermontage werden meist so genannte Rahmendübel von 10 mm Durchmesser und je nach Rahmenstärke 120 bis 150 mm Länge gewählt

6 Man treibt den Dübel mit zu zwei Dritteln eingedrehter Schraube durch leichte Hammerschläge ins Bohrloch, bis der Dübel ganz im Rahmen verschwunden ist

7 Nun ziehen Sie zuerst die äußeren Schrauben nahe den Rahmenecken fest. Keile neben den Schrauben verhindern, dass sich der Rahmen verzieht

8 Ist der Flügel eingehängt und lässt er sich gut öffnen und schließen, wird der Rahmen rundum mit Montageschaum fest in der Laibung verankert

Dachfenster einbauen

Die Fensterfläche unterm Dach sollte für eine ausreichende Belichtung etwa einem Zehntel der Wohnfläche entsprechen. Im Dachgeschoss wird bei der Wohnflächenberechnung die Grundfläche zugrunde gelegt, die mindestens 1,50 m Stehhöhe aufweist. Die Positionen der Fenster richten sich in erster Linie nach den Sparren. Müssen Sparren entfernt werden, ist erst der Statiker zu befragen.

Zunächst müssen Sie an der gewünschten Stelle die Eindeckung des Daches vorsichtig entfernen. Entsprechend der Fensteröffnung werden dann die Dachlatten bündig am Sparren herausgesägt. Die Wechselhölzer, Hilfssparren und Aufdoppelung bringen Sie in der Ebene der Sparren so an, dass sie einen Rahmen für das Fensterelement bilden.

Entsprechend der genauen Maße des Fensterrahmens und der Herstellerangaben werden nun zwei Stützlatten auf den Sparren oder Wechsel gelegt, ausgerichtet und festgeschraubt.

Der Eindeckrahmen ist entweder als ein vorgefertigtes Element oder in verschiedenen Einzelteilen erhältlich. Wenn Sie den Rahmen zusammengeschraubt haben, legen Sie ihn auf die Stützlatten und befestigen ihn mit Messingwinkeln und Schrauben an den darunter liegenden Sparren.

Der Eindeckrahmen wird nun mit speziellen Abdeckblechen versehen. Zur sicheren Abführung des Regenwassers ist das Überlappen der Bleche wichtig. Man arbeitet daher immer von unten nach oben. Zuerst bringen Sie also die untere Abdeckung mit der Bleischürze, dann die Seitenbleche und schließlich das obere Blech an. Die Bleischürze liegt auf der Dacheindeckung und muss durch Anklopfen genau angepasst werden.

Ist der Fensterflügel eingehängt, müssen Sie gegebenenfalls noch die Beschläge justieren, damit sich das Fenster einwandfrei öffnen und schließen lässt. Den äußeren Abschluss bildet die erneute Dacheindeckung rund um das Fenster. Häufig müssen dann Dachziegel durchtrennt werden. Dazu braucht man einen Winkelschleifer mit Diamantscheibe. Die obere und seitliche Fensterrahmenabdeckung wird sorgfältig unter die Dacheindeckung geführt, die untere hingegen liegt auf den Dachziegeln auf.

Selten passen Dachfenster genau zwischen die Sparren. Die Schemazeichnung zeigt, wie man Auswechselungen oder Auffütterungen durchführt

Montageschritte

1 Die am Holzrahmen befestigten Laschen werden mit der Lattung verschraubt. Nach der unteren Blechschürze befestigt man auch die seitlichen Bleche

2 Nun folgen die oberen Abdeckbleche. Sie bestehen aus wetterfestem Aluminium und werden auf den Rahmen geschraubt. Die Schrauben mit Silikon abdichten

3 Legen Sie an den Seiten sowie an der Oberseite die Dachziegel wieder auf. Hier mussten die Ziegel auf halbe Breite aufgetrennt werden

4 Die untere Bleischürze wird durch leichte Schläge mit dem Hammerstiel angepasst. Zuletzt hängen Sie den Fensterflügel in das vorbereitete Drehlager ein (unten)

Bleischürze

Die Bleischürze an der Unterkante des Fensters verursacht durch Oxidation Verfärbungen auf den darunter liegenden Dachziegeln. Um dies zu vermeiden, können Sie das Blech passend zu den Ziegeln streichen.

Wintergärten für den Selbstbauer

Ein zusätzlicher Raum, allseitig vom Sonnenlicht durchflutet – der Wintergarten schafft ein Plus an Wohnqualität

Pultdach

Der Rohbau eines Pultdachwintergartens mit einer Tragkonstuktion aus Holz. Die Querschnitte der Einzelteile müssen nach den individuellen Gegebenheiten vom Statiker berechnet werden.

Ein solides Fundament trägt das Glashaus

Häufig sollen Wintergärten auf bereits vorhandene Terrassen gesetzt werden. In diesem Fall müssen Sie die Tragfähigkeit der Terrasse prüfen. Insbesondere sollten Sie sich bei Terrassen mit einer Betonplatte als Unterbau vergewissern, ob diese Platte sich nicht abgesenkt hat. Oftmals wird bei Neubauten nämlich die Verfüllung der Baugrube nicht ausreichend verdichtet, sodass darauf gegründete Terrassen mit der Zeit absacken. Gegebenenfalls müssen Sie die alte Betonplatte abtragen, den Untergrund nachträglich verdichten und dann eine neue Bodenplatte gießen.

Ist noch kein Unterbau für den Wintergarten vorhanden, empfiehlt es sich, ein 20 cm dickes und rund 80 cm tief gegründetes Streifenfundament herzustellen, das den Wintergarten trägt. Für den Boden des Glashauses gießen Sie dann eine etwa 15 cm dicke Platte aus Magerbeton.

Die Zeichnung rechts zeigt ein Streifenfundament im Schnitt. Wie hoch der Betonsockel ragt, richtet sich nach den Maßen des geplanten Aufbaus.

Um Wärmeverluste an das Erdreich zu vermeiden, sollten Sie das Streifenfundament an seiner Außenseite durch eine aufgeklebte Hartschaumplatte dämmen (Perimeterdämmung). Die Bodenplatte erhält eine Dämmschicht unter dem Estrich.

Individuelle Konstruktionen aus Holz

Die Tragkonstruktion eines Wintergartens muss die anfallenden Lasten auf die Fundamente abtragen.

Fundament

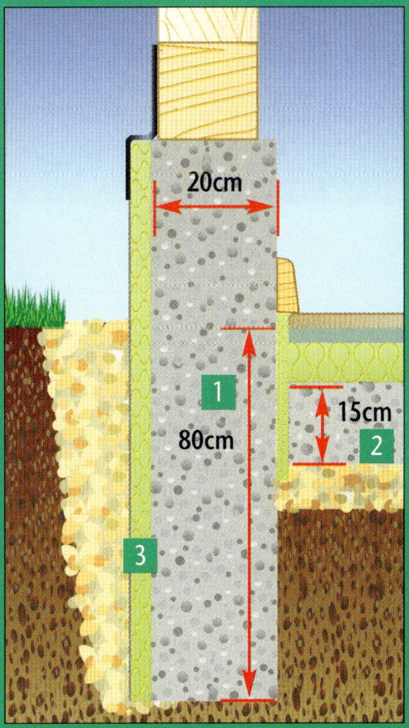

Fundament und Bodenaufbau mit integrierter Wärmedämmung.
1. Streifenfundament
2. Bodenplatte
3. Perimeterdämmung

Dies sind neben dem Eigengewicht der Konstruktion sowie der Verglasung auch die zu erwartenden Wind- und Schneelasten.

Die Berechnung einer solchen Konstruktion müssen Sie unbedingt einem Statiker überlassen.

Als Materialien für die Tragkonstruktion bieten sich Holz sowie Stahl- und Aluprofile an. Mittlerweise sind auch Kunststoffprofile auf dem Markt.

Holz eignet sich besonders gut für den Selbstbau, weil es sich sehr leicht bearbeiten lässt. Da Holz aber dazu neigt, durch Nachtrocknen oder Aufnahme von Luftfeuchtigkeit zu „arbeiten", empfiehlt es sich, nur wasserfest verleimte Schichthölzer – so genannte Leimbinder – zu verwenden. Die Bretter, aus denen dieses Material zusammengeleimt wird, sind kammergetrocknet. Daher gibt es keine nachträglichen Schwundrisse. Zudem sorgt die schichtweise Verleimung für hohe Stabilität und Verwindungssteifigkeit. Leimbinder werden im Holzfachhandel in verschiedenen Längen und Querschnitten angeboten.

Den notwendigen Wetterschutz erhält das Holz durch Behandlung mit geeigneten Lasuren. Am dauerhaftesten ist kesseldruckimprägniertes Holz, bei dem schützende Salzverbindungen unter hohem Druck ins Innere des Materials gepresst werden.

Zum Verbinden der zugeschnittenen Holzteile miteinander lassen sich Metallverbinder und Lochbleche einsetzen, die es in zahlreichen Varianten gibt. Diese Hilfsmittel haben allerdings den Nachteil, dass sie teilweise sichtbar bleiben. Eleganter sind konstruktive Holzverbindungen, bei denen die Teile durch Ausklinkungen, Überblattungen usw. miteinander verzahnt werden. Teilweise lassen sich auch lange Schrauben einsetzen, deren Köpfe versenkt werden.

Konstruktive Verbindungen

1 Hier eine konstruktive Verbindung, bei der Sparren und Wandbalken jeweils auf halbe Materialstärke ausgeklinkt wurden. Man arbeitet mit Säge und Beitel

2 Mit Balkenschuhen aus Lochblech können Sie Sparren und Wandbalken ebenfalls sicher miteinander verbinden. Eine stabile, aber nicht sehr attraktive Lösung

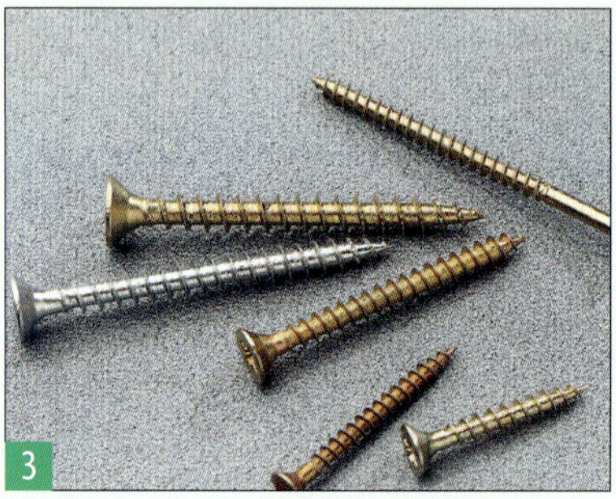

3 Für Verschraubungen wählt man selbstschneidende Schrauben mit Kreuzschlitzköpfen. Sichtbare Schraubenköpfe können Sie einlassen und verspachteln

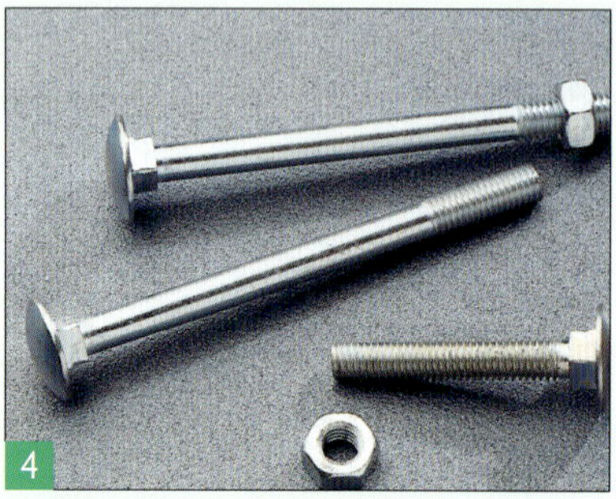

4 Schlossschrauben sind für die Verbindung von Holzteilen entwickelt worden. Der Vierkant unter dem flachen Kopf verhindert ein Durchdrehen beim Anziehen

Stegplatten

Vor allem für Wintergartendächer werden Stegdoppelplatten aus Kunststoff eingesetzt Sie sind leicht, bieten einen guten Wärmeschutz und lassen sich gut montieren.

Verglasungen mit Hohlkammerplatten

Der Eigenleistung beim Wintergartenbau sind Grenzen gesetzt, je höherwertiger und damit schwieriger zu verarbeiten die Materialien sind. Wer sich für eine einfache Holzkonstruktion entscheidet, bei der die Dachsparren keine übermäßig schweren Lasten zu tragen haben, wird in Hohlkammer- oder Stegplatten aus Polycarbonat bzw. Acryl ein ideales Material für die Dacheindeckung sowie Wandverkleidung finden.

Die Vorteile der Kunststoffe sind ihre Bruchsicherheit, ihr geringes Gewicht und der Umstand, dass sie leicht zu bearbeiten sind. Die Hohlkammer- bzw. Doppelsteg-Konstruktion erreicht zudem bei gleicher Lichtdurchlässigkeit ähnliche Wärmedämmwerte wie Isolierglas.

Allerdings sollen die Nachteile des Kunststoffmaterials nicht verschwiegen werden. Es ist auf Dauer empfindlich gegen UV-Strahlung, nicht kratzfest und kann sich elektrostatisch aufladen, was zu Verschmutzung führt. Allerdings sind die Produkteigenschaften in den letzten Jahren ständig verbessert worden, sodass heute eine Herstellergarantie von fünf bis zehn Jahren auf Bruch infolge von Bewitterung und Hagelschlag und zehn Jahren auf übermäßigen Verlust der Lichtdurchlässigkeit (maximal 6–10%) gewährt wird.

Übersicht

Großes Bild: Stegdoppelplatten aus Acryl. Verschiedene Hohlkammerplatten aus Polycarbonat (oben)

Die Platten werden in verschiedenen Dicken und in Breiten von 980, 1050 sowie 1200 mm angeboten. Die Längen betragen 2000, 2500, 3000, 3500, 4000, 5000 oder 6000 mm. Für die Verarbeitung als Dach- oder Wandverkleidung gibt es Dichtungen, Befestigungsprofile und vieles mehr.

Systemzubehör

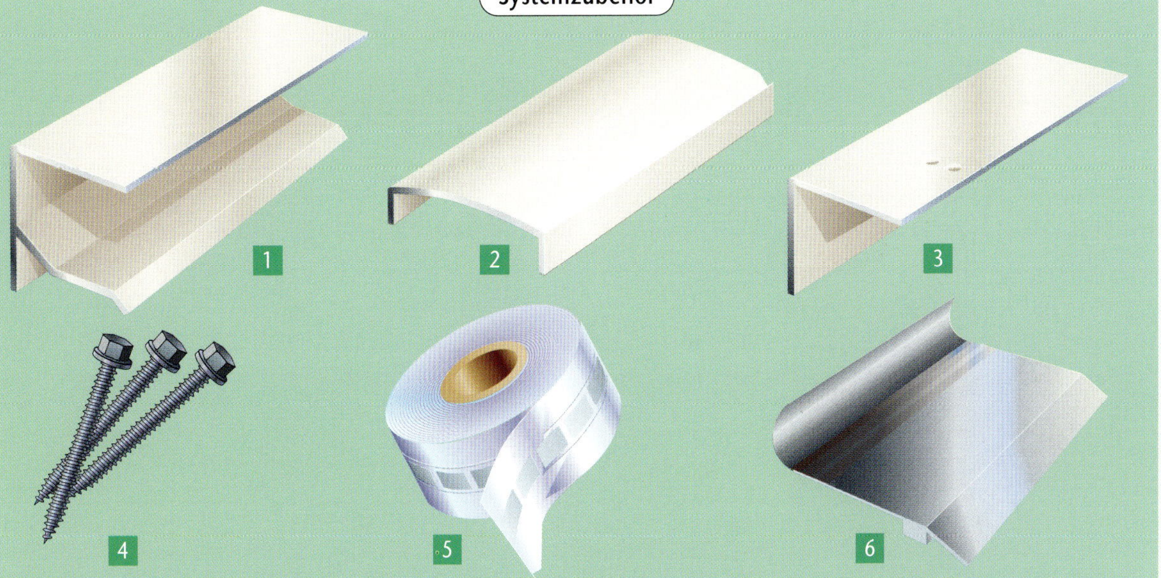

Zum Zubehörprogramm der Doppelstegplatten gehören neben den Befestigungsprofilen U-Abschlussprofile (1), Zierklemmdeckel (2), Abschlusswinkel (3), Befestigungsschrauben (4), Kantenverschlussband (5) und Wandanschlussprofile (6).

Befestigung der Platten mit dem Alu-Distanzprofilsystem
Für die Verlegung der Hohlkammer- bzw. Doppelstegplatten gibt es zwei unterschiedliche Verlegesysteme aus Alu-Profilen. Das hier gezeigte Alu-Distanzprofil ist die preisgünstigere Variante und wird vor allem für offene Überdachungen und einfache Wintergärten eingesetzt. Wo thermische Trennung gefragt ist – das heißt bei hochwertigen Wintergärten, Schwimmbadüberdachungen usw. – setzt man das Alu-Thermoprofilsystem ein (siehe rechte Seite).

Die beiden Zeichnungen auf Seite 175 zeigen das Distanzprofil für Mittel- und Randbefestigung im Schnitt. Die folgenden Detailfotos zeigen die Verarbeitung Schritt für Schritt. Die Profile werden abgelängt und dann für die Verschraubung auf Sparren oder Wandbalken vorgebohrt. Dichtlippen und Auflagegummis sorgen für dichten Anschluss der Platten.

Die auf Maß zugeschnittenen Platten werden an ihren Stirnseiten mit Kantenverschlussband abgeklebt und anschließend mit Alu-U-Profilen versehen. Dann legen Sie die Seitenkanten der Platten samt Distanzclips auf das angetackerte Auflagegummi und fixieren die Platten durch Anschrauben der Profiloberteile.

Befestigung der Platten mit dem Alu-Thermoprofilsystem
Das Thermoprofilsystem vermeidet Kältebrücken an den Plattenstößen. Seine Verarbeitung gleicht in weiten Teilen der des Distanzprofilsystems. Der wichtigste Unterschied besteht darin, dass zunächst ein Profilunterteil auf der Holzunterkonstruktion verschraubt werden muss.

Alu-Profile und Distanzclips werden wiederum mit einer Metallsäge passend abgelängt. Dann bohren Sie das Profilunterteil in 30-cm-Abständen vor. Ziehen Sie die mitgelieferten Dichtlippen ins Profil ein und verschrauben es dann auf der Unterkonstruktion. Dazu sollten Sie das Profil mit Schraubzwingen in seiner korrekten Position fixieren, damit es nicht verrutscht.

Im nächsten Schritt drücken Sie den Distanzclip in den Mittelsteg des Profils, bis er hörbar einrastet. Nun widmen Sie sich dem Vorbereiten der Platten. Ihre Stirnseiten werden mit Kantenverschlussband abgeklebt, damit kein Schmutz in die Hohlkammern eindringen kann. Anschließend schieben Sie die zu den Platten passenden U-Profile auf die Stirnkanten.

Legen Sie nun die Platten so auf die Profilunterteile, dass die Längskanten einen gleichmäßigen Abstand von etwa 5 mm zum Mittelsteg aufweisen. Dieser Abstand ist erforderlich, um Ausdehnungen des Plattenmaterials bei Erwärmung auszugleichen. Danach legt man das Profiloberteil auf und bohrt in Abständen von 30 cm durch

Doppelstegplatten befestigen

1
Ermitteln Sie die Endlänge des Profils und sägen es dann mit der Metallsäge passend ab. Die dazugehörenden Distanzclips werden auf die gleiche Länge zugeschnitten

2
Bohren Sie nun die Profiloberteile mit einem 7-mm-Bohrer in Abständen von 30 cm vor. Der Bohrer wird an der Innenseite innerhalb des Mittelsteges angesetzt

3
Ziehen Sie die zum System gehörenden Dichtlippen ins Alu-Profil ein. Das Material lässt sich mit einem scharfen Cuttermesser gut ablängen

4
Dann tackern Sie das Auflagegummi auf die Unterkonstruktion aus gehobelten Kanthölzern. Setzten Sie etwa alle 30 cm eine Tackerklammer ins Holz

5
Die Stirnseiten der Platten müssen Sie zuerst abkleben, damit keine Feuchtigkeit eindringen kann, und dann mit den dazugehörigen U-Profilen verschließen

6
Anschließend legen Sie die Platten samt Distanzclip auf die wie beschrieben vorbereitete Unterkonstruktion. Im nächsten Schritt geht es ans Verschrauben

7 Verschrauben Sie nun die vorgebohrten Profiloberteile aus Aluminium mit der Unterkonstruktion, um die Platten sicher und dauerhaft zu fixieren

Tipp

Der hier gezeigte Schraubendreher mit Quergriff erleichtert das Eindehen. Sie können aber auch einen Akkuschrauber benutzen, wenn Sie ihn mit dem passenden Schrauber-Bit bestücken.

8 An der Unterkante des Abdeckprofils schrauben Sie das Abschlussprofil an. Es verschließt die Öffnung des Aluminiumprofils an seiner Stirnseite

9 Beim Randprofil, das den seitlichen Abschluss der Dachkonstruktion bildet, wird statt der zweiten Platte ein zusätzlicher Distanzclip aufgelegt

10 Zuletzt decken Sie die Profile mit Zierklemmdeckeln ab. Die gesamte Konstruktion bietet nun ein sauberes Bild. Außerdem ist die Abdeckung ein Wetterschutz

11 Anwendungsbeispiel: Hofüberdachung mit Stegplatten und Alu-Distanzprofilsystem. Die Platten sind schlagzäh und halten selbst starken Hagelschlag aus

Das Alu-Thermoprofilsystem

1 Wenn Sie mit dem Alu-Thermoprofilsystem arbeiten, werden Profile und Distanzclips zuerst passend abgelängt. Dann bohren Sie die Befestigungslöcher des Unterteils in 30-cm-Abständen vor. Die zum Profil gehörenden Dichtlippen werden eingelegt. Nun fixiert man das Unterteil und schraubt es an

2 Setzen Sie nun den Distanzclip in den Mittelsteg des Profils. Er bildet dann die Auflage des Universal-Oberteils, das später die Platten fixiert

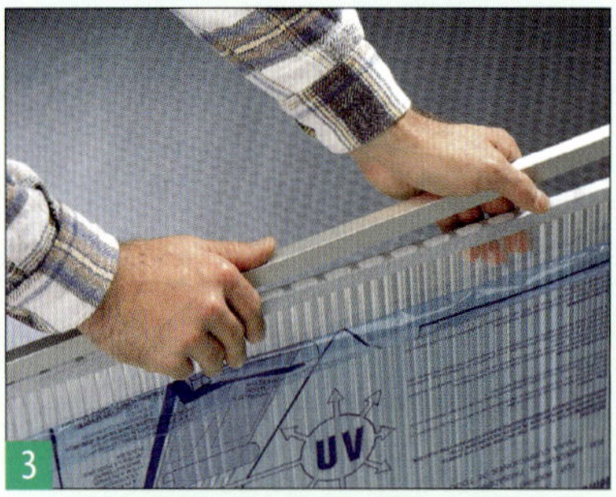

3 Die Plattenstirnseiten werden, wie Sie es schon beim ersten System gesehen haben, abgeklebt und mit U-Profilen versehen. Vorher die Schutzfolie abziehen

4 Beim Auflegen der Platten müssen 5 mm Abstand zum Mittelsteg eingehalten werden. Dann können die Platten sich bei Erwärmung ausdehnen

5 Dann das Universal-Oberteil auflegen und die Schraublöcher vorbohren. Arbeiten Sie dabei mit einem scharfen Metallbohrer bei niedriger Drehzahl

das gesamte Profil bis ins Holz der Unterkonstruktion. Durch diese Bohrungen lässt sich das Profil dann sicher verschrauben.

Wie beim Distanzprofil folgt nun die Befestigung der Abschlusswinkel. Auch die Ausbildung von Randprofilen gleicht dem bereits bekannten System. Statt der zweiten Platte wird an dem nach außen weisenden Rand einfach ein weiterer Distanzclip eingelegt.

Um wasserdichte Wandanschlüsse herzustellen, verwenden Sie das als Systemzubehör erhältliche Wandanschlussprofil. Mit einer weichen Dichtlippe stellt es einen regendichten Anschluss her. Zum Schluss decken Sie die Befestigungsprofile durch passende Zierklemmdeckel ab.

Um auf einer Dachkonstruktion aus Hohlkammer- oder Doppelstegplatten arbeiten zu können, müssen Sie eine Laufbohle benutzen, die mit Schaumstoff abgepolstert ist.

6 Durch Profiloberteil, Distanzclip und Unterteil werden die entsprechend langen Befestigungsschrauben nun bis ins Holz der Unterkonstruktion gedreht

7 Verschrauben oder vernieten Sie dann die Abschlusswinkel. Sie verhindern wiederum, dass Schmutz oder Feuchtigkeit an den Stirnseiten eindringen

8 Hier sehen Sie das Thermo-Randprofil, bei dem auf der rechten Seite statt einer Stegplatte ein weiterer Distanzclip eingelegt wurde. Zum System passende Zierklemmdeckel lassen sich auf die Profile drücken und verdecken dann die Verschraubung. Nun können weder Schmutz noch Feuchtigkeit eindringen

Tipp

Auch Gewächshäuser kann man mit den Platten bauen. Hier ein Anlehngewächshaus, bei dem das Dach und die senkrechten Frontseiten aus Doppelstegplatten bestehen.

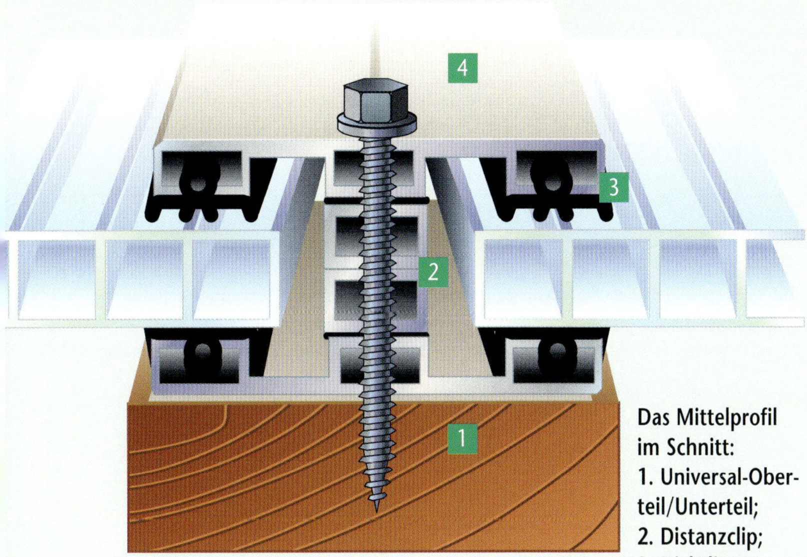

Das Mittelprofil im Schnitt:
1. Universal-Oberteil/Unterteil;
2. Distanzclip;
3. Dichtlippe;
4. Universal-Oberteil/Unterteil

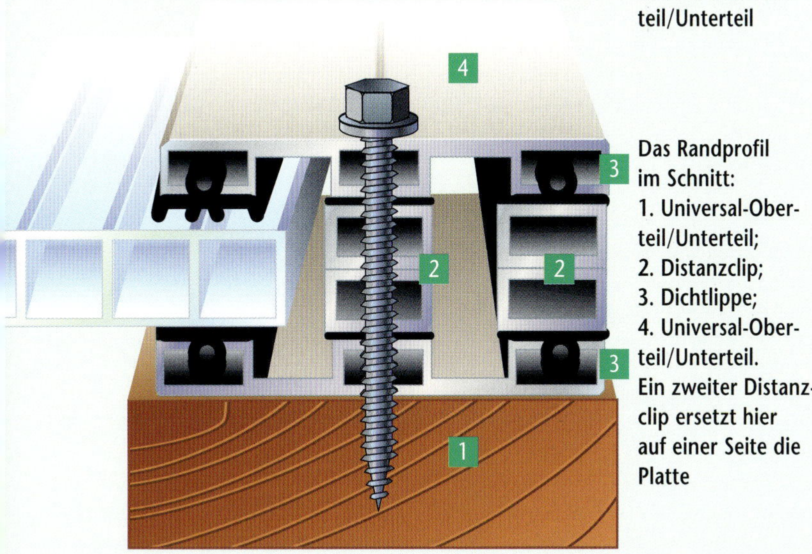

Das Randprofil im Schnitt:
1. Universal-Oberteil/Unterteil;
2. Distanzclip;
3. Dichtlippe;
4. Universal-Oberteil/Unterteil.
Ein zweiter Distanzclip ersetzt hier auf einer Seite die Platte

Wintergarten-Bausätze für die Selbstmontage

Ein hochwertiger Wintergarten, an dem man über Jahrzehnte seine Freude haben kann, besteht zwangsläufig auch aus hochwertigen Baumaterialien und muss bis ins kleinste Detail fachgerecht geplant und konstruiert sein. Der Eigenleistung sind hier deutliche Grenzen gesetzt.

Wer beim Bau eines Wintergartens durch Eigenleistung Geld sparen will, sollte also nicht unbedingt alles selber machen wollen. Hersteller bieten heute Wintergarten-Bausätze an, die nach einem Rasterprinzip an die meisten Gegebenheiten angepasst werden können. Auch bei Form und Farbe hat der Selbstbauer eine große Auswahl.

Der Vorteil beim Bausatz vom professionellen Anbieter: Der Do-it-yourselfer befindet sich in jeder Beziehung auf der sicheren Seite. Er kann sich darauf verlassen, dass Statik und Konstruktion stimmen, dass alle Teile exakt zueinander passen und dass er auf den fertigen Wintergarten auch eine Garantie bekommt.

Die meisten Wintergarten-Bausätze bestehen aus Holzkonstruktionen. Holz lässt sich halt am leichtesten verarbeiten. Bei dem auf den folgenden Seiten gezeigten System hat der Bauherr nicht nur die Wahl zwischen einer Vielzahl von Formen und Varianten, er kann seinen Wintergarten auch Schritt für Schritt erweitern. Beginnend mit einer Pergola oder einer Terrassenüberdachung, kann er in weiteren Bauphasen die Rundum-Verglasung Zug um Zug ergänzen.

Dabei lässt sich die Montage komplett in Eigenleistung erbringen. Für handwerklich nicht so versierte Kunden bietet der Hersteller aber auch die Betreuung durch einen erfahrenen Richtmeister, der beim Aufbau berät und tatkräftig mithilft.

Schließlich wird obendrein auch der schlüsselfertige Komplettaufbau angeboten. In diesem Fall kann sich der Bauherr auf das Vorbereiten der Fundamente, das Erstellen des Bodens und sonstige Restarbeiten beschränken.

Und so läuft die Montage ab
Wie unsere Arbeitsfotos zeigen, geht der Aufbau eines Selbstbau-Wintergartens dank passgenau vorgefertigter Einzelteile und einer detaillierten Anleitung zügig vonstatten. Für die komplette Montage brauchen der Bauherr, ein zusätzlicher Helfer und der Richtmeister des Herstellers nicht länger als maximal drei Tage.

Ist, wie beim hier vorgestellten Aufbau, eine tragfähige Terrasse vorhanden, werden im ersten Arbeitsschritt die Schwellenhölzer ausgelegt, im rechten Winkel miteinander verbunden und dann waagerecht ausnivelliert. Es folgt die Montage der Wandanschlusspfosten.

Dann stellt man auch die weiteren Pfosten auf, richtet sie aus, verbindet sie mit der Schwelle und legt die Pfettenbalken auf. Nun geht es an die Montage der Sparren und der Füllstücke auf den Pfetten, die dafür sorgen, dass alle Holzteile des Daches eine Ebene bilden, auf der die Verglasung montiert werden kann.

Mithilfe spezieller Befestigungsprofile werden entweder Doppelstegplatten oder Elemente aus Sicherheitsisolierglas auf den Sparren montiert.

Zuletzt setzt man die Fenster und Türelemente ein. Hier sind alle üblichen Lösungen möglich. Es gibt Dreh-Kipp-Fenster und Dreh-Kipp-Fenstertüren, aber auch Schiebetüren in verschiedenen Rasterabmessungen.

Selbstverständlich gehören auch die erforderlichen Teile zur Belüftung des Wintergartens zum Lieferprogramm. Dies sind an erster Stelle Dachfenster sowie Lüftungsgitter am Fußpunkt der senkrechten Verglasung.

Imprägniertes Holz

Kesseldruckimprägnierung verleiht den Bauteilen einen hervorragenden Witterungsschutz. Wie die Zeichnung oben verdeutlicht, dringt die Imprägnierung tief ins empfindliche Kopfholz ein.

Dachvarianten und Sockelabschluss

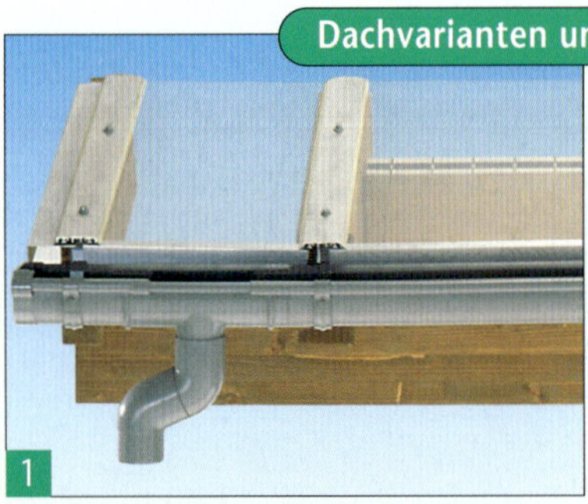

1

Variante 1: Dach aus preiswerten und leichten Doppelstegplatten. An der Traufseite ist bei dieser Ausführung eine Kunststoffdachrinne montiert

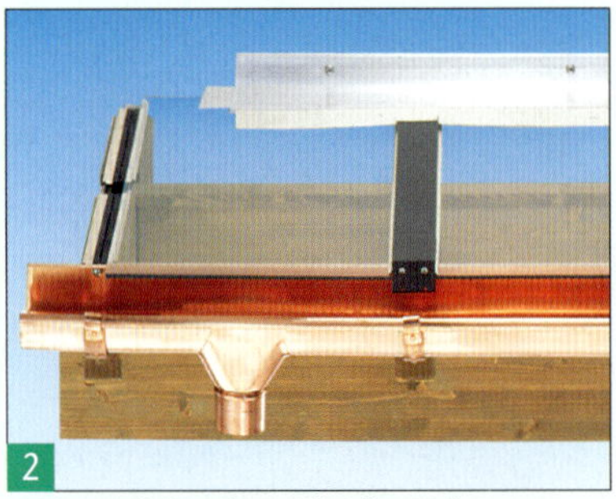

2

Variante 2: Dach aus hochwertigem Isolier-Verbundsicherheitsglas. An der Traufseite ist bei dieser Ausführung eine Kupferdachrinne montiert

3

Schnitt durch den Sockel mit einem abgekanteten Anschlussblech aus Aluminium, das die Schwelle des Wintergartens vor Feuchtigkeit von oben schützt

Aufbau in Eigenleistung

1 Die Schwellenbalken werden auf dem Terrassenboden ausgewinkelt und waagerecht ausgerichtet. Die Hölzer sind kesseldruckimprägniert und lasiert

2 Die Wandanschlussbalken muss man mithilfe einer langen Wasserwaage lotrecht ausrichten und dann mit langen Rahmendübeln an die Hauswand dübeln

3 Hier sind die Wandflächen des Wintergartens bereits teilweise fertiggestellt. Die bereits überdachte Terrasse wird hier mit in die Konstruktion einbezogen

4 Nun folgt die Montage des oberen Querbalkens. Er liegt höher als die Vorderseite, damit die Sparren der Konstruktion das erforderliche Gefälle bekommen

5 Sparren und Füllstücke bilden die Auflagefläche für die Verglasung. Die Teile werden alle montagefertig geliefert und müssen nur noch verschraubt werden

6 Zum Auflegen der relativ schweren Dachgläser sind drei Personen erforderlich. Für Wintergärten sind bruchsichere Sicherheitsgläser vorgeschrieben

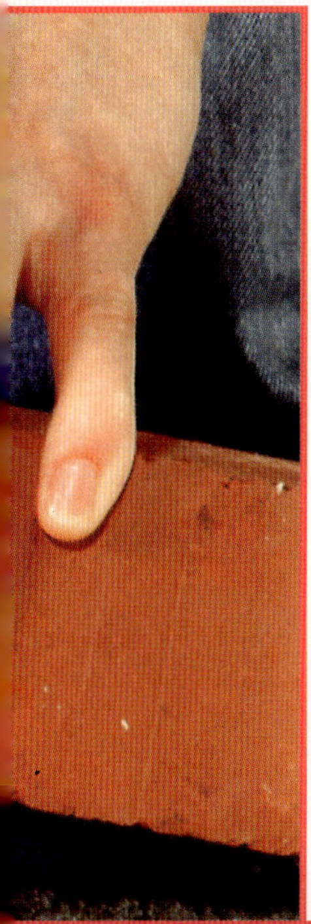

Betonieren und Mauern

- Einfache Betonarbeiten
- Grundwissen Mauern
- Eine Trennwand aus Kalksandstein mauern
- Mit Porenbeton kann jeder mauern

Einfache Betonarbeiten

Beton besteht aus Zement, Kies und Wasser. Zu Fertigmischungen muss nur noch Wasser hinzugegeben werden

Auf die richtige Mischung kommt es an

Die Härte von Beton ist sprichwörtlich. Dennoch gibt es große Unterschiede, was die Eigenschaften der verschiedenen Mischungen angeht. Der Zuschlagstoff für Normalbeton, wie ihn der Heimwerker auf seiner Baustelle anmischt, ist Betonkies: ein Sand-Steine-Gemisch, bei dem die größeren Steine dem Beton die Härte verleihen. Der Sandgehalt und die kleineren Steine sorgen dafür, dass sich die Hohlräume zwischen den groben Partikeln optimal füllen.

Dass die Zuschlagstoffe eine so feste Verbindung miteinander eingehen, beruht auf der Erhärtung des mit Wasser vermischten Zements, dem Zementleim. Zement besteht im Wesentlichen aus Verbindungen von Kalziumoxid mit Siliziumoxid, Aluminiumoxid und Eisenoxid. Die natürlichen Rohstoffe zur Zementherstellung sind Kalkstein und Ton. Sie werden gemah-

Beton anmischen

1 Für das geplante Gartenhaus sind Punktfundamente sowie eine Bodenplatte zu erstellen. Zum Anmischen des Betons den Sackinhalt in eine Schubkarre füllen

2 Anschließend geben Sie die nach Herstellerangabe empfohlene Wassermenge zu dem Zement-Sand-Gemisch. Gießen Sie das Wasser nach und nach hinzu

3 Der Beton soll für die Punktfundamente des Gartenhauses schwach plastisch sein. In der Schubkarre mit einer Schaufel verarbeitungsgerecht anmischen

4 Müssen größere Mengen Beton hergestellt werden, empfiehlt sich unter Umständen der Einsatz einer Betonmischmaschine, auch Freifallmischer genannt

len, getrocknet und dann in riesigen Spezialöfen gebrannt. Was herauskommt, ist das hydraulische, also durch Zugabe von Wasser wirksame Bindemittel, das meist als „Portlandzement" in 25-kg-Säcken im Handel ist.

Es gibt sieben Festigkeitsklassen, in die man Beton einteilt

Mithilfe eines genormten Verfahrens wird die Druckfestigkeit einer bestimmten Mischung ermittelt, nachdem das würfelförmige Prüfmuster vier Wochen lang trocknen konnte. Bei den Klassifizierungsbezeichnungen B 5 bis B 55 steht der Buchstabe „B" für Beton-Nennfestigkeit und die jeweilige Zahl für die gemessene Mindestdruckfestigkeit.

Wer auf dem Bau selbst Hand anlegt, sollte die drei wichtigsten Betonmischungen kennen: B 25 benutzt man vor allem für stahlbewehrten Beton wie etwa Pfeiler, Fenster- und Türstürze; B 15 für Fundamente, Wege, Mauern, Böden usw.; B 10 für wenig belastete Fundamente, gegossene Platten unter Kellerböden und Ähnliches.

Bei den meisten Betonarbeiten, die der Heimwerker ausführt, wird B 15 die richtige Mischung sein. Aufwändige Stahlbetonarbeiten sollte man in jedem Fall besser dem Fachmann überlassen.

Nach den Fachregeln des Bauhandwerks darf der für eine bestimmte Mischung erforderliche Zement nur nach Masseteilen zugegeben werden. Auf der heimischen Baustelle kann man sich aber getrost nach den alten Faustregeln richten, die mit leicht abzumessenden Raumteilen rechnen – beispielsweise mit der Schaufel oder mit 10-l-Baueimern. Bei der Bedarfsberechnung wird das Raummaß der benötigten Betonmenge ermittelt. Dabei muss man beachten, dass das Betonvolumen wesentlich kleiner ausfällt als das ursprüngliche Gesamtvolumen der vermischten Bestandteile. So benötigt man etwa 44 l Zement, 220 bis 240 l Kies (je feuchter, desto mehr)

Punktfundament gießen

Noch bevor man mit dem Anmischen des Betons beginnt, müssen die Löcher für die Punktfundamente mit Spaten und Schaufel ausgeschachtet werden

Mit einem Zollstock überprüfen Sie, ob Sie die nötige Ausschachtungstiefe erreicht haben. Ist das Loch tief genug, kann der Beton eingefüllt werden

Mithilfe der Schaufel füllen Sie den Beton in die Löcher. Anschließend müssen Sie die Masse durch Stampfen (z. B. mit einem Kantholz) verdichten

Jetzt können die Betonanker in den Beton eingesetzt werden. Mithilfe der Wasserwaage sorgen Sie dafür, dass sie lot- und fluchtgerecht ausgerichtet sind

Bodenplatte gießen

Auf die schon im Vorfeld eingeschalten und mit Baufolie abgedeckten Sauberkeitsschicht wird der Beton in erdfeuchter Konsistenz vollflächig aufgeschüttet

Mit einer Schaufel wird der Beton gleichmäßig auf der Fläche verteilt. Bei Bedarf können Sie auch Stahlmatten als Bewehrung einlegen und mit Beton bedecken

Der Beton ist zu verdichten und wird mit einem Richtscheit über die Schalung planeben abgezogen. Alternativ kann man auch ein gerades Brett verwenden

Nachdem der Beton 7 Tage unter Folie lag und feucht gehalten wurde, wird die Fläche mit Dichtschlämme versehen, die das Holz vor Feuchte schützen soll

Bodenplatten beim Hausbau werden grundsätzlich mit Lieferbeton hergestellt. Dabei werden leicht 20 Kubikmeter oder mehr benötigt

und 25 bis 35 l Wasser (je nach Kiesfeuchte), um ein Betonvolumen von rund 200 l zu erreichen. Als Anhaltspunkt gilt: rund 10 % mehr Kies in Raumteilen ordern, als man an Betonvolumen benötigt.

Kleinere Betonmengen lassen sich problemlos von Hand mischen: Zuerst Kies und Zement sorgfältig trocken vermengen und dann erst nach und nach Wasser zugeben, bis die Mischung plastisch ist.

Auch bei Benutzung einer elektrisch betriebenen Mischmaschine werden Kies und Zement zunächst ohne Wasserzugabe durchgerührt, bis die Masse eine einheitlich graue Färbung zeigt. Dann portionsweise Wasser zugeben, bis die gewünschte Konsistenz erreicht ist. Nach Zugabe aller Bestandteile soll die Maschine noch mindestens eine Minute laufen, ehe man den Beton schließlich ausgießt.

Die Qualität des erstarrten Betons hängt insbesondere davon ab, dass beim Mischen das Verhältnis von Wasser und Zement ausgewogen ist. Man muss wissen, dass nur ein geringer Teil des zugegebenen Wassers sich mit dem Zement chemisch verbindet. Das übrige Wasser verdunstet im Verlauf der Erhärtung und hinterlässt feinste Haarröhrchen (Kapillaren) im Beton. Je mehr solcher winziger Hohlräume den erhärteten Beton durchziehen, desto geringer ist seine Druckfestigkeit. Im gleichen Maß steigt dagegen seine Wassersaugfähigkeit. Der Beton ist also wasserdurchlässiger und damit auch witterungsempfindlicher. Ein zu hoher Wassergehalt führt außerdem dazu, dass der Beton schneller als gewünscht austrocknet und dann Schwundrisse ausbildet.

Überschüssiges Wasser setzt sich häufig an der Oberfläche des Frischbetons ab. Gleichzeitig sinken die Feststoffe nach unten. Der Beton „entmischt" sich und zeigt später eine absandende Oberfläche.

Betonmischungen

Betonklasse	Zement	Betonkies
B 10	1	7–8
B 15	1	5–6
B 25	1	4

Mischungsverhältnis in Raumteilen

Bei steifem Beton darf der Zementgehalt niedriger sein, weil weniger Überschusswasser verdunsten muss. Bei weichem Beton zum Gießen besonders feingliedriger Bauteile muss der Zementanteil mit dem steigenden Wassergehalt dagegen erhöht werden, sonst bekommt der Beton nicht die nötige Festigkeit.

Neben den Grundbestandteilen kann man noch Mittel zugeben, die bestimmte Eigenschaften des Betons verändern. So gibt es chemische Zusätze, die ihn nach dem Erhärten wasserdicht machen. Diese flüssigen Mittel werden mit dem Mischwasser eingerührt. Wenn man Farbe ins Spiel bringen will, kann man entweder auf bereits eingefärbten Spezialzement zurückzugreifen oder den Zement mit Farbpigmenten anmischen.

Stahlbeton für statisch hoch belastete Teile

Beton zeichnet sich durch hohe Druckfestigkeit aus. Gegen Belastungen auf Zug und Biegen muss er allerdings (ab Klasse B15) durch Einlegen stählerner Bewehrungen verstärkt werden. So entsteht Stahlbeton. Bei tragenden Teilen muss die Berechnung der erforderlichen Bewehrung vom Fachmann vorgenommen werden.

Ist die erforderliche Schalung vorbereitet und der Beton angemischt, sollte er möglichst unverzüglich verarbeitet werden: bei trockener und warmer Witterung innerhalb einer halben Stunde. Ist es kühl und nass, kann man sich 30 Minuten länger Zeit lassen. Nach dem Eingießen in die Schalung wird sorgfältig verdichtet, um die Hohlräume zu beseitigen, die noch zwischen den Partikeln bestehen. Bei steifem Beton stampft man dazu die Oberfläche. Plastischer und weicher Beton werden durch Rütteln und Stochern verdichtet.

Damit der Beton bei trockenem Wetter nicht zu schnell austrocknet, deckt man ihn nach dem Gießen mit Folie ab. Eine Woche lang regelmäßig mit Wasser benetzen. Bei Temperaturen um den Gefrierpunkt muss frischer Beton mit Isolierstoffen sorgfältig umhüllt werden. Nach 28 Tagen hat der Beton seine Endfestigkeit erreicht und ist dann voll belastbar.

Bei größeren Vorhaben ist zu überlegen, ob man nicht besser verarbeitungsfertigen Transportbeton anliefern lässt, statt mühsam selbst zu mischen. Wenn dagegen nur sehr kleine Mengen anfallen, ist die Beschaffung von Kies und Zement oft unverhältnismäßig aufwändig. Hier bietet sich die Verarbeitung von Trockenmischungen an, die nur noch mit Wasser angerührt werden müssen. Auf den Seiten 180-181 wird gezeigt, wie solche Trockenmischungen verarbeitet werden.

Betonieren in der Praxis

Die Erkenntnis, dass Beton durch das Einlegen von Stahlbewehrungen in die Lage versetzt wird, enorme Zugspannungen aufzunehmen, hat die moderne Architektur des 20. Jahrhunderts mit komplizierten Betonkonstruktionen erst möglich gemacht.

Welche Stahlstärken an welcher Stelle in den Beton von Decken usw. eingebaut werden müssen, legt der Statiker in seinen Berechnungen fest. Diese Angaben sind Teil der Planungsunterlagen, die man zur Erlangung einer Baugenehmigung einreicht.

Betonstahl gibt es in Stangen von 6 m Länge und Stärken von 6 bis 28 mm. Diese auch Moniereisen oder Torstahl genannten Stäbe besitzen eine geriffelte Oberfläche, die eine gute Verbindung mit dem Beton gewährleisten soll. Zum Einbau in Stürze oder Betonträger werden die Stahlstäbe zu so genannten Körben zusammengebunden. Aus meist 6 oder 8 mm starken Stäben werden dazu Rechtecke gebogen, in die man lange Stäbe einschiebt und durch Draht mit den Rechtecken verbindet. Größe und Abstände der Rechtecke sowie Anzahl und Dimensionen der Längsstäbe gibt der Statiker genau vor.

Eine Stahlbeton-Plattendecke verarbeiten

Zum Trennen von Betonmatten oder zum Ablängen von Betonstäben nehmen die Profis auf dem Bau eine große Monierzange mit langem Hebelarm und günstiger Übersetzung. Damit lassen sich auch dicke Stäbe problemlos knacken. Stattdessen können Sie aber auch Ihren Einhandwinkelschleifer einsetzen, den Sie dazu mit einer Trennscheibe bestücken. Tragen Sie beim Arbeiten mit Betonmatten oder Stäben grundsätzlich Arbeitshandschuhe. Beim Trennen zusätzlich eine Schutzbrille aufsetzen!

Betonstahl ist grundsätzlich nicht rostgeschützt. Daher sind die beim Baustoffhändler im Freien gelagerten Stangen und Matten meist auch an der Oberfläche angerostet. Dies ist aber kein Mangel. Ist der Stahl nämlich später durch hochwertigen Beton (mindestens B 15/B 25) umhüllt, ist er damit vor weiterem Rosten geschützt.

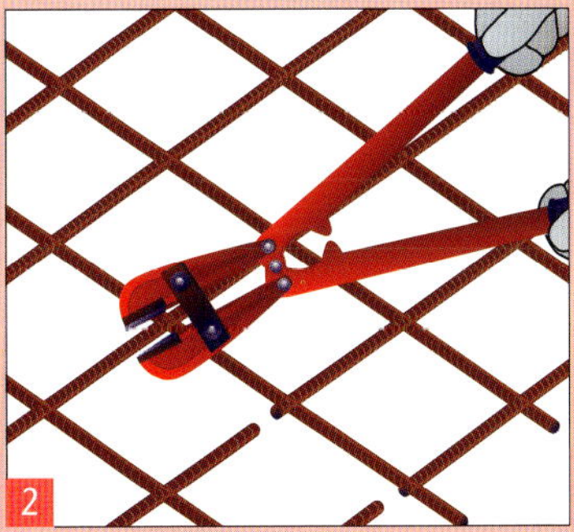

Fenstersturz

Der Fenstersturz ist mit langen Gerüstdielen eingeschalt und die Bewehrung eingelegt. Eimerweise wird der frische Beton in die Schalung gefüllt

Damit sich alle Hohlräume füllen, muss der Beton durch Stochern sorgfältig verdichtet werden. Zusätzlich schlägt man seitlich gegen die Schalung

Bei warmem Wetter sollten Sie den Beton regelmäßig anfeuchten, weil er sonst zu schnell trocknet und auf diese Weise Risse entstehen können

Ein so genannter Korb für die Bewehrung eines Fenstersturzes

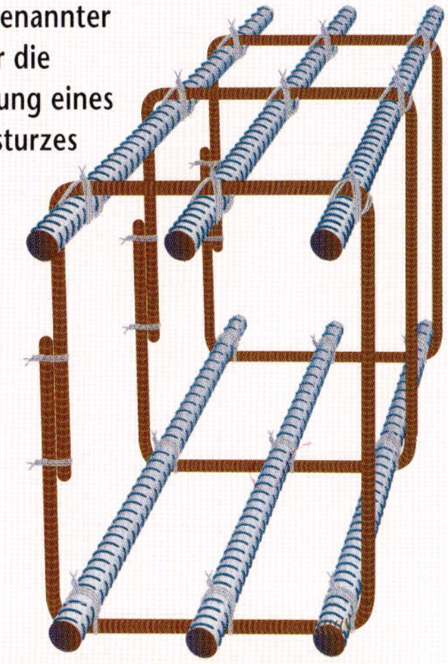

Grundwissen Mauern

Die solideste Bauweise ist das Mauern Stein auf Stein. Erfahren Sie in diesem Kapitel, welche unterschiedlichen Steinarten es gibt und wie man sie fachgerecht verarbeitet

Gängige Wandbaustoffe im Vergleich

Seitdem die Energiekosten bei uns ganz drastisch in die Höhe gestiegen sind, haben die Wärmedämm-Eigenschaften der Wandbaustoffe erheblich an Bedeutung gewonnen. Der Gesetzgeber hat entsprechende Wärmeschutzverordnungen erlassen, die den für Außenwände benutzten Baustoffen bestimmte Mindestdämmwerte abverlangen. Durch diese Maßnahmen soll Energie gespart und damit auch die CO_2-Belastung der Atmosphäre vermindert werden.

Betrachtet man die verschiedenen bauphysikalischen Eigenschaften, mit denen ein idealer Wandbaustoff aufwarten sollte, so ergeben sich zum Teil total widerstrebende Anforderungen, die von keinem Stein gleichzeitig erfüllt werden können. Zunächst soll der Stein den statischen Anforderungen gerecht werden. Dies wird in erster Li-

Ziegel sind als klassischer Wandbaustoff nach wie vor beliebt. Sie werden heute meist in Kombination mit wärmedämmenden Materialien eingesetzt

Kalksandsteine werden in verschiedensten Formaten gefertigt. Aufgrund ihres hohen Gewichts bieten sie einen besonders guten Schallschutz

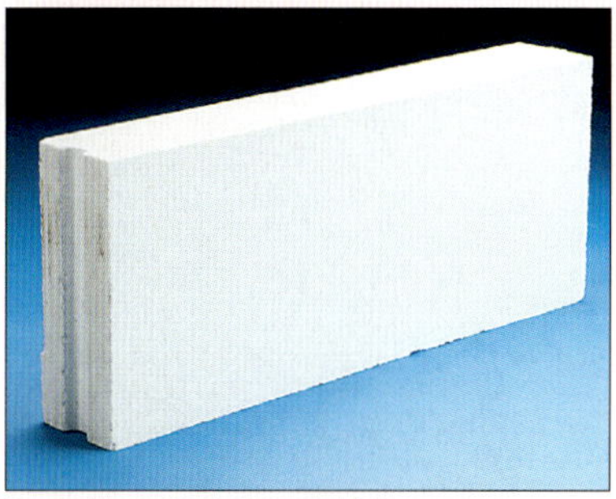

Porenbeton wird sowohl für wärmedämmende Außenwände als auch für leichte Trennwände eingesetzt. Die Steine lassen sich sägen und fräsen

Leicht- oder Porenziegel vereinen die Festigkeit des gebrannten Ziegels mit den heutigen Anforderungen an die Wärmedämmung von Baustoffen

Leichtbetonsteine werden meist aus Naturbims hergestellt. Die feinporigen Kügelchen besitzen von Natur aus gute Wärmedämmeigenschaften

nie durch schwere Materialien mit hoher Festigkeit erreicht. Solche Baustoffe weisen allerdings ausgesprochen ungünstige Wärmedämmeigenschaften auf. Baustoffe, die die Wärme im Haus halten, sind vielmehr leichte Materialien mit einem hohen Anteil an Lufteinschlüssen.

In der Bautechnik hat man aufgrund dieser Problematik zwei Wege eingeschlagen, um Wandbaustoffe zu entwickeln, die den heutigen Anforderungen genügen. Zum einen hat man statisch hochbelastbare schwere Steine mit stark dämmenden Materialien in mehrschaligen Wandaufbauten kombiniert. Zum anderen hat man Steine entwickelt, die beide Eigenschaften – nämlich Festigkeit und Wärmedämmung – in einem Baustoff vereinigen. Mehrschalige Wände mit einer massiven Innenseite und einer Dämmschicht außen haben sehr gute bauphysikalische Werte, erfordern aber hohen konstruktiven Aufwand. Einschalige Wände aus Steinen mit guten Dämmeigenschaften sind preiswerter und können meist vom Do-it-yourselfer besser verarbeitet werden.

Steinformate

Unabhängig vom Material, aus dem Mauersteine gefertigt werden, sind ihre Formate genormt. Basis der Normung ist das Baurichtmaß von 25 cm. Es ergibt sich aus der Länge eines üblichen Ziegels (24 cm) plus Fuge. Die Breite dieses Ziegels (11,5 cm) ergibt plus 1 cm Fuge mit 12,5 cm die Hälfte des Baurichtmaßes. Seine Dicke schließlich beträgt beim so genannten Dünnformat (DF) 5,2 cm. Inklusive Lagerfuge kommt man hier auf 6,25 cm: Dies entspricht einem Viertel des Baurichtmaßes. Alle üblichen Mauermaße basieren auf dem Grundraster des Baurichtmaßes von 25 cm. Die Steinformate sind so gewählt, dass man mit kleineren Steinen unter Berücksichtigung der Mörtelschicht stets die Maße der nächstgrößeren erreichen kann.
Bezugsgröße für die verschiedenen Steinformate sind die Maße eines Ziegelsteins im Dünnformat (DF) bzw. im Normalformat (NF). Das Normalformat weist mit 7,1 cm eine größere Höhe als das Dünnformat auf. Dieses Maß mal drei plus Fugen ergibt wieder das oben erwähnte Baurichtmaß von 25 cm. Alle anderen Steinformate stellen ein Vielfaches von DF oder NF dar. Während die üblichen Wanddicken von 11,5; 17,5; 24; 30 und 36,5 cm früher durch komplizierte Verbände kleinformatiger Ziegel hergestellt werden mussten, stehen heute großformatige Wandsteine zur Verfügung. Statt Verbandmauerwerk mit zwei oder drei Steinreihen pro Schicht ist damit rationelles Einsteinmauerwerk (Steinbreite = Wanddicke) möglich.

DF (Dünnformat)

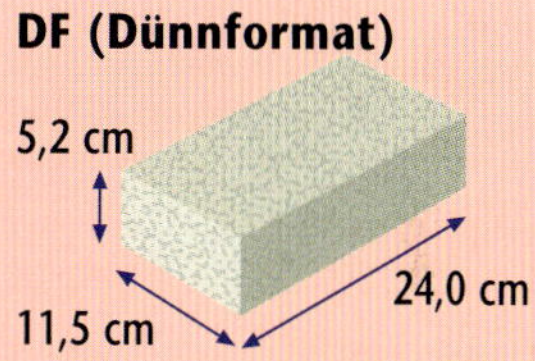

NF (Normalformat)

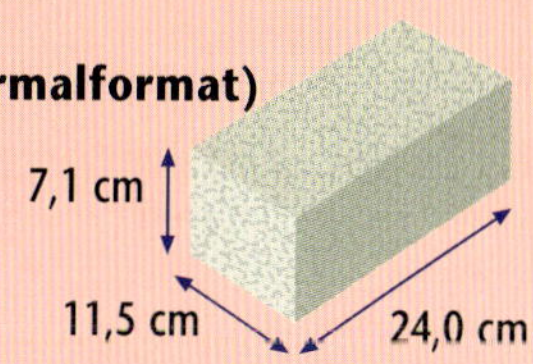

2 DF (2 x Dünnformat)

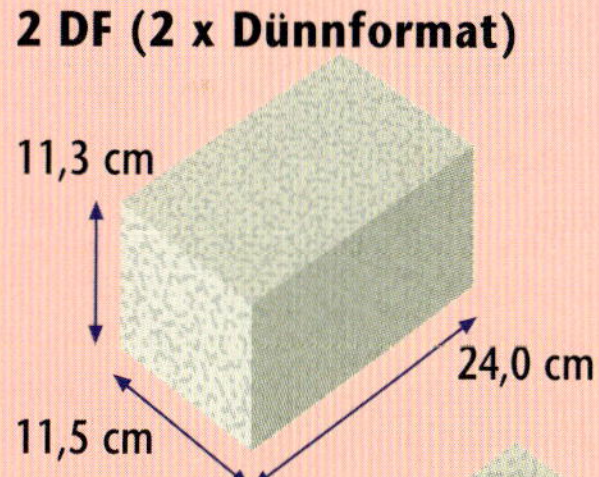

3 DF (3 x Dünnformat)

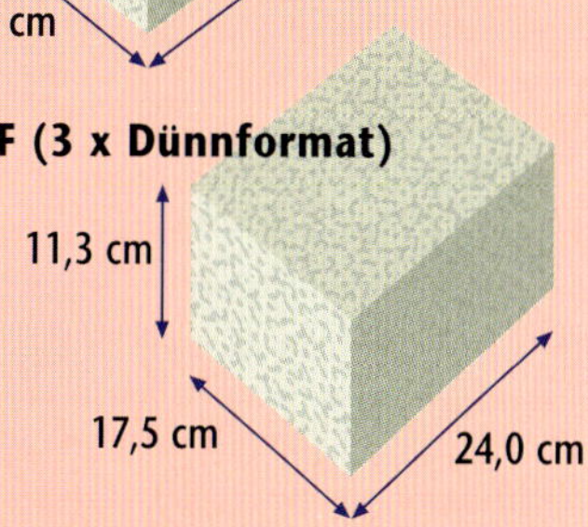

5 DF (5 x Dünnformat)

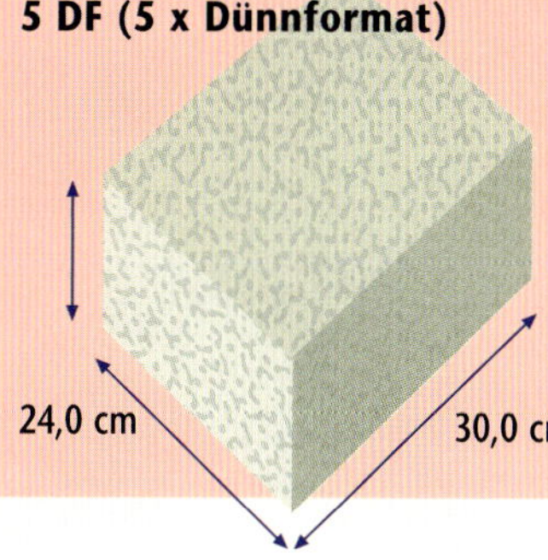

Ziegel

Ziegel werden aus Lehm und Ton gebrannt. Dieser älteste Massivbaustoff weist eine hohe Rohdichte auf, ist damit sehr belastbar und bietet guten Schallschutz. Um eine befriedigende Wärmedämmung zu erzielen, müssen Ziegel aber mit anderen Steinen oder mit Dämmstoffen kombiniert werden, um bei üblichen Wandstärken die Anforderungen der geltenden Wärmeschutzverordnung zu erfüllen.

Kalksandstein

Die gräulich-weißen Kalksandsteine werden aus Kalk und quarzhaltigem Sand bei Temperaturen um 200 °C unter Dampfdruck gepresst. Festigkeit und Schallschutz sind ähnlich wie bei Ziegeln. Kalksandstein wird meist verputzt, kann aber auch für Sichtmauerwerk verwendet werden.

Porenbeton

Porenbeton wird aus Sand, Kalk, Zement und Wasser unter Zugabe eines Treibmittels zu einem Stein mit wärmedämmenden Lufteinschlüssen und hoher Festigkeit aufgeschäumt. Großformatige Planblöcke aus Porenbeton werden im Dünnbettverfahren mit Klebemörtel aufeinander gesetzt.

Wände aus Porenbeton benötigen bei vertretbarer Stärke keine zusätzliche Wärmedämmung. Sie brauchen nur noch von innen und außen verputzt zu werden.

Leicht- oder Porenziegel

Diese Steine werden wie Ziegel gebrannt. Durch Zugabe von Sägespänen oder Styropor-Kügelchen erreicht man, dass sich wärmedämmende Luftkammern bilden. Großformatige Porenziegel benötigen wie Porenbeton keine zusätzliche Dämmschicht.

Leichtbeton

Während Porenbeton und Porenziegel durch aufwändige technische Verfahren bei zum Teil hohem Energieaufwand hergestellt werden, kann man bei der Produktion von Leicht- bzw. Bimsbeton auf einen natürlichen Rohstoff zurückgreifen, der die gewünschten Eigenschaften bereits mitbringt. Naturbims ist in gewaltigen Vulkanen bei über 1000 °C gebrannt und aus dem Erdinneren herausgeschleudert worden. Heute kann man diese Bimsschichten kostengünstig abbauen und die feinen Körner des Rohstoffs mit Zement zu Steinen formen.

Werkzeuge für Maurerarbeiten

Eine Auswahl wichtiger Werkzeuge, die Sie für Maurerarbeiten benötigen: 1 Wasserwaage, 2 Winkel, 3 Lattenhammer; 4 Meißel, 5 Fugenkelle, 6 Maurerkelle, 7 Mörtelmeißel, 8 Fäustel, 9 Schichten-Meterstab, 10 Senklot, 11 Maurerhammer

Mischungen für Mauermörtel

Mörtelgruppen	Kalkhydrat	Hydraul. Kalk	Hochhydraul. Kalk	Zement	Sand
I	1				3
		1			3
			1		4,5
II	2			1	8
				1	3
IIa	1			1	6
			2	1	8
III/IIIa				1	4

Mörtel zum Mauern

Reiner Kalkmörtel mit Kalkhydrat als Bindemittel für den Sand lässt sich gut verarbeiten, ist aber wenig belastbar. Reiner Zementmörtel dagegen ist hoch belastbar, aber schlecht zu verarbeiten und neigt zu Rissbildung. Kalkzementmörtel, bei dem die Bindemittel Kalk und Zement im Verhältnis 2:1 enthalten sind, ist heute der gängigste Mörtel. Er verbindet die guten Eigenschaften des Kalkmörtels mit der Festigkeit des Zementmörtels.

Vom Stein zur Wand

Für gute Arbeit braucht man gutes Werkzeug. Wie richtig diese Handwerksregel ist, erkennt jeder, der einmal selbst auf einer Baustelle Hand anlegt. Für klassische Maurerarbeiten benötigt man zunächst eine Kelle in Drei- oder Viereckform. Die dreieckige Kelle hat den günstigeren Schwerpunkt, erfordert in der Handhabung allerdings etwas Übung. Anfänger kommen meist mit der Viereckkelle besser zurecht, die beim Verteilen des Mörtels Vorteile bietet. Neben der Kelle werden ein Maurerhammer, ein Meißel sowie ein Fäustel benötigt. Damit alle Maße stimmen und die Bauteile im Lot stehen, dürfen Zollstock, Maßband, Maurerschnur, Lot und Wasserwaage nicht fehlen.

Neben einer Schubkarre, mehreren Schaufeln, einer Kreuzhacke und einem Spaten werden zwei bis drei Mörtelkübel sowie etliche Baueimer benötigt. Unerlässlich ist die elektrische Mischmaschine, mit der kleinere Betonmengen und der erforderliche Mörtel angemischt werden. Nicht zuletzt benötigt man etwa 10 Gerüstböcke und mindestens ebenso viele Bohlen von 2,5 bis 3 m Länge sowie eine Leiter.

Mauern im Verband

Damit sich in einer Mauer die Druckkräfte in lotrechter Richtung und die Scher- oder Schubkräfte in waagerechter Richtung von Stein zu Stein auf genügend großer Fläche verteilen können, muss grundsätzlich im Verband gemauert werden. Dies bedeutet, dass die senkrechten Stoßfugen zwischen den Steinen zweier Lagen niemals direkt übereinander liegen dürfen.

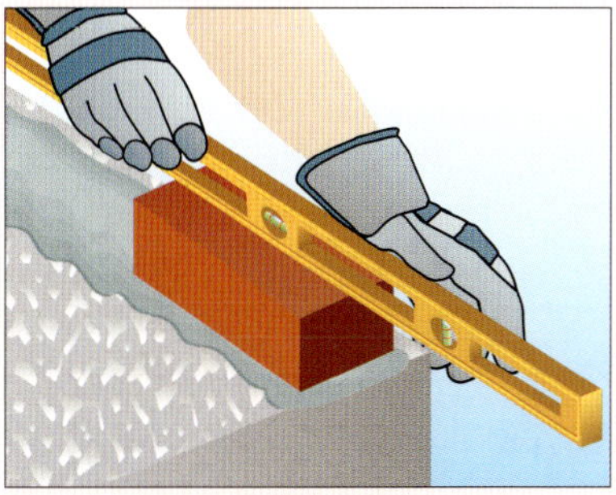

Die wichtigsten Arbeitsschritte beim klassischen Mauern: Der erste Stein wird ins Mörtelbett gelegt und ausgerichtet

Bei den späteren Lagerfugen auf den Steinreihen zieht man mit der Kelle eine leichte Furche in den Mörtel

Man gibt etwas Mörtel für die Stoßfuge an den Stein, setzt ihn ins Mörtelbett und schiebt ihn an den vorderen Stein

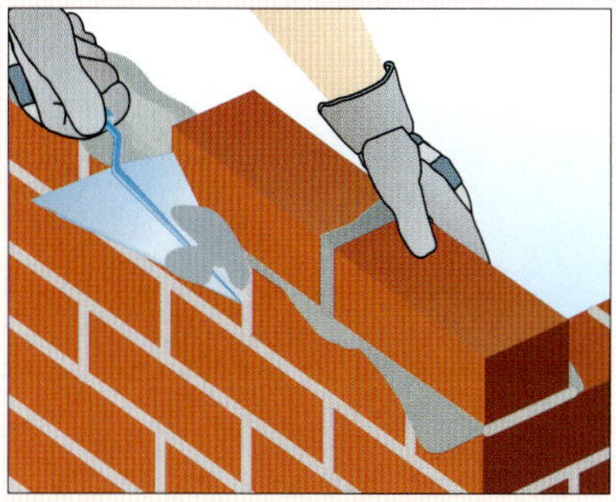

Mörtel, der beim Aufsetzen des Steins seitlich hervorquillt, wird mit der Kelle abgestrichen und weiterverwendet

Wandanschlüsse

1

2

Man kann die Wände eines Geschosses Schicht für Schicht gleichzeitig hochmauern und durch überbindende Steine verzahnen. Weil diese Technik unpraktisch ist, wird meist so verfahren, dass man zuerst nur die Außenwände einer Etage mauert und dabei die Verzahnung der Wandanschlüsse vorbereitet, indem man Lücken lässt (1).
Eine noch einfachere Lösung ist das Abtreppen. Dabei wird die anschließende Wand treppenförmig nur so weit gemauert, wie es zur Verzahnung unbedingt erforderlich ist (2).
Als rationelle Alternative zur klassischen Verzahnung bietet sich die Stumpfstoßtechnik an. Zunächst werden nur die

3

Außenwände gemauert. Im Bereich der Wandanschlüsse legt man spezielle Flachanker aus Edelstahl in die Lagerfuge ein (3). Diese Verbindungselemente kommen später mit ihren freien Enden in die Lagerfugen der Anschlusswand.

Eine Trennwand aus Kalksandstein mauern

Eine Arbeit, die sich sehen lassen kann. Die Trennwand zwischen zwei Doppelhaushälften entstand als Sichtmauerwerk in Kalksandstein

Die richtige Betonkonsistenz wählen

1

Erdfeuchter Beton wird benutzt, um beispielsweise Randsteine von Pflasterungen darin zu fixieren. Für das Gießen von Fundamenten ist er deutlich zu steif

2

Um die Mischung in eine vorbereitete Schalung aus Holz gießen zu können, muss der Beton weich sein, damit er die Schalung vollständig ausfüllt

3

Für feingliedrige Schalungen ist eine besonders flüssige Mischung erforderlich, die in alle Hohlräume fließt. Hier muss man den Zementanteil erhöhen

Jede Mauer braucht ein tragfähiges Fundament

Der hier gezeigte Fall ist typisch: Zwischen zwei Doppelhaushälften fehlte eine saubere Abgrenzung. Am liebsten wollte man eine Mauer im gleichen Erscheinungsbild wie beim Sichtmauerwerk der Häuser.

Die gewünschte Kalksandsteinwand hätte vom Profi errichtet eine Menge Geld gekostet. Also entschied man sich für Eigenleistung. Zuerst galt es, ein tragfähiges Fundament herzustellen. Die erforderliche Ausschachtung (ungefähr 60–80 cm tief) kann man mit einem Spaten vornehmen. Damit das Fundament im sichtbaren Bereich über dem Boden genau die gewünschte Breite bekommt, wird eine lose aufzulegende Schalung hergestellt.

Bei kleinen Betonmengen lohnt es sich nicht, Kies und Sand zu bestellen. Man fährt besser mit Estrichbeton aus dem Sack, den man nur noch anmischt.

Fundament gießen

1 Nach den Aushubarbeiten wird für den sichtbaren Bereich des Fundamentes eine Schalung angefertigt. Legen Sie diese jedoch zunächst auf die Seite

2 Den Estrichbeton rühren Sie in einem Mörtelkübel an. Gießen Sie nach und nach das Wasser hinzu und mischen Sie es mithilfe einer Schaufel unter

3 Noch einfacher ist das Untermischen des Wassers, wenn Sie einen Rührquirl verwenden. Der Beton sollte anschließend eine schwachplastische Konsistenz haben

4 Im nächsten Arbeitsschritt wird das Fundament mit dem Estrichbeton verfüllt. An schlecht zugänglichen Stellen eignen sich Eimer für den Betontransport

5 Während der Verfüllung wird der Beton lagenweise verdichtet. Benutzen Sie hierfür einen schweren Gegenstand mit geringer Fläche (z. B. Vorschlaghammer)

6 Für den sichtbaren Bereich des Fundaments wird nun die Schalung montiert und horizontal ausgerichtet. Eine Bewehrung soll Biegespannungen aufnehmen

7 Nach vollständiger Verfüllung wird der Beton mithilfe eines Reibebretts planeben abgezogen. Es ist hilfreich, dafür ein wenig Wasser aufzubringen

8 Das frisch erstellte Fundament muss 7 Tage vor ungünstigen Witterungseinflüssen geschützt werden. Am besten deckt man es zu diesem Zweck mit Folie ab

9 Zum Schutz vor aufsteigender Feuchtigkeit sollte man den Sockel mit einer Dichtschlämme abdichten. Mischen Sie diese in einem Kübel streichfähig an

10 Nach dem Ausschalen des Fundaments wird die Dichtschlämme als Horizontalabdichtung auf das Fundament aufgespachtelt und dann glatt gestrichen

Tipp

Nachdem das Fundament für die Trennwand sieben Tage unter der Folie trocknen konnte, können Sie mit dem Mauern beginnen.

Mauerarbeiten

1 Der Mörtel für die erste Lage wird mit Wasser in einem Mörtelfass in verarbeitungsgerechter Konsistenz angerührt. Hier erleichtert ein Mörtelquirl die Arbeit

2 Den Mörtel auf das Betonfundament auftragen. An den Eckpunkten setzt man jeweils einen Kalksandstein ein. Verlauf mit Wasserwaage und Richtscheit prüfen

3 Damit ein fluchtgerechter Wandverlauf gewährleistet ist, spannt man anschließend eine Richtschnur zwischen beiden Enden des Betonfundaments

4 Die hier verwendeten Kalksandsteine sind stark saugend. Damit der Mörtel nicht aufbrennt, werden die Steine vor der Verarbeitung in Wasser eingetaucht

5 Für eine vollfugige Vermauerung wird der Mörtel satt auf den Steinkopf aufgetragen und passgenau in das Mörtelbett der unteren Lage eingesetzt

6 Die Gartenmauer wird hier im Halbstein-Verband gesetzt, d. h., die Fugen der unteren und oberen Lage verspringen jeweils um eine halbe Steinbreite

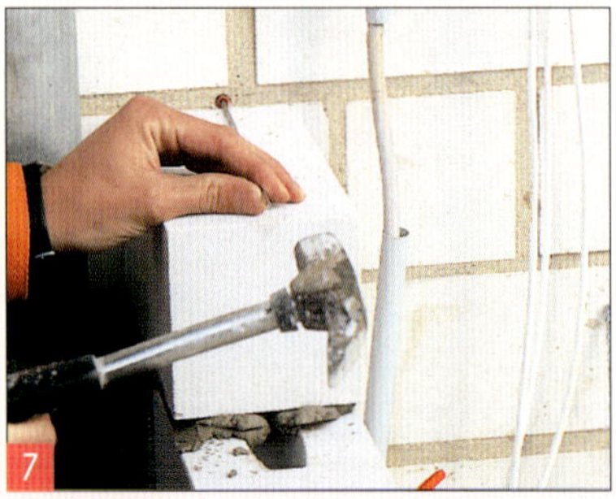

7 Zur besseren Verbindung zur Hauswand werden Maueranker in die vorgebohrten Dübellöcher eingeschlagen und mit in die Fugen der neuen Wand eingemauert

8 Dann werden zur Vorbereitung der nachträglichen Verfugung die Stoß- und Lagerfugen noch am Tag der Vermauerung mit einem Fugeisen ausgekratzt

Die erste Lage muss exakt ausgerichtet werden

Mauern ist gar nicht so schwer, wie Sie schnell feststellen werden. Es kommt aber darauf an, von Anfang an sehr exakt zu arbeiten. Mit dem Fundament der Mauer besitzen Sie bereits eine waagerechte und fluchtgerechte Grundlage. Letzte Unebenheiten werden durch den Mörtel unter der ersten Steinlage ausgeglichen.

Bei jeder neuen Lage müssen Sie sich dann nur noch an der Schnur orientieren, die immer wieder zwischen den Endsteinen der Lagen gespannt wird. Man mauert mit einem Versatz von einem halben Stein. Das heißt, bei jeder zweiten Lage sind die senkrechten Fugen genau übereinander. So bekommt das Mauerwerk optimale Festigkeit und sieht gut aus.

Als Mauermörtel wurde hier Reparaturmörtel aus dem Sack verwendet, den man nur mit Wasser anmischt.

Abdeckung

1 Eine Natursteinabdeckung soll das Mauerwerk vor Regen- und Frostschäden schützen. Der Naturstein-Verlegemörtel wird mit einem Rührquirl angemischt

2 Zur besseren Verbindung zum Mörtelbett wird eine Haftschlämme aus Naturstein-Verlegemörtel satt auf die Rückseite der Natursteinplatte aufgestrichen

3 Danach tragen Sie den Naturstein-Verlegemörtel mit dem Spachtel auf die letzte Steinlage auf und ziehen ihn anschließend auf der ganzen Fläche plan ab

4 Die mit Haftschlämme versehenen Platten werden aufgelegt und lot- und fluchtgerecht ausgerichtet. An den Seiten herausquellenden Mörtel abnehmen

Hausbau mit Kalksandstein

A

B

Die in handlichen Formaten angebotenen Kalksandsteinblöcke mit Nut-und-Feder-System für mörtellose Stoßfugen machen das Mauern für einen Selbstbauer leicht erlernbar. Man braucht nur Mörtel für die Lagerfuge aufzuziehen und schiebt die Steine im Stoßbereich ineinander. Die senkrechten Stoßfugen kommen ohne Mörtel aus. Sie besitzen ein Nut-und-Feder-System, das dem Steinverband durch die Verzahnung ausreichende Stabilität verleiht (A-D). Kalksandstein zeichnet sich durch besonders hohe Druckfestigkeit und guten Schallschutz aus. Die Wärmedämmung der Steine ist aber schlecht. Die Außenmauern sollten daher eine von außen angebrachte Dämmschicht aus Hartschaum bekommen, die mit mineralischem Putz beschichtet wird. Ein solches Wärmedämm-Verbundsystem verleiht dem Haus optimale bauphysikalische Eigenschaften: Die schweren Innenwände speichern die Wärme und sorgen für gutes Raumklima, die schützende Außenhülle aus Dämmstoff verhindert Wärmeverluste.

C

D

Mit Porenbeton kann jeder mauern

Die leichten Steine sind ideal, um nachträgliche Wände zu ziehen, wenn beispielsweise große Räume geteilt werden sollen

Tipp

Zum Sägen von Porenbeton können Sie statt der Spezialsäge auch einen normalen Fuchsschwanz mi grober Zahnung verwenden.

Leicht und doch stabil: der Baustoff Porenbeton

Anstelle der sonst gut 1 cm dicken Mörtelschicht, die man beim Mauern braucht, wird für Planblöcke aus Porenbeton nur ein dünner Klebemörtel aufgezogen, der die Steine miteinander verbindet. Im Prinzip muss man also nichts anderes tun, als die großformatigen Steine Lage für Lage aufeinander schichten. Korrekturen sind dabei kaum erforderlich.

Porenbeton bearbeiten

Aussparungen, die man beispielsweise für die Befestigung von Türfuttern oder Ähnlichem braucht, können Sie mit einer Raspel herausarbeiten

Dosenlöcher für die Elektroinstallation schneidet man mit einer Lochsäge heraus. Das stehenbleibende Material dann mit dem Meißel entfernen

Im hier gezeigten Anwendungsbeispiel wird eine Trennwand, durch die ein großer Raum geteilt werden soll, aus 17,5 cm dicken Planblöcken errichtet. Bei geringeren Ansprüchen an den Schallschutz reicht auch eine Mauerstärke von 11,5 cm.

Trotz hoher Druckfestigkeit sind die Steine aus Porenbeton ausgesprochen leicht. Sie lassen sich zudem problemlos sägen und bohren.

Die erste Steinlage muss noch mit ganz normalem Mauermörtel verarbeitet werden. Dadurch kann man Niveauunterschiede des Untergrunds ausgleichen. Man setzt immer zuerst die beiden Endsteine einer Reihe, richtet sie mithilfe der Wasserwaage genau aus und zieht dann zwischen den beiden Steinen eine Schnur, an der die folgenden Blöcke der Reihe ausgerichtet werden. Entscheidend ist, dass die erste Steinlage möglichst exakt ausgerichtet worden ist.

Vorbereitungen

1
Aus eins mach zwei. Durch den nachträglichen Einbau einer Trennwand sollen aus diesem Raum zwei Zimmer entstehen. Der Teppichboden wurde entfernt

2
Der Estrichuntergrund wird im Mauerbereich mit einer Drahtbürste gesäubert. Zum Schutz des Bodens werden die Ränder mit Papierbahnen abgeklebt

3
Zur besseren Verbundfähigkeit wird der Estrich Im Mauerbereich – der hier mit Klebeband abgeklebt wurde – mit spezieller Elastic-Emulsion bestrichen

4
Zum Ausgleich von Unebenheiten wird die erste Steinlage in ein Mörtelbett gesetzt. Hierzu mischt man Reparaturmörtel in einem Mörtelkübel an

Ein ganzes Haus aus Porenbeton

A

B

Wer mit Porenbeton ein ganzes Haus selbst bauen will, kauft in der Regel einen kompletten Bausatz, zu dem nicht nur das Material, sondern auch die Betreuung durch einen versierten Baustellenberater gehört.
Sobald die Bodenplatte des Hauses gegossen und nach einigen Tagen des Aushärtens belastbar ist, erscheint der Baustellenbetreuer, um dem Selbstbauer zu zeigen, wie beim Mauern mit Planblöcken aus Porenbeton der Anfang gemacht wird. Er prüft zunächst, ob die Bodenplatte exakt vorbereitet worden ist. Bei sorgfältiger Ausrichtung der Schalung dürfen die Hausecken nur geringe Höhenunterschiede aufweisen.
Mit einem Nivelliergerät werden die Höhen ganz exakt gemessen. Der erste Arbeitsschritt besteht dann darin, an allen vier Hausecken Steine zu setzen, deren Oberkanten sich auf gleicher Höhe befinden. Hier muss natürlich noch mit ganz normalem Mauermörtel gearbeitet werden, um Unebenheiten auszugleichen. Alle folgenden Steinlagen werden mit Klebemörtel vermauert (A-D).

C

D

Mauern mit Porenbeton

1 Der Mörtel wird mit der Kelle gleichmäßig auf die noch mattfeuchte Elastic-Emulsion aufgetragen. Anschließend zieht man ihn vollflächig glatt ab

2 Auf den Steinkopf wird mit einem Zahnspachtel der zuvor angerührte Porenbetonkleber aufgetragen. Die Steinunterseite mit Wasser vornässen

3 Nun wird der Stein in das Mörtelbett gesetzt, wobei die mit Porenbetonkleber bestrichene Kopfseite fest an das vorhandene Mauerwerk gedrückt werden muss

4 Der gesetzte Stein wird auf lot- und fluchtgerechten Sitz überprüft. Korrekturen werden durch leichte Schläge mit einem Gummihammer vorgenommen

5 Um einen Abriss der neuen Innenwand vom alten Mauerwerk zu verhindern, werden bei jeder zweiten Steinreihe Maueranker für Dünnbettmörtel gesetzt

6 Den Kleber auf die untere Steinreihe auftragen und mit dem Zahnspachtel aufkämmen. Die Maueranker mit dem Hammer umlegen und in den Kleber drücken

7 Für den Türsturz werden vorgefertigte Elemente angeboten, die man ebenfalls in den Porenbetonkleber einlegt. Umliegende Stelne entsprechend zuschnelden

8 Hier sieht man den perfekt eingepassten Türsturz. Die Anschlussfuge zur Zimmerdecke wird mit Reparaturmörtel ausgestopft. Fertlg Ist dle neue Innenwand

Das weitere Hochziehen des Mauerwerks läuft dann nach dem immer gleichen Schema ab: Die letzte Steinlage wird sorgfältig mit einem speziellen Reibebrett geglättet und anschließend abgefegt; Dünnbettmörtel wird mit der mitgelieferten Zahnkelle in gleicher Schichtstärke aufgezogen; die Steine werden aufgelegt und mit einem Gummihammer festgeklopft.

Wichtig ist die richtige Konsistenz des Klebemörtels: Wenn zur Trockenmischung genau die vom Hersteller vorgeschriebene Wassermenge zugegeben wird und man das Ganze sorgfältig mit Bohrmaschine und Rührquirl vermengt, entsteht ein pastöser Mörtel, der sich leicht aufziehen lässt. Die durch die Zahnung der Kelle entstehenden feinen Mörtelstränge dürfen dabei nicht in sich zusammenfließen.

Da beim Mauern mit Porenbeton auch die Stoßfugen verklebt werden, zieht man auch hier Mörtel auf. Die neuen Steine werden dann jeweils mit etwa 5 cm Abstand aufgesetzt und vorsichtig an die bereits vermauerten Steine herangeschoben.

Die Oberfläche ist bei sorgfältig erstelltem Mauerwerk aus Porenbeton nachher so glatt, dass nur ein dünner Spachtelputz erforderlich ist. Fliesen können sogar direkt auf die mit Tiefengrund vorbehandelten Steine geklebt werden.

Immer, wenn beim Mauern Passsteine erforderlich sind, kommt die Säge zum Einsatz. Besonders komfortabel arbeitet eine spezielle Bandsäge für Porenbeton, die man bei größeren Bauprojekten für die Dauer der Rohbauarbeiten ausleihen kann.

Die großen Porenbetonhersteller bieten neben den Mauersteinen ein komplettes Bausystem für alle Problemlösungen an. Es gibt Fertigstürze für Türen und Fenster, Fertigdecken sowie Treppenelemente. In unserem Anwendungsbeispiel wurde ein Fertigsturz über der Tür verwendet.

Verputzen der Wand

1 Die Innenwand aus Porenbeton ist nun fertig gemauert. Damit sie eine glatte Oberfläche erhält, muss sie anschließend noch beidseitig verputzt werden

2 Die Türöffnung wird mit Schalbrettern verkleidet. Diese sollen genau 8 mm aus der Türöffnung hervorstehen, was der geplanten Putzauftragsdicke entspricht

3 Zur Untergrundvorbereitung wird die Porenbetonwand mit einem harten Straßenbesen gründlich abgefegt, damit alle losen Mörtelteile entfernt werden

4 In einem Kübel wird der Haftputz mit einem Rührquirl verarbeitungsgerecht angemischt. Bei dem hier verwendeten Putz ist eine Grundierung überflüssig

5 Größere Vertiefungen, wie z. B. Mörtelausbrüche oder Kabelschlitze, sind im Vorfeld zu verschließen. Die Untergründe sollte man stets sorgfältig vornässen

6 Mithilfe eines Stahlglätters wird dann der Haftputz auf das Mauerwerk aufgezogen. Dabei ist unbedingt auf einen gleichmäßigen Auftrag zu achten

7 Damit die Wandfläche vollkommen ebenmäßig wird, zieht man den aufgetragenen, noch feuchten Putz danach noch mit einer langen Kartätsche plan ab

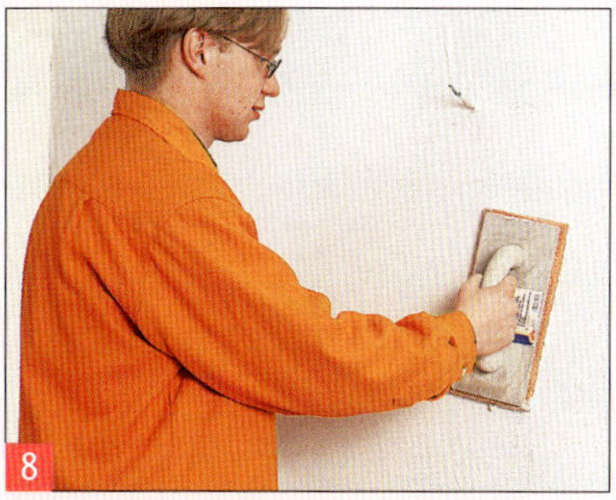

8 Die abgezogene Fläche wird mit einem Schwammbrett vorgefilzt. Bereits angezogene Flächen machen Sie mit einem wassergetränkten Quast wieder gängig

9 Anschließend glättet man den Putz mithilfe eines Stahlglätters. Alternativ kann man ihn auch mit einer Moosgummischeibe feinfilzen

GBM 9,6VES

Trocken-ausbau-Systeme

- Material, Werkzeuge und Arbeitstechniken
- Trockenputz für die Kellerwände
- Trennwände bauen
- Deckenverkleidungen

Material, Werkzeuge und Arbeitstechniken

Ob Neubau, Umbau, Althaussanierung, Renovierung oder Dachausbau – für alle Einsatzgebiete bietet der Trockenbau praxiserprobte Systeme

Produktion

Aus Naturgips (links) sowie aus Gips, der bei der Entschwefelung von Kraftwerken anfällt, werden Gipsplatten für den Trockenbau in industriellen Verfahren hergestellt.

Trockenbau für Wände, Decken und Böden

Wenn es darum geht, einen Rohbau bewohnbar zu machen, so müssen die gemauerten Wände zunächst durch eine Putzschicht geglättet werden. Dies kann in der Regel nur ein geübter Profi. Zudem kommt dabei eine Menge Feuchtigkeit ins Haus, die erst nach vielen Wochen vollständig ausgetrocknet ist.

Ähnliche Probleme bereitet das nachträgliche Einziehen von massiven Trennwänden sowie das Ausbauen von Dachgeschossen. Es müssen Steine gemauert und dann mühsam verputzt werden. Auch hier gilt es anschließend abzuwarten, bis die Feuchtigkeit entwichen ist, ehe tapeziert oder gefliest werden kann, um die Räume bewohnbar zu machen.

Als heimwerkerfreundliche Alternative zu den klassischen Ausbautechniken bietet sich heute der trockene Ausbau mit Gipsplatten auf Unterkonstruktionen aus Holz oder Metall an. Die Trockenbauweise hat sich bereits seit Jahrzehnten bewährt; ein breit gefächertes Materialprogramm bietet Lösungen für den gesamten Innenausbau – für Boden, Wand und Decke.

Gipsplatten bestehen aus einem Gipskern, der mit einem Deckkarton ummantelt ist. Dieser bietet einen perfekten Untergrund zum Tapezieren, Anstreichen oder Fliesenlegen.

Holz oder Metall für die Unterkonstruktion der Beplankung

Gipsplatten als Alternative zu Nassputz für gemauerte Wände werden mit Ansetzbinder direkt auf den massiven Untergrund geklebt. Platten, die man für Vorsatzschalen oder als Beplankung von Trennwänden einsetzen will, benötigen eine Unterkonstruktion, auf der man sie mit Spezialschrauben befestigt. Für diese Unterkonstruktionen können Sie Latten oder Kanthölzer bzw. als Systemzubehör angebotene Metallprofile einsetzen. Da Hölzer sel-

Latten und Profile bearbeiten

1 Mit einer Stichsäge können Sie Holzlatten und Kanthölzer für Unterkonstruktionen schnell und sauber ablängen. Die Werkstücke müssen dabei fest aufliegen

2 Auch Metallprofile durchtrennt die Stichsäge problemlos, wenn man sie mit einem Metallsägeblatt bestückt. Wichtig: die Hubzahl muss reduziert werden

3 Für Latten, die direkt auf dem Mauerwerk befestigt werden sollen, bohren Sie zunächst die Dübellöcher mit einer leistungsfähigen Schlagbohrmaschine

4 Sind die Dübel eingesteckt, können die Schrauben eingedreht werden. Hierfür ist ein Akkuschrauber ideal. Sein Drehmoment lässt sich einstellen

Platten bearbeiten und befestigen

1 Wenn beim Trockenausbau viele Elektrodosen, Schalter etc. gesetzt werden müssen, lohnt sich die Anschaffung einer hochwertigen Lochsäge

2 Mittels Akkuschrauber und Schnellbauschrauben verbinden Sie Metallprofile miteinander. Ausbauprofis verwenden dafür auch eine spezielle Stanzzange

3 Zum Befestigen der Gipsplatten auf der Unterkonstruktion benötigen Sie ebenfalls einen Akkuschrauber mit Tiefenanschlag und Drehkraftvorwahl

4 Beim Verbinden von Trockenestrich-Elementen kommt der Elektrotacker zum Einsatz. Auf Holzlattungen können auch Wandplatten getackert werden

Wichtige Werkzeuge im Überblick

1 Kellenspachtel; 2 Breitspachtel; 3 Kantenhobel; 4 Trockenboden-Montagegehilfe; 5 Inneneckenspachtel; 6 Stanzzange für Profilverbindungen; 7 Niveaulehre; 8 Schraubgriffspachtel; 9 Surformhobel; 10 Misch-Quirl; 11 Handschleifer aus Kunststoff; 12 Schweizer Traufel; 13 Gipserbeil; 14 Klingenmesser; 15 Schwammscheibe; 16 Lochsäge

ten gerade und maßgenau sind, bietet sich heute beim Trockenbau vor allem der Einsatz von Metallprofilen an. Eine Metall-Unterkonstruktion besteht aus U-förmigen Randprofilen als Boden- oder Deckenabschluss, in die man C-förmige Ständerprofile in vorgegebenen Abständen einsetzt. Die Standardblechdicke der Profile beträgt 0,6 mm. Die Abmessungen der U-Randprofile betragen 50/40, 75/40 bzw. 100/40 mm; die der C-Ständerprofile 50/50, 75/50 bzw. 100/50 mm.

Werkstoffe für den Trockenbau fachgerecht bearbeiten

Beim Trockenbau mit Gipsplatten geht es zunächst darum, die zu beplankenden Unterkonstruktionen herzustellen. Wird mit Latten und Kanthölzern gearbeitet, brauchen Sie zum Zuschneiden unbedingt eine Stichsäge. Auch Metallprofile für Ständerwerke lassen sich mit Hilfe der Stichsäge und einem Metallsägeblatt ablängen. Hier können Sie aber auch mit einer üblichen Blechschere arbeiten.

Die Befestigung der Gipsplatten auf der vorbereiteten Unterkonstruktion erfolgt vorzugsweise durch Schnellbauschrauben, die besonders scharfe Spitzen aufweisen. Das ideale Werkzeug zum Verarbeiten der Schnellbauschrauben ist ein handlicher Akkuschrauber mit Tiefenanschlag.

Verschiedene Kantenformen

1

2

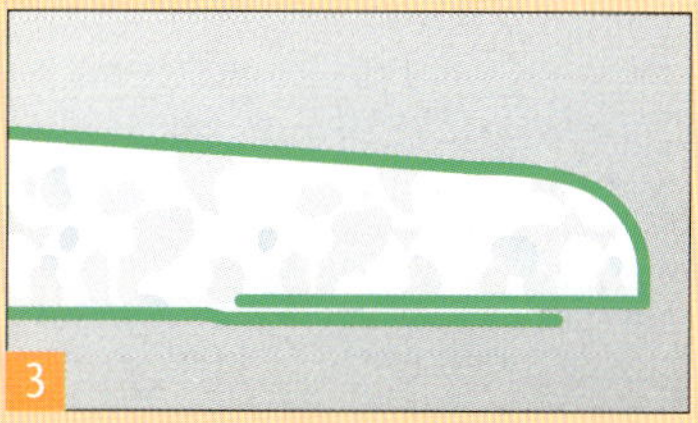

3

Die halbrunde Längskante (HRK) stellt die für den Heimwerker günstigste Kantenform dar (1). Platten mit halbrunder Kante kann man bei der Montage direkt aneinander stoßen lassen. Der Zwischenraum wird dann in einem Arbeitsgang mit Spachtelmasse gefüllt (2). HRAK-Platten mit abgeflachter Kante (3) werden in drei Arbeitsgängen gespachtelt: Spachtelmasse auftragen, Gewebestreifen einlegen, nochmals spachteln. Dafür ist die Fuge besonders stabil.

Gipskartonplatten sägen und spachteln

Das Angebot an Gipsplatten für den Innenausbau ist groß. Wenn Transport und Lagerung kein Problem darstellen, bieten sich raumhohe Platten in der Breite von 1250 mm an. Damit können Sie große Flächen rationell beplanken. Die Plattendicke beträgt für die meisten Anwendungen 12,5 mm. Für die Verwendung in Feuchträumen wählen Sie imprägnierte Platten. Sie sind meist grün gefärbt.

Besonders handlich („kofferraumgerecht") und damit sehr gut geeignet für den nachträglichen Ausbau bei beengten Platzverhältnissen sind kompakte Plattenformate – beispielsweise 900 x 1250 mm groß und 12,5 mm dick. Fürs Zuschneiden von Platten bis 12,5 mm Dicke brauchen Sie nicht mehr als ein scharfes Cuttermesser. Man ritzt die Platten an ihrer Oberseite entlang eines Lineals ein. Dann werden sie über eine scharfe Kante abgebrochen. Für Formschnitte ist die Stichsäge ideal. Die Schnitt- oder Bruchkante muss anschließend noch geglättet werden.

Die Plattenkanten fürs Verspachteln vorbereiten

Die gebräuchlichen Formen der Kantenausbildung bei Gipsplatten sind die halbrunde Längskante (HRK) und die halbrunde abgeflachte Längskante (HRAK). Die Stirnkanten der Platten sind werkseitig in der Regel scharfkantig abgeschnitten. Die Stirnkanten und alle durch individuelles Zuschneiden der Platten entstandenen scharfen Kanten müssen Sie vor dem Verspachteln leicht anfasen (auf etwa 22,5°). Am besten geht dies mit dem Kantenhobel, einem Spezialwerkzeug. Der Heimwerker kann hier allerdings auch mit dem Surformwerkzeug arbeiten, das er bereits fürs Glätten zugeschnittener Plattenkanten benutzt hat.

Für das Verspachteln der Plattenstöße stehen zwei Systeme zur Auswahl: Bei abgeflachten Längskanten wird ein Profi-System eingesetzt (mit Einlegen eines die Verbindung stabilisierenden so genannten Fugendeckstreifens); bei HRK- und HRAK-Kanten wird ohne zusätzlichen Fugendeckstreifen gespachtelt. Wichtig: Sich bereits versteifendes Spachtelmaterial darf nicht mehr verwendet werden!

Platten bearbeiten

1 Ritzen Sie die Gipskartonplatte zum Trennen mit einem scharfen Cuttermesser entlang eines Stahllineals oder der Wasserwaage auf der Oberseite an

2 Dann legt man die angeritzte Platte so über eine Kante, dass die Ritzlinie knapp übersteht. Mit einem kräftigen Druck nach unten bricht man das Abfallstück ab

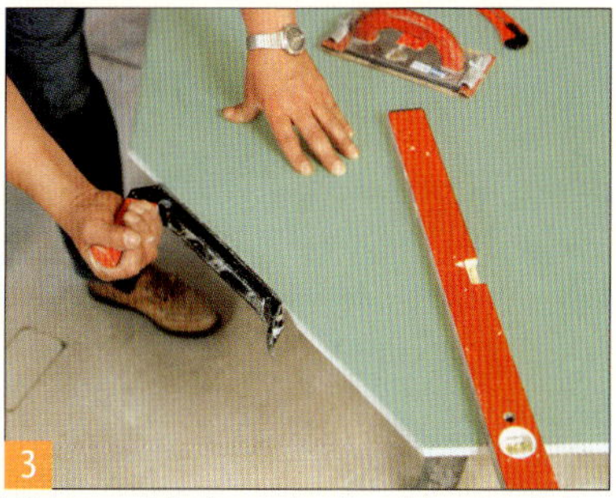

3 Die raue Schnitt- oder Bruchkante wird anschließend mit einer Raspel oder besser noch einem Surformhobel geglättet. Dann die Kante leicht anfasen

4 Öffnungen (z. B. für Steckdosen) sollten vor dem Anbringen der Platte hergestellt werden. Die Bohrmaschine wird dazu mit einer passenden Lochsäge bestückt

Trockenputz für die Kellerwände

Soll ein Kellerraum zu Wohnzwecken ausgebaut werden, brauchen die Wände einen sauberen Putz und gleichzeitig eine gute Wärmedämmung. Dafür ist Trockenputz ideal

Mit Ansetzgips werden die Platten befestigt

Ursprünglich gab es die hier gezeigten Trockenputzplatten nur einlagig für die Beschichtung von Innenwänden. Ihre Verwendung stellt den schnellsten Weg vom Rohbau zum einzugsfertigen Haus dar.

Auch bei der Althaussanierung erweist sich diese Methode als zeitersparend und kostengünstig. Typische Wandprobleme im Altbau wie Risse, Unebenheiten, mürber Altputz und sichtbare Installationsleitungen werden durch das Aufbringen von Trockenputz in einem Zug gelöst. Man kann sofort tapezieren.

Soll in einem Arbeitsgang auch die Wärmedämmung der Wand verbessert werden, wählt man statt einlagiger Platten Verbundplatten, deren Rückseite mit Polystyrol-Hartschaum beschichtet ist (siehe Schnittzeichnung unten). Diese Platten werden mit Dämmstoffdicken von 20 bis 80 mm hergestellt. Sie machen den Keller im Nu wohnlich warm und senken den Verbrauch an Heizenergie.

Der Untergrund muss trocken, frostfrei, ausreichend tragfähig und gegen aufsteigende oder durchschlagende Feuchtigkeit geschützt sein. Loser Altputz, alte Anstriche und Verschmutzungen sind vor dem Ansetzen der

Schnitt durch die Platte

Die Rückseite der Gipskartonplatte ist mit einer Lage Hartschaum beschichtet. Eine zusätzliche Dampfsperre ist bei diesem Wandaufbau überflüssig.

Platten sorgfältig zu entfernen. Stark saugende Untergründe sollten Sie vor dem Ansetzen von Trockenputz mit Tiefengrund behandeln, um die Saugfähigkeit zu reduzieren. Die Verbindung zwischen Platte und Wand wird durch Ansetzgips hergestellt, der in Batzen auf die Plattenrückseite gegeben wird. Unebenheiten des Untergrunds bis zu 20 mm können durch den Ansetzgips ausgeglichen werden. Größere Unebenheiten lassen sich durch 10 cm breite Streifen aus Gipsplatten ausgleichen, die senkrecht im Rasterabstand von 625 mm mit Ansetzgips auf die Wand geklebt werden. Oben und unten bringen sie durchgehende horizontale Streifen an. Auf diese Unterkonstruktion lassen sich die Platten dann mit Fugenfüller kleben, den man mit dem Kammschlitten im Bereich der Kontaktflächen auf die Plattenrückseite aufzieht. Das gleiche Verfahren wird angewendet, um Platten auf weitgehend ebenen Untergründen (zum Beispiel Betonflächen) anzusetzen.

Platten kleben und spachteln

1 Bei maximal 50 mm Kantenabstand bilden Sie drei Reihen Ansetzgips-Batzen. Je unregelmäßiger die Wand, desto dicker müssen die Batzen sein

2 Die Platten mit versetzten senkrechten Stößen ankleben. Die am Anfang zwangsläufig entstehenden halben Platten werden zum Schluss gebraucht

3 Richten Sie die Platten durch leichte Schläge auf Richtlatte oder Wasserwaage lotrecht aus, solange der Ansetzgips noch nicht abgebunden hat

4 Ist die Wand komplett verkleidet, werden die Fugen zwischen den Platten mit speziellem Fugenfüller verspachtelt. Dann kann tapeziert oder gefliest werden

Den schnellsten Arbeitsfortschritt bringt das Ansetzen raumhoher Platten von 1250 mm Breite (rechts). Kleinformatige Platten werden in waagerechten Reihen versetzt angeordnet (unten)

Trennwände bauen

Nichttragende Trennwände lassen sich besonders schnell und vorteilhaft als Ständerwände mit Gipsplattenbeplankung errichten. Sie können so beim Umbau eine neue Raumaufteilung realisieren

Variable Raumaufteilung durch Leichtbauwände

Ständerwände bestehen aus Unterkonstruktion und Beplankung. Die Unterkonstruktion wird aus Kanthölzern oder verzinkten Stahlblechprofilen aufgebaut und anschließend beidseitig mit Platten beplankt. Das Ständerwerk kann einfach (1-reihig) oder doppelt (2-reihig) ausgeführt werden. Die Beplankung kann ein- oder mehrlagig sein. Durch mehrlagige Beplankung lassen sich bei Trennwänden bei Bedarf höhere Anforderungen an Stabilität, Schalldämmung und Feuerschutz erfüllen.

Die Montage einer Trennwand beginnt mit dem Markieren der Position auf dem vorhandenen Boden. Ideal ist dazu eine Schlagschnur. Die so ermittelte Linie übertragen Sie dann mitttels Wasserwaage und Senklot auf die seitlichen Wände und die Decke.

Nun schneiden Sie die einzelnen Kanthölzer bzw. U-Profile für Boden und Decke zu. Für Holzkonstruktionen wählt man Kanthölzer von 60 x 60 bzw. 60 x 80 mm. Bei den Metallprofilen können Sie zwischen 50, 75 und 100 mm Breite wählen.

Um einen dichten Anschluss zu erreichen, werden die Rückseiten der Kanthölzer bzw. U-Profile mit selbstklebendem Dichtband versehen. Die Befestigung erfolgt je nach Untergrund mit geeigneten Schrauben bzw.

Metallprofile

Besonders exakt gelingt das Ständerwerk mit Metallprofilen. Kanthölzer neigen immer dazu, sich zu verdrehen.

Dübeln. Im Bereich von Türen sparen Sie die Bodenschiene (Schwelle) aus.

Ist der umlaufende Rahmen montiert, werden die Holzständer bzw. C-Profile eingesetzt und ausgerichtet. Der Ständerabstand wird den jeweiligen Plattenmaßen angepasst, sollte jedoch maximal 625 mm betragen. Die senkrechten C-Profile rechts und links von Türöffnungen sollten Sie durch Einsetzen und Verschrauben zweier Vierkanthölzer verstärken. Mit einem Sturzprofil schließen Sie dann die Türöffnung nach oben ab.

Das fertige Gerüst wird zunächst von einer Seite beplankt. Für robuste Trennwände empfiehlt sich die Verwendung 25 mm dicker Massivbauplatten oder eine doppelte Beplankung mit dünneren Platten. Damit lassen sich Tragfähigkeit und Schallschutz deutlich verbessern. Bei der Bekleidung gelten die Grundregeln für die Bekleidung mit Gipsplatten: Schrägen Sie alle Schnittkanten etwas an und vermeiden Sie Kreuzfugen.

Nun ist die letzte Gelegenheit, Kabel und Rohre im Inneren der Trennwand zu verlegen. Die C-Profile besitzen vorgestanzte Öffnungen zur Durchführung von Installationsleitungen. Danach werden die Dämmplatten eingebracht. Anschließend können Sie auch die zweite Seite beplanken.

Die Montage

1 Das Bodenprofil wird angedübelt. Vorsicht bei Estrichen mit Heizrohren

2 Nun das Deckenprofil anbringen und die senkrechten Ständer einfügen

3 Zunächst wird das Gerüst auf einer Seite beplankt und mit Dämmmatten gefüllt

4 Ist die Dämmung eingebaut, erfolgt die Beplankung der Gegenseite

Installationsleitungen unterbringen

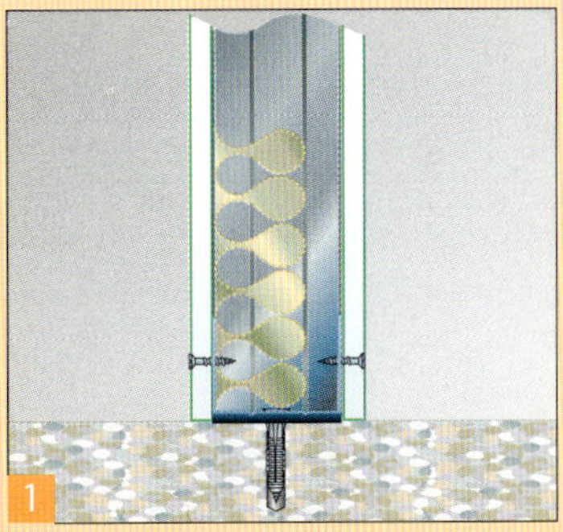

1

2

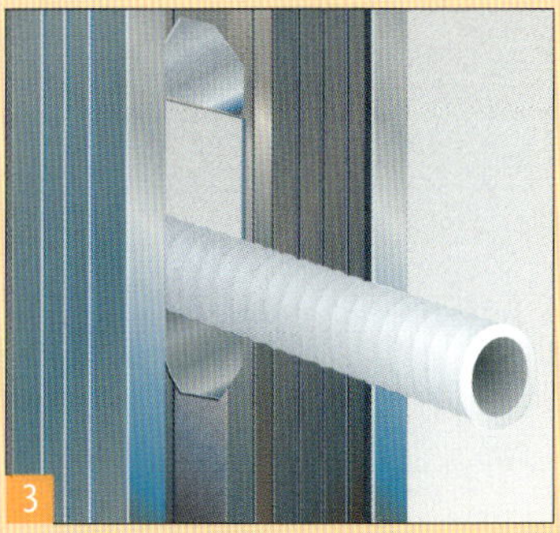

3

Die Trennwand aus fertig beplankten Metallprofilen im Schnitt (1).
Besteht das Gerüst der Wand bei so genannten Riegelkonstruktionen aus waagerecht montierten Profilen, können Sie erforderliche Elektrokabel einfach auf den Riegeln verlegen (2). Bei senkrechten Ständern erlauben vorgestanzte Löcher das Durchführen von Leitungen (3). Man biegt die Stanzungen auf und schiebt Kabel oder Leerrohr durch. Die Platten erhalten Aussparungen für die Dosen.

Deckenverkleidungen

Das Bekleiden oder Abhängen von Decken ist vornehmlich eine Maßnahme der Altbausanierung, um die Raumhöhe zu verringern oder unansehnliche Decken zu kaschieren

Auf die Abstände achten

An der Decke wird zunächst eine Grundlattung (50 x 30 mm) angebracht (Lattenabstand 85 cm, maximaler Schraubenabstand 85 cm). Darauf kommt im Rasterabstand von 41,5 cm die Traglattung von 50 x 30 mm. Dann schrauben Sie mit maximal 17 cm Schraubenabstand die Platten auf die Unterkonstruktion. Die zweite Reihe anschließend versetzt befestigen.

C-Profile

Sichere und rationelle Abhängung: Von Noniusabhängern (siehe auch Bilder im Kasten) werden hier Grundprofile getragen, an denen als eigentliche Traglattung C-Profile mit so genannten Kreuzverbindern befestigt sind.

Auf die Unterkonstruktion kommt es an

Unansehnliche, kaum zu sanierende Decken lassen sich durch Abhängen verdecken, zu hohe Decken werden auf ein für heutige Wohnansprüche normales Maß reduziert. Bei Neubauten werden Decken meist nur aus gestalterischen Gründen verkleidet oder abgehängt. Man stuft die Decke beispielsweise ab oder nutzt den entstehenden Hohlraum zum Einbau von Beleuchtungssystemen. Für solche Maßnahmen muss eine ausreichende Deckenhöhe vorhanden sein.

Ganz gleich aus welchem Grund eine vorhandene Decke bekleidet oder abgehängt werden soll, müssen Sie bei der Befestigung der Unterkonstruktion sowie beim anschließenden Verschrauben der Beplankung auf Nummer Sicher gehen. Denn Deckenteile, die aufgrund unsachgemäßer Befestigung herabstürzen, sind lebensgefährlich.

So sorgen Sie für die richtige Abhängung

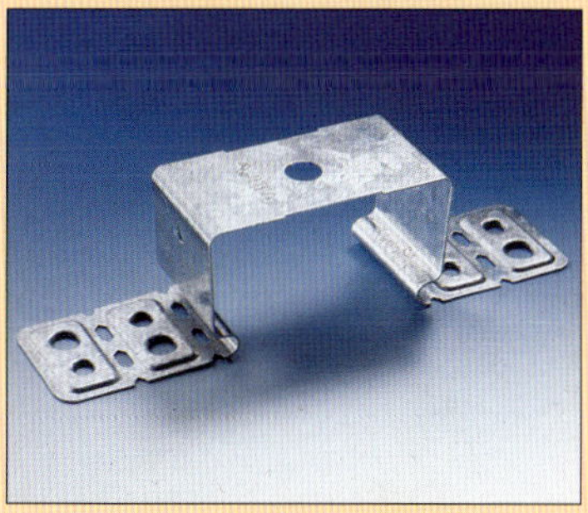

Der Befestigungsclip ist ein Haltebügel, der sich auf C-Profile aus Metall aufklippen lässt. Seine Laschen werden an die Decke gedübelt

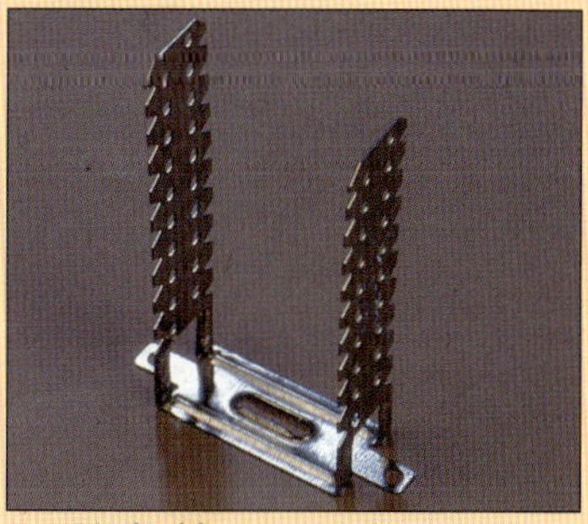

Der Direktabhänger wird mittig befestigt. Latte aus Holz oder Metallprofil schrauben Sie seitlich an den gelochten Laschen fest

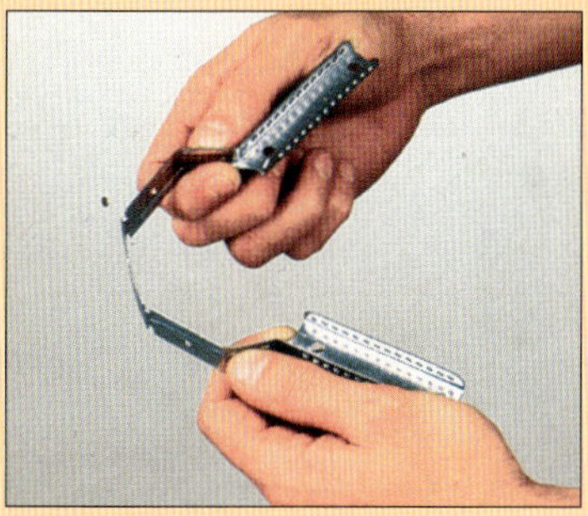

Der Noniusbügel (bestehend aus Bügel, Hänger und Stift) wird zuerst zusammengebogen. Dabei rasten die beiden gelochten Teile zusammen

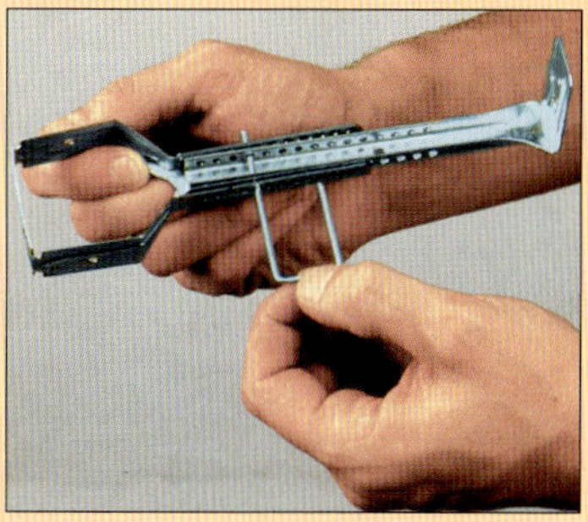

Anschließend schieben Sie den Bügel auf den Hänger und fixieren die Verbindung durch Einstecken des Splints in der gewünschten Höhe

51

Fassaden-dämmung leicht gemacht

- Eine wärmende Außenhaut fürs Haus
- Die Praxis der Fassadendämmung

Eine wärmende Außenhaut fürs Haus

Die Zukunft des Energie sparenden Bauens liegt in mehrschaligen Wandaufbauten mit massivem tragendem Mauerwerk und einer wärmedämmenden Umhüllung aus Hartschaum- oder Mineralfaserplatten

VORHER

NACHHER

Für den Neubau wie für die Altbaumodernisierung

Wer heute neu baut oder einen Altbau von Grund auf modernisiert, sollte in Sachen Wärmedämmung nicht kleckern, sondern klotzen. Experten sagen schon lange, dass die noch immer übliche und der aktuellen Wärmeschutzverordnung entsprechende Dämmpraxis die heutigen Möglichkeiten des effektiven Energiesparens überhaupt nicht ausschöpft. Man kann und sollte im eigenen Interesse wesentlich mehr tun.

Der Trend geht eindeutig weg vom homogenen Mauerwerk, das die Wärmedämmung gleich mit eingebaut hat. Die Zukunft liegt bei mehrschaligen Aufbauten mit außen liegender Dämmung. Ein solches Wärmedämm-Verbundsystem überzeugt durch sehr gute k-Werte.

Bauphysiker fordern Wandkonstruktionen, deren k-Werte zwischen 0,4 und 0,23 liegen. Derart günstige Dämmwerte können von Wänden, die aus einem homogenen Baustoff bestehen, kaum noch erreicht werden. Eine 30-cm-Wand aus Porenziegeln beispielsweise erreicht den k-Wert 0,53. In Brennstoffverbrauch ausgedrückt, bedeutet das etwa 5,3 Liter Heizöl oder Kubikmeter Gas pro Quadratmeter Wandfläche.

Eine 30 cm dicke Wandkonstruktion aus Kalksandstein mit außen liegendem Wärmedämm-Verbundsystem dagegen erreicht den k-Wert 0,3, was nur noch etwa 3 Litern Öl bzw. Kubikmetern Gas pro Quadratmeter Wandfläche entspricht. Diese Energieeinsparungen machen sich schon in wenigen Jahren bezahlt.

Nicht zuletzt wird Wärmedämmung bei Altbauten auch staatlich unterstützt. Modernisierungsarbeiten, die nachhaltig Energie einsparen, werden z. B. durch das KfW-Programm zur CO_2-Minderung der Bundesregierung mit zinsgünstigen Krediten gefördert. Weiterhin gibt es verschiedene Länderprogramme. Auskünfte dazu erteilen die Wohnungsbau-Förderämter der Landkreis- oder Stadtverwaltung, aber auch die Energieberatungsstellen der Verbraucherzentralen.

Ein Wärmedämm-Verbundsystem kann ein geschickter Do-it-yourselfer , wie die folgenden Seiten zeigen werden, durchaus selbst anbringen. Wenn ein Altbau ohnehin verputzt werden muss, kommt eigentlich nur das Befestigen der Dämmplatten hinzu. Sie werden auf ihrer Rückseite mit Klebemörtel beschichtet und dann auf das tragfähige Mauerwerk geklebt und gedübelt. Alle Außenecken erhalten Gewebe-Eckwinkel, und die gesamten Flächen werden durch Einlegen von Gewebe in den Grundputz gegen Spannungsrisse stabilisiert. Das Haus besitzt dann eine wärmedämmende Außenhülle, mit der die Heizkosten zukünftig drastisch gesenkt werden.

Werkzeuge für die Fassadendämmung

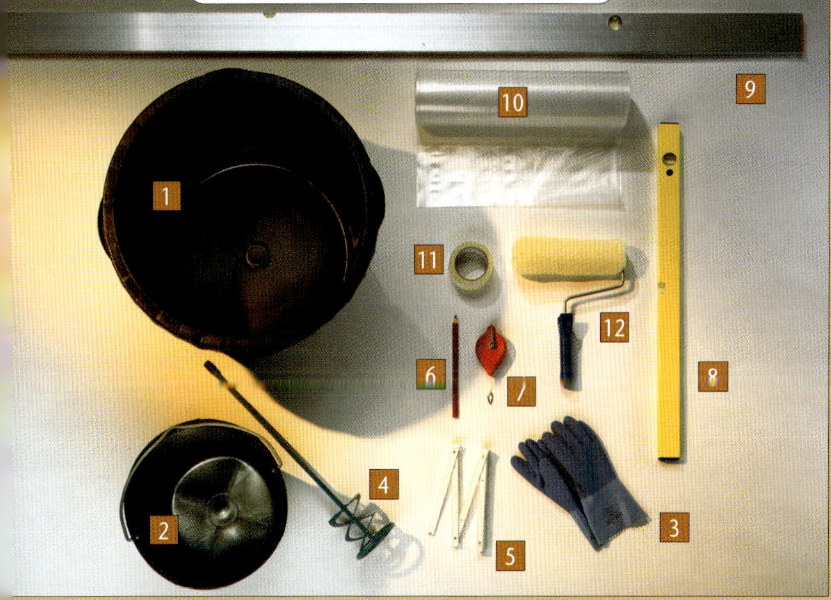

Der Trockenmörtel wird im sauberen Mörtelkübel (1) mit Wasser angemischt. Zum Anmischen kleinerer Mengen eignet sich auch ein Eimer (2). Wichtig für alle Arbeiten mit zementgebundenen Werkstoffen sind Gummihandschuhe (3). Mit einem Rührquirl (4) als Aufsatz für die Bohrmaschine lässt sich der Mörtel gleichmäßig in der gewünschten Konsistenz anmachen. Zum exakten Abmessen der Sockelhöhe dient der Zollstock (5). Mit einem Bleistift (6) oder einer Schlagschnur (7) lässt sich die Sockelhöhe leicht anzeichnen. Mit einer Wasserwaage (8) können lot- und waagerechte Ausrichtungen am besten kontrolliert werden. Damit die Fläche gerade und eben wird, sollte auf jeden Fall eine Richtlatte (9) verwendet werden. Fenster, Türen usw. werden mit Folie (10) und Klebeband (11) geschützt. Grundierungen lassen sich mit einer Farbrolle (12) gleichmäßig auftragen.

Mörtelreste, Grate usw. lassen sich mit einem Gipserbeil (1) beseitigen. Sind Stemmarbeiten notwendig, ist hierfür der Meißel (2) angebracht. Ein Hammer (3) sollte nicht fehlen. Mit einer Schlagbohrmaschine und einem 8-mm-Hartmetallbohrer (4) werden die Dübellöcher gebohrt. Das Zuschneiden von Metallschienen lässt sich mit einer Blechschere (5) bewältigen. Mit einem Universalmesser werden Folien- oder Gewebezuschnitte vorgenommen oder auch mit ener Teppichschere (7) gemacht. Die Mauererkelle (8) wird bei Mörtelarbeiten gebraucht. Die kleine Kelle (9) und der Spachtel (10) werden überall dort eingesetzt, wo die Maurerkelle zu groß ist. Mit dem Schleifbrett werden Unebenheiten der Dämmschicht beigeschliffen. Zahnkellen/Zahnspachtel (12) zum Aufkämmen des Klebers. Mörtel auftragen und -glatt ziehen kann mit einer Glättkelle (13) erfolgen. Mit einem Kunststoffreibebrett (14) werden Edelputzstrukturen erzielt. Das Moosgummibrett (15) wird für Scheibenputzstrukturen gebraucht. Die Dämmplatten werden mit dem Dämmstoffmesser (16) zugeschnitten.
Für exakte Schnitte bietet sich eine Feinsäge (17) an.

Die Praxis der Fassadendämmung

Schritt für Schritt wird gezeigt, wie man einen Altbau aus der Nachkriegszeit auf modernen Dämmstandard bringt

Tipp

Hat Ihr Haus eine marode Fassade, die ohnehin neu verputzt oder zumindest gestrichen werden muss, reduziert sich die Investition für die Dämm maßnahme um die entsprechenden Kosten.

Gutes Wohnklima hinter der dämmenden Hülle

Das hier gezeigte Dämmsystem von quick-mix aus Hartschaumplatten, die als eine zweite Haut auf die alte Fassade aufgebracht werden, nennt man in der Bautechnik Wärmedämm-Verbundsystem (WDVS). Es hat den Vorteil, dass anschließend der gesamte Baukörper von der dämmenden Hülle eingeschlossen ist.

Das hier vorgestellte System schützt nicht nur im Winter vor zu hohen Energieverlusten, sondern auch im Sommer vor zu hohem Aufheizen der Wände. Das Klima im Haus wird also optimiert. Starke Temperaturschwankungen sind vorbei. Die Wohnqualität wird durch die Dämmung spürbar verbessert.

Ein Thema, das bei vielen Hausbesitzern und Mietern für größten Ärger sorgt, ist nach der Montage des außen angebrachten Dämm-Systems übrigens auch vom Tisch: Schimmelbildung an den Wänden. Schimmelpilze bilden sich nämlich nur dort, wo die Außenwände des Hauses mangels Dämmung sehr kalt werden. Die in der Raumluft enthaltene Feuchtigkeit kondensiert dann auf der Innenseite solcher Wände. Packt man das Haus aber

Vorarbeiten

1 Vorab muss der Untergrund gereinigt werden, um Verschmutzungen und lose Teile zu entfernen. Mit einem Dampfstrahler geht dies schnell und einfach

2 Mit Wasserwaage oder Richtlatte ist die Ebenheit des Untergrundes zu prüfen. Größere Unebenheiten gleicht man mit einem geeigneten Universalmörtel aus

3 Überprüfen Sie die Stabilität des Untergrundes, indem Sie die Wandfläche mit einem Hammer abklopfen und auf diese Weise Hohlstellen aufspüren

4 Haben Sie Hohlstellen in der Wandfläche ausfindig gemacht, schlagen Sie die entsprechenden Bereiche sorgfältig ab und säubern sie anschließend

5 Für die Ausbesserung der Fehlstellen eignet sich ein Kalkzementmörtel, der auch als Universalmörtel bezeichnet wird. Tragen Sie ihn ebenmäßig auf die Wand auf

6 Sanden einige Bereiche leicht ab, sind diese vorher mit Tiefengrund zu behandeln. Der Tiefengrund kann mit Quast oder Farbrolle aufgetragen werden

7 Die alte Fensterbank wird entfernt. Damit die Laibungsplatte nicht in das Fenster bzw. in die Tür ragt, ist es evtl. notwendig, die Laibungen abzustemmen

8 Unter der neuen Fensterbank wird als Ausgleich und Auflage ein Streifen aus Polystyrol verwendet. Der Streifen wird mit der Wasserwaage ausgerichtet

9 Anschließend können Sie die neue Fensterbank auf die vorbereitete Fläche auflegen. Wieder kommt die Wasserwaage bei der Ausrichtung zum Einsatz

10 Sobald die Fensterbank perfekt ausgerichtet ist, können Sie sie festschrauben. Anschließend geht es an die Bearbeitung der Laibung

11 Damit Fenster oder Tür nicht durch Mörtel verunreinigt werden, klebt man sie vorher sorgfältig mit Folie ab. Mischen Sie dann Kalkzementmörtel an

12 Damit die Laibungsplatte flächig angeklebt werden kann, muss die gestemmte Laibungsfläche mit dem angerührten Kalkzementmörtel egalisiert werden

Dämmplatten kleben

1 Mithilfe der Schlagschnur die Sockelhöhe 30 cm über dem Bodens anzeichnen. Die Schiene muss flucht- und waagerecht sitzen. Dann Befestigungslöcher markieren

2 Anschließend die Dübellöcher mit einer Schlagbohrmaschine bohren. Das Bohrloch muss stets mindestens 1 cm tiefer gebohrt werden, als der Dübel lang ist

3 Nach dem Bohren werden Schlagdübel in die Löcher gesetzt. Alle 30 cm ist ein Dübel zu setzen. An den Stößen setzen Sie ebenfalls links und rechts Dübel ein

4 Zwischen den Stößen der einzelnen Sockelschienen müssen Sie stets etwa 2–3 mm Luft lassen. Der Zollstock wird hierbei als Abstandhalter eingesetzt

5 An den Ecken auf Gehrung schneiden. Wird die Schienenbreite auf das Profil als Länge aufgetragen und mit der unteren Ecke verbunden, entsteht ein 45°- Winkel

6 Das Zuschneiden der 45°-Gehrung erfolgt mit einer Blechschere. Es kann aber auch ein Einhandwinkelschleifer verwendet werden. Schutzbrille tragen!

7 Achten Sie darauf, dass auch an den Eckstößen ca. 2–3 mm Luft zwischen den Sockelschienen gelassen wird. Wieder dient der Zollstock als Abstandhalter

8 Bei der ersten Plattenreihe ist die untere Stufenfalz mit dem Dämmstoffmesser abzuschneiden. Dadurch steht die Platte vollflächig in der Sockelschiene auf

9 Den angemischten Klebe- und Gewebespachtel mit einer Kelle auf die Platte auftragen. Es werden eine umlaufende Randwulst und vier Batzen aufgebracht

10 Danach müssen die Dämmplatten sofort an die Wand angeklebt werden. Klopfen Sie die Platten anschließend mit einem großen Reibebrett flächig an

11 Vor dem Ansetzen der nächsten Platte ist hervorquellender Kleber unbedingt zu entfernen. Durch diese Maßnahme werden Wärmebrücken vermieden

12 Die Platten werden im Verband (halbe Platte) und an Ecken im Versatz angeklebt. Unebenheiten können mit einem Schleifbrett beigeschliffen werden

Anschlüsse herstellen

1 Schnell und einfach lassen sich die Dämmplatten an der gesamten Fassadenfläche anbringen. Im nächsten Schritt müssen die Laibungen gedämmt werden

Dichtband

Man benutzt ein vorkomprimiertes, imprägniertes, einseitig selbstklebendes Dichtband für die Anschlüsse zu angrenzenden Bauteilen.

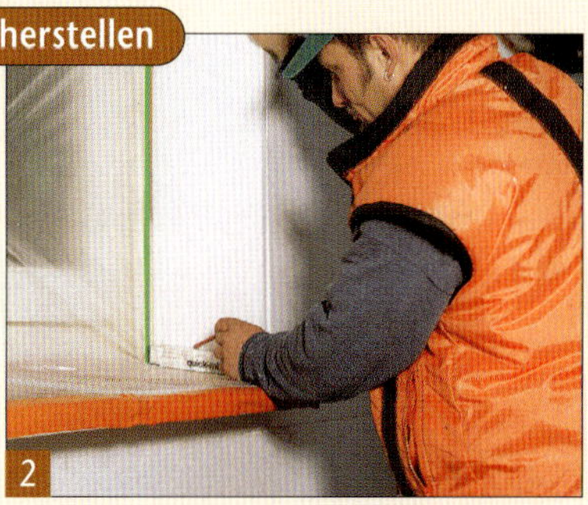

2 Die Laibungsplatte wird auf Maß passend geschnitten. Das Gefälle der Fensterbank kann mit einem Zollstock auf die Platte übertragen werden

3 Vor dem Ankleben der zugeschnittenen Laibungsplatte muss unbedingt noch das Dichtband auf den Rahmen und auf die Fensterbank aufgeklebt werden

4 Nun die Platte mit Klebe- und Gewebespachtel ankleben. Zur Fixierung der Platte setzt man Nägel ein, die man nach der Klebererhärtung wieder entfernt

5 Das Dichtband ist um die Fensterbank herum zu führen Es darf nicht um Ecken gezogen, sondern muss abgeschnitten und wieder neu angesetzt werden

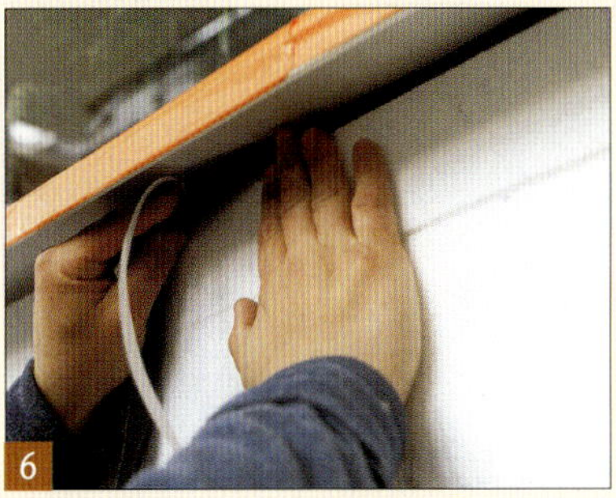

6 Auch unterhalb der Fensterbank legen Sie zwischen der Dämmplattenschicht und der Fensterbankunterseite ein Dichtband ein und drücken es in den Spalt

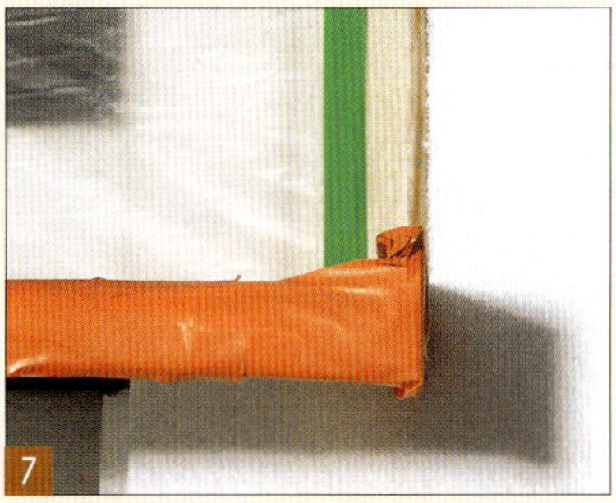

7 Sollte die eingesetzte Laibungsplatte an der Vorderkante überstehen, so kann man sie jetzt noch beischleifen. Verwenden Sie hierzu ein Schleifbrett

von außen mit einer dämmenden Hülle ein, bleiben die Wände durch und durch warm. Es gibt keine kondensierende Feuchtigkeit mehr und damit auch keine Lebensgrundlage für die lästigen Schimmelpilze.

Die Fassadendämmung Schritt für Schritt

Auf Seite 213 werden die Vorarbeiten gezeigt, die erforderlich sind, ehe das Dämmsystem aufgebracht werden kann.

Das Dämmsystem ist sowohl für den Neubau wie für die Althaussanierung gedacht. Die Untergründe müssen jeweils planeben, staubfrei, fest und tragfähig sein. Am besten reinigen Sie die Fassade eines Altbaus zunächst gründlich mit einem Hochdruckreini-

8 Das Dichtband kommt auch im Anschlussbereich von Dämmplattenschicht und Dachüberstand zum Einsatz. Schieben Sie auch hier das Band in den Zwischenramu

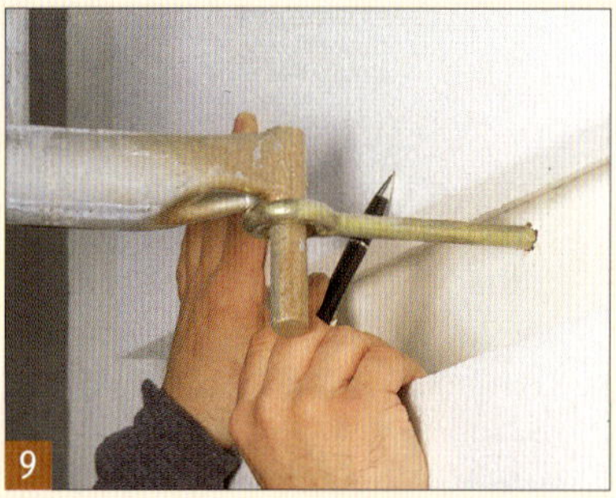

9 Die Position des Gerüstankers wird auf der Dämmplatte angezeichnet. Anschließend schneiden Sie die Dämmplatte an der entsprechenden Stelle durch

10 Eine Hälfte der geschnittenen Dämmplatte wird gegen den Anker angezeichnet. Anschließend schneiden Sie entsprechend dem Anker eine Nut aus

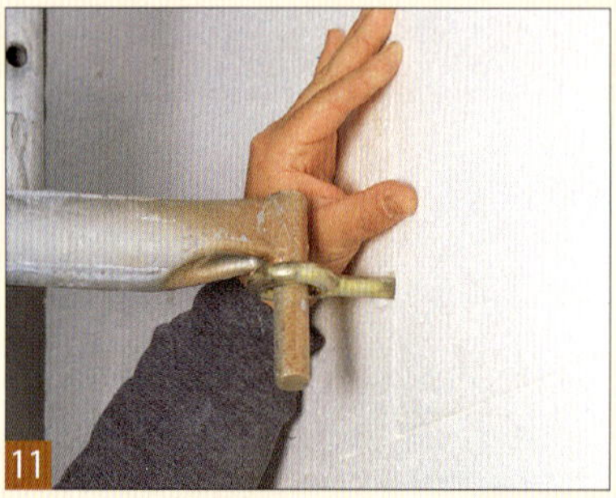

11 Die zugeschnittene Platte kann dann angesetzt werden. Die andere Plattenhälfte danach dagegenstoßen. Somit ist der Gerüstanker passgenau eingebunden

ger oder mit einem professionellen Dampfstrahlgerät.

Zeigen sich an der Putzoberfläche nach der Reinigung noch leicht absandende Partikel, muss die Struktur des Putzes stabilisiert werden. Dazu trägt man ganzflächig Tiefengrund auf.

Überall dort, wo der Putz stärker angegriffen ist und bei einem Kratztest mit einer Schraubendreherklinge abbröckelt, muss man ihn abschlagen und erneuern. Das Gleiche gilt für Hohlstellen. Klopfen Sie die Fassade mit einem Hammerstiel ab. Überall dort, wo es hohl klingt, hat sich der Putz vom Mauerwerk gelöst und muss im Schadensbereich komplett abgeschlagen werden. Mit Reparaturmörtel flicken Sie dann die Fehlstellen aus.

Alte Anstriche oder Kunstharzputze werden ebenfalls einem Kratztest unterzogen. Lose Teile auch hier entfernen, damit das Dämmsystem einen tragfähigen Untergrund bekommt.

Verdübelung

1 Die Platten erhalten nun noch eine zusätzliche Befestigung mit Schlagdübeln. Die Löcher mit einer Schlagbohrmaschine und 8-mm-Hartmetallbohrer setzen

2 In die vorbereiteten Löcher setzen Sie dann die Schlagdübel ein. Sie werden sowohl an den Ecken der Dämmplatten als auch in ihrer Mitte eingesetzt

3 Ist der Dübel in dem Loch positioniert, kann man ihn ganz einfach mit dem Hammer in die Dämmplattenschicht einschlagen, bis der Teller flach aufliegt

4 Der Dübel muss so eingeschlagen werden, dass der Dübelteller bündig mit der Dämmstoffoberfläche sitzt. Die Ebenmäßigkeit mit der Wasserwaage prüfen

5 Auf diese Art und Weise wird die gesamte Fläche gedübelt. Gehen Sie mit den Dübeln nicht zu sparsam um. Nur so ist die nötige Stabilität gewährleistet

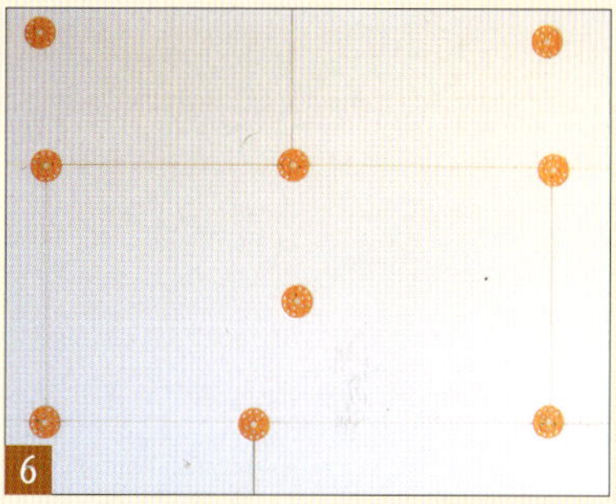

6 Nach diesem Schema sind die Dübel zu setzen. Wenn Sie größere Dämmplatten verwenden, empfiehlt es sich, zwei Dübel in die Mitte einer Platte zu befestigen

Sockelschienen anbringen und Dämmplatten kleben

Sind die Vorarbeiten abgeschlossen, geht es ans Anbringen der Dämmplatten. Als untere Auflage der Platten dienen so genannte Sockelschienen, die man passend zuschneidet und an die Wand dübelt. Dann beginnt das Ankleben der Dämmplatten aus Polystyrol-Hartschaum. Der Klebe- und Gewebespachtel wird laut Herstellerangaben angerührt und dann mit der Kelle auf die Plattenrückseite gegeben. Man formt umlaufend einen Randwulst und setzt vier Kleberbatzen zusätzlich in die Fläche der Platte.

Dann setzen Sie die Platte sofort mit der Unterkante auf die Sockelschiene und drücken sie fest an die Wand. Mit einem Reibebrett lässt sich die Platte gut anklopfen. Seitlich herausquellender Kleber muss mit der Kelle abgestrichen werden, ehe man die nächste Platte ansetzt. Bei der zweiten Reihe beginnt man mit einer halben Platte, um Kreuzfugen zu vermeiden.

Tipp

Wie wichtig es ist, die Dübel bündig einzuschlagen, zeigt dieses Bild. Sitzen die Dübel zu tief, ist die Putzschicht dort dicker und trocknet nach einem Regen länger ab. Man sieht dann die Dübelstellen ganz genau.

Anschlüsse an Fenstern und im Dachbereich

Sind die großen Flächen der Fassade mit Dämmplatten beschichtet, kommt die Feinarbeit. Für den Bereich der Fensterlaibungen werden passende Platten zugeschnitten. Bevor man sie ansetzt, kommt ein spezielles Dichtband auf den Fensterrahmen und die Fensterbank. Damit verhindern Sie, dass dort später Feuchtigkeit in die Außenhaut eindringt. Auch unter der Fensterbank und im Anschlussbereich zum Dach müssen Dichtbänder eingesetzt werden.

Verdübelung der Dämmplatten

Sind alle Dämmplatten angeklebt und die Anschlüsse gut abgedichtet, folgt die Verdübelung. Sie verstärkt noch einmal die Verbindung zwischen Dämmschicht und Mauerwerk. Nach dem in den Arbeitsfotos gezeigten Schema bohrt man durch die Platten in die Wand. In die Bohrungen werden dann spezielle Tellerdübel gesteckt. Sie sind als so genannte Schlagdübel konstruiert. Man treibt den Dübel mit einigen Hammerschlägen fest ins Bohrloch. Es muss nicht geschraubt werden. Wichtig ist es, dass Sie die Teller der Dübel so weit in den Hartschaum drücken, dass sie bündig mit der Oberfläche abschließen.

Bleiben die Dübelteller über den Platten als Erhebungen stehen, wird dort der spätere Putzauftrag zu dünn. Sitzen sie zu tief, wird der Putz zu dick (siehe auch Tipp-Kasten S. 217).

Eckwinkel

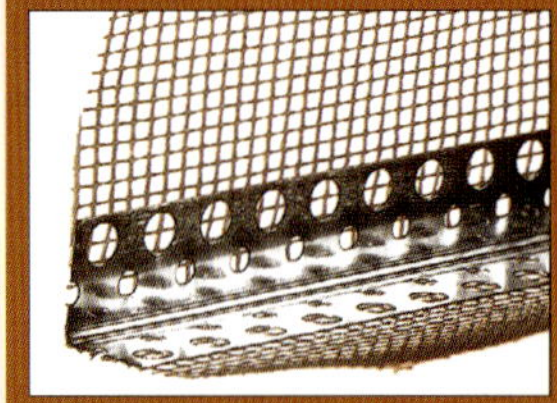

Die Dämmplatten aus Hartschaum brauchen an den Ecken mechanischen Schutz. Die Alu-Eckwinkel verstärken diese Bereiche.

Ecken verstärken

1 Sind die Dämmplatten mit Dübeln befestigt, kann man mit dem Auftrag des Klebe- und Gewebespachtels beginnen. Man fängt an den Gebäudeecken an

2 Nach dem Kleberauftrag wird dieser mit einem Zahnspachtel (Zahnung 8 mm) durchkämmt. Diese Vorarbeiten dienen der Fixierung des Eckwinkels

3 Der Eckwinkel aus Aluminium wird nun in den frisch aufgezogenen Kleber gedrückt. Mit der Richtlatte können Sie ihn anschließend lotrecht ausrichten

4 An den Seiten des Alu-Eckwinkels befindet sich ein Gewebe, das nun mitsamt des Winkels mit Kleber bedeckt wird. Es wird mit dem Glätter eingebettet

5 Das Gewebe sollte jedoch nicht vollständig unter der Kleberschicht verschwinden. Die Struktur sollte noch leicht an der Oberfläche zu erkennen sein

6 Bei Fenstern oder Türen wird zuerst der Sturz mit einem Alu-Eckwinkel geschützt. Hierbei sollte das Gewebe in den beiden Ecken herumgeführt werden

7 Wie zuvor bei den Hausecken tragen Sie auch im Bereich rund um Fenster und Türen mit dem Glätter Klebe- und Gewebespachtel auf die Kanten auf

8 Auch hier muss der Kleber mit dem Zahnspachtel bearbeitet werden, bevor man die Alu-Eckwinkel aufsetzt. Die durchkämmte Oberfläche gibt guten Halt

9 Schneiden Sie den Eckwinkel auf die benötigte Länge zu und setzen Sie ihn in den durchkämmten Kleber. Mit der Wasserwaage wird er lotrecht ausgerichtet

10 Im nächsten Arbeitsschritt betten Sie wieder das an den Eckwinkel anschließende Gewebe in die Kleberschicht ein. Der Winkel sitzt nun stabil

11 Für den Laibungs- und Sturzbereich der Fenster und Türen schneiden Sie passgenaue Gewebestücke zu, setzen Sie auf und betten Sie ebenfalls in Kleber ein

12 Die eingesetzten Gewebestreifen schützen den Bereich rund um die Fenster und Türen vor Stoßbeanspruchung und Rissen durch Temperaturänderungen

Armierungsschicht

1 Mithilfe des Glätters wird nun die gesamte Fassadenfläche mit Klebe- und Gewebespachtel versehen. Er wird ca. 4 mm dick aufgezogen

2 Anschließend wird die aufgetragene Spachtelschicht mit der bereits zuvor eingesetzten Zahnkelle (Zahnung 8 mm) überall senkrecht durchgekämmt

3 Nun das Armierungsgewebe mittig und faltenfrei in den Spachtel einbetten. Damit dies leicht von der Hand geht, das Gewebe von oben nach unten einbetten

4 Die Oberfläche wird nun eben zugezogen. Die Gewebestöße müssen sich stets um mindestens 10 cm überlappen. Das Gewebe darf nicht durchscheinen

5 In den Eckbereichen von Öffnungen (Fenster,Türen usw.) wird noch eine dünne Schicht Spachtel auf die frische Armierungsschicht aufgetragen

6 Da die Ecken von Türen und Fenstern empfindlich für Risse sind, bekommen sie diese Sonderbehandlung. Den Spachtel wieder mit der Zahnkelle aufkämmen

7 In diesen aufgekämmten Spachtel legen Sie anschließend diagonal zu jeder Ecke einen passend zugeschnitttenen Gewebestreifen von 50 x 30 cm auf

8 Die Oberfläche eben zuziehen, das Gewebe darf nicht durchscheinen. Das Diagonalgewebe kann nun erhöhte Spannungen in den Ecken aufnehmen

9 Damit Sie auch im Bereich der Gerüstanker vollflächig Gewebestreifen aufbringen können, schneiden Sie es entsprechend ein und legen es rundherum

10 Auch hier wird das Gewebe wie schon beschrieben eingebettet. Decken Sie den Schnitt mit einem weiteren Stück Gewebe ab und betten Sie das Ganze ein

11 Nach ausreichender Trocknung (pro mm Auftragsdicke ein Tag) trägt man mit der Farbrolle eine Mineralputzgrundierung auf die Fläche auf

Verstärkung für die Außenecken

Alle Außenecken der Hartschaum-Beschichtung müssen besonders gut gegen mechanische Belastungen geschützt werden. Man klebt dort spezielle Alu-Eckschienen mit angesetztem Gewebe auf. Zum Kleben wird der Spachtel benutzt, mit dem bereits die Platten befestigt wurden.

Gewebearmierung für die Flächen

Sind die Ecken verstärkt, geht es an die Armierung der gesamten Fläche. Die Hartschaumdämmung braucht eine durchgehende Armierung, ehe man den Feinputz auftragen kann. Man rührt wieder Klebe- und Gewebespachtel an und zieht das Material mit dem Glätter gleichmäßig auf. Danach wird es mit der Zahnkelle durchgekämmt. Im folgenden Schritt legen Sie von oben nach unten eine Bahn Glasfasergewebe ein und drücken sie mit dem Glätter fest in den frischen Spachtel. Die Bahnen sollen sich etwa 10 cm überlappen. Unsere Arbeitsfotos zeigen den Ablauf in allen Details.

Anschließend lässt man den Spachtel gut durchtrocknen und streicht dann Mineralputzgrundierung auf.

Gewebe

Das Armierungsgewebe ist ein alkalibeständiges und hochreißfestes Glasfasergewebe, das als Rollenware angeboten wird.

Edelputz schützt die Dämmung

Zuletzt geht es ans Verputzen der neuen Fassadendämmung. Hier wurde ein mineralischer Edelputz gewählt, den man nur mit Wasser anmischen muss. Der so genannte Scheibenputz wird frisch in frisch aufgetragen. Es dürfen keine Arbeitsunterbrechungen erfolgen, damit es keine sichtbaren Übergänge gibt.

Der Putz lässt sich mit dem Glätter auf Kornstärke gleichmäßig abziehen. Anschließend wird die Fläche mit dem Moosgummibrett abgerieben, sodass eine feine Struktur entsteht. Der Edelputz kann bei Bedarf später einmal mit Mineralfarbe neu gestrichen werden.

Scheibenputz

Mineralischer Edelputz für kratzputzähnliche Strukturen. Der Putz ist nach dem Trocknen dauerhaft witterungs- und frostbeständig.

Edelputz

1 Die gesamte Fassade muss nun noch verputzt werden. In einem sauberen Mörtelkübel wird der Edelputz, im gezeigten Fall Scheibenputz in Weiß, angerührt

2 Der Edelputz wird mit dem Glätter gleichmäßig stark auf die Wandoberfläche aufgetragen und anschließend mit dem Glätter auf Kornstärke abgezogen

3 Dann wird die Strukturierung mit einem Moosgummibrett vorgenommen. Für den Münchner Rauputz wird das Kunststoff-Reibebrett verwendet

4 Auf diese Weise werden die gesamten Flächen fortlaufend verputzt und strukturiert. Es entsteht eine gleichmäßige Fassadenoberfläche

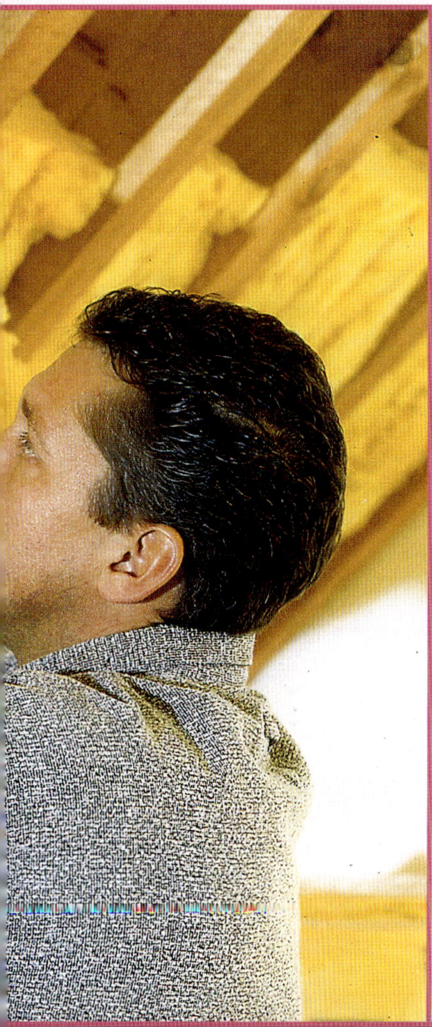

Praxis des Dachausbaus

- Den Dachausbau richtig planen
- Die Bausubstanz prüfen
- Treppen fürs Dachgeschoss
- Dämmung zwischen den Sparren

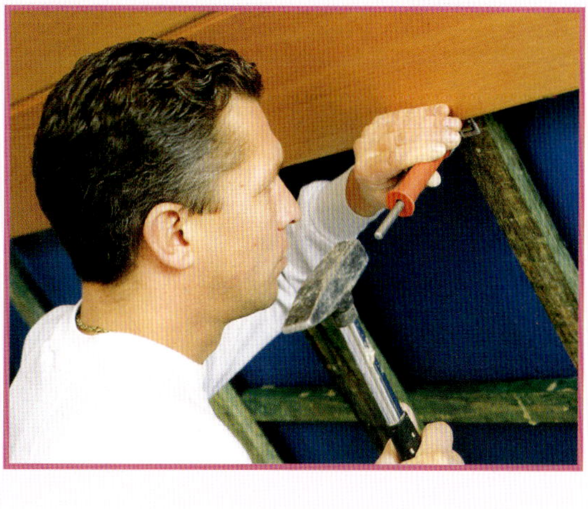

Den Dachausbau richtig planen

Zwischen der Idee zum Dachausbau und der Ausführung steht die Planung. Wer hier die Weichen richtig stellt, spart Zeit, Geld und Ärger. Was alles zu beachten ist, lesen Sie auf den folgenden Seiten

Was sagt die Baubehörde?

Wenn Sie den Ausbau Ihres Dachs planen, sollten Sie zunächst mit der zuständigen Baubehörde Kontakt aufnehmen. Dort erfahren Sie, welche Vorschriften Ihr Ausbauvorhaben betreffen. Außerdem kann man Ihnen hier sicher sagen, ob und unter welchen Voraussetzungen Sie Fördermittel beantragen können.

Bauordnungen sind Ländersache. Bundesweit einheitliche Bestimmungen gibt es nicht. Allerdings unterscheiden sich die einzelnen Landesbauordnungen nicht wesentlich. Allgemein besteht die Tendenz, die Genehmigungsverfahren für private Bau- und Ausbauvorhaben zu vereinfachen. Deswegen sind die Behörden auch gehalten, großzügig zu entscheiden, sofern keine Beeinträchtigungen hinsichtlich Umwelt, Sicherheit und Gesundheit zu erwarten sind. So sind Ausbauvorhaben zur Erweiterung einer bestehenden Wohnung vielerorts sogar ganz genehmigungsfrei.

Soll allerdings im Oberstübchen eine neue Wohnung entstehen, kommen Sie um einen Bauantrag nicht herum. Er muss durch einen Architekten oder sonstigen Bauvorlageberechtigten eingereicht werden. In der Regel sind folgende Punkte zu erfüllen:

- Statik, Wärme- Schall- und Brand schutz müssen den Vorschriften entsprechen.
- Die Dachwohnung muss über eine als Rettungsweg taugliche, min-

Tipp

Der Ausbau des Dachgeschosses ist meist die preiswerteste Möglichkeit, zusätzlichen Wohnraum zu schaffen. Wenn dann noch Eigenleistung dazu kommt, wird der Quadratmeter-Preis unschlagbar günstig.

destens 80 cm breite und nicht zu steile Treppe verfügen.

- Mindestens die Hälfte der Grundfläche von Aufenthaltsräumen sollte eine lichte Höhe von 2,40 m (manchmal auch 2,30 m) haben.
- Zur ausreichenden Belichtung und Belüftung muss das Rohbaumaß der Fenster für Aufenthaltsräume mindestens ein Zehntel (mancherorts ein Achtel) der Grundfläche betragen. (Bei der Berechnung bleiben Raumteile unter 1,50 m Höhe unberücksichtigt).
- Je nach Bebauungsplan und kommunaler Gestaltungssatzung bedürfen Gauben und manchmal auch Dachflächenfenster einer gesonderten Genehmigung.
- Für eine neue Wohneinheit sind zudem nachzuweisen: ein eigener Abschluss, eine Küche, ein Bad, Abstell- und Trockenräume sowie meist auch ein Kfz-Stellplatz. Analyse: Wie gut ist Ihr Dach zum Ausbau geeignet?

Die Grundrissplanung

Entscheidend für die Größe der zu erzielenden Wohnfläche ist die nutzbare Fläche, die man nach der für Dachwohnungen geltenden Berechnungsformel ermittelt: Raumteile unter einem Meter Höhe bleiben unberücksichtigt, die Flächen der Raumteile mit einer Höhe zwischen ein und zwei Metern werden nur zur Hälfte gerechnet. Bedenken Sie bei Ihrer Planung auch, dass durch den Bodenaufbau und die Bekleidung der Schrägen noch bis zu 30 cm an Raumhöhe verloren gehen.

Bei der Planung von Fenstern und Gauben macht die Bauordnung meist exakte Vorgaben: Die Fensterfläche muss beispielsweise etwa ein Zehntel der Grundfläche eines Wohnraums betragen. Grundsätzlich sind senkrecht stehende Fenster vorzuziehen. Bei der Dimensionierung der Dachflächenfenster und Gauben sollten Sie sich an den vorhandenen Sparrenabständen orientieren.

Genehmigungen

1 Durch Gauben gewinnt eine Dachwohnung nicht nur an Platz, sondern auch an Atmosphäre. Aber Vorsicht: Alle Dachaufbauten sind genehmigungspflichtig

2 Die Genehmigung für einen Dachausbau hängt auch von der Sicherheit der eingeplanten Treppe ab. Im Notfall ist sie schließlich der einzige Rettungsweg

Dachformen

1 Beim Satteldach ist die erforderliche Holzkonstruktion besonders preiswert. Für einen optimalen Ausbau ist es gut, wenn ein hoher Kniestock vorhanden ist

2 Beim Walmdach fehlen die senkrechten Giebelwände. Es können nur Dachflächenfenster oder teure Gauben eingebaut werden. Die Wohnfläche ist kleiner

3 Beim Mansarddach sorgt die recht aufwändige Holzkonstruktion für hervorragende Ausbaumöglichkeiten. Ein Satteldach ist allerdings erheblich preiswerter

Dachkonstruktionen

1 Beim Pfettendach ruhen die Sparren auf der Firstpfette, die wiederum von senkrechten Pfosten getragen wird. Dies kann bei der Grundrissplanung hinderlich sein

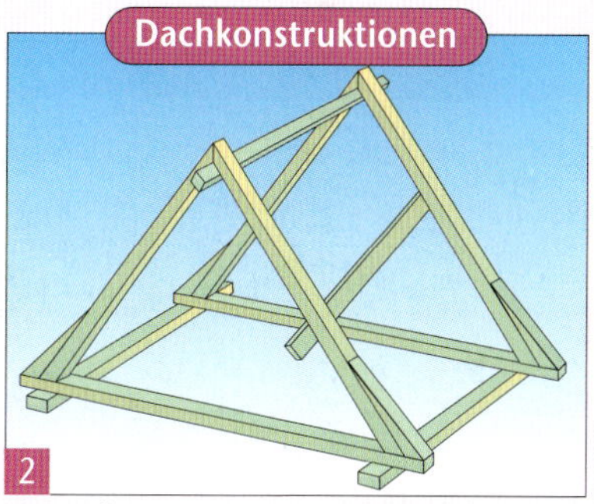

2 Unter dem so genannten Sparrendach lässt sich die zur Verfügung stehende Grundfläche ohne Einschränkungen durch Zwischenwände aufteilen

3 Wenn man die Sparrenkonstruktion durch waagerecht eingezogene Kehlbalken verstärkt, können ihre Dimensionen verringert werden, was die Baukosten senkt

Die Bausubstanz prüfen

Bevor Sie mit dem Ausbau beginnen, sollten Sie Ihr Dachgeschoss gründlich untersuchen. Verdeckte Schäden können später teuer werden

Dacheindeckung

Ausbaupläne sollten bei Altbauten stets ein Anlass sein, die Dacheindeckung zu überprüfen: Sie muss später verschärften Anforderungen gerecht werden. Eine durch schadhafte Dacheindeckungen verursachte Durchfeuchtung der Dachdämmung, der Sparren und der Innenbekleidung kann im Extremfall die ganze Ausbauarbeit zunichte machen. Eine erste Überprüfung können Sie selbst vornehmen:

Dacheindeckung

1 Die bauphysikalisch beste Art des Wärmeschutzes ist die Aufsparrendämmung. Sie bietet sich vor allem an, wenn das Dach ohnehin neu eingedeckt werden muss

2 Wählen Sie bei der Neueindeckung am besten System-Produkte. Hier beispielsweise passen die Dachsteine und die Abdeckungen der Kehlen optimal zueinander

Gab es Regeneinbrüche oder Sturmschäden? Ist die Dacheindeckung von innen „blickdicht" oder dringt bereits Sonnenlicht durch? Sind die Ziegel oder Betonsteine mürbe oder stark mit Flechten oder Moosen behaftet? Zeigt Ihr Dach derartige Symptome, sollten Sie in jedem Fall einen Fachmann hinzurufen. Besonders sorgfältig müssen auch die Regenrinnen sowie die Anschlussstellen der Dachaufbauten (Kamine, Gauben, Lüftungsrohre) überprüft werden.

Weist die Dacheindeckung größere Schäden auf, ist die Erneuerung vor dem Ausbau unumgänglich. Welche Eindeckung Sie in diesem Fall wählen, hängt von den konkreten Gegebenheiten (Dachneigung, Statik), Ihrem Geschmack und eventuell auch dem Bebauungsplan ab, der manchmal bestimmte Eindeckungen bzw. Farben vorschreibt.

Dachstuhl und Balkendecke

Im ausgebauten Dach ist der hölzerne Dachstuhl meist nicht mehr zugänglich. Deshalb muss der Zustand des Gebälks vor dem Ausbau unbedingt kontrolliert werden. Suchen Sie vor allem nach Spuren tierischer oder pflanzlicher Schädlinge. Sehr gefährlich ist vor allem die Larve des Hausbockkäfers, die sich tief ins Holz frisst und dabei 7–10 Millimeter große, längliche Löcher hinterlässt. Der Befall muss sogar der Baubehörde gemeldet werden.

Auch der Holzwurm richtet sich mitunter in alten Dachstühlen ein. Seine Fressgänge sind wesentlich kleiner. Häufig weisen Häufchen ausgefallenen Bohrmehls auf einen Befall hin. Auch Schwamm- oder Pilzbefall kann Ihren Dachstuhl mürbe gemacht haben. Hier gibt es verschiedene Symptome, die aber in der Regel leicht zu entdecken sind. Das Holz ist faul und zeigt an der Oberfläche deutliche Verfärbungen oder Bewuchs. In jedem Fall gilt: Bei den kleinsten Anzeichen einer Schädigung sollten Sie das Gebälk vom Fachmann überprüfen lassen.

Marode Balken

Wenn Balken oder Sparren solche Befallserscheinungen zeigen, müssen Sie einen Fachmann hinzuziehen. Nicht mehr tragfähige Teile werden dann entfernt und die übrige Konstruktion mit geeigneten chemischen Mitteln geschützt.

Ist die Schädigung noch nicht zu weit fortgeschritten, kann man den Befall durch chemische Holzschutzmittel oder eine thermische Behandlung des Dachstuhls stoppen. Beide Sanierungsmaßnahmen dürfen nur von Spezialfirmen ausgeführt werden. Bei der letztgenannten Maßnahme heizt man den gesamten Dachraum mehrere Stunden mit Hilfe großer Heißluftgebläse auf, so dass die Schädlinge restlos abgetötet werden.

Bei starkem Befall ist mitunter das komplette Gebälk samt Holzbalkendecke zu erneuern. Zumindest müssen Sie die betroffenen Hölzer austauschen. Partielle Schädigungen können manchmal auch durch eine „Prothese" behoben werden: Dazu wird das befallene Stück ausgeschnitten und durch eine Gießmasse aus Kunstharz und entsprechende Armierungen ersetzt.

Auch Holzbalkendecken müssen gründlich begutachtet werden. Ist die Balkenlage mit Dielen oder Verlegeplatten abgedeckt, sollten Sie an mehreren Stellen den Belag lösen und die Balken prüfen.

Schädlinge

Alle Holzschädlinge benötigen mindestens 20 % Holzfeuchte, um ihrem zerstörerischen Werk nachgehen zu können. Werden die morschen Teile entfernt, ist nach dem Ausbau meist keine weitere Vermehrung zu befürchten.

Treppen fürs Dachgeschoss

Dank gut durchdachter Systeme ist heute auch der Treppenbau in Eigenleistung möglich. Montagefreundliche Bausätze hat ein geschickter Heimwerker im Nu zusammengesetzt

Tipp

Wenn eine neue Treppe ins Dachgeschoss schon während der Ausbauphase benutzt werden muss, sollte man die empfindlichen Holzstufen sorgfältig abkleben. Es dürfen aber keinesfalls Stolperfallen entstehen.

Kleine Treppenkunde

Gerade bei nachträglichen Dachausbauten wird die Bedeutung der Treppe als „Verkehrsknotenpunkt" häufig unterschätzt. Laut Bauordnung muss ein ausgebautes Dachgeschoss über eine mindestens 80 cm breite Treppe verfügen. Besser sind aber Treppen mit 90–100 cm Breite, auf denen auch zwei Personen mühelos aneinander vorbeigehen können. Ebenso wichtig ist das richtige Verhältnis von Steigung (Stufenhöhe) und Auftrittstiefe. Ein bewährtes Verhältnis sind ca. 18 cm Steigung bei etwa 29 cm Auftritt. Die Tabelle unten gibt einen Überblick über die bei diesem Standardverhältnis erforderliche Stufenanzahl.

Einbau einer Bausatztreppe

Fast jede Treppenform wird heute auch als Bausatz angeboten. Für geübte Heimwerker ist die Montage problemlos möglich. Lediglich zur Herstellung der Durchtrittsöffnung sollten Sie die Unterstützung eines Fachmanns suchen. Bausätze für Spindeltreppen mit einem zentralen Standrohr lassen sich zu zweit recht zügig aufbauen. Nach dem Verkleiden der Durchtrittsöffnung stellt man das Standrohr auf und richtet es mit Hilfe der Wasserwaage möglichst genau aus. Beim anschließenden Aufschieben der Stufenelemente müssen Sie – je nach Ausführung – die Reihenfolge beachten. Große Sorgfalt erfordert teilweise auch das Ausrichten der einzelnen Stufen. Bei vielen Bausätzen muss man von oben nach unten fortschreitend Steigung und Wendelungswinkel einstellen und die Stufenträger fixieren. Sind alle Stufen ausgerichtet, können Sie sie endgültig befestigen. Die Montage des Treppengeländers gliedert sich in Befestigung der Geländerstäbe und Aufstecken des Handlaufs.

Stufenplan

Geschoss-höhe	Stufen-anzahl	Steigungs-anzahl	Steigungs-höhe
260 cm	13	14	18,6 cm
270 cm	14	15	18,0 cm
280 cm	14	15	18,7 cm
290 cm	15	16	18,1 cm
300 cm	15	16	18,8 cm
310 cm	16	17	18,2 cm

Die Tabelle zeigt die jeweils günstigste Stufenanzahl bei vorgegebenen Geschosshöhen (gemessen von Oberboden zu Oberboden).
Die sich ergebenden Steigungshöhen ermöglichen dem „Durchschnittseuropäer" einen bequemen Aufstieg.

Bausatzmontage

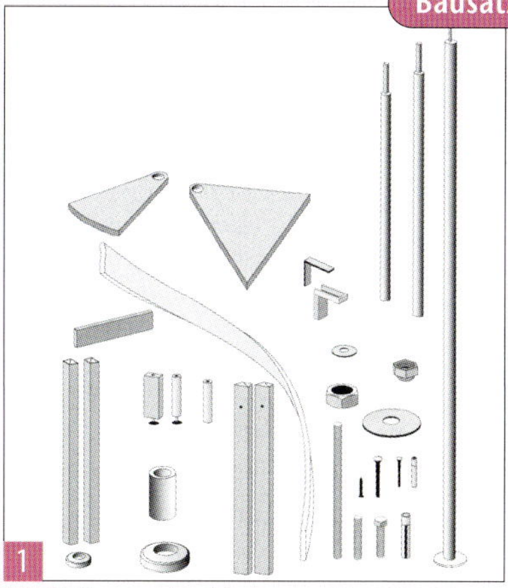

Die Teile vor der Montage. Das Standrohr ist das Zentrum der Konstruktion

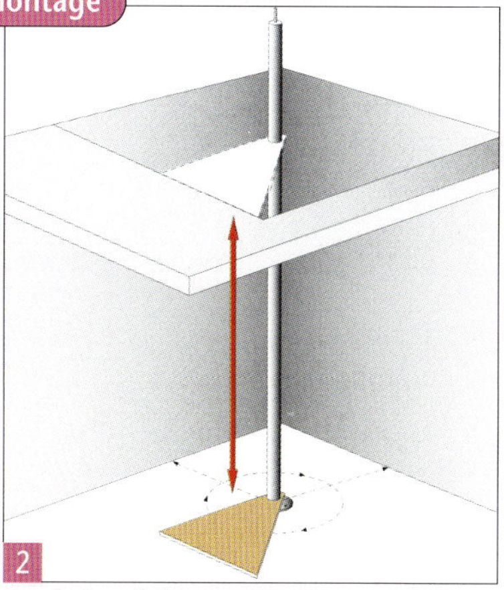

Das Rohr wird unter dem Treppenloch aufgestellt, ausgerichtet und verdübelt

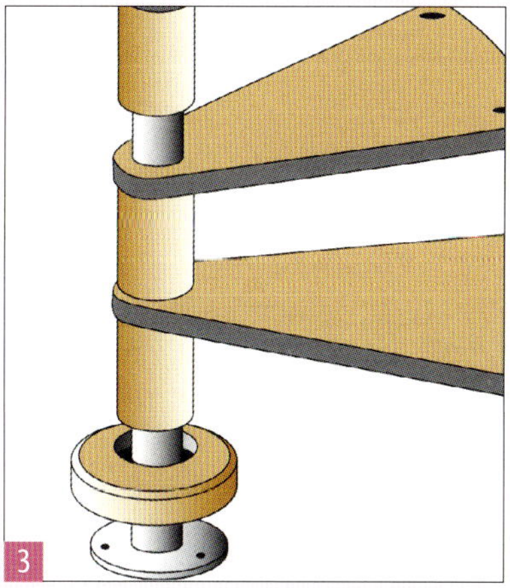

Dann schiebt man die Stufen auf das Rohr, richtet sie aus und schraubt sie fest

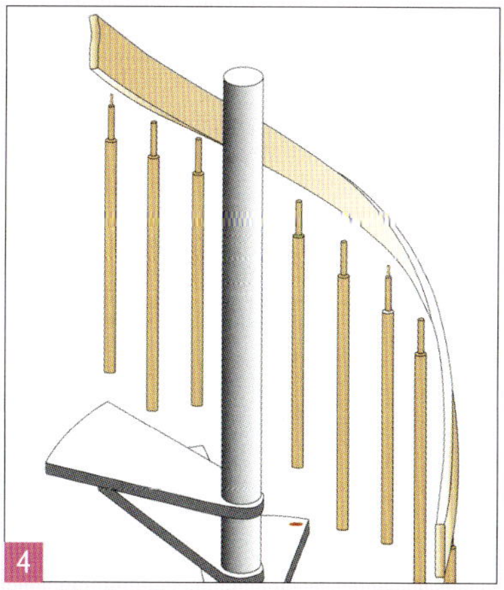

Anschließend werden die vorgefertigten Geländerstäbe mit den Stufen verbunden

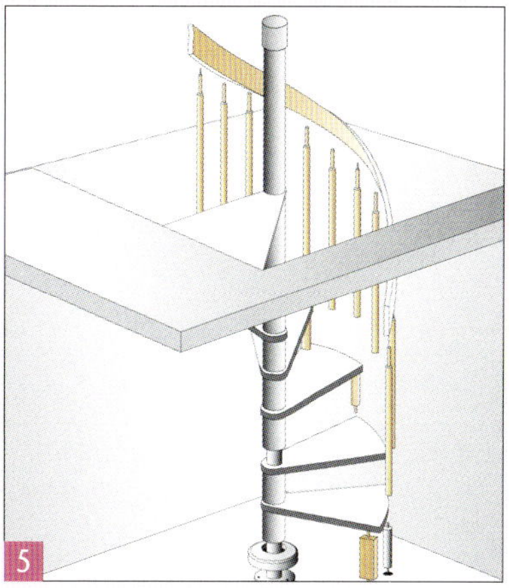

Stäbe und Handlauf verbinden. Die Antrittsstufe erhält zwei Unterstützungen

Dämmung zwischen den Sparren

Bei der Dämmung der Dachschrägen sollte man nicht kleckern, sondern klotzen. Die Investitionen amortisieren sich schnell, und der Wohnkomfort unterm Dach erhöht sich beträchtlich

Tipp

Reicht beim Dachstuhl eines Altbaus die Sparrenhöhe nicht für die vorgesehene Dämmstoffdicke aus, kann man unter den Sparren eine Zusatzdämmung platzieren (siehe S. 233).

Beim Kaltdach bleibt zwischen Dämmung und Eindeckung ein Luftspalt

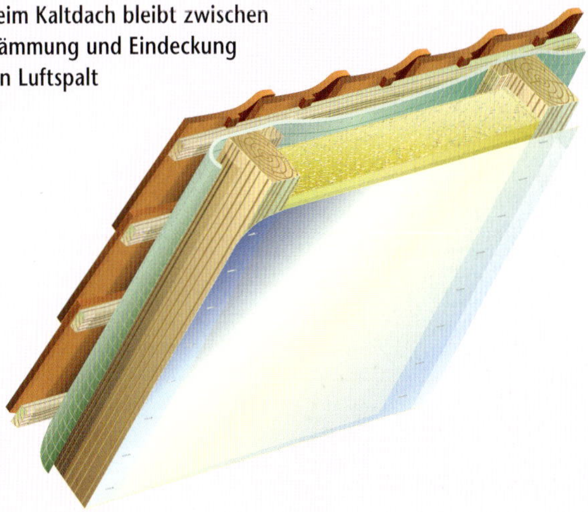

Beim Warmdach wird der Sparrenzwischenraum vollständig ausgefüllt

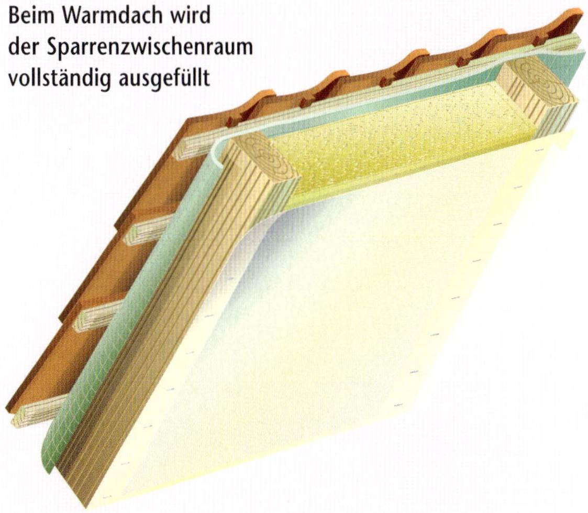

Energiesparen durch Wärmeschutz

Der Dachgeschossausbau ist die Gelegenheit, den Wärmeschutz Ihres Hauses deutlich zu verbessern. Denn das Dach ist sehr häufig eine Schwachstelle in der Wärmedämmung der Haushülle. Die Wärme im Innern steigt nach oben und trifft im ungedämmten oder schlecht gedämmten Dachgeschoss auf wärmedurchlässige Bauteile. Die derzeit gültige Wärmeschutzverordnung legt daher maximal zulässige k-Werte für das Dach fest. Sie betragen 0,22 beim Neubau und 0,3 im Sanierungsfall.

Warmdach oder Kaltdach?

Bei der Dämmung des Daches unterscheidet man zwischen so genannter Warmdach- und Kaltdachkonstruktion. Beim Kaltdach wird die Dämmschicht hinterlüftet. Zwischen Dämmung und Dacheindeckung befindet sich ein etwa 2 cm tiefer Belüftungsraum, in den über die Traufe Luft eintreten und am First entweichen kann. Diese Konstruktion dient dem Zweck, eventuell innerhalb der Dämmschicht auftretende Kondensationsfeuchtigkeit abtrocknen zu lassen.

Aufgrund der heute üblichen Dämmstoffdicken von 20 cm oder mehr ist bei einer Sparrenstärke, die etwa dieser Dicke entspricht, kein Platz

Arbeitsschritte beim Dämmen

1 Hier sehen Sie die Dämmstoffbahnen, die Dampfbremse und weitere Hilfsmittel

2 Für den Schnitt entlang der Schiene (ein gehobeltes Brett ist auch geeignet) brauchen Sie ein großes Küchenmesser. Man schneidet in einem Zug durch

3 Schneiden Sie die Dämmstoffstücke stets ein wenig breiter zu, als der Raum zwischen den Sparren beträgt. Dann kann man sie gut zwischenklemmen

4 Haben Sie die zugeschnittenen Dämmstoffstücke zwischen die einzelnen Sparren geklemmt, bringen Sie darunter die Dampfbremsfolie mit dem Tacker an

5 Meist wird das Dachgeschoss mit Gipsplatten verkleidet. Bringen Sie hierzu eine Latten-Unterkonstruktion an und schrauben Sie die Gipsplatten darauf

6 Die Dampfbremsfolie lassen Sie an den Rändern, hier am Fensterrahmen, leicht überstehen. Erst nach Befestigung der Gipsplatten werden Überstände entfernt

7 Sowohl die zwischen den Gipsplatten verbleibenden Fugen als auch die durch das Bohren entstandenen Vertiefungen verspachteln Sie anschließend sorgfältig

Paneelverkleidung

1 Auch für hochwertige Paneelverkleidungen schraubt man zuerst eine stabile Unterkonstruktion auf. Beginnen Sie mit der waagerechten Grundlattung

2 Danach folgt die Anbringung der senkrechten Latten. Unebenheiten der Grundlattung werden durch das Unterlegen von Abstandshaltern ausgeglichen

3 Die Paneele werden waagerecht auf der Unterkonstruktion angebracht. Man beginnt in der Spitze und arbeitet nach unten. So entsteht ein sauberes Verlegebild

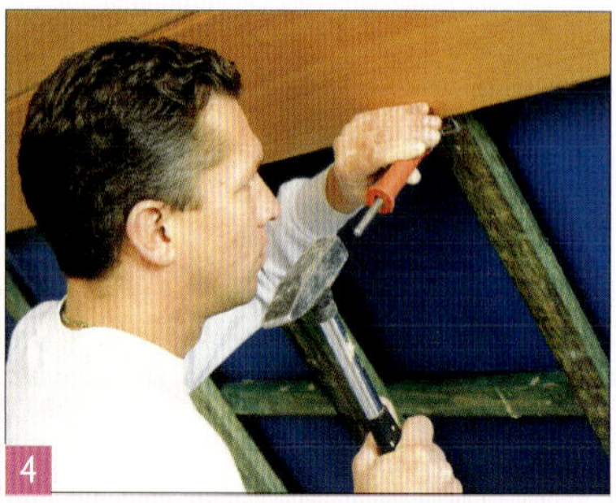

4 Die Elemente werden nach und nach in das zuvor befestigte eingeschoben. Dann steckt man eine Klammer auf und nagelt das Paneelelement auf die Lattung

für eine Lüftungsebene. Deshalb hat sich inzwischen das Warmdach durchgesetzt, bei dem der Sparrenzwischenraum in der vollen Tiefe genutzt wird. Die Dampfsperre, die verhindert, dass Feuchtigkeit aus dem Wohnraum in die Dämmung dringt, muss beim Warmdach aber besonders sorgfältig eingebaut werden.

Leichtes Spiel beim Dämmen

Mineralwolle ist heute der mit Abstand beliebteste Dämmstoff fürs Dach. Erstens ist er relativ preisgünstig und zweitens führen die Hersteller das erforderliche, genau auf das Produkt abgestimmte Dichtmaterial in ihrem Lieferprogramm. Unsere Fotos zeigen eine Dachdämmung mit so genanntem Klemmfilz aus Mineralwolle. Auch wenn die Hersteller garantieren, dass die heute verwendeten Mineralfasern keine Gefahr für die Gesundheit darstellen, sollten Sie bei der Verarbeitung dennoch Handschuhe, Kopfbedeckung und eine Staubmaske tragen, um Reizungen von Atemwegen und Haut zu vermeiden.

Sie brauchen im Dachgeschoss ein wenig Platz, um die Dämmstoffbahnen zuzuschneiden. Der Zuschnitt mit dem langen Messer erfolgt am besten etwas großzügig, sodass das Material an den Rändern ein wenig zusammengedrückt werden muss, um es zwischen die Sparren zu klemmen. Die Bahnen sind dann sicher fixiert. Arbeiten Sie sich von unten, das heißt von der Fußpfette oder vom Drempel aus nach oben vor. Es ist ratsam, für jede einzelne Bahn den jeweiligen Abstand der Sparren nachzumessen, da dieser variieren kann. Verlaufen die Sparren z. B. im Dacheckbereich schräg zueinander, sind für den Zuschnitt der Bahnen ohnehin mehrere Messungen notwendig. Inzwischen sind dreieckige Dämmkeile erhältlich, die sich auch bei wechselndem Sparrenabstand leicht einklemmen lassen.

Firstbalken, Pfetten und Dachfenster sind in der Regel schwer zugänglich. Verwenden Sie anfallende Reststücke, um die Hohlräume hinter diesen tragenden Bauteilen mit Dämmmaterial auszustopfen. Nach dem selben Prinzip verfahren Sie im Bereich der Dachfenster in der Schräge. Die Dämmwolle ist jeweils so zuzuschneiden, dass sie leicht zusammengedrückt und eingeklemmt werden kann.

Danach wird die Dampfsperre angebracht. Dabei ist besonders sorgfältiges Arbeiten notwendig, damit nicht später im Wohnraum entstehende Feuchtigkeit in die Wärmedämmung eindringen kann. Die Dampfsperre besteht aus einer Folie, die nicht stramm, sondern leicht durchhängend verlegt werden muss. Etwa 3 cm sind laut Hersteller ausreichend, damit die Folie an der Randbefestigung nicht ausreißt. Am einfachsten ist die Verlegung durchzuführen, wenn von oben nach unten gearbeitet wird. Es ist darauf zu achten, dass oben und unten für die Anschlüsse an First- und Fußpfette jeweils mindestens 10 cm der Folie überstehen.

Nachdem Sie die Folie zugeschnitten haben, wird sie in Abständen von ungefähr 20 cm an den Sparren angetackert. Zum Befestigen der nächsten Folienbahn ist darauf zu achten, dass die beiden Bahnen 10 cm überlappen, denn dort werden die Folien mit einem doppelseitigen Klebeband luftdicht miteinander verklebt. Luftdichtheit ist auch in den Anschlüssen zu anderen Bauteilen zu gewährleisten – beispielsweise an Pfetten, Giebeln, Schornsteinen oder Dachfenstern. Dazu muss die Folie wieder mit dem doppelseitigen Klebeband an das jeweilige Bauteil angeklebt werden. Und für ihren Halt wird eine Dachlatte fest entweder auf den Randsparren oder das betreffende Bauteil geschraubt. Im letzten Arbeitsschritt schneiden Sie die überhängende Folie mit dem Cuttermesser bündig an der Dachlatte ab.

Tipp

Achten Sie beim Dachausbau auch auf den Schallschutz. In der Nähe stark befahrener Straßen sollte man die Schrägen mit extra dicken Gipsplatten verkleiden, die den Schall absorbieren.

Untersparrendämmung

1 **Hier die Anwendung: Zuerst schrauben Sie die Direktabhänger an die Sparren. Die Abstände richten sich nach dem Rastermaß der vorgesehenen Lattung**

2 **Die Mineralfasermatten für die zusätzliche Untersparrendämmung werden nun auf die Schenkel der an den Sparren fixierten Direktabhänger gesteckt**

3 **So befestigen Sie die Profile der Unterkonstruktion an den Laschen der Direktabhänger. Man schraubt durch die Lochung in Latte oder Metallprofil**

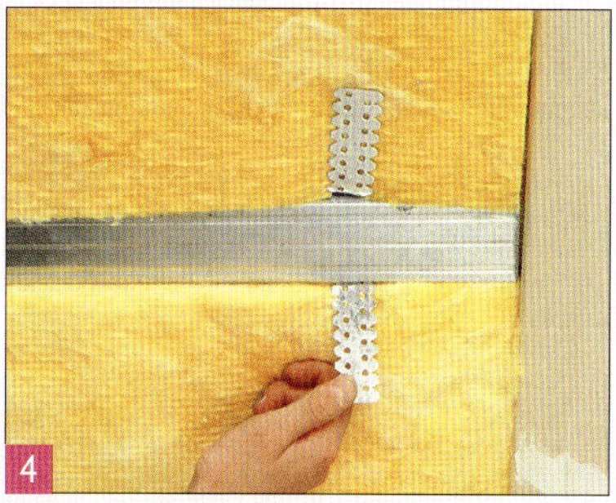

4 **Zwischen die Profile kann eine weitere Dämmlage eingebracht werden. Dann knicken Sie die Schenkel der Abhänger seitlich ab und verkleiden die Schräge**

Nachträgliche Zusatzdämmung

Die Lösung für bereits ausgebaute Dachgeschosse, bei denen die Dämmung nach heutigen Maßstäben nicht mehr ausreicht: Man sucht die hinter den Wandverkleidungen verborgenen Sparren bzw. die Lattung durch Klopfen oder probeweises Anbohren der Konstruktion. Sind die Sparren oder Latten gefunden und markiert, schraubt man Direktabhänger durch die vorhandene Verkleidung an.
Dann steckt man die Mineralfasermatten für die Untersparrendämmung – wie bereits oben gezeigt – auf die Abhänger, schraubt eine neue Lattung an und verkleidet die Flächen.

11

Funktionelle Haustechnik

- Die Planung von Elektroinstallationen
- Die Praxis der Elektroinstallation
- So arbeitet eine moderne Heizungsanlage
- Der Kessel ist das Herzstück der Anlage
- Wärme aus der Umwelt
- Heizungen clever planen
- Heizungsanlagen selbst montieren

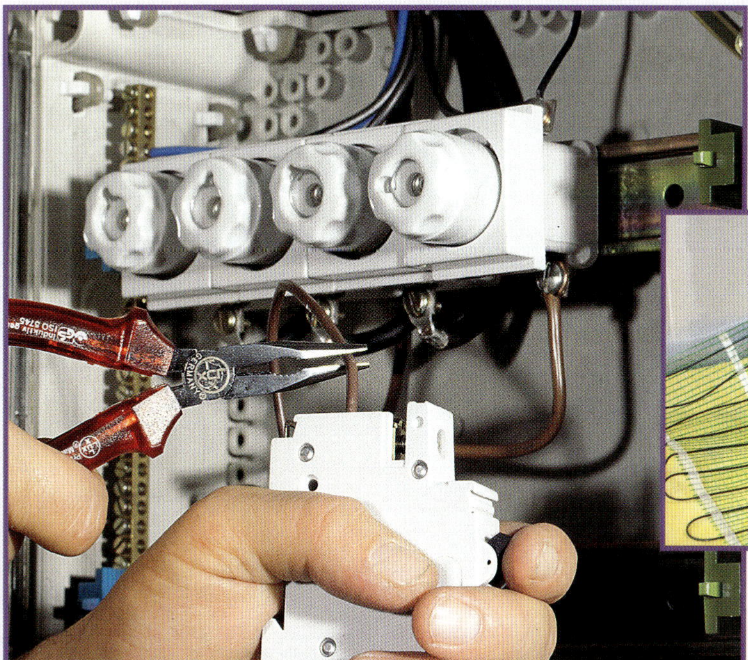

Die Planung von Elektroinstallationen

Vom Zählerschrank mit seinen Sicherungen gehen die einzelnen Leitunge der Hausinstallation ab. Arbeiten am Hauseinlass, an der Verteilung und an den Sicherungen dürfen nur vom Elektriker vorgenommen werden

Der Hausanschluss

Der Stromanschluss eines Gebäudes erfolgt über den so genannten Hausanschlusskasten, der sich meist im Keller befindet. Der Hausanschlusskasten ist für den Heimwerker Tabu. Der plombierte Kasten darf nur vom zuständigen Elektrizitätsversorgungsunternehmen (EVU) oder von lizensierten Elektroinstallateuren geöffnet werden. In Häusern mit moderner Elektroinstallation führt die Hauptleitung vom Hausanschlusskasten zum Zählerschrank und teilt sich dahinter, falls mehrere Wohneinheiten über diesen Anschluss versorgt werden, in die einzelnen Stromkreisverteiler auf. Zählervor- und- abgangssicherungen verhindern, dass bei einer Überbelastung die Hauptsicherung durchbrennt. Die Vor- und Abgangssicherungen ermöglichen auch ein Abtrennen einzelner Wohneinheiten vom Stromnetz. Auch der Zähler und die dazugehörigen Vorsicherungen sind mit einer Plombierung versehen. Der Heimwerker muss also, auch wenn er entsprechende Kenntnisse besitzt, für Arbeiten am Zähler einen Installateur bestellen.

Die heutigen Hauptleitungen sind so genannte Drehstromleitungen, bestehend aus vier Adern. Die drei stromführenden Phasen werden heute mit L1, L2 und L3 bezeichnet, heißen aber auch Außenleiter 1, 2 und 3 und liefen früher unter den Namen R, S, T. In den Adern fließt eine Wechselspannung, die sich 50-mal pro Sekunde auf- und

Schmelzsicherung

Schmelzsicherung aus Porzellan. Die Kennfarbe Rot zeigt an, dass diese Sicherung für einen Nennstrom von 10 Ampere geeignet ist.

Die Stromzuleitung

1 Die Stromzuleitung ins Haus endet im plombierten Hausanschlusskasten. Von dort geht eine dicke Leitung zum Zählerschrank mit den Sicherungen

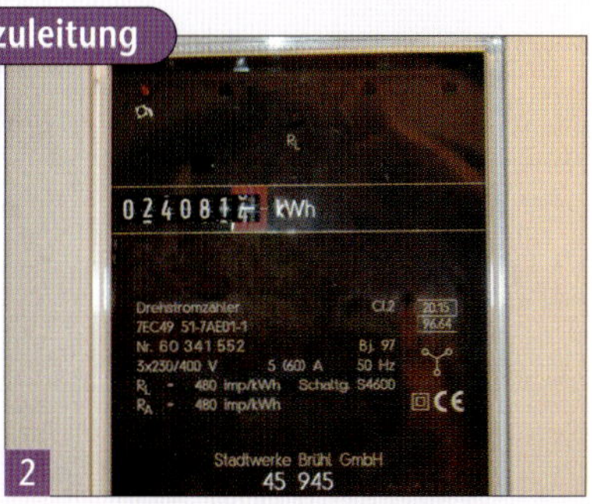

2 Der ebenfalls verplombte Zähler misst den Stromverbrauch. Für die Abrechnung wird er einmal jährlich abgelesen. Die Plomben dürfen nicht beschädigt werden

abbaut. Da dieser Spannungswechsel phasenverschoben, also nicht in allen Leitungen gleichzeitig abläuft, dürfen die Leitungen nicht miteinander in Berührung kommen. Für eine Trennung der Drähte sorgt der Neutralleiter N, früher Mp genannt.

Der Schutzleiter PE, der vormals SL hieß, wurde früher am metallenen Wasserrohrnetz geerdet, was heute nicht mehr zulässig ist. Bei Neubauten muss zusätzlich ein Fundamenterder angebracht werden, der gleichzeitig auch für die Erdung der Blitzschutz-, Antennen- und Fernmeldeanlagen genutzt wird. So wird verhindert, dass zwischen den einzelnen Leitungssystemen eine Spannung (ein Potenzial) entsteht.

Der Zähler misst den Stromverbrauch in Kilowattstunden (kWh). Die Stromkreise sind durch im Stromkreisverteiler installierte Sicherungsautomaten oder Schmelzsicherungen gesichert.

Wozu Sicherungen?

Stromleitungen sind nur begrenzt belastbar. Damit es beim gleichzeitigen Betrieb mehrerer Elektrogeräte nicht zu einer Überbelastung kommt, wird die Leitung durch eine Sicherung, das so genannte Überstromschutzorgan kontrolliert. Die Sicherung reagiert auf Überbelastung, indem sie den Stromfluss unterbricht. So wird verhindert, dass die Leitung durchschmort und einen Brand verursacht. Auch auf einen Kurzschluss reagiert die Sicherung mit einer Unterbrechung des Stromkreises. Ein Kurzschluss entsteht, wenn sich Leitungen mit Spannungen unterschiedlicher Phasen berühren oder wenn sie mit dem Neutralleiter oder Schutzleiter in Kontakt kommen.

Bei den Überstromschutzorganen gibt es zwei verschiedene Systeme: Schmelzsicherungen und Sicherungsautomaten. Die Schmelzsicherung besteht aus Porzellan. Die Verbindung zwischen Kopf- und Fußkontakt stellt ein so genannter Schmelzleiter dar, der bei zu starkem Stromdurchfluss zu schmelzen beginnt. Die sprichwörtliche „durchgebrannte Sicherung" ist also eigentlich eine durchgeschmolzene. Ist der Schmelzleiter zerstört, wird dadurch auch der Stromfluss unterbrochen. Ist der am Kopfkontakt der Sicherung angebrachte farbige Punkt abgefallen, ist dies ein Zeichen dafür, dass die Sicherung unbrauchbar geworden ist.

Die Sicherungssockel sind so eingerichtet, dass nur die der Stromstärke entsprechende Sicherung in die Fassung passt. Die einzige Ausnahme stellen die 6-A- und 10-A-Sicherungen dar. Sie passen beide in die Sockel für 6-A- bzw. 10-A-Stromkreise. Defekte Schmelzsicherungen müssen in jedem Fall ausgetauscht werden. Sie dürfen auf keinen Fall provisorisch repariert oder überbrückt werden.

Das zweite System neben den Schmelzsicherungen stellen die so genannten Sicherungsautomaten dar. Sie sind mittlerweile in den meisten Häusern Standard. Wie bei den Schmelzsicherungen wird das Einschrauben einer falschen Sicherung in den Sockel durch unterschiedliche Passformen verhindert. Der Sicherungsautomat besitzt einen Knopf am Außenrand, durch dessen Drücken sich der Stromkreis unterbrechen lässt. Durch den zentral angebrachten Einschaltknopf wird die Verbindung wiederhergestellt.

In Neubauten werden meist Sicherungsautomaten in Schmalbauweise

Aufbau einer Schmelzsicherung

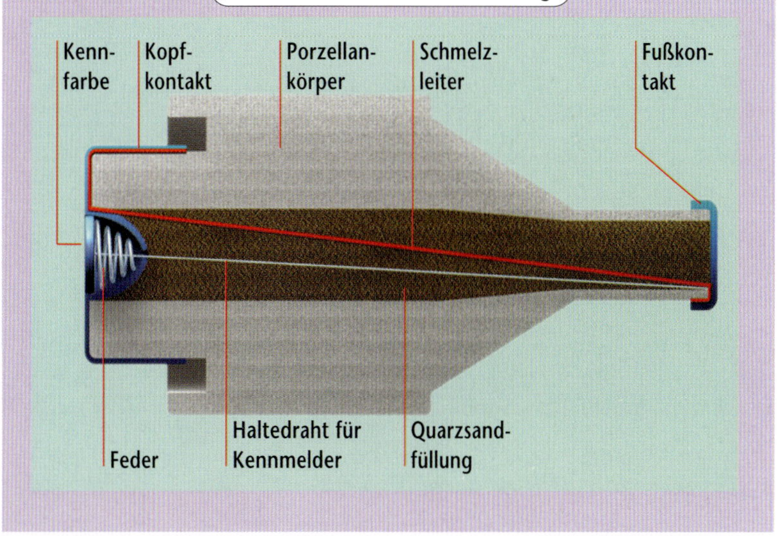

eingesetzt. Sie werden mit einer Schnappbefestigung auf eine Tragschiene geklemmt und lassen sich daher auch leicht wieder lösen. Der vorne angebrachte Kipphebel dient zum Ein- und Ausschalten des Stromkreises.

Wird der Stromkreis durch die Sicherung unterbrochen, muss man sich auf die Suche nach der Ursache der Unterbrechung machen. Liegt eine Überbelastung vor, kann das Problem behoben werden, indem man einige Geräte vom Netz nimmt. Liegt ein Kurzschluss vor, muss das defekte Gerät ausfindig gemacht werden. Reagiert die Sicherung auch, wenn alle Verbraucher ausgeschaltet sind, liegt ein Schaden am Leitungsnetz vor.

Defekte Schmelzeinsätze und Schraubautomaten können vom Heimwerker problemlos in Eigenleistung ausgetauscht werden. Den Austausch eines Sicherungsautomaten kann dagegen nur der Installateur vornehmen, weil in diesen Arbeitsgang auch die plombierten Zählersicherungen involviert sind.

Fehlerstromschutzschalter

Weit gehenden Schutz vor Unfällen mit elektrischem Strom bietet der Einbau von Fehlerstromschutzschaltern (FI-Schutzschalter) in die Installation. Ein solcher Schalter, der in den Zählerkasten integriert wird, schaltet den geschützten Stromkreis innerhalb von Sekundenbruchteilen ab, wenn durch einen unterbrochenen Schutzleiter, mangelhafte oder fehlerhafte Isolation, fehlerhafte Anschlüsse oder Berührung spannungsführender Teile ein so genannter Fehlerstrom von mehr als 30 mA auftritt. Ein gefährlicher Stromschlag für Menschen wird so vermieden. Für besonders gefährdete Bereiche gibt es Fehlerstromschutzschalter die bereits bei einem Nennfehlerstrom von 10 mA auslösen.

Neuanlagen werden heute – obwohl der Einbau von Fehlerstromschutzschaltern nicht dringend vorgeschrieben ist – regelmäßig mit diesen Sicherungseinrichtungen versehen. Bei Altanlagen ist meist eine Nachrüstung möglich und aus Sicherheistgründen auch unbedingt empfehlenswert. Dies ist allerdings eine Aufgabe für den Elektrofachmann.

Die regelmäßige Überprüfung der FI-Schutzschalter in der Hausinstallation kann man aber selbst übernehmen. Etwa zweimal pro Jahr sollte jeder FI-Schutzschalter betätigt werden. Dazu drückt man die mit P oder T gekennzeichnet Prüftaste und löst so den Schutzschalter aus.

Installationsbeispiel

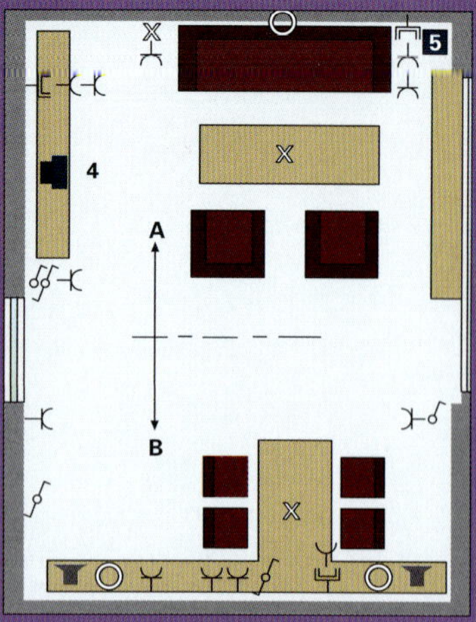

Beispiel für einen Wohnraum mit integrierter Essecke und die geplante Elektroinstallation.

Beispiele für die Leitungsführung

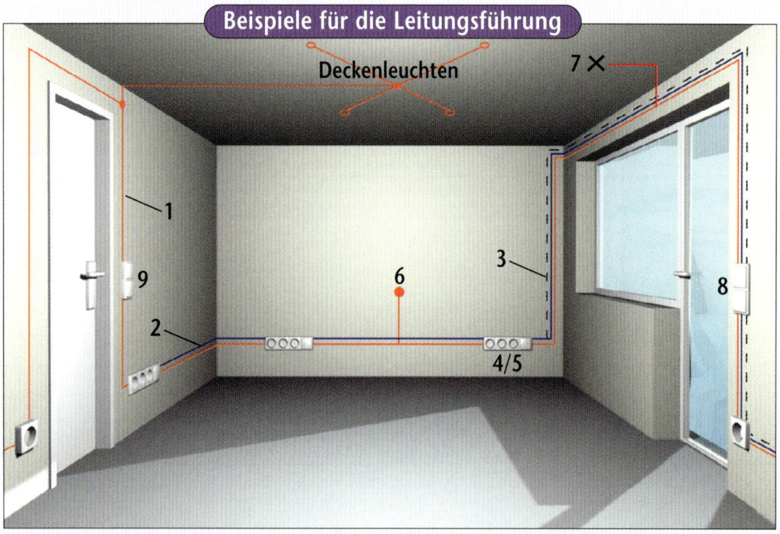

Ansicht des links im Grundriss gezeigten Raumes in Blickrichtung A. Bezeichnungen der Leitungen: 1. Licht- und Steckdosenleitung; 2. Antennenleitung; 3. Lautsprecherleitung; 4. TV; 5. Radio; 6. Wandleuchte; 7. Fensterleuchte; 8. Schalter für Fenster-, Balkon- und Terrassenleuchten; 9. Schalter für Deckenleuchten

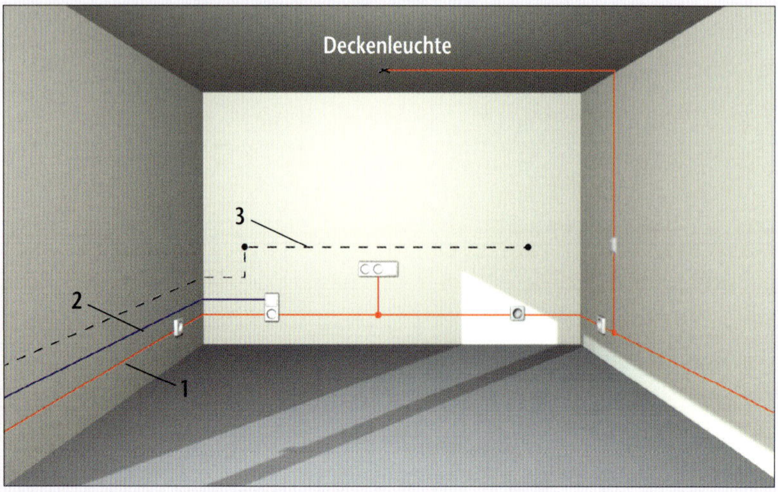

Ansicht des Raumes in Blickrichtung B

Planung einer Neuinstallation

Um in dieser entscheidenden Phase keine Fehler zu machen, sollte der Heimwerker unbedingt den Elektrofachmann zu Rate ziehen. Ideal ist eine Arbeitsteilung, bei der der Profi die gesamte Planung sowie das Verdrahten und Anschließen an den Verteilerkasten übernimmt.

Das Herstellen der Leitungsschlitze, das Verlegen der Leerrohre und Kabel, das Einputzen der Dosen usw. dagegen sind Arbeiten, die der Elektriker ohnehin nicht gerne ausführt. Hier kann der Heimwerker eine Menge teure Handwerkerstunden durch Eigenleistung einsparen. Viele Elektrofachbetriebe sind auf Anfrage zu solchen Kooperationen bereit. Nach Abschluss der Rohbauarbeiten oder vor Beginn einer größeren Modernisierungsmaßnahme zeichnet der Profi dann anhand seines Planes auf den Wänden an, wo Schlitze und Dosenlöcher hergestellt werden müssen und wo welche Leitungen bzw. Leerrohre eingebaut werden sollen.

Hat der Heimwerker diese Arbeiten ausgeführt, kann der Fachmann in wenigen Arbeitsstunden die erforderlichen Verdrahtungen ausführen und sämtliche Stromkreise an den Zählerkasten oder weitere Unterverteilungen im Hause anschließen. Der Elektromeister trägt in diesem Fall die Verantwortung für die gesamte Anlage.

Planen Sie immer großzügig
Wenn Sie gemeinsam mit dem Elektrofachmann die Installation für einen Neubau oder eine Modernisierung durchsprechen, sollten Sie auf keinen Fall an der Zahl der Steckdosen und Schalter sparen. Die Erfahrung zeigt, dass später fast immer zu wenig Steckdosen vorhanden sind oder der Komfort beim Schalten von Leuchten zu wünschen übrig lässt. Die Ausstattung in neueren Häusern gibt Anhaltspunkte für die Anzahl von Steckdosen und Beleuchtungsauslässen. Entscheidend

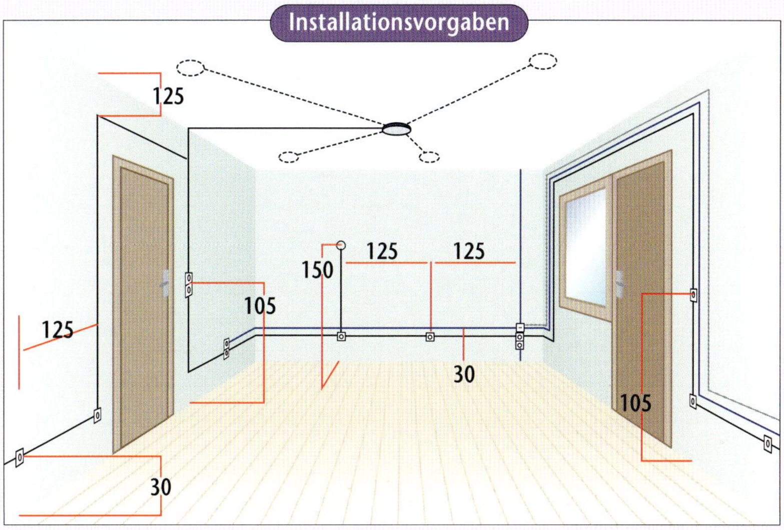

Die Zeichnung zeigt eine typische Rauminstallation mit den genormten Einbaumaßen in Zentimetern für Schalter, Steckdosen, Deckenleuchten usw.

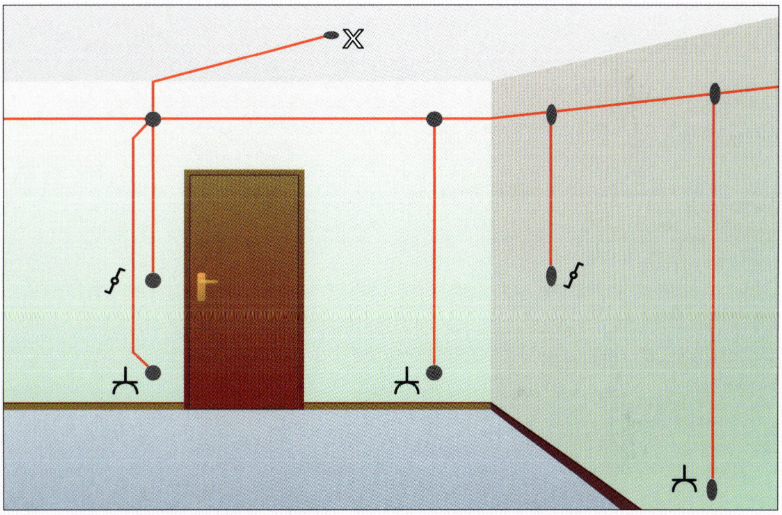
Bei der klassischen Installationsform wird mit Verbindungsdosen gearbeitet. Der Nachteil sind relativ lange Leitungswege

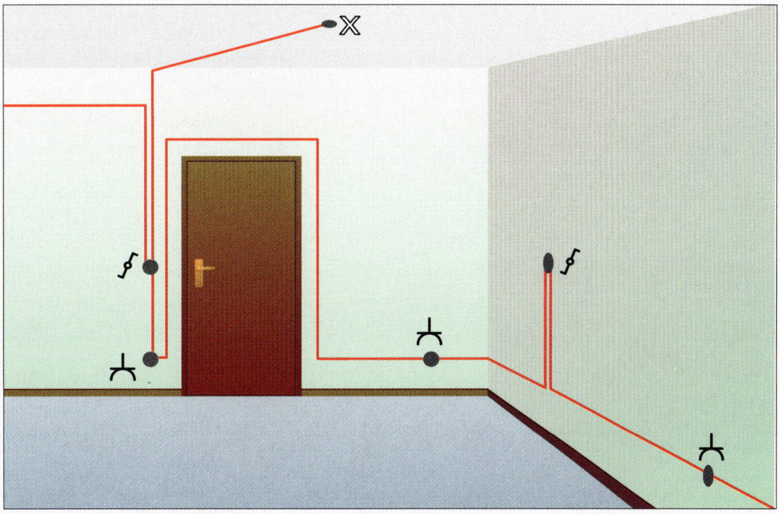
Eine wesentliche Vereinfachung bietet die Installation mit Geräteabzweigdosen. Man sieht deutlich, dass die Installtion viel übersichtlicher ist

sind aber letztlich die individuellen Ansprüche an die Ausstattung.

Komfortabel sind Unterverteilungen auf jeder Etage. Dann müssen im Fall von Reparaturen nur kleine Bereiche vom Stromkreis getrennt werden. Auch wenn mal eine Sicherung herausspringt, ist nicht gleich das halbe Haus ohne Strom.

Denken Sie auch an Ihre Sicherheit. Fehlerstromschutzschalter (FI-Schutzschalter) sind nach wie vor nicht überall Pflicht. Diese Schutzeinrichtungen sorgen dafür, dass schon bei kleinsten Fehlerströmen – hervorgerufen durch einen Defekt – das Netz in Sekundenbruchteilen abgeschaltet wird. Lebensgefährliche Stromschläge sind damit ausgeschlossen.

Regeln für die Verlegung

Es gibt vier Möglichkeiten, elektrische Leitungen zu verlegen: über Putz, auf Putz, in Putz und unter Putz. Eine Verlegung über Putz erfolgt mit Hilfe von Abstandhaltern, sodass hinter der Leitung noch Wasser abfließen kann. Bei einer Auf-Putz-Verlegung dagegen liegt die Leitung direkt auf der Wand auf. Bei Neubauten lassen sich durch gute Planung sichtbare Leitungen vermeiden. Sie verschwinden dann praktisch völlig in der Wand, liegen also entweder in oder unter dem Putz. Um ein Beschädigen der Leitungen durch das Einschlagen von Nägeln oder Dübeln zu vermeiden, muss man sich bei der Verlegung der Leitungen an die üblichen Installationszonen (siehe Grafik S. 239) halten. Leitungen dürfen an der Wand grundsätzlich nur waagerecht oder senkrecht verlegt werden. Auch an der Decke muss der Leitungsverlauf im rechten Winkel zu der Wand stehen, aus der die Leitung kommt.

An allen Verzweigungspunkten der Leitungen werden so genannte Verbindungsdosen eingesetzt. Bei dieser Lösung werden die Enddosen übertapeziert, was den Nachteil hat, dass man bei Reparaturarbeiten die Tapete beschädigen muss. Alternativ können auch Dosen für Schalter und Steckdosen mit zusätzlichem Verteilerraum verwendet werden. Auch solche „Geräteverbindungsdosen" können Leitungen verzweigen oder verbinden. Diese Dosen bieten darüber hinaus den Vorteil, dass Schalter und Steckdosen herausgenommen werden können, ohne die Tapete aufzuschneiden.

Zentrale Verteilerkästen trifft man im privaten Wohnraum praktisch nicht an. Bei einer solchen Installationsform müsste jeder Schalter, jede Steckdose und jeder Beleuchtungskörper in direktem Kontakt mit dem Verteilerkasten stehen.

Es lohnt sich, als Bauherr schon frühzeitig darüber nachzudenken, wo man später Radio, Fernseher und andere Geräte, die einen Antennenanschluss benötigen, platzieren will. An der Stelle des Antennenanschlusses werden oft auch mehrere Stromanschlüsse benötigt. Hier empfiehlt sich die Installation einer Dreifachsteckdose.

In Küchen hat die Erfahrung gezeigt, dass über der Arbeitsfläche meist im Abstand von 90 cm zwei Steckdosen benötigt werden, um kleine Elektrogeräte anzuschließen. Besitzt man viele dieser Klein- und Handgeräte, empfiehlt sich ein Abstand von 60 cm. Insgesamt sollten fünf bis acht Steckdosen von der Arbeitsfläche aus erreichbar sein. Für alle Geräte, deren Anschlüsse sich unterhalb der Arbeitsfläche befinden, sowie für Dunstabzugshaube, Kühlschrank und Geschirrspüler müssen zusätzliche Steckdosen eingeplant werden. Nur so lässt sich lästiges Umstöpseln oder die Verwendung von Mehrfachsteckdosen vermeiden.

Bei der Elektroplanung des Schlafzimmers sollte man sich überlegen, ob man die Deckenbeleuchtung über einen Wechselschalter bedienen möchte, sodass sich das Licht sowohl von der Tür als auch vom Bett aus an-

Schutzbereiche im Bad

Innerhalb der hier farbig dargestellten Schutzbereiche dürfen im Badezimmer keine Steckdosen und Schalter installiert werden

Strom im Freien

1 Steckdosen und Schalter für den Außenbereich müssen tropf- und spritzwassergeschützt sein. Achten Sie auf die entsprechende Bezeichnung am Produkt

2 Moderne Bewässerungsautomaten werden elektrisch gesteuert. Planen Sie daher auf jeden Fall eine Steckdose in der Nähe des Außenwasserhahns

3 Ein Gartenteich gewinnt durch Springbrunnen und Wasserspiele an Attraktivität. Eine Steckdose zum Anschluss der Teichpumpe sollte daher nicht fehlen

und ausschalten lässt. Im Bereich des Nachttisches sollten zwei bis drei Steckdosen für Beleuchtung, Elektrowecker und andere Geräte angebracht werden. Wer sich vor „Elektrosmog" schützen möchte, kann im Schlafzimmer oder zumindest direkt an den Betten besonders abgeschirmte Leitungen verlegen. Hierzu gibt der Fachhandel nähere Auskunft.

Sicherheit im Bad

Für Elektroinstallationen im Bad gelten besondere Sicherheitsvorschriften. Nach VDE 0100 müssen Steckdosen und Schalter außerhalb des definierten Schutzbereichs von Badewanne und Dusche angebracht werden (siehe Grafik linke Seite). In diesem Schutzbereich dürfen keine elektrischen Leitungen verlaufen, auch wenn sie in der Wand verborgen sind. Ausgenommen von dieser Regel sind natürlich diejenigen Leitungen, die zu den an den Wänden befestigten Verbrauchern führen, sofern sie senkrecht hinter diesen Verbrauchern verlegt und von hinten in sie eingeführt werden. Diese Leitungen müssen allerdings mindestens 6 cm unter der Wandoberfläche liegen, damit sie vor Feuchtigkeit geschützt sind. Des Weiteren wird so verhindert, dass durch das Anbringen von Badarmaturen die Leitungen beschädigt werden.

Im Badezimmer ist der so genannte Potenzialausgleich besonders wichtig. Alle leitfähigen Systeme, – das heißt die Abflussstutzen an der Dusch- und Badewanne, die Wannen selbst, metallene Rohrsysteme der Wasserleitung und Heizung – müssen miteinander verbunden werden. Nur so kann sicher verhindert werden, dass einzelne dieser Elemente Spannung führen. Dusch- und Badewannen aus Stahl haben meist vorbereitete Anschlüsse, an die die Potenzialausgleichsleitungen angeschlossen werden können.

Potenzialausgleich

Dusch- und Badewannen aus Stahl müssen nach VDE-Vorschriften einen Potenzialausgleich haben.

Elektrizität im Außenbereich

Der Freizeitwert von Terrasse und Garten erhält zunehmend größere Bedeutung. Entsprechend muss auch dort für Beleuchtung sowie elektrische Anschlüsse für Rasenmäher, Springbrunnen usw. gesorgt werden.

Bei der Planung der Elektroinstallationen für den Außenbereich gilt es, die Anschlüsse so nahe wie möglich zu den vorgesehenen Verbrauchern zu platzieren. So vermeidet man endlos lange Kabelverbindungen beispielsweise beim Rasenmähen. Die elektrischen Anlagen im Außenbereich unterliegen den gleichen Bestimmungen wie in feuchten oder nassen Räumen: Sie müssen tropf- und spritzwassergeschützt sein. Entsprechende Verteiler, Abzweigdosen, Schalter und Steckdosen bietet der Handel sowohl für die Aufputz- als auch für die Unterputzinstallation an. Um missbräuchliche Benutzung der Außensteckdosen – etwa durch Einbrecher – auszuschließen, sollte man die Anschlüsse von innen ausschalten können.

Bei einer optimalen Planung der Außeninstallationen legt man beim Neubau noch vor dem Anlegen des Gartens die Positionen von Leuchten und Steckdosen im Freien fest und verbindet sie, wo erforderlich, durch im Erdreich verlegte Kabel mit der Hausinstallation.

Dabei verwendet man spezielle, für die Erdverlegung zugelassene Kabel. Zum Schutz vor Frostbewegungen und Beschädigungen durch Gartengeräte sollen Erdkabel mindestens 60 cm tief liegen. Vor mechanischer Beschädigung schützt eine Abdeckung mit Ziegelsteinen oder ein zusätzliches Panzerrohr aus Kunststoff.

Die Praxis der Elektroinstallation

Bei der Installationsarbeit kann man als Heimwerker selbst Hand anlegen – am besten in Zusammenarbeit mit einem Profi, der die Planung und die Anschlüsse am Sicherungskasten übernimmt

Tipp

Die Mauernutfräse kann direkt an eine Staubabsaugung angeschlossen werden. Von Dose zu Dose werden hier Schlitze in eine massive Ziegelwand geschnitten.

Leitungen auf Putz verlegen

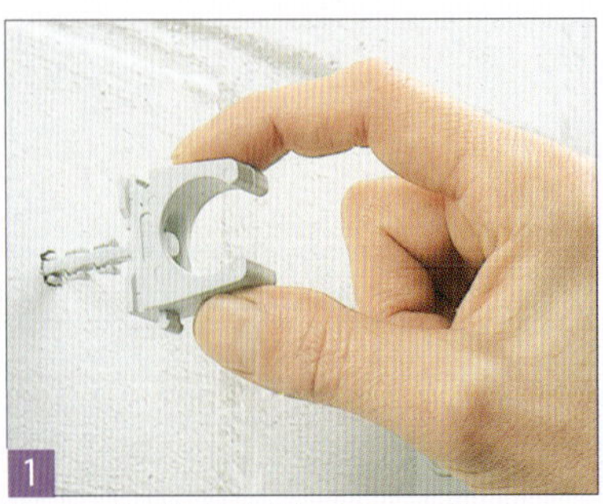

1 Wenn Sie die Kabel in Schutzrohren aus Kunststoff verlegen wollen, werden die zum jeweiligen Rohrdurchmesser passenden Schellen angedübelt

2 Im nächsten Arbeitsschritt müssen Sie dann die Rohre mithilfe einer Feinsäge ablängen, in die Schellen einklemmen und zuletzt die Kabel durchziehen

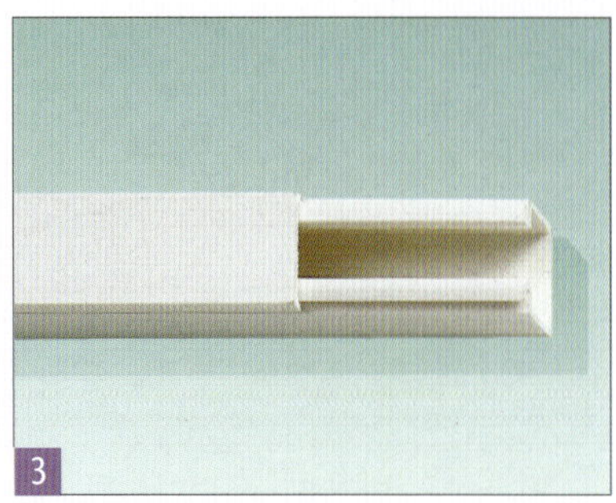

3 Alternativ lassen sich Kabel in geschlossenen Kunststoffkanälen verlegen. Diese Methode bietet sich immer dann an, wenn die Optik zweitrangig ist

Tipp

Bei Modernisierungsmaßnahmen können Sie zusätzliche Elektroleitungen auch in speziellen Fußleisten verlegen. Passend zum System gibt es Steckdosen, die direkt über der Leiste angebracht werden.

Elektroinstallation in Holzständerwänden: Für die Kabeldurchführungen bohrt man mit dem Holzbohrer Löcher durch die senkrechten Ständer der Wände

Mit der Lochsäge schneidet der Bauherr Aussparungen für die Hohlwanddosen. Montagehöhen und -abstände richten sich nach den Standardmaßen (S. 247)

Ist eine Seite einer Ständerwand bereits beplankt, muss man die Dosenlöcher der anderseitigen Beplankung vor der Montage der Platten herstellen

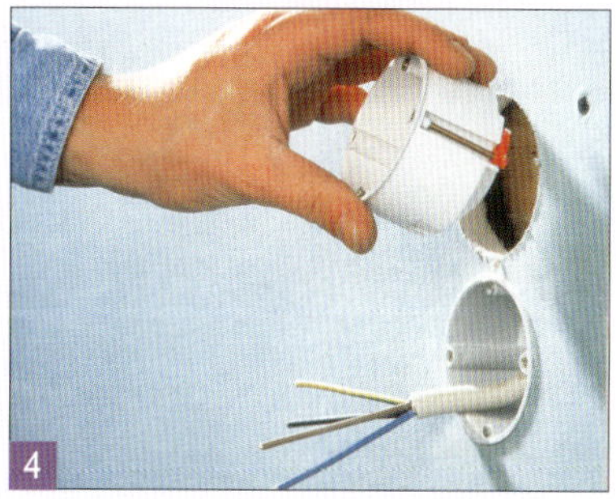

Hohlwanddosen setzt man in die vorbereiteten Löcher und verankert sie hinter der Verkleidungsplatte durch Anziehen der Klemmschrauben

Heimwerker und Elektrofachmann können zusammenarbeiten

Wie bereits angesprochen wurde, sollte die Planung einer umfangreichen Neuinstallation auf jeden Fall einem Fachmann überlassen werden. Aber wenn die Planung dann steht und es um die konkrete Verlegung der Leitungen in Wänden und Decken, das Herstellen von Dosenlöchern usw. geht, die vorbereitenden Arbeiten am besten nach Absprache und in Abstimmung mit dem in Frage kommenden Elektrofachbetrieb bereits auszuführen und durch Eigenleistung eine Basis für alle weiter anfallenden Schritte zu schaffen.

Ein gutes Beispiel für den Einsatz von Eigenleistung in Zusammenarbeit mit Elektrofachbetrieben bieten viele Anbieter von Bausatz- und Ausbauhäusern. Dort hat sich die Kooperation zwischen Heimwerker und Elektromeister längst überaus erfolgreich etabliert.

Wenn es beim Bausatz- oder Ausbauhaus an die Elektroinstallation geht, bekommt der Do-it-yourselfer ein Paket mit allen erforderlichen Materialien sowie eine ausführliche Verlegeanleitung. Je nach Anbieter werden auch konkrete Einweisungen auf der Baustelle vorgenommen. Der Bauherr weiß dann genau, wo er welche Leitung einzuziehen hat. Nach Abschluss dieser Arbeiten kommt dann

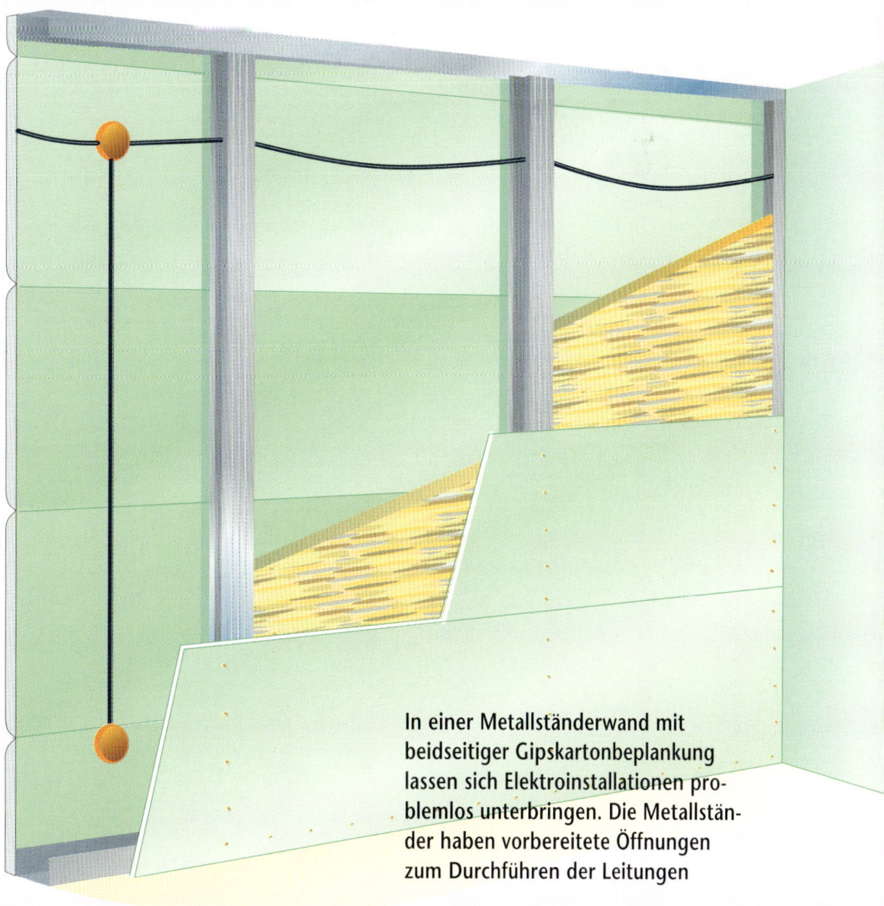

In einer Metallständerwand mit beidseitiger Gipskartonbeplankung lassen sich Elektroinstallationen problemlos unterbringen. Die Metallständer haben vorbereitete Öffnungen zum Durchführen der Leitungen

der Elektrofachmann auf die Baustelle, prüft die Verlegung, verdrahtet die Leitungen und stellt die Anschlüsse an den Zählerkasten her. Bei dieser Arbeitsteilung geht der Bauherr auf Nummer sicher, und der Elektriker kann sich auf seine eigentlichen Fachtätigkeiten konzentrieren. Beide Parteien profitieren von dieser Zusammenarbeit.

Leitungsführung beim Trockenausbau mit Gipsplatten

Die meisten Ausbauhäuser sind so genannte Fertighäuser, deren Decken und Wände in Trockenbauweise hergestellt werden. Bei den tragenden Wänden sind es Ständerwerke aus Holz, die das tragende Gerüst darstellen. Daneben werden nicht tragende Wände häufig mit Ständerwerken aus Metallprofilen errichtet.

Das Verlegen von Elektroleitungen ist in beiden Fällen ein Kinderspiel. Bei Holzständerwänden werden die Balken der zunächst nur einseitig beplankten Wände überall da durchbohrt, wo ein Kabel einzuziehen ist.

Bei Wänden mit Metallständern finden Sie in den Profilen bereits vorgestanzte Löcher, die man für die Verlegung nutzen kann. Zum Einsetzen der erforderlichen Verteiler- und Gerätedosen schneidet man mit einer passenden Lochsäge Aussparungen in die Gipskartonbeplankungen. Sollen mehrere Dosen nebeneinander montiert werden, benutzt man eine Bohrlehre, die für Abstände im Rastermaß der Dosen sorgt.

Die Möglichkeit, die Elektroinstallation komplett neu auszuführen bzw. zu ergänzen, bietet sich auch, wenn Sie Wände und Decken mit Holz verkleiden und dabei entsprechende Hohlräume entstehen. Die Zeichnungen auf dieser Seite zeigen, wie Leitungen hinter Holzwänden geführt und Dosen eingesetzt werden.

Elektroinstallationen in Holzwänden

Mit der Lochsäge von 58 mm Durchmesser schneiden Sie die Dosenlöcher

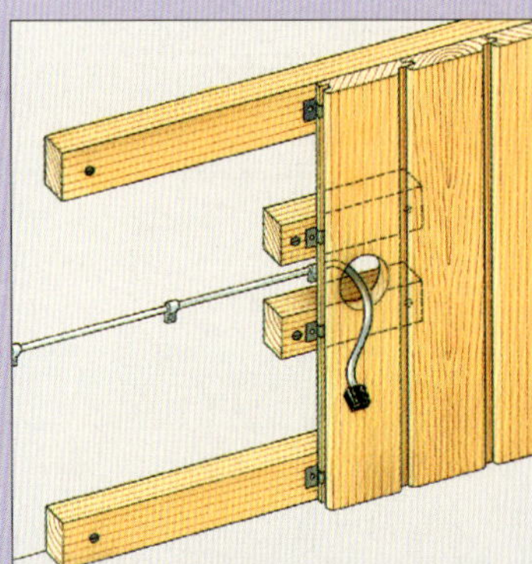

In die so vorbereitete Holzwand können Sie die Hohlwanddose einsetzen

Werden Decken oder Wände mit Holzverkleidungen versehen, lassen sich die dabei entstehenden Hohlräume für die Unterbringung neuer Leitungen nutzen.
Fragen Sie den Fachmann aber, ob eventuelle zusätzliche Brandschutzmaßnahmen erforderlich sind, und überlassen Sie ihm wiederum die Verdrahtung der Dosen, Schalter usw.

Unterkonstruktion und Leitungsführung bei einer holzvertäfelten Decke

Stegleitungen

Stegleitungen mit drei oder fünf Adern können direkt aufs Mauerwerk genagelt werden. Der anschließende Putzauftrag verdeckt die Stegleitungen vollständig.

Leitungsführung bei massiven Wänden

Während das Herstellen von Wand und Deckendurchführungen bei Fertighäusern und allgemein beim Trockenausbau mit einfachen Werkzeugen durchgeführt werden kann, brauchen Sie bei massiven Wänden und Decken entsprechendes Profiwerkzeug. Da sind Mauernutfräser zu nennen, die mit zwei nebeneinander liegenden diamantbestückten Sägeblättern Schlitze in Mauerwerk und Betonwände schneiden. Und für Dosenlöcher gibt es Bohrkronen, die, auf den Bohrhammer gesteckt, selbst härtesten Beton knacken.

Beide Werkzeuge sind nicht gerade billig, sodass sich die Anschaffung nur bei größeren Bauvorhaben lohnt. Es gibt heute aber eine Vielzahl von Werkzeugverleihern, bei denen man diese Geräte gegen Gebühren ausleihen kann.

Neuinstallationen in Häusern mit Wänden aus Porenbeton
Der bei Selbstbauern sehr beliebte Baustoff Porenbeton ist zwar massiv, aber dennoch so weich, dass hier Leitungsschlitze und Dosenlöcher problemlos hergestellt werden können.

Zur Not lässt sich der Schlitz für ein Elektrokabel in den dafür vorgesehenen Installationszonen mit einem sta-

Installationen in Porenbeton

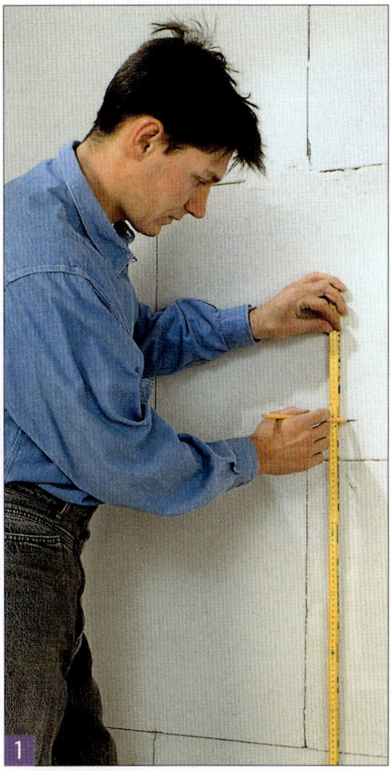

1 Die Positionen zweier Schalterdosen werden abgemessen und markiert. Dabei müssen Sie eventuelle Erhöhungen des Bodenaufbaus mit berücksichtigen

2 Die Spezial-Lehre sorgt dafür, dass die Abstände der Löcher für die Installationsdosen im Rastermaß liegen. Sie hat eine Lamelle wie eine Wasserwaage

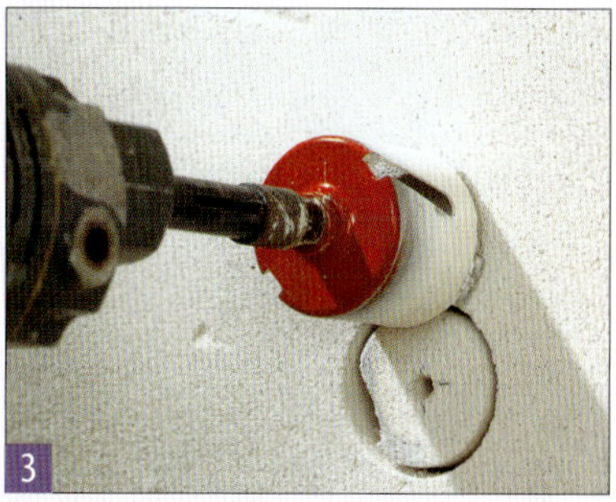

3 Die Bohrkrone schneidet exakte Löcher in den Porenbeton. Da dieses Steinmaterial sehr weich ist, wird grundsätzlich ohne Schlagwerkzuschaltung gebohrt

4 Den stehen gebliebenen Stein im Zentrum der Bohrung können Sie leicht mit dem Meißel wegstemmen. Auch ein altes Stemmeisen eignet sich für diese Arbeit

5 Entlang der Markierung wird die Mauernutfräse vom ersten Dosenloch zur nächsten Dose geführt. So entstehen die Schlitze für die einzugipsenden Leerrohre

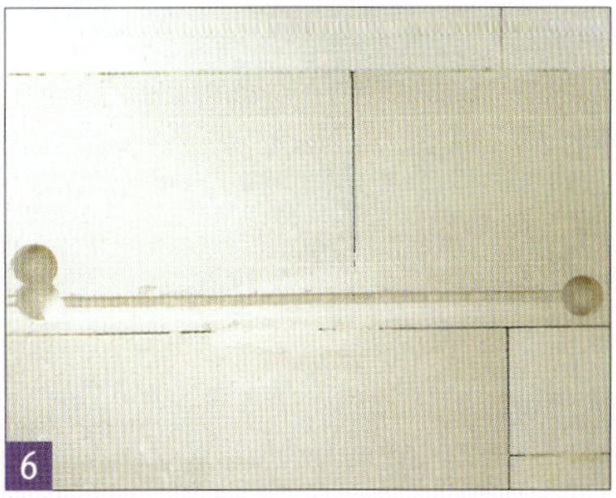

6 Auch hier stemmen Sie den verbleibenden Steinsteg mit dem Meißel weg. Das Ergebnis sind ganz exakt gefertigte Mauerschlitze von gleicher Tiefe

7 Die hier verwendeten Dosen können genau im Rasterabstand aneinandergesteckt werden. Man fixiert sie mit je einem Batzen Gips in den Löchern

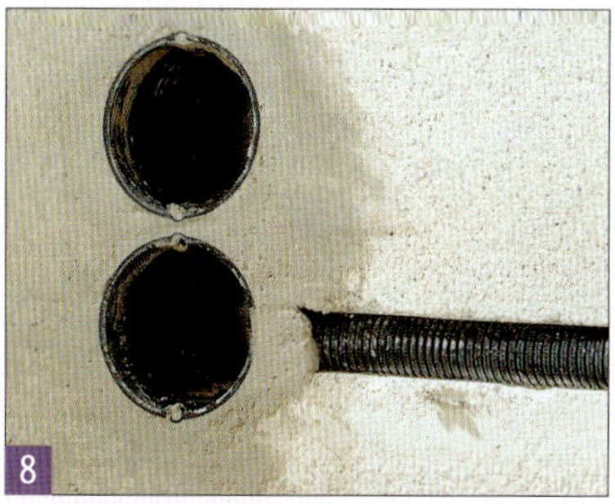

8 In den Schlitz kommt ein Leerrohr, das man durch eine herausgebrochene Öffnung in die Dose einführt. Dann die Dosen wandbündig eingipsen

bilen Schraubendreher in die Steine kratzen. Ein Dosenloch können Sie mit Hammer und Stemmeisen herstellen.

Schneller, sauberer und exakter geht es natürlich mit Spezialwerkzeugen: Sie brauchen eine leichte Mauernutfräse und Bohrkronen für Porenbeton. Beides ist im Gegensatz zu den entsprechenden Werkzeugen für Ziegel- und Betonwände deutlich preiswerter, sodass sich die Anschaffung für das eigene Bauvorhaben durchaus lohnt. Die Fotos auf dieser Seite oben zeigen Ihnen Schritt für Schritt, wie Sie in einer Wand aus Porenbeton Leitungen verlegen und Dosen einsetzen.

Nach den in der Bauplanung vorgegebenen Abständen zu Böden und Decken (siehe auch Grafik Seite 239) werden zuerst die Dosenlöcher angezeichnet. Wer sich hier unsicher ist, bittet seinen Elektrofachmann, die Markierungen mit einem dicken Filzstift direkt auf der Wand vorzugeben, damit man nichts falsch machen kann. Damit nebeneinander liegende Dosen waagerecht bzw. lotrecht im korrekten Rasterabstand eingebaut werden, benutzt man zum Anreißen der Bohrlöcher eine spezielle Lehre (Bild 2) mit einer Wasserwaagenlamelle.

Der Zentrumsbohrer der Bohrkrone wird dann nur noch auf die angezeich-

Die Leitungsdrähte einziehen

1 Die verschiedenfarbigen Leitungsdrähte haken Sie in die zuvor in das Leerrohr geschobene Einziehspirale ein. Welche Drähte in welches Leerrohr kommen, hat der Elektriker, der die Planung übernommen hat, zuvor festgelegt

2 Die Drahtenden dabei lang umknicken, damit sie nicht aus der Öse rutschen. Falls erforderlich, kann man die Drahtenden auch noch verdrillen

3 Die Drähte zum Schluss ausreichend lang aus der Dose hängen lassen, damit sie problemlos abisoliert und dann verklemmt werden können

nete Markierung gesetzt, und schon schneidet sich das Werkzeug in den Stein. Ist die vorgesehene Tiefe erreicht, schaltet man die Bohrmaschine ab und zieht das Werkzeug heraus. Der Bohrkern wird dann mit Hammer und Meißel weggestemmt.

Ebenso leicht schneiden Sie die Schlitze mit einer Mauernutfräse. Der zwischen den Schnitten stehen bleibende Stein wird weggestemmt.

Sind die Dosen und – wie auf unseren Bildern gezeigt – die Leerrohre eingegipst, geht es ans Einziehen der Leitungsdrähte. Dabei hilft eine flexible Einziehspirale aus Kunststoff, an deren Ende sich eine Öse befindet, an der man die Drähte festmachen kann. Man schiebt sie durch, biegt sie um und verdrillt sie dann. Vor dem Verputzen werden die Dosen mit Kunststoffdeckeln verschlossen. Ist der Putz hart, nimmt man die Deckel wieder ab.

Das Verdrahten der Leitungen

Leitungen dürfen nur in den dafür vorgesehenen Dosen oder Kästen miteinander verbunden werden. Dafür gibt es Leitungsklemmen, die im Gegensatz zu Lüsterklemmen einen größeren Querschnitt haben, sodass sich mehrere Drähte zusammenklemmen lassen. Nicht fest angezogene Leitungsklemmen führen zu Wackelkontakten, die sich häufig durch Rundfunkstörungen bemerkbar machen. Es kann auch zu einer Erwärmung der Verbindung kommen. Im schlimmsten Fall sind mangelhafte Klemmverbindungen die Ursache für Leitungsbrände.

Alternativ zu den Schraubklemmen kann man auch schraubenlose Steckverbindungsklemmen benutzen (Bild 2 rechte Seite unten). Die etwa 10 mm weit abisolierten Adern schieben Sie fest in die Öffnungen der Steckverbindungsklemmen. Dabei entsteht eine zug- und rüttelsichere elektrische und mechanische Verbindung.

Die Verteiler- oder Abzweigdosen, in denen man Adern miteinander verbindet, haben in der Regel einen Durchmesser von 70 mm. Sie sind nicht für die Aufnahme von Steckdosen und Schaltern geeignet. Auf dem Installationsplan finden Sie die Abzweigdosen jeweils senkrecht über Schaltern und Steckdosen.

Die so genannten Gerätedosen für Schalter und Steckdosen haben nur einen Durchmesser von 58 mm. In diesen Dosen dürfen Leitungen nicht miteinander verbunden werden. Eine Ausnahme bilden Geräteverbindungsdosen (Abzweigschalterdosen), die deutlich tiefer sind als normale Gerätedosen. In solchen Dosen können dann hinter dem Schalter oder der Steckdose problemlos noch einige Leitungsklemmen Platz finden.

Wenn man bei der Installation Geräteverbindungsdosen einplant, kann man die Zahl der Abzweigdosen verringern. Der Vorteil: Bei Störungen oder nachträglichen Änderungen der Installation braucht man nicht auf die Leiter zu steigen und die Tapete zu lösen, um an die jeweilige Abzweigdose zu kommen.

Schalter und Steckdosen werden mit Spreizkrallen in den Gerätedosen befestigt. Die Adern befestigen Sie je nach Bauart mit Klemmschrauben oder führen sie in Steckklemmen ein. Für Schraubklemmen müssen Sie die Adern etwa 10 mm, für Steckklemmen etwa 12 mm weit blank abisolieren.

Vor dem Abisolieren der Adern muss bei Kabeln die Ummantelung abgetrennt werden. Dazu benutzt man ein Kabelmesser oder einen speziellen Entmanteler (Bilder 1 und 2 auf der Seite rechts oben). Die Abisolierzange (Bilder 3 und 4 rechts) legt dann die Ader in gewünschter Länge frei, damit sie verklemmt werden kann. Die Schrauben bei Klemmen immer sehr sorgfältig fest anziehen.

Aderendhülsen

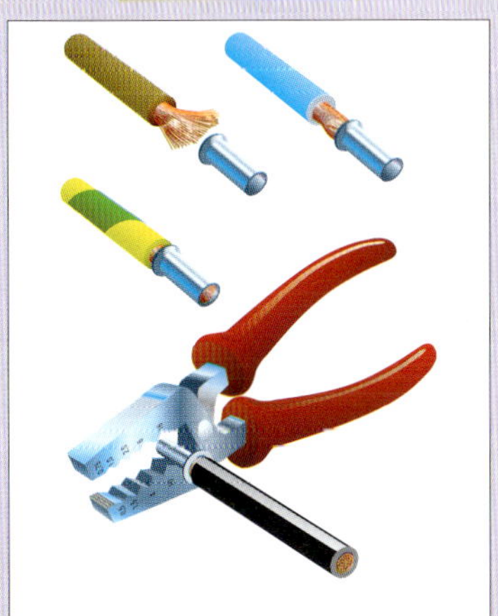

Sie brauchen Aderendhülsen im passenden Durchmesser und die Zange

Um zu verhindern, dass die feinen Einzeldrähte von flexiblen Adern beim Anziehen der Klemmschrauben zerquetscht werden, muss zuvor eine Aderendhülse aufgeschoben werden. Es gibt Aderendhülsen passend zu allen gängigen Leitungsquerschnitten. Eine spezielle Zange mit entsprechenden unterschiedlichen Aussparungen drückt die feine Hülse auf die Kupferader.

Abisolieren

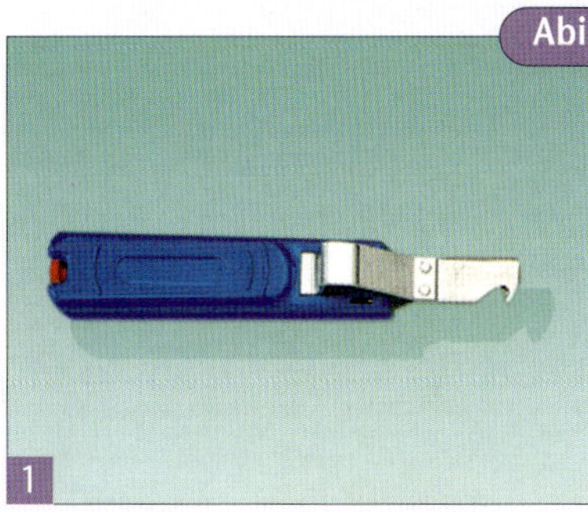

Beim Kabelmesser wird die Mantelleitung unter den Bügel geklemmt und dann quer oder längs gedreht. Dabei ritzt die Klinge die Ummantelung an

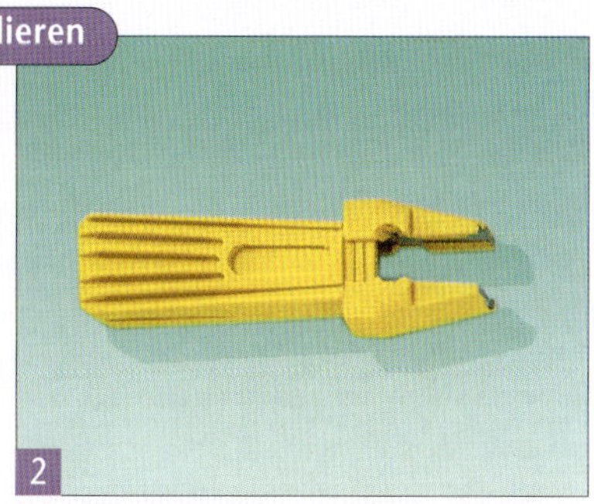

Mit dem Dosen-Entmanteler können Sie Mantelleitungen, die aus einer Dose herausgeführt werden, sauber bis zum Dosenboden von der Ummantelung befreien

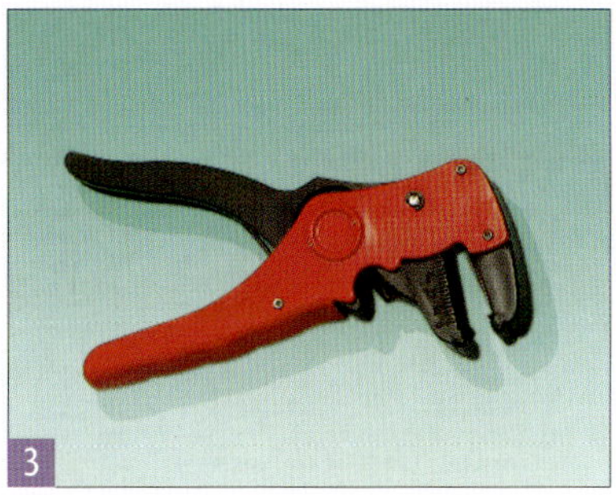

Diese Abisolierzange besitzt einen flexiblen Anschlag, mit dessen Hilfe man genau festlegen kann, wie weit die Ader freigelegt werden soll

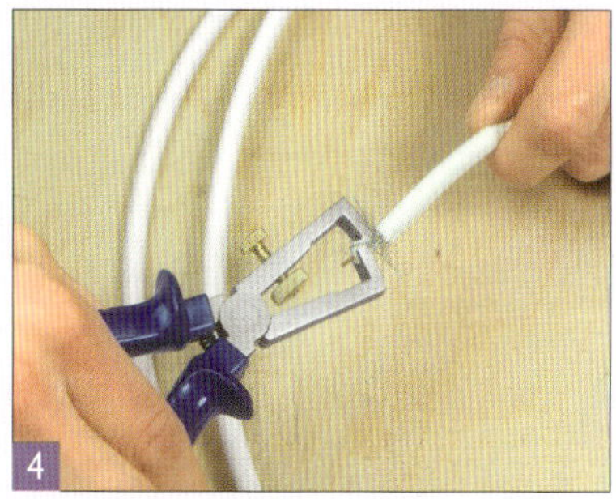

Die Universal-Abisolierzange kann für Elektroadern wie auch für Antennenkabel (Bild) benutzt werden. Sie muss mit Gefühl beim Drücken eingesetzt werden

Klemmen

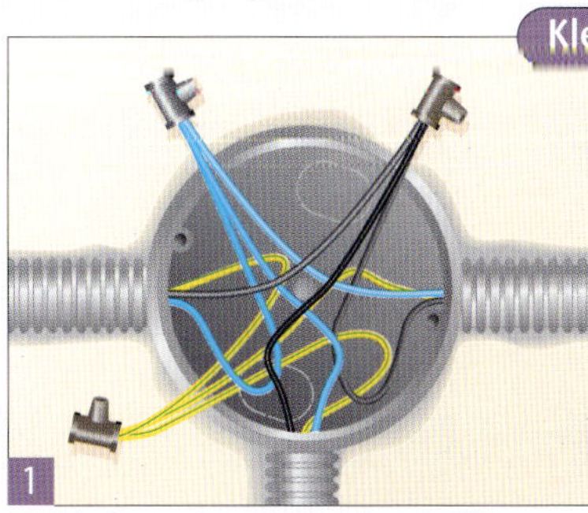

Verbindung der Adern mit Aderklemmen in einer Verteiler- bzw. Abzweigdose. Hier muss man schrauben. Die Schrauben immer ganz fest anziehen

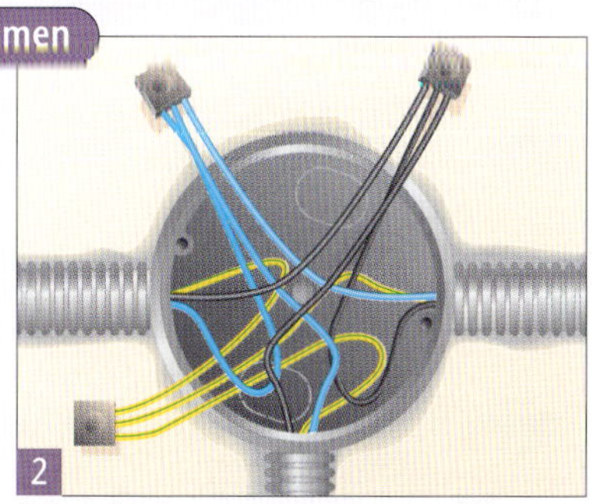

Schraubenlose so genannte Steckklemmen erleichtern die Verdrahtung in einer Verteilerdose. Man muss nur passend abisolieren und dann zusammenstecken

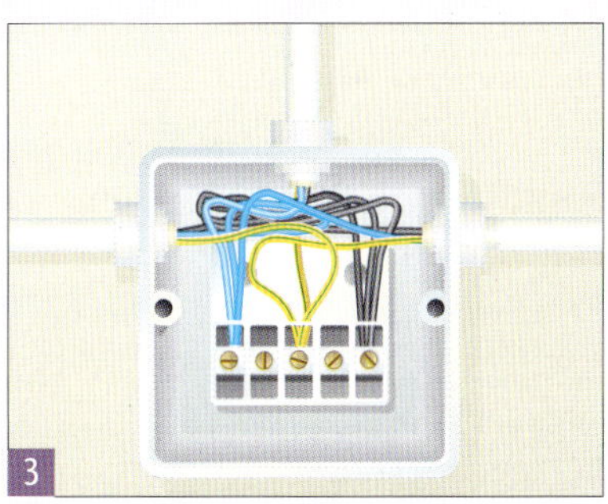

Sehr übersichtlich ist die Verdrahtung in Dosen mit fest eingebauten Klemmleisten. Solche Dosen für die Aufputzmontage gibt es in verschiedenen Größen

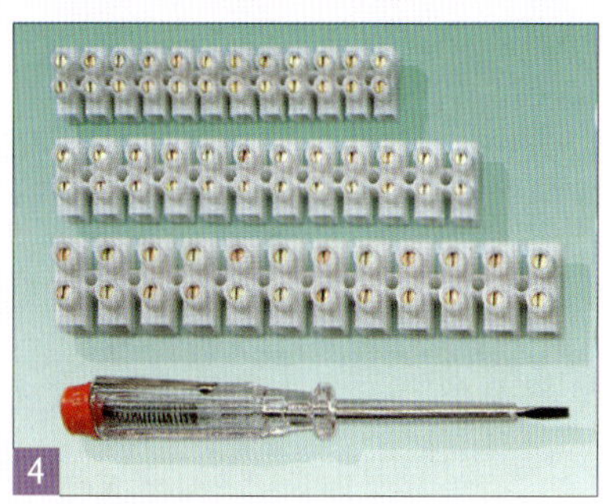

Lüsterklemmen, die im Gegensatz zu Dosenklemmen zwei Klemmschrauben pro Pol haben, verwendet man meist, um Adern in Leuchten zu verbinden

Montage einer Steckdose

Wenn es um den Austausch einer vorhandenen Steckdose geht, sind folgende Arbeitsschritte vorzunehmen: Zuerst wird die Sicherung des betreffenden Stromkreises abgeschaltet bzw. herausgeschraubt, dann überprüft man mit dem Spannungsprüfer, ob tatsächlich keine Spannung mehr an den Steckdosenkontakten anliegt. Sie lösen dann die Steckdosenabdeckung durch Herausdrehen der mittleren Schraube und lockern dann die Schrauben der Spreizkrallen des Einsatzes. Der Steckdoseneinsatz wird herausgezogen, und die drei Anschlussklemmen für Phase, Nullleiter und Schutzleiter werden gelöst. Anschließend klemmen Sie die Adern an dem neuen Steckdoseneinsatz an. Wichtig: Der grün-gelbe Schutzleiter darf nur an den Schutzleiteranschluss geklemmt werden, der mit den bei montierter Steckdose offen liegenden Metallkontakten verbunden ist. Die schwarze und die blaue Ader kommen an die Anschlüsse, die zu den Metallzungen für die Steckerstifte führen.

Sind die Kontakte angeklemmt – das heißt fest verschraubt bzw. in die Steckkontakte eingeschoben –, schiebt man den Einsatz in die Dose und dreht die Schrauben der Spreizkrallen, bis der Einsatz fest sitzt. Zuletzt wird die Abdeckung aufgeschraubt und die Sicherung eingeschaltet. Nun prüfen Sie die Funktion der Steckdose. Wer nur einen Einpol-Spannungsprüfer hat, berührt damit nacheinander die Kontakte in den Steckdosenlöchern, während ein Finger den Metallring am Griffende des Prüfgeräts berührt. Die Lampe im Phasenprüfer muss bei Kontakt mit einem der beiden Anschlüsse aufleuchten. Bei anschließender Berührung der offen liegenden Metallkontakte des Schutzleiters muss die Lampe dunkel bleiben.

Noch sicherer ist die Überprüfung mithilfe des Zweipol-Spannungsprüfers. Man hält je eine Prüfspitze in je ein Loch der Steckdose. Dabei muss das Gerät Spannung anzeigen. Beim nächsten Prüfschritt hält man eine Prüfspitze an den Schutzleiterkontakt und berührt mit der anderen Spitze nacheinander die Metallzungen in den beiden Steckdosenöffnungen. Bei einer der Messpositionen muss Spannung angezeigt werden. Eventuell wird bei diesem Test der vorhandene FI-Schalter ausgelöst und schaltet den geschützten Stromkreis stromlos. Da bei dieser Prüfung ein Fehlerstrom fließen soll, ist das Auslösen des FI-Schalters korrekt und bestätigt die ordnungsgemäße Installation.

Bei der Neuinstallation einer Steckdose, beispielsweise bei Erweiterung der vorhandenen Installation, muss zuerst die Verbindung der drei Adern mit einer bereits vorhandenen Verteiler-, Steck- oder Auslassdose hergestellt werden. Hierbei muss der betreffende Strom-

Montageschritte

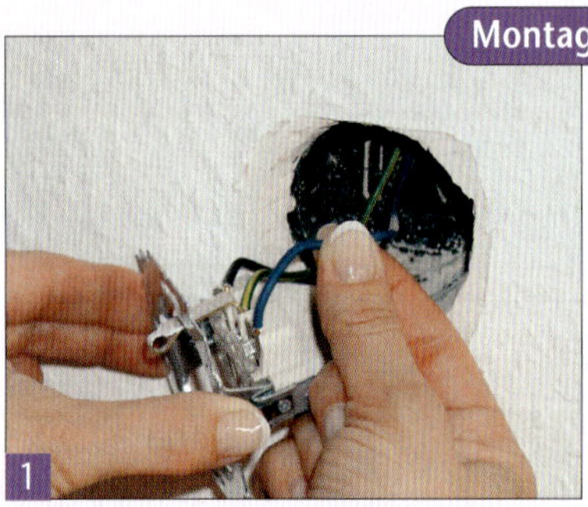

1 Die Adern von Phase, Nullleiter und Schutzleiter werden bei ausgeschalteter Sicherung an die Klemmen des Steckdoseneinsatzes angeschlossen

2 Dann schiebt man den Einsatz in die Dose und zieht die beiden Spreizkrallen an. Dabei sollte man den Doseneinsatz fest andrücken, damit er bündig sitzt

3 Bei Renovierungsarbeiten wird nun häufig noch tapeziert. Anschließend setzt man die Abdeckung der Steckdose auf und dreht die Halteschraube ein

4 Dann die Sicherung des Stromkreises wieder einschalten und den Anschluss wie rechts beschrieben prüfen. Am besten mit dem Zweipol-Prüfer

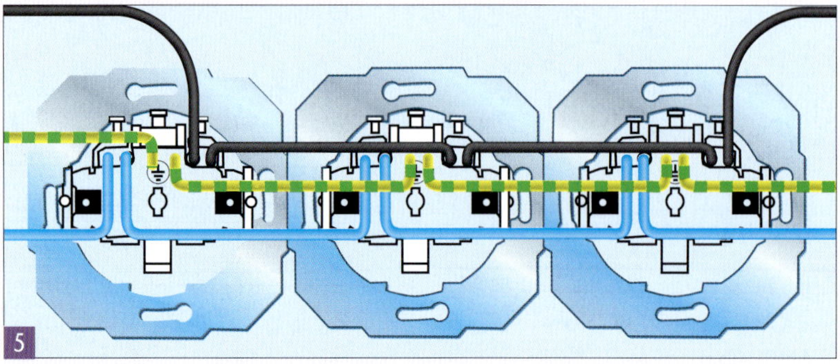

5 Werden mehrere Steckdosen nebeneinander montiert, stellt man Brücken zwischen den Anschlussklemmen her. Man spricht dabei von „Durchschleifen". Dabei werden jeweils Adern der gleichen Farbe an eine Klemme angeschlossen

kreis durch Abschalten bzw. Herausdrehen der Sicherung spannungsfrei geschaltet werden. Dann klemmt man die zur neuen Steckdose führenden Adern an die entsprechenden gleichfarbigen Kontakte in der Dose an. Das Anschließen des Steckdoseneinsatzes erfolgt dann wie beschrieben. Werden mehrere Steckdosen nebeneinander montiert, klemmt man die Verbindungsadern jeweils mit der gleichfarbigen Ader an eine Klemme.

Schaltereinbau

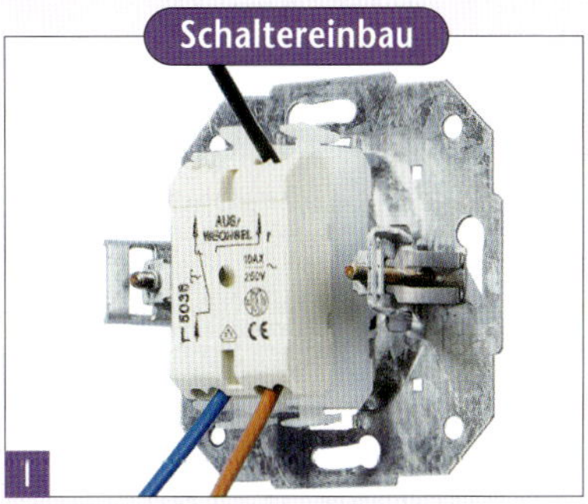
1 Steckverbindungen erleichtern das Anklemmen der Adern an den Schaltereinsatz. Die Beschriftung sagt Ihnen genau, welche Ader wohin gehört

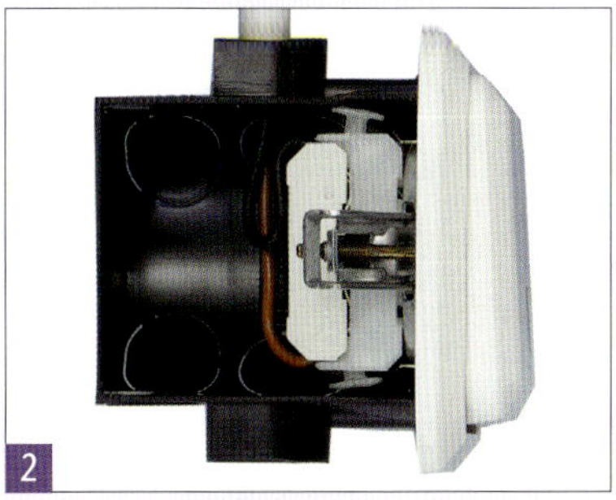
2 Ein Schalter im Schnitt. Mit den Spreizkrallen verankert man den Einsatz in der Dose. Hinter dem Schaltereinsatz ist in der Dose noch Platz für Verdrahtungen

3 Viele Schalter lassen sich durch Einsetzen einer kleinen Glühlampe zum Kontrollschalter umrüsten, der anzeigt, wenn der Stromkreis geschlossen ist

Lichtschalter für verschiedene Schaltfunktionen

Je nach gewünschter Funktion gibt es verschiedene Arten von Lichtschaltern:

- **Ausschalter:** Dieser am häufigsten verwendete Schalter dient dazu, eine oder mehrere Leuchten gleichzeitig ein- oder auszuschalten.

- **Serienschalter:** Mit diesem Schalter, der aus zwei in einem Gehäuse zusammengefassten Ausschaltern besteht, werden zwei Leuchtenstromkreise unabhängig voneinander ein- und ausgeschaltet.

- **Wechselschalter:** Dieser Schaltertyp wird benötigt, wenn man beispielsweise im Schlafzimmer oder in einem langen Flur eine Leuchte von zwei entfernt voneinander liegenden Stellen wechselweise ein- und ausschalten will. Jeder Wechselschalter kann auch als einfacher Ausschalter benutzt werden. Viele Hersteller bieten daher Wechselschalter mittlerweile als so genannte Universalschalter an.

- **Kreuzschalter:** Sollen Leuchten von drei oder mehr Stellen ausgeschaltet werden, braucht man diesen Schaltertyp.

Die Montage eines einfachen Ausschalters ist recht simpel. Man muss nur zwei Adern anklemmen: die schwarze spannungsführende Leitung und eine braune Schaltleitung, die zur Leuchte führt. Ausschalter können auf Wunsch mit einer Kontrollleuchte bestückt werden.

Beim Serienschalter sieht die Verdrahtung ganz ähnlich aus. Es gibt wiederum eine spannungsführende Zuleitung (schwarz) und zwei Schaltleitungen, die zu den Leuchten führen. Diese Schaltleitungen werden durch

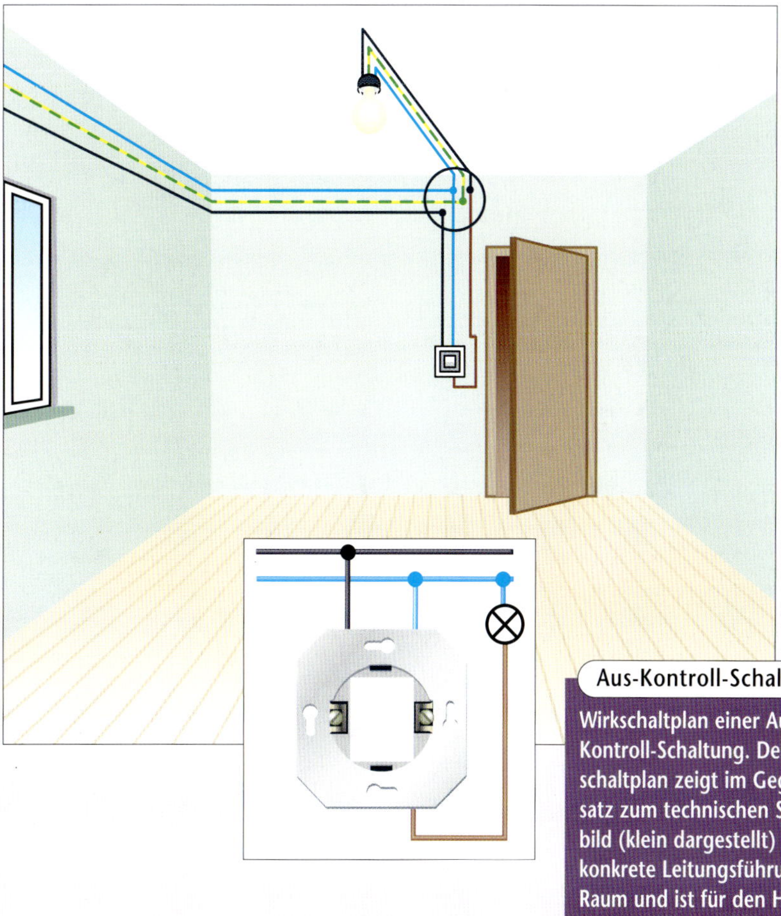
Aus-Kontroll-Schaltung

Wirkschaltplan einer Aus-Kontroll-Schaltung. Der Wirkschaltplan zeigt im Gegensatz zum technischen Schaltbild (klein dargestellt) die konkrete Leitungsführung im Raum und ist für den Heimwerker leichter zu lesen.

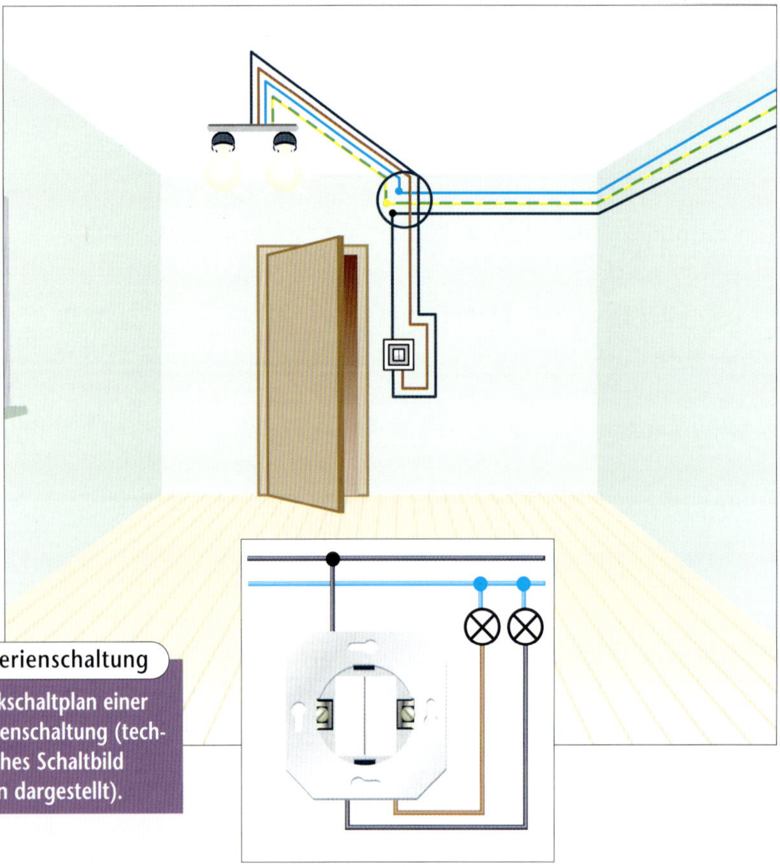

Serienschaltung

Wirkschaltplan einer Serienschaltung (technisches Schaltbild klein dargestellt).

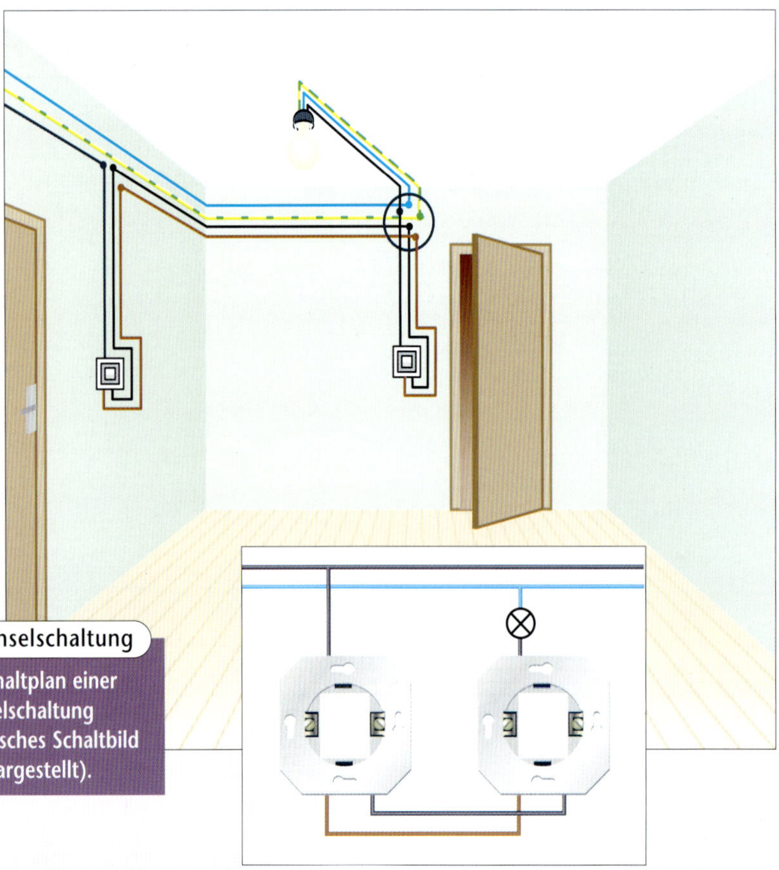

Wechselschaltung

Wirkschaltplan einer Wechselschaltung (technisches Schaltbild klein dargestellt).

die zwei unabhängig voneinander wirkenden Schalter betätigt.

Bei Wechselschaltungen (siehe Darstellung links unten) werden drei Adern von der Verteilerdose zu jedem Schalter verlegt. Dabei wird der Eingang des einen Schalters an die Phase, also an den stromführenden Leiter angeschlossen.

Der Eingang des zweiten Schalters aber führt zum Verbraucher, also der Leuchte, deren anderer Anschluss am Neutralleiter liegt. Die jeweils zwei noch freien Anschlüsse an den Schaltern werden über die Verteilerdosen miteinander verbunden.

Kreuzschalter können nur in Verbindung mit zwei Wechselschaltern verwendet werden (siehe Darstellung rechts oben). Dabei muss von den Verteilerdosen zu jedem Kreuzschalter eine vieradrige Verbindung geschaffen werden. Zu den Wechselschaltern reicht eine dreiadrige Verbindung wie bei der Wechselschaltung.

Stromstoß- oder Fernschalter

Die zuvor gezeigten Wechsel- oder Kreuzschaltungen haben den Nachteil, dass zu den einzelnen Schaltern drei oder vier Leiter geführt werden müssen. Es gibt allerdings auch eine einfachere Lösung: den Einbau eines Stromstoß- oder Fernschalters. Der Stromstoßschalter arbeitet in Verbindung mit Tastern. Zu jedem Taster müssen nur zwei Adern geführt werden (siehe Darstellung rechts. Daher ist diese Installation oft für Altanlagen die günstigere Lösung.

Der Stromstoßschalter kann in einer Verteilerdose sitzen, oder er wird (bei Neuanlagen) in den Verteilerschrank integriert. Der stromführende Leiter wird an 1, der zweite, der nach dem Schalten den Strom zur Leuchte führt, an 2 angeschlossen. Nullleiter und Schaltstromleiter (braun) an A1 bzw. A2 anschließen.

Dimmer regeln die Helligkeit von Leuchten

Dimmer sind elektronische Helligkeitsregler, mit denen sich Leuchten stufenlos heller oder dunkler einstellen lassen. Bei geringerer Helligkeitseinstellung wird Energie gespart und die Lebensdauer der Leuchtmittel wird erhöht. Für einen einwandfreien Betrieb der Dimmer ist es wichtig, dass die angegebene Minimalleistung nicht unterschritten und die Maximalleistung nicht überschritten wird. Helligkeitsregler arbeiten nach zwei unterschiedlichen Prinzipien:

- Phasenanschnittsteuerung:
Dabei wird die Sinuswelle des Wechselstroms am Anfang beschnitten und so die zur Verfügung gestellte Leistung reduziert (siehe Grafik 1 Seite 252).

- Phasenabschnittsteuerung:
Dabei wird das Ende der Sinuswelle verändert und so eine Leistungssteuerung ermöglicht.

Je nach Leuchtmittel müssen verschiedene Dimmer eingesetzt werden. Für Glühlampen und Hochvolt-Halogenlampen sind Phasenanschnitt- oder Phasenabschnittdimmer geeignet. Für Niedervolt-Halogenlampen mit konventionellen Transformatoren braucht man Phasenanschnittdimmer. Für Niedervolt-Halogenlampen mit dimmbaren elektronischen Transformatoren dagegen muss man Phasenabschnittdimmer einsetzen.

Dimmer sind nicht nur als Ausschalter, sondern auch als Wechselschalter erhältlich. In einer Wechselschaltung kann einer der beiden Schalter ein Dimmer sein. Auch wenn der normale Wechselschalter betätigt wird, hat das Licht die am Dimmer eingestellte Stärke. Ebenso kann in eine Kreuzschaltung ein Dimmer zusammen mit den Wechselschaltern installiert werden. Die Lichtstärke richtet sich wieder nach dem Dimmer, ganz gleich, wo geschaltet wird.

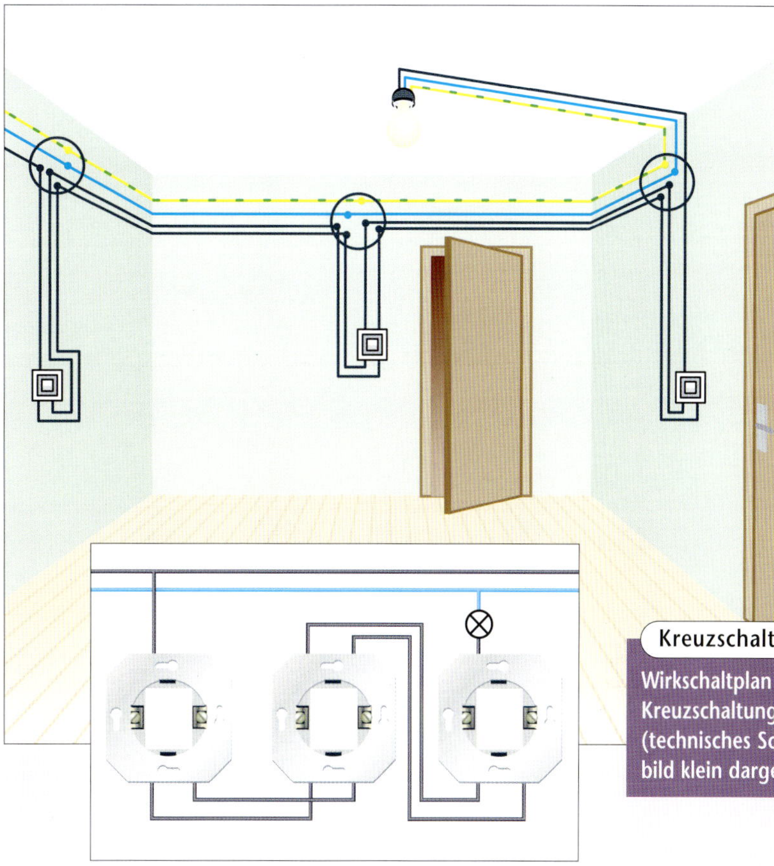

Kreuzschaltung

Wirkschaltplan einer Kreuzschaltung (technisches Schaltbild klein dargestellt).

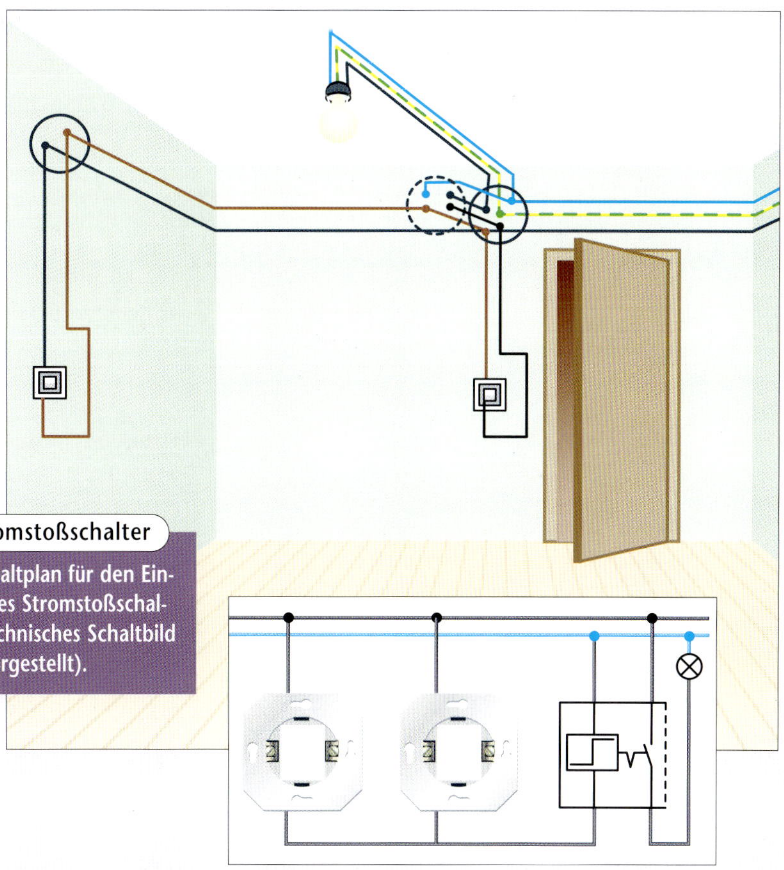

Stromstoßschalter

Wirkschaltplan für den Einbau eines Stromstoßschalters (technisches Schaltbild klein dargestellt).

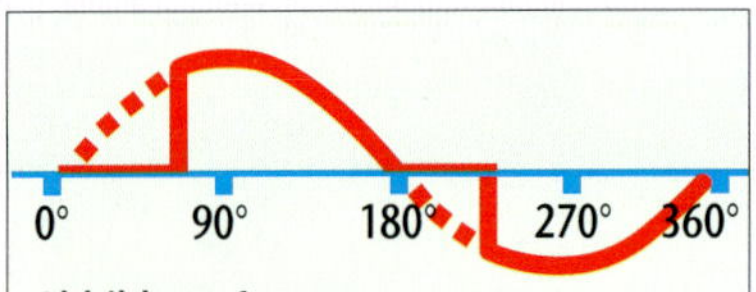

Abbildung 1
Phasenanschnittsteuerung

Abbildung 2
Phasenabschnittsteuerung

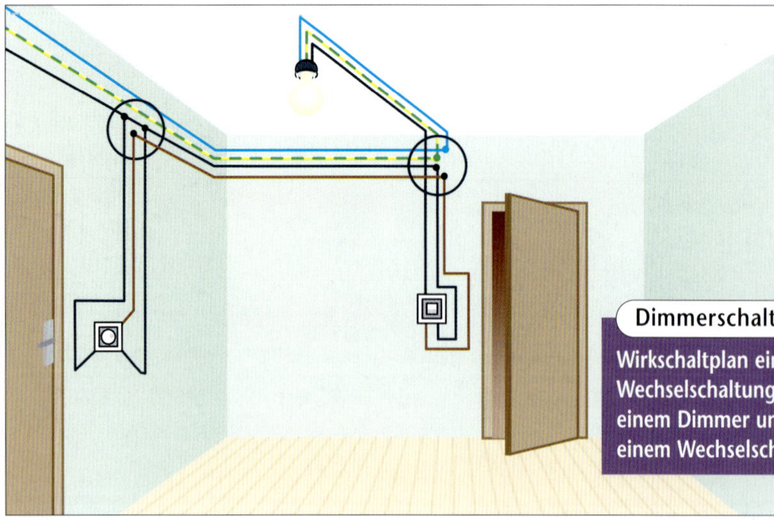

Dimmerschaltung

Wirkschaltplan einer Wechselschaltung mit einem Dimmer und einem Wechselschalter.

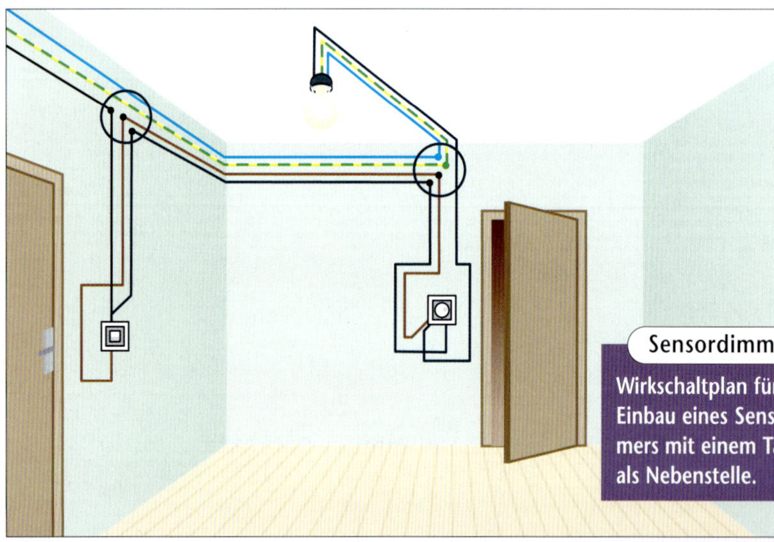

Sensordimmer

Wirkschaltplan für den Einbau eines Sensordimmers mit einem Taster als Nebenstelle.

Eine weitere Möglichkeit ist der Einbau eines elektronischen Sensordimmers, der die gleiche Schaltwirkung wie ein Stromstoßschalter hat. Er wird zusammen mit einem oder mehreren Tastern installiert. Durch kurze Berührung der Sensoroberfläche schaltet man den Sensordimmer ein. Das Licht leuchtet mit maximaler Helligkeit. Längeres Berühren der Sensorfläche bewirkt die Dimmfunktion. Wird der Lichtstromkreis mit einem in Kombination mit dem Sensordimmer installierten Taster ein- oder ausgeschaltet, verhält sich die Schaltung wie die weiter oben beschriebene Stromstoßschaltung.

Klingel und Gong

Klingel und Gong, mit denen sich Besucher an der Haustür ankündigen, werden grundsätzlich mit Kleinspannung betrieben. Ein Transformator oder eine Batterie liefern den Strom. Wobei Batterien eher als Notlösung zu betrachten sind.

Der Klingeltransformator kann auf Putz in der Nähe von Klingel bzw. Gong oder in den Verteilerschrank eingebaut werden. Er wird mit zwei Klemmen ans Wechselstromnetz angeschlossen und liefert wahlweise 4, 6 oder 8 V Spannung.

Der elektrische Anschluss einer Klingelanlage ist in der Grafik rechts dar-

Klingelanlage

Wirkschaltplan einer Klingelanlage mit Trafo, Klingel und Taster.

gestellt. Betätigt man den Taster an der Tür, wird der Stromkreis geschlossen, und die Klingel ertönt. Will man die Anlage bei Bedarf abschalten, wird einfach eine der beiden Adern im Kleinspannungsbereich hinter dem Transformator durch einen Schalter unterbrochen.

Elektronische Gongs, Doppelklanggongs und so genannte Mehrklanggongs arbeiten nicht wie die klassische Klingel mit Spule und Glocke, sondern erzeugen den Ton über eine elektronische Schaltung mit einem kleinen Lautsprecher. Sie brauchen zusätzlich Strom aus einer Batterie oder einem Netzteil, das vom Klingeltransformator gespeist wird. Der über den Klingeltaster ausgelöste kurze Stromimpuls reicht für den über mehrere Sekunden erzeugten elektronischen Klang nicht aus.

Als Leitung für eine Klingelanlage verwendet man eine Stegleitung mit der Bezeichnung IFY und 0,6 mm Durchmesser.

Sprechanlagen und Videoüberwachung an der Haustür

Aus Sicherheitsgründen wird die klassische Klingelanlage immer häufiger durch eine Sprechanlage ersetzt. Gerade für ältere Menschen ist es wichtig, sich zu vergewissern, wer vor der Tür steht, ehe man öffnet. Noch mehr Sicherheit bieten Anlagen mit integrierter Videoüberwachung. Die Kamera ermöglicht eine ständige Kontrolle des Eingangsbereiches.

Wird ein Haus neu geplant oder modernisiert, wählt man am besten eine modulare Türsprechanlage im Baukastenprinzip (Bild oben), die sich nachträglich erweitern lässt. Neben der Grundfunktion der Türsprechanlage wird hier die Videoüberwachung durch einen Bewegungsmelder eingeschaltet. Die Tür kann auf Wunsch mit einem programmierbaren Codeschloss und einem berührungslosen Türöffner ausgerüstet werden. Auch Schlüsselschalter und Magnetkartenleser lassen sich in das System integrieren.

Die Komponenten einer modernen Video-Türsprechanlage: das Sprechgerät mit farbigem Videobild und die Außenkomponente mit integrierter Kamera

Solche Videokameras in Miniaturgröße lassen sich im Eingangsbereich unauffällig platzieren. Ihre Übertragungsqualität reicht absolut aus

Bei der Verkabelung wird zunehmend Bus-Installation verwendet. Damit bei Modernisierungen die überwiegend vorhandenen klassischen Klingeldrähte weiterbenutzt werden können, bieten verschiedene Hersteller spezielle Geräte an, die modernste Kommunikationstechnik ermöglichen, aber die vorhandene Verdrahtung nutzen.

Sicherheitsregeln für Elektroarbeiten

Weil Fehler bei Elektroarbeiten unter Umständen tödliche Gefahren heraufbeschwören, müssen Sie die folgenden Sicherheitsregeln unbedingt einhalten:

- Nie an Geräten oder Anlagen arbeiten, die unter Spannung stehen. Bei elektrischen Geräten ist also vor Beginn der Arbeiten der Netzstecker zu ziehen. Vor Arbeiten an Installationen ist die Sicherung für den entsprechenden Stromkreis abzuschalten bzw. herauszuschrauben.
- Die Sicherung gegen Wiedereinschalten durch Dritte sichern. Dafür ein Warnschild an der betreffenden Sicherung anbringen. Die Sicherungspatrone von Schraubsicherungen samt Schraubkappe nicht am Sicherungskasten ablegen, sondern mitnehmen.
- Vor Beginn der Arbeiten vergewissern Sie sich, dass die Leitung spannungsfrei ist. Dafür verwenden Sie entsprechende Prüfgeräte.
- Generell dürfen Sie keine Arbeiten ausführen, bei denen Sie sich nicht über die korrekte Ausführung absolut im Klaren sind.
- Niemals beschädigte, abgenutzte oder veraltete Teile bzw. Geräte verwenden. Es darf nur Material zum Einsatz kommen, das den DIN-Normen und VDE-Bestimmungen entspricht. Nach Abschluss einer Erweiterung oder Reparatur muss die Installation den aktuellen Bestimmungen entsprechen.
- Arbeiten an Sicherungen, Verteilung, Zähler, Erdung und Hauseinlass dürfen nur konzessionierte Elektriker vornehmen.
- Den grün-gelben Schutzleiter nie für andere Funktionen verwenden, abklemmen oder entfernen. Nach dem Abschluss der Arbeit ist die Schutzleiterfunktion immer durch Messen zu überprüfen.
- Neben diesen Regeln sind weitere rechtliche Aspekte zu beachten: Bei jeder Veränderung oder Neuinstallation sind die VDE-Vorschriften einzuhalten.
Eine der wichtigsten Vorschriften ist die VDE 0100, die Bestimmungen über Schutzmaßnahmen enthält.
Jede Person, die an elektrischen Anlagen und Geräten arbeitet, hat sich über diese Vorschriften zu informieren.

Denken Sie also stets daran, dass Sie die Verantwortung für Elektroarbeiten tragen, die Sie selbst ausgeführt haben. Holen Sie unbedingt den Rat des Fachmanns ein, sobald Sie unsicher sind.

So arbeitet eine moderne Heizungsanlage

Wer sein Haus umfassend modernisiert, kommt oft nicht um den Austausch der Heizungsanlage herum. Da es hier um erhebliche Ausgaben geht, müssen Sie sich vorab sachkundig machen

Gasthermen

Links eine mit Erdgas betriebene Etagenheiztherme, die sich Platz sparend unterbringen lässt. Bilder rechts unten: Die heute gängige Standardlösung mit Heizkessel und Warmwasserspeicher, der über eine so genannte Vorrangschaltung aufgeheizt wird. Es gibt sogar Heizkessel, die sich in eine übliche Küchenzeile integrieren lassen. Diese Lösung ist besonders für Modernisierer interessant.

Das Prinzip der Wärmeerzeugung und -verteilung im Haus

Die meisten Einfamilienhäuser werden durch eine Hauszentralheizung mit Wärme versorgt. Der Heizwärmeerzeuger und häufig auch der Warmwasserbereiter oder Warmwasserspeicher für das Brauchwasser stehen dann im Keller des Gebäudes.

Transportiert wird die vom Brenner erzeugte Heizwärme durch das Trägermedium Wasser über ein Netz von Rohrleitungen, die zu den einzelnen Heizkörpern führen. Eine Umwälzpumpe treibt diesen Wasserkreislauf kontinuierlich an.

Wird Gas als Energieträger eingesetzt, kann der Wärmeerzeuger statt im Keller auch unterm Dach platziert werden. In diesem Fall entfällt nämlich der sonst übliche gemauerte Schornstein. Ein einfacher Abgasstutzen, der vom Brenner aus direkt durch die Dachhaut geführt wird, genügt. So lassen sich Baukosten einsparen.

Wärmeverteilung im Haus

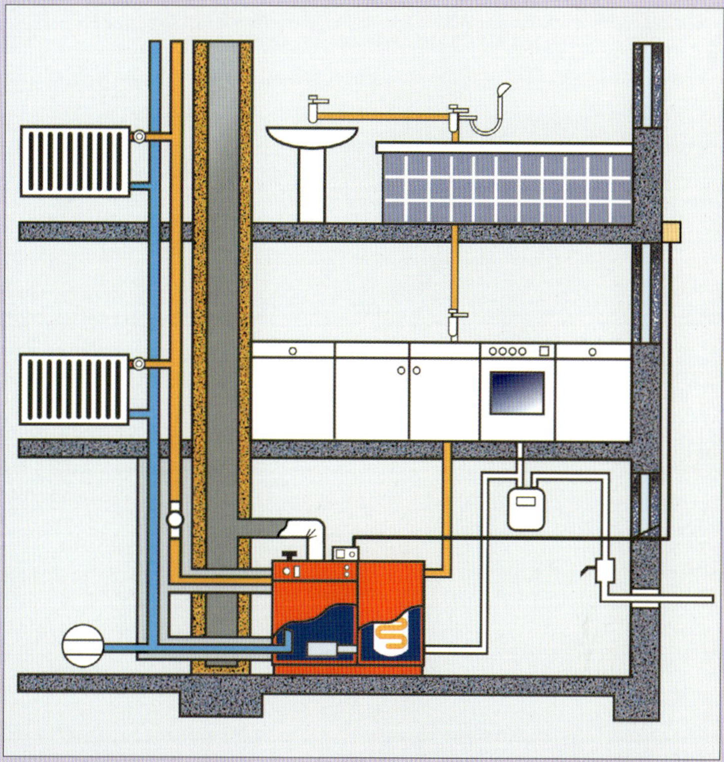

Vom Wärmeerzeuger, dem Heizkessel im Keller, werden die Heizkörper der einzelnen Etagen mit Energie versorgt. Ein angekoppelter Speicher liefert im hier gezeigten Schema Warmwasser für Küche und Badezimmer.

Der Wärmeerzeuger einer Hauszentralheizung kann mit allen bereits erwähnten Energieträgern betrieben werden, also mit Öl, Erdgas aber auch mit Flüssiggas oder sogar mit festen Brennstoffen wie Kohle oder Holz.

Unter Umständen werden auch mehrere Energieträger alternativ genutzt. Je niedriger die Temperatur des Wassers im Heizungskreislauf sein muss, desto leichter lassen sich Solaranlagen oder Wärmepumpen integrieren.

Die Leistung des Wärmeerzeugers hängt natürlich vom Wärmebedarf des betreffenden Hauses ab. Er wird nach DIN 4701 ermittelt und gibt an, wie viel Wärme in den Heizkreislauf eingespeist werden muss, um das Haus bei einer rechnerisch anzunehmenden tiefsten Außentemperatur auf etwa 19 °C Innentemperatur aufzuheizen.

Wenn in Mehrfamilienhäusern die einzelnen Wohnungen mit eigenen Heizsystemen ausgestattet werden sollen, bieten sich mit Gas betriebene Wohnungszentralheizungen an. Die entsprechenden Gaswärmeerzeuger, die nicht nur heizen, sondern auch die Warmwasserversorgung übernehmen, sind äußerst kompakt und lassen sich Platz sparend beispielsweise in der Küche oder im Bad unterbringen. Verbindet man einen Gaswärmeerzeuger mit einem doppelwandigen Luft-Abgas-Schornstein-System, wird die erforderliche Verbrennungsluft aus dem Schornstein entnommen. In diesem Fall kann das Gerät auch in kleinsten Besenkammern oder in Wandschränken untergebracht werden.

Der Kessel ist das Herzstück der Anlage

Die Wahl des Kessels entscheidet im Wesentlichen darüber, wie ökonomisch eine Heizungsanlage arbeitet. Doch nicht immer ist der teuerste Energiesparkessel auch die effizienteste Lösung

Tipp

Holen Sie immer mehrere Angebote von Heizungsbauern ein. Oft sind die Handwerker auf einen Hersteller festgelegt und können Ihnen nicht die beste Lösung anbieten.

Neue Kesseltechnik spart Energie

Durch den Austausch veralteter Heizkessel gegen neue Niedertemperaturkessel wird die Umweltbelastung durch CO_2-Emissionen gesenkt. Gleichzeitig reduziert sich der Brennstoffverbrauch

Die beim Verbrennen von Öl, Gas oder Festbrennstoffen freiwerdende Energie wird im Heizkessel an das Wasser des Heizkreislaufs abgegeben. Früher waren diese Kessel ausgesprochen korrosionsanfällig, besonders gegenüber am Metall kondensierendem Wasser. Kondenswasser kann entstehen, wenn das Wasser im Kessel Temperaturen unter 70 °C aufweist. Daher fuhr man die alten Anlagen mit hohen Kesseltemperaturen zwischen 70 und 90 °C. Bevor derart hoch erhitztes Kesselwasser in den Heizkreislauf eingespeist werden kann, muss es durch ein Mischventil mit kaltem Heizungsrücklaufwasser versetzt werden. Die eigentlich unnötig hohe Wassertemperatur im Kessel, die dann anschließend heruntergemischt wurde, bedeutete hohe Strahlungsverluste. Hinzu kam, dass die Kessel meist eine unzureichende Wärmedämmung besaßen. Der Heizungsraum im Keller war typischerweise der wärmste Raum im ganzen Haus.

Seit etwa 20 Jahren werden beim Kesselbau neue, korrosionsbeständige Werkstoffe eingesetzt, die niedrigere Temperaturen erlauben. Außerdem versieht man die Kessel mit wärmedämmenden Verkleidungen. Entsprechend sinken auch die Strahlungsverluste. Das Kesselwasser fließt mit maximal 55 °C in den Heizkreislauf. Auch die Abgastemperaturen konnten bei den modernen Kesseln gesenkt werden – ein weiteres beachtliches Energiesparpotenzial.

Nicht nur die technische Weiterentwicklung hat moderne Heizkessel sparsamer gemacht. Auch bei der Planung von Heizungsanlagen geht man heute sorgfältiger ans Werk. In der Vergangenheit gab es keine exakten Wärmebedarfsberechnungen. Man hat in der Regel Kessel installiert, deren Heizleistung selbst den Bedarf an extrem kalten Wintertagen weit überschritt. Überdimensionierung bedeutet aber unnötige Wärmeverluste der Anlage. Alte Heizungsanlagen vergeuden also Unmengen von Energie. Man hat errechnet, dass sich bei solchen Heizungen die Energiekosten durch den Einbau moderner Brennwertkessel um fast ein Drittel senken lassen.

Bei den jährlichen Kontrollmessungen durch die Schornsteinfeger werden veraltete Energievergeuder und Umweltverschmutzer unter den Heizkesseln entlarvt.

Schätzungsweise 1,4 Millionen Altkessel mussten bis zum Jahr 2004 modernisiert oder ausgetauscht werden, weil sie den Grenzwerten nicht genügten, die in der Kleinfeuerungsanlagen-Verordnung von 1998 festgelegt wurden.

Was eine Heizung aus dem eingesetzten Brennstoff tatsächlich herausholt, gibt der so genannte Jahreswirkungsgrad an, der in der Grafik links für verschiedene Wärmeerzeuger dargestellt wird. Im Jahreswirkungsgrad sind auch alle Abgas-, Strahlungs- und Stillstandsverluste berücksichtigt.

Dass man bei Neubau oder Modernisierung leistungsfähige Heizkessel der neuen Generation installiert, ist überhaupt keine Frage. Ob es aber der Kessel mit dem theoretisch allerbesten Wert sein muss, ist jedoch die Frage. Hier sollten Kosten und Nutzen vor dem Hintergrund des konkreten Wärmebedarfs berücksichtigt werden. Lassen Sie sich nicht den teuersten Heizkessel aufschwatzen, dessen Mehrkosten sie vielleicht nie hereinholen.

Jahreswirkungsgrad

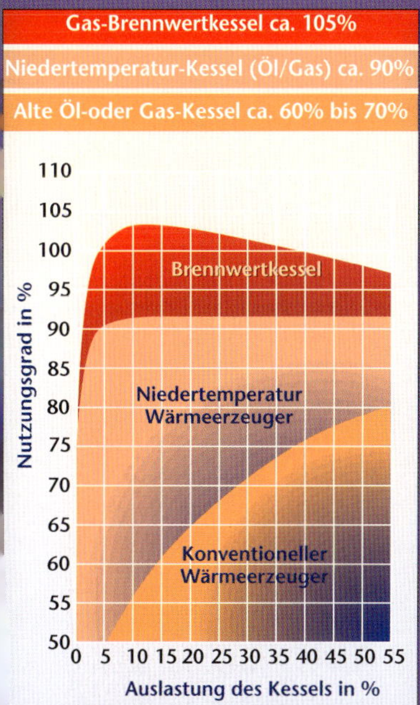

Moderne Kesseltechnik besticht durch eine enorme Steigerung des Jahresnutzungsgrads. Dieser Wert gibt an, was der Kessel im Jahresdurchschnitt aus dem eingesetzten Brennstoff herausholt. Dabei sind Abgas-, Strahlungs- und Stillstandsverluste berücksichtigt.

Öl-/Gas-Spezialheizkessel für Niedertemperatur

Dieser Heizkesseltyp ist für beide der heute gängigsten Brennstoffe geeignet: für Öl oder Gas. Der eigentliche Kessel bleibt der gleiche, nur der angeflanschte Brenner ist auf den jeweiligen Brennstoff abgestimmt.

Moderne Ölgebläsebrenner besitzen eine eingebaute Ölvorwärmung, wodurch das Verbrennungsergebnis verbessert wird. Sobald sich der Brenner ausschaltet, schließt sich eine Luftabschlussklappe und verhindert so, dass warme Luft während der Stillstandszeit in den Kamin entweicht.

Auf den ersten Blick sind die modernen Heizkessel im Vergleich zu ihren Vorgängern deutlich kompakter geworden. Im Inneren ist die Konstruktion der Brennkammer geändert worden. Die heute übliche so genannte „heiße Brennkammer" oder „Trockenbrennkammer" zeichnet sich dadurch aus, dass die Kesselwandungen in der Anfahrphase besonders schnell heiß werden, um Abgaskondensation und daraus folgende Korrosion zu verhindern. Außerdem sind die verwendeten Werkstoffe weniger empfindlich für die bei Kondensation enstehenden aggressiven Säuren.

Seit die Gefahr, dass die Kesselwände durchrosten, gebannt ist, werden die Anlagen, wie erwähnt, mit wesentlich niedrigeren Temperaturen gefahren.

Die Hersteller sprechen bei dieser Kesselgeneration von Niedertemperatur-, Tieftemperatur- oder Tiefsttemperaturkesseln.

Kompakte „Units" – Kessel und Brenner als Einheit

Als Weiterentwicklung des Öl-/ Gas-Spezialheizkessels mit dem jeweils passenden Gebläsebrenner für Öl oder Gas werden heute vornehmlich so genannte Units angeboten.

Als so genannte „Units" bezeichnet man Heizkessel, bei denen Kessel und Gebläsebrenner eine fest miteinander verbundene Einheit bilden. Hier ein Modell mit Ölbrenner und integriertem Ladepumpenspeicher

Bei diesem Kesseltyp ist bereits werkseitig ein besonders gut auf den Kessel abgestimmter Öl- oder Gasgebläsebrenner fest montiert. Beide Geräte bilden zusammen eine noch kompaktere Einheit (Unit). Auch die Geräusch- und Wärmedämmung konnte bei dieser Bauform weiter verbessert werden.

Gas-Spezialheizkessel mit atmosphärischem Brenner

Im Gegensatz zum zuvor beschriebenen Öl-/Gas-Spezialheizkessel ist dieser Kesseltyp nur für den Gasbetrieb geeignet. Der Kessel ist mit einem atmosphärischen Brenner bestückt, der das Gas nicht mit erhöhtem Druck in die Brennkammer einbläst, sondern mit dem normalen Leitungsdruck arbeitet. Diese Technik erzielt einen etwas geringeren Wirkungsgrad, als ihn Gasgebläsebrenner bieten, kostet aber weniger und lässt sich auch leichter warten.

Für Häuser, die aufgrund ihres geringen Heizwärmebedarfs einen Kessel mit weniger als 50 kWh Leistung brauchen, empfiehlt sich daher die Installation des preiswerteren Kessels mit atmosphärischem Brenner.

Alle Kessel mit atmosphärischen Gasbrennern sind gleichzeitig auch Niedertemperaturkessel, können also ohne weiteres in moderne Heizungskonzepte integriert werden. Eine Umstellung von Flüssiggas auf Erdgas oder umgekehrt ist jederzeit möglich. Dazu müssen nur ein paar Kleinteile ausgetauscht werden.

Platz sparende Gas-Heizthermen an der Wand

Wo Gas als Energieträger zur Verfügung steht, können auch die überaus Platz sparenden Gasthermen eingesetzt werden. Solche Mini-Heizkessel werden an der Wand befestigt und lassen sich gut im Bad, in der Küche oder einer Nische im Flur unterbringen.

In der Bauform der so genannten Kombitherme ist für die Warmwasserbereitung noch ein Gasdurchlauferhitzer im Gerät integriert.

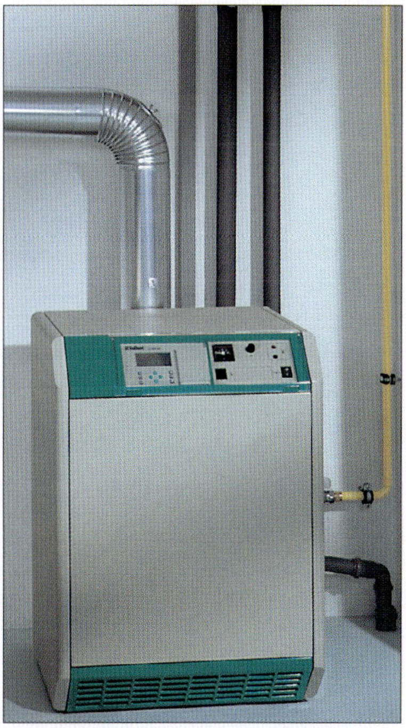

Der Heizkessel oben besitzt einen atmosphärischen Brenner. Diese Technik ist einfacher und robuster als die der etwas leistungsfähigeren Gebläsebrenner. Unten eine wandhängende Gastherme, die heizt und Warmwasser erzeugt

Hohe Energieausbeute durch Brennwerttechnik

Die Grafik auf Seite 257 zeigt die unterschiedlichen Jahresnutzungsgrade verschiedener Heizkesseltechniken. Der Jahresnutzungsgrad gibt an, welcher Teil der eingesetzten Energie, übers Jahr gesehen, tatsächlich in das Heizungssystem eingespeist wird. Wenn die im Kessel freiwerdende Heizenergie mit 100% (= Heizwert des jeweiligen Brennstoffs) angesetzt wird, geht durch die in den Schornstein entweichenden heißen Abgase, durch die Abstrahlungsverluste des Kessels sowie die Stillstandsverluste ein beträchtlicher Teil davon verloren. Bei alten Öl- oder Gasheizkesseln beträgt der bei dieser Rechnung resultierende Jahresnutzungsgrad nur ca. 60–70%. Bei modernen Niedertemperaturkesseln liegt er schon um die 90%. Und so genannte Brennwertkessel erreichen gar runde 105%. Wie sich diese nach den Gesetzen der Physik eigentlich unmöglichen Werte von mehr als 100% ergeben, wird im Folgenden noch erklärt.

Eine andere häufig zitierte Größe bei der Leistungsbeschreibung von Heizkesseln ist der Wirkungsgrad. Dieser Wert liegt noch ein wenig höher als der Jahresnutzungsgrad, weil darin nicht die Abstrahl- und Stillstandsverluste berücksichtigt werden.

Der Wirkungsgrad gibt also an, wieviel Prozent des Heizwertes eines bestimmten Brennstoffes allein unter Berücksichtigung der Abgasverluste durch den jeweiligen Heizkessel genutzt werden.

Bei modernen Niedertemperaturkesseln werden Wirkungsgrade von etwas über 90% erreicht. Mit Erdgas betriebene Brennwertkessel warten mit bis zu 108% auf.

Auf den ersten Blick unverständlich erscheint die Tatsache, dass Brennwertkessel also mehr als 100% Energieausbeute erzielen. Man sollte meinen, dass damit die Gesetze der Physik auf den Kopf gestellt würden. Dem ist natürlich nicht so.

Die verblüffend hohen Jahresnutzungsgrade bzw. Wirkungsgrade von Brennwertkesseln sind nur möglich, weil der zugrunde gelegte Heizwert sich auf die größtmögliche Energieausbeute bei konventioneller Kesseltechnik bezieht.

Bei konventionellen Kesseln werden die Abgase mit Temperaturen von bis zu 300 °C in den Schornstein geschickt. In diesen heißen Abgasen ist auch Wasserdampf enthalten, der beim Verbrennen entstanden ist.

Wenn man nun die heißen Abgase mit dem darin enthaltenen Wasserdampf nicht ungenutzt durch den Schornstein entweichen lässt, sondern über einen Kondensationswärmetauscher schickt, wird die darin enthaltene Energie zusätzlich genutzt. Wenn sich die Abgase durch den Wärmetauscher nämlich so stark abkühlen, dass der Wasserdampf zu Wassertröpfchen wird – also kondensiert – gibt er seinen so genannten Latentwärmeanteil frei. So wie Verdunstungskälte entsteht,

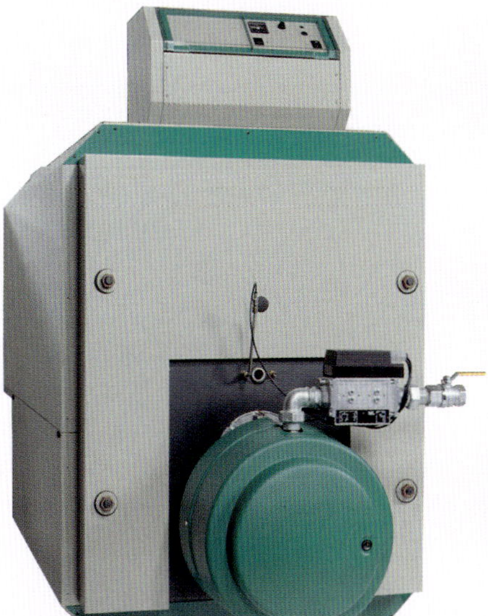

Ein Gasbrennwertkessel mit zweistufigem Gasgebläsebrenner. Der Wirkungsgrad (bezogen auf den „unteren" Heizwert) erreicht bei diesem Modell etwa 106%

So funktioniert ein modernes Brennwertgerät

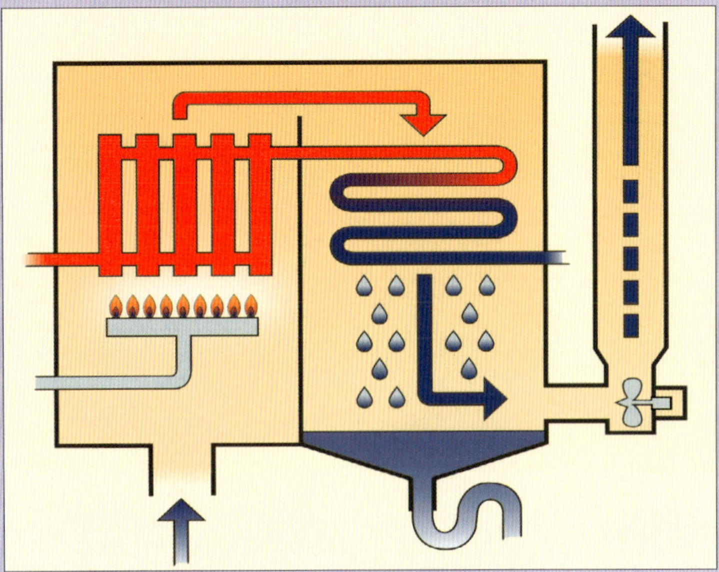

Aus der Brennkammer kommend, strömen die Abgase über den nachgeschalteten Kondensationswärmetauscher. Dem dort kondensierenden Dampfanteil der Abgase wird sein Latentwärmeanteil entzogen und zusätzlich als Heizenergie genutzt. Weil die abgekühlten Abgase weniger Auftrieb haben, besitzt der Schornstein einen Abgasventilator. Alte Schornsteine müssen also ersetzt werden.

wenn Wasser vom flüssigen in den gasförmigen Zustand übergeht, so entsteht umgekehrt Wärme, wenn Wasserdampf wieder kondensiert.

Was ein Brennwertkessel gegenüber einem konventionellen Kessel leistet, ist also die zusätzliche Nutzung der im ansonsten entweichenden Wasserdampf gebundenen Wärme. Und genau diese Wärmemenge ist im Heizwert des Brennstoffs nicht enthalten.

Wir müssen folglich bei den zur Verfügung stehenden Brennstoffen zwischen zwei verschiedenen Wärmewerten unterscheiden: dem Heizwert (ohne Latentwärmeanteil) und dem Brennwert (Heizwert plus Latentwärmeanteil). Da bei der Verbrennung von Gas mehr Wasserdampf entsteht als bei Öl, bringt die Brennwerttechnik hier auch die höheren Energiegewinne. Die Brennwertnutzung macht bei Erdgas rund 11%, bei Öl etwa 6% aus.

Noch einmal zu den ein wenig verwirrenden Aussagen über den Wirkungsgrad von Brennwertkesseln. Sie schaffen also nur hinsichtlich des Heizwertes eine Energieausbeute von über 100%. Legt man aber den Brennwert eines Brennstoffes zugrunde, bleiben sie selbstverständlich unter 100%, wie die Grafik in der Mitte unten zeigt.

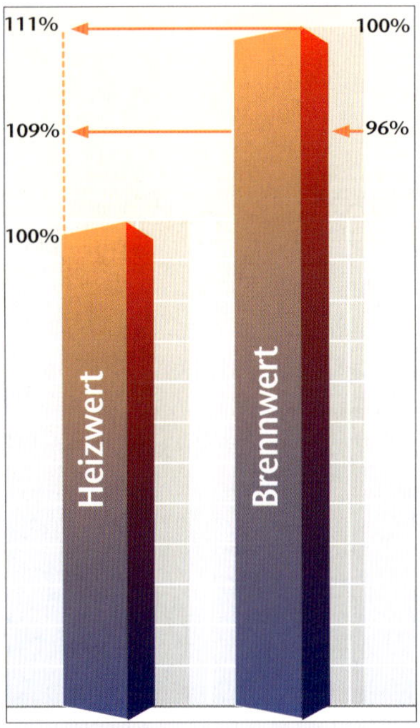

Der Unterschied zwischen Heizwert und Brennwert: In 100% Brennwert ist der Latentwärmeanteil enthalten, bei 100% Heizwert wird er noch hinzugerechnet. Daher erzielen Brennwertkessel in Bezug auf den Heizwert (auch unterer Heizwert genannt) Wirkungsgrade, die 100% übersteigen. In Bezug auf den Brennwert werden dagegen nur 98% erreicht

Grundvoraussetzung für einen sinnvollen Einsatz der Brennwerttechnik ist die Auslegung der Heizungsanlage auf möglichst niedrige Vorlauftemperaturen. Das bedeutet große Heizflächen – am besten Fußbodenheizung – und überdurchschnittliche Wärmedämmung des Gebäudes. Die niedrige Temperatur des Heizwassers ist deshalb so wichtig, weil die Latentwärme aus den Abgasen nur gewonnen werden kann, wenn das darin enthaltene Wasser kondensiert. Der Taupunkt der Abgase liegt bei etwa 55 °C, also muss die Kesseltemperatur noch unter diesem Wert liegen.

Durch die niedrigen Abgastemperaturen von Brennwertkesseln ergeben sich besondere Ansprüche an den Schornstein. Er muss dicht und korrosionsbeständig sein. Man arbeitet hier mit Rohren aus Edelstahl, Aluminium oder Kunststoff.

Diese Grafik zeigt, wie ein Niedertemperaturkessel den Heizwert des Brennstoffs nutzt

Ein Feststoffkessel für den Betrieb mit Holz im Schnitt: Der große Füllraum sorgt für lange Brenndauer. Bei Temperaturen um 1000 Grad Celsius wird eine sehr saubere Verbrennung erreicht

Spezialheizkessel für feste Brennstoffe

Das Heizen mit Kohle, Koks oder Briketts – bis in die 70er Jahre noch Standard bei Zentralheizungen – ist heute aus verschiedenen Gründen nicht mehr zeitgemäß.

An erster Stelle steht der Mangel an Komfort, denn mindestens zweimal pro Tag muss Brennstoff nachgefüllt werden. Dazu kommen die starke Verschmutzung des Heizraums und die enorme Menge an Asche, die entsorgt werden muss. Nicht zuletzt wird auch viel Platz für die Vorratshaltung des Brennstoffs benötigt.

Auch Umweltgesichtspunkte sprechen gegen die Verfeuerung von Kohle in privaten Heizkesseln. Die entstehenden Abgase sind ausgesprochen stark belastet. Abgasreinigung, wie sie bei Kohlekraftwerken üblich ist, kann hier nicht erfolgen.

In ländlichen Bereichen, wo die Versorgung mit preiswertem Brennholz möglich ist, werden aber nach wie vor noch Feststoffheizkessel eingesetzt. Sie besitzen einen großen Füllraum (bis zu 200 l Volumen), der für lange Brenndauer sorgt. Häufig kombiniert man die Holzkessel mit einem Öl- oder Gaskessel, um bei Bedarf auch den vollautomatischen Betrieb in Anspruch nehmen zu können.

Ob sich die zusätzliche Anschaffung und Unterhaltung eines Festbrennstoffkessels für Holz lohnt, muss man von Fall zu Fall exakt berechnen. Was den Umweltgesichtspunkt angeht, gilt für die Verfeuerung von Holz ganz allgemein, dass damit ein nachwachsender und insofern umweltfreundlicher Brennstoff genutzt wird.

Selbst in einem so dicht besiedelten Land wie Deutschland wächst viel mehr Holz nach, als zur Zeit verbraucht wird. Und was den CO_2-Haushalt angeht, ist es letztlich gleich, ob das nachwachsende Holz verrottet oder für Heizzwecke genutzt wird. Denn beim Verrottungsprozess wird das im Holz gebundene CO_2 ebenso freigesetzt wie beim Verbrennen.

Heizkessel und Schornstein sind ein System

Die gemauerten Schornsteine in alten Häusern haben meist sehr große Querschnitte. Abgase von Öfen oder Heizkesseln werden darin nur dann sicher abgeführt, wenn hohe Abgastemperaturen für den nötigen thermischen Auftrieb sorgen. Damit wird gleichzeitig auch eine Durchfeuchtung des Schornsteins (Versottung) durch den im Rauchgas enthaltenen Wasserdampf vermieden.

Veraltete Heizkessel mit hohen Abgaswärmeverlusten und alte Schornsteine passen also – wenn man so will – exakt zusammen. Wird eine Heizungsanlage jedoch durch Austausch des Kessels modernisiert, bilden die Komponenten Schornstein und Kessel kein funktionierendes System mehr. Der neue Kessel produziert kleinere Abgasmengen mit niedrigerer Temperatur. Meist hat der alte Schornstein dann nicht genügend Zug. Durchfeuchtungsschäden sind daher auf Dauer unvermeidbar.

Um den alten Schornstein an den neuen Heizkessel anzupassen, kann man ihn – sofern die Bausubstanz noch in Ordnung ist – umrüsten. Dazu wird ein auf den Kessel abgestimmtes schmales Innenrohr aus Edelstahl vom Dach her eingeführt und der ringsum entstehende Hohlraum mit dämmendem Material gefüllt.

Muss ohnehin ein neuer Schornstein her, wählt man einen modernen Systemschornstein, der speziell für die Betriebsbedingungen in Kombination mit Niedertemperaturkesseln hergestellt wurde. Solche Schornsteine bestehen aus Mantelsteinen, in die Schamotterohre eingesetzt werden. Eine um das Schamotterohr gelegte Wärmedämmschicht verhindert, dass die Abgase auskühlen. Zusätzliche Belüftungszüge im Mantelstein sorgen dafür, dass eventuell durch das Innenrohr diffundierendes Tauwasser wieder verdunsten kann.

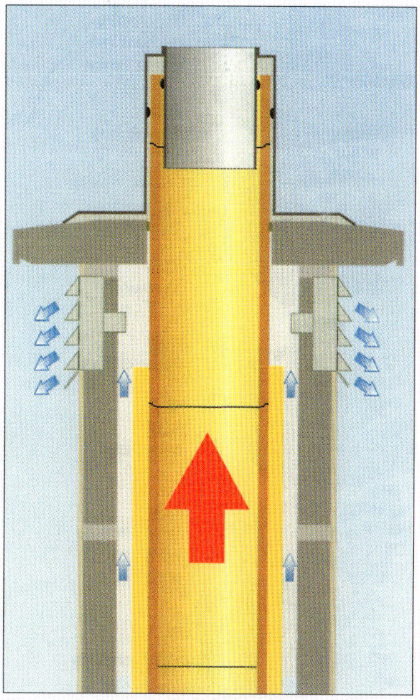

Ein moderner Systemschornstein im Schnitt: Das Schamotterohr ist mit einer wärmedämmenden Ummantelung versehen, die durch Hinterlüftung vor Durchfeuchtung geschützt ist

Wärme aus der Umwelt

Wer ökologisch heizen will, denkt sofort an die Nutzung von Sonnenenergie. Auch Wärme aus der Luft oder der Erde kann genutzt werden.

Tipp

Solarkollektoren auf geneigten Dächern, die nach Süden gerichtet sind, fangen kostenlose Sonnenenergie ein, mit der die Brauchwassererwärmung über weite Teile des Jahres geleistet werden kann.

Das Aufbauschema einer Anlage zur solaren Brauchwassererwärmung

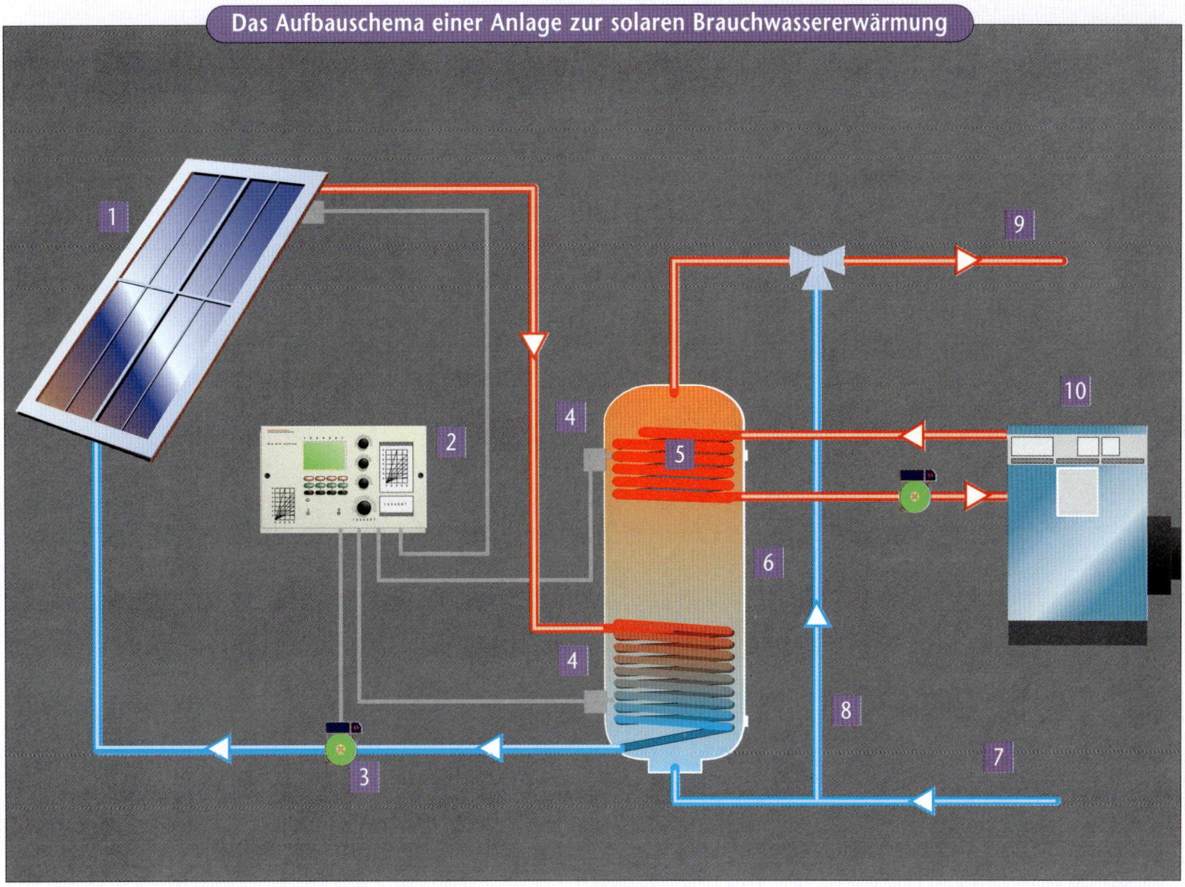

1. Kollektor, 2. Zentralgerät, 3. Kollektorkreispumpe, 4. Temperaturfühler, 5. Nachheizung, 6. Brauchwasserspeicher, 7. Kaltwasser 8. Beimischung, 9. Warmwasser, 10. Heizkessel

Solarkollektoren in der Heizungstechnik

Die Energieträger Erdöl, Erdgas, Kohle und Kernkraft stellen heute die Basis unserer Versorgung dar. Die Reserven der fossilen Brennstoffe sind endlich, die Kernkraft ist zumindest umstritten – also sollte jeder gangbare Weg genutzt werden, regenerative Energien zum Heizen unserer Häuser und zur Erwärmung von Brauchwasser zu nutzen.

An erster Stelle steht hier natürlich das fast unbegrenzte Energieangebot der Sonne. Die als direkte oder diffuse Strahlung auf dem Erdboden ankommende Sonnenenergie beträgt in Deutschland durchschnittlich 860 kWh pro m² und Jahr. Nördlich der Main-Mosel-Linie liegen die Werte ungünstiger, südlich davon werden sogar mehr als 1000 kWh erreicht.

Das Energieangebot ist also ausgesprochen üppig. Der Haken liegt darin, dass drei Viertel der jährlichen Energiemenge im Sommerhalbjahr anfallen – also gerade dann, wenn wir am wenigsten Heizenergie benötigen. Warmes Wasser allerdings wird das ganze Jahr über verlangt. Und im Sommer, wenn der Heizkessel bei der Brauchwassererwärmung ohnehin mit einem ungünstigen Wirkungsgrad arbeitet, kann eine Solaranlage den Heizkessel meist vollständig ersetzen. Mit etwa 1,5 m² Kollektorfläche pro Person sowie einem Wärmespeicher und der notwendigen Installations- und Regeltechnik ist die Brauchwasserversorgung leicht sichergestellt.

Und so funktioniert eine Solaranlage

Der auf dem geneigten Dach befes-tigte und möglichst nach Süden ausgerichtete Kollektor fängt die Sonnenstrahlung ein und wandelt sie in Wärme um. Ein Wärmeträgermedium gibt sie über einen Wärmetauscher an das Wasser eines Speichers ab. Dieser wiederum speist über weitere Wärmetauscher die Warmwasserversorgung bzw. den Heizungskreislauf. Ein Regelungssystem steuert die gesamte Anlage. Am preisgünstigsten sind Flachkollektoren. Röhrenkollektoren sind deutlich teurer, aber auch leistungsfähiger.

Die üblichen Kinderkrankheiten bei der Entwicklung von Solaranlagen sind längst überwunden, und die Preise sind gesunken. Sollte man sich für eine solche Investition – je nach Ausführung unterschiedlich – entscheiden, empfiehlt es sich zu prüfen, in welchem Rahmen eventuell Fördermittel in Anspruch zu nehmen sind.

Selbst Befürworter der Solartechnik räumen allerdings ein, dass Kollektoren, übers Jahr betrachtet, das erfor-

Solare Brauchwassererwärmung und Raumheizung

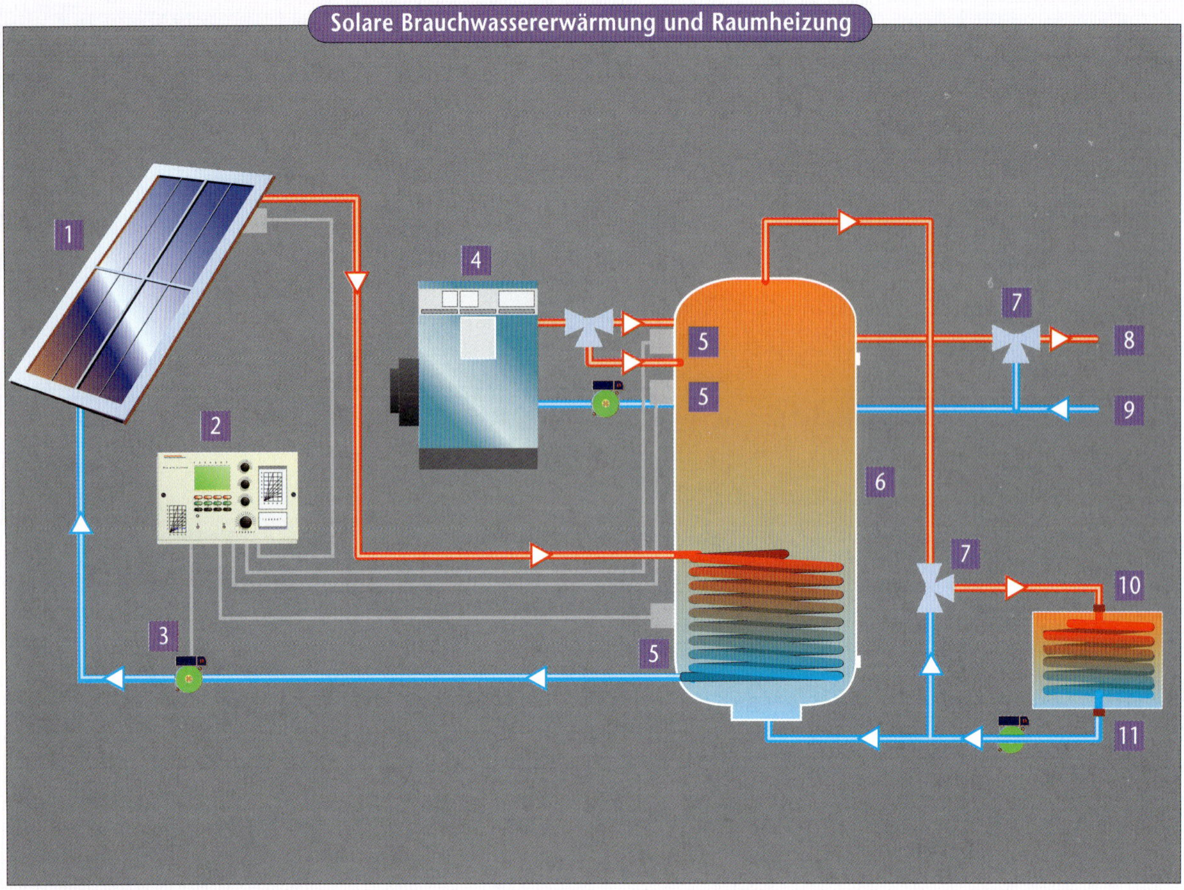

1. Kollektor, 2. Zentralgerät, 3. Kollektorkreispumpe, 4. Heizkessel, 5. Temperaturfühler, 5. Nachheizung, 6. Pufferspeicher 7. Beimischung, 8. Heizungsvorlauf, 9. Heizungsrücklauf, 10. Warmwasser, 11. Kaltwasser

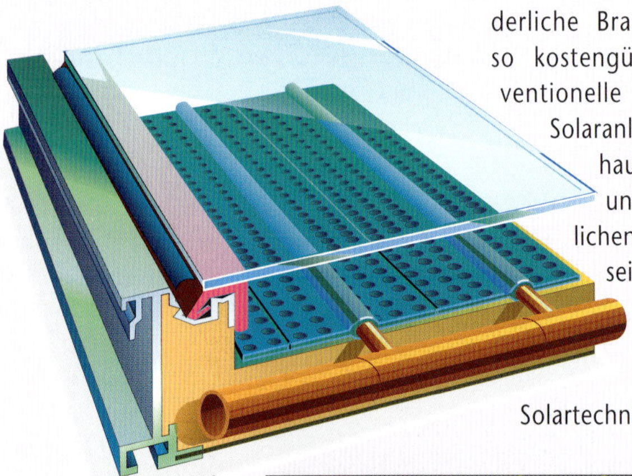

derliche Brauchwasser längst nicht so kostengünstig liefern wie konventionelle Heizungsanlagen. Die Solaranlage kann im Einfamilienhaus – kombiniert mit der ja unverzichtbaren herkömmlichen Heizung – nicht billiger sein als letztere allein.

Für die Unterstützung der Raumheizung durch Solartechnik gelten diese Einschränkungen erst recht. Das Strahlungsangebot ist im Winter – der Zeit mit dem größten Heizbedarf – einfach zu gering. Man muss enorm viel Technik bereitstellen, um eine recht bescheidene Energieausbeute zu erzielen. Mittlerweile gibt es zwar schon funktionsfähige Lösungen, Sonnenwärme in großen Speichern für den Winter zu sammeln, doch die Kosten dafür sind sehr hoch.

Wie eine heute bereits vielfach praktizierte Unterstützung der herkömmlichen Heizung durch eine Solaranlage funktioniert, zeigt die Grafik oben. Der Pufferspeicher, den man für die Brauchwassererwärmung ohnehin benötigt, ist hier größer ausgelegt, und er besitzt einen weiteren Wärmetauscher für den Heizkreislauf. Die Kollektorfläche erhöht sich auf mindestens 10 bis 15 m^2.

Oben: Aufbau eines Flachkollektors. Rechts: Aufbau eines Röhrenkollektors

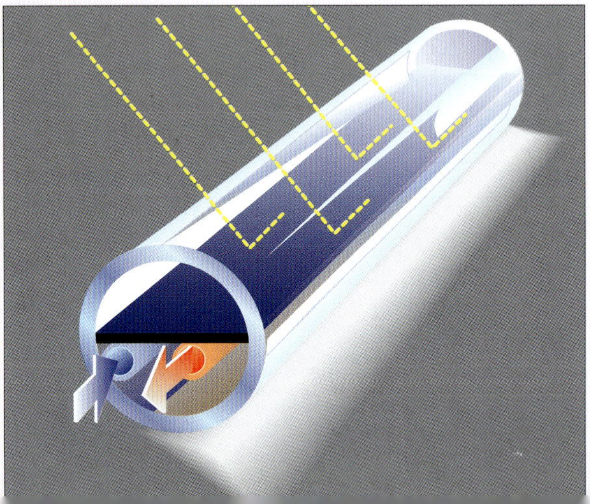

Energiegewinn durch Elektrowärmepumpen

Wärmepumpen leisten etwas technisch höchst Verblüffendes: Sie erzeugen aus einer Kilowattstunde Strom drei bis vier Kilowattstunden Heizenergie. Wie schaffen sie das? Wie man weiß, wird in der Wärmepumpe das vom Kühlschrank her bekannte Prinzip einfach umgedreht.

Eine rasch siedende Flüssigkeit (Kältemittel) fließt in der Wärmepumpe in einem kontinuierlichen Kreislauf. Diese Flüssigkeit verdampft schon bei niedrigen Temperaturen, wenn man sie durch einen Wärmetauscher (Verdampfer) schickt, der mit Umweltwärme in Kontakt steht (Luft, Wasser, Erdreich). Während die Flüssigkeit verdampft und damit in den gasförmigen Zustand übergeht, nimmt sie also die Wärme aus der Umgebung des Wärmetauschers auf.

Und nun kommt der eigentliche technische Trick. Die immer noch sehr niedrige Temperatur der verdampften Flüssigkeit wird durch Einsatz mechanischer Energie erhöht. Das Gas wird nämlich durch einen Kompressor verdichtet, wobei seine Temperatur ansteigt.

Im Kreislauf der Wärmepumpe wird das derart auf höhere Temperatur gebrachte Gas nun durch einen zweiten Wärmetauscher geschickt, den man auch Verflüssiger nennt. In diesem Wärmetauscher gibt das Gas seine Wärme an das Brauchwasser oder Heizwasser ab und verflüssigt sich dabei wieder (Kondensation). Auch bei der Brennwerttechnik wird, wie bereits angesprochen wurde (siehe dazu auch Seite 259), Kondensationswärme zum Heizen genutzt.

Das Kältemittel kondensiert, steht aber immer noch unter Druck. Es strömt nun durch ein Expansionsventil. Dabei wird der Druck verringert – das Kältemittel kühlt sich dadurch weiter ab und verflüssigt sich vollständig. Anschließend gelangt es wieder in den Verdampfer, wo der beschriebene Kreislauf von Neuem beginnt.

Die Wärmepumpe kann also Umgebungswärme mit niedrigem Temperaturniveau aufnehmen, mithilfe mechanischer Energie auf ein höheres Niveau anheben und damit für Heizzwecke nutzbar machen.

Wärmequelle Luft

Bei Luft-Wärmepumpen umströmt angesaugte Luft den Verdampfer des Geräts. Dies kann die Außenluft sein – selbst bei winterlichen Temperaturen von minus 15 °C kann die Wärmepumpe der Luft noch Energie entnehmen!

Häufig stellt man das Aggregat aber auch in Kellerräume, denen es dann

So funktioniert die Wärmepumpe

Im linken Wärmetauscher (Verdampfer) nimmt das Kältemittel Umweltwärme auf, die durch Verdichten im Kompressor auf ein höheres Niveau gebracht und dann durch den rechten Wärmetauscher (Verfüssiger) an den Heizkreislauf bzw. den Warmwasserspeicher abgegeben wird

Energiequellen

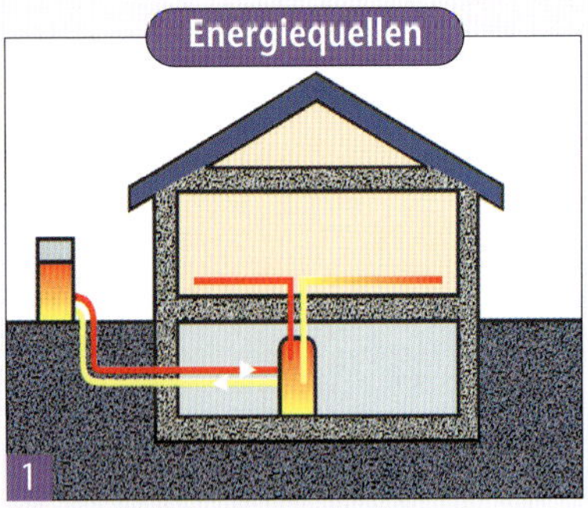

Die am leichtesten zugängliche Energiequelle für Wärmepumpen ist die überall verfügbare Umgebungsluft

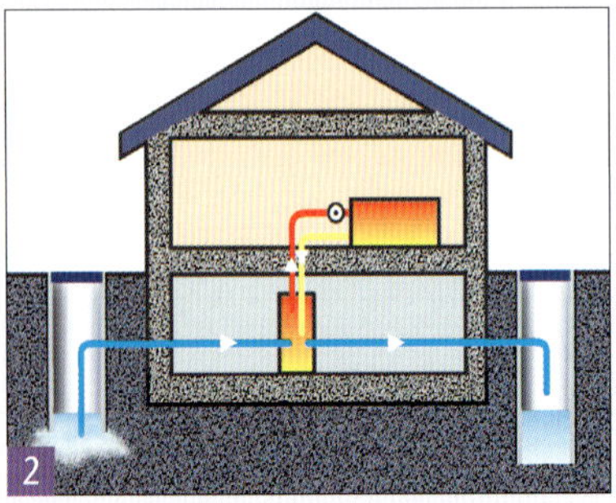

Soll das Grundwasser als Energiequelle für die Wärmepumpe angezapft werden, benötigt man zwei Brunnen

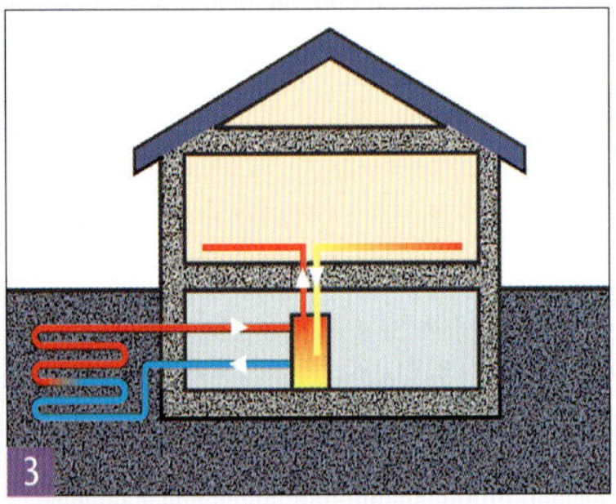

In langen Schlangen im Erdreich verlegte Absorberrohre nehmen Wärme aus dem Boden auf

Sole/Wasser-Wärmepumpe (rechts) mit Heizwasser-Pufferspeicher (Mitte). Der Brauchwasserspeicher (links) wird im Sommer durch eine Solaranlage erwärmt

Wärme entzieht. Optimal ist die Kombination mit Kühlgeräten. Wenn diese nämlich im gleichen Raum stehen, nimmt die Wärmepumpe deren Abwärme auf. Gleiches gilt für Waschmaschinen und Trockner.

Wärmequelle Erdreich

Großflächig im Erdreich verlegte Rohre werden von Sole durchflossen – einem Gemisch aus Wasser und Frostschutzmittel – das die Erdwärme zur Wärmepumpe im Haus transportiert.

Die Rohre werden in einer Tiefe von 1 bis 1,5 m verlegt. Dabei sollten Gesamtlängen der Stränge von 100 m nicht überschritten werden, da sonst die angeschlossenen Umwälzpumpen überfordert würden.

Statt die Absorberrohre flächig zu verlegen, kann man bei mangelnder Grundstücksgröße auch mit Erdsonden in die Tiefe gehen. Dann wird die Erdwärme aus Bereichen bis 100 m Tiefe genutzt.

Wärmequelle Wasser

Wenn die Wärmepumpe allein die Heizenergie für ein Haus erzeugen soll, wird gewöhnlich das Grundwasser „angezapft“. Je ein Förder- und ein Sickerbrunnen im Abstand von mindestens 10 bis 15 m sind dazu erforderlich. Der Sickerbrunnen muss – in Fließrichtung des Grundwassers – hinter dem Förderbrunnen liegen.

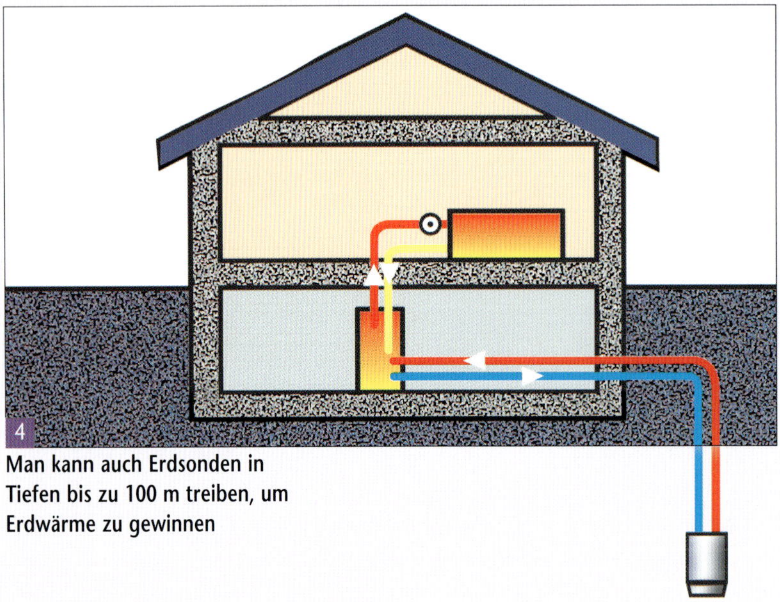

Man kann auch Erdsonden in Tiefen bis zu 100 m treiben, um Erdwärme zu gewinnen

Eine im Freien aufgestellte Luft-Wärmepumpe arbeitet bis minus 15 °C

Diese Kompaktanlage mit Wärmepumpe (links) und Pufferspeicher kann sowohl im Sole- als auch im Brunnenwasserbetrieb arbeiten

Alternativ kann die Wärme des Grundwassers auch über entsprechend tief verlegte Rohre gewonnen werden, die kontinuierlich von Sole durchflossen werden.

Verschiedene Betriebsarten

Die Betriebsweise einer Wärmepumpe, die zum Heizen von Einfamilienhäusern eingesetzt wird, hängt davon ab, welche Wärmequellen (Luft, Erdreich oder Grundwasser) jeweils zur Verfügung stehen.

Bei der Nutzung von Erdwärme und Grundwasser kann das Haus ganzjährig mit Heizwärme versorgt werden (monovalenter Betrieb).

Reicht die verfügbare Energie nicht für die ganzjährige Heizung aus, wird die Wärmepumpe lediglich parallel oder alternativ zu einem herkömmlichen Kessel eingesetzt.

Ob eine Wärmepumpe zur Brauchwassererwärmung oder zur Hausheizung sinnvoll und wirtschaftlich eingesetzt werden kann, hängt von vielen Faktoren ab. Die Kosten der Technik können eventuell – ähnlich wie bei Solaranlagen – durch Zuschüsse aus öffentlichen Kassen und von den Stromerzeugern gemindert werden.

Die örtlichen Energieversorgungsunternehmen beraten Sie in Sachen Wärmepumpen gern und nennen Ihnen die erforderlichen Investitionskosten.

Mittlere Leistungszahlen für Wärmepumpen mit dem Kältemittel R 290

Heizwasser-temperatur in Grad Celsius	Wärmequelle Luft (Lufteintritt mit 2 Grad Celsius)	Wärmequelle Erdreich (Soleeintritt mit 0 Grad Celsius)	Wärmequelle Grundwasser (Wassereintritt mit 10 Grad Celsius)
35	2,8–3,2	4,2–4,6	5,5–5,9
50	2,1–2,7	3,0–3,3	3,8–4,1
65	2,1	2,8	3,2

Die Leistungszahl gibt an, um wie viel die gewonnene Energie größer ist als die im Verdichter eingesetzte Energie

Heizungen clever planen

Die Grenzwerte der seit 1998 geltenden Kleinfeuerungsanlagen-Verordnung für Wirkungsgrade, Kesseltemperaturen und Schadstoffemissionen bedeuteten schon für viele betagte Heizkessel endgültig die rote Karte. Bei der jährlichen Routinekontrolle durch den Schornsteinfeger kommt es spätestens an den Tag

Die Auftragsvergabe

Was tun, wenn die Modernisierung also unaufschiebbar ist? Wer sich mit dem nächstbesten Heizungsfachbetrieb in Verbindung setzt, bekommt ruck zuck die Planung für eine umfassende Modernisierung seiner Anlage mit dem Versprechen, anschließend auf dem neuesten Stand der Technik zu sein und eine Menge Geld einzusparen.

Es besteht die Gefahr, dass eine „(zu) große Lösung" favorisiert wird. Groß heißt in diesem Zusammenhang: auf den aktuellen Wärmebedarf des Hauses zugeschnitten, mit modernster Brennwerttechnik und kombiniert mit zentraler Brauchwasserversorgung. Und die aufwändige Technik erfordert erhöhten Wartungsaufwand, der kontinuierlich Geld kostet.

Wenn es um so viel Geld geht, ist ein wenig Nachdenken sicher angebracht. Zuerst sollte man sich die Frage stellen: Wie sieht es mit der Wärmedämmung des betreffenden Gebäudes aus?

Wo ein betagter Heizkessel steht, ist die Wärmedämmung von Außenwänden, Fenstern und Dachflächen meist auch nicht mehr zeitgemäß. Vielleicht sind ja ohnehin Modernisierungsmaßnahmen geplant, in deren Zug die Wärmedämmung verbessert werden kann.

Bestehen die Außenwände aus Ziegeln oder Bimssteinen ohne zusätzliche Dämmung, empfiehlt es sich beispielsweise, ein Wärmedämm-Verbundsystem mit wetterfest verputzten Hartschaumplatten aufbringen zu lassen. Damit bekommt das Haus eine wärmende Hülle, die den k-Wert der Außenwände deutlich senkt. Das spart jede Menge Heizenergie.

Bestehen Pläne, das Dachgeschoss nachträglich auszubauen, sollten Sie die Sparren in voller Höhe mit Dämmplatten füllen lassen (Warmdachlösung). Bei geringen Sparrenhöhen kann zusätzlich eine zweite Dämmschicht unter den Sparren angebracht werden. Letzteres gilt auch für bereits ausgebaute Dächer, deren vorhandene Dämmung unzureichend ist.

Zum Thema Fenster kann man sagen, dass einfachverglaste Rahmen praktisch bei jedem Hausbesitzer ganz oben auf seiner Modernisierungsliste stehen und über kurz oder lang ersetzt werden müssen.

Dämmwerte eines Niedrigenergiehauses möglich

Mit dem richtigen Dämmkonzept erreichen Sie zu vertretbaren Kosten auch bei Altbauten den Standard von Niedrigenergiehäusern. Was Sie in Ihrem Modernisierungs-Gesamtetat der Wärmedämmung zuschlagen, sind Investitionen, die ein Hausleben lang halten. Über viele Jahrzehnte werden damit die Heizkosten gesenkt, ohne dass weitere Folgekosten entstehen (wie zum Beispiel bei wartungsintensiver Technik).

Außerdem verbessert sich der Wohnkomfort entscheidend. Gut gedämmte Häuser sind besonders behaglich, weil der Temperaturunterschied zwischen Wänden und Raumluft sehr gering ist.

Ein preiswerter Niedertemperaturkessel für Öl oder Gas mit einer Leistung von 10–15 kW reicht nach erfolgreicher Wärmedämmung wahrscheinlich aus. Und die vorhandenen Heizkörper lassen sich oftmals nach dem Kesselaustausch weiterverwenden. Aufgrund des durch die Dämmung gesunkenen Wärmebedarfs geben sie auch bei deutlich niedrigeren Vorlauftemperaturen immer noch ausreichend Wärme ab.

Bei der Warmwasserversorgung stellt sich die Frage, wie hoch die Leitungsverluste bei einem vorhanden Rohrnetz sind und wie hoch der jährliche Warmwasserverbrauch ist. Bei hohen Leitungsverlusten und niedrigem Wasserverbrauch kann es günstiger sein, auf den zentralen Speicher zu verzichten und stattdessen dezentrale elektrische Durchlauferhitzer (elektronisch gesteuert) zu installieren.

Bleibt eine zentrale Warmwasserversorgung erhalten, sollte die Zirkulationsleitung mit einer Zeitschaltuhr versehen werden, um die Leitungsverluste zu senken. Alle freiliegenden Heizungs- und Warmwasserrohre müssen natürlich sorgfältig gedämmt werden.

Unterm Strich kann die Rechnung für die Heizungsmodernisierung bei Kombination mit Dämmmaßnahmen so aussehen: Sie tauschen weniger Teile aus, geben weniger Geld für einfachere Technik aus, senken langfristig die laufenden Kosten und verbessern gleichzeitig den Wohnkomfort.

Neubau: Das Haus bestimmt die Heizung

Was im vorangegangenen Kapitel zum Thema Dämmen gesagt wurde, gilt beim Neubau natürlich erst recht. Bevor man an die Planung der Heizung geht, sollte erst über die Optimierung der Wärmedämmung nachgedacht werden, um so den Heizenergiebedarf zu senken.

Bei einer Althausmodernisierung sind die Möglichkeiten nachträglicher Wärmedämmung durch besondere Gegebenheiten häufig eingeschränkt. Wird dagegen ein Neubau geplant, ist es wesentlich leichter, zeitgemäße Dämmkonzepte umzusetzen.

Hausform und Lage zur Sonne sind entscheidend

Kompakte Hausformen mit kleiner Gesamtaußenfläche sind preiswerter als solche mit stark gegliederten Formen wie Erkern, Türmchen und Verschachtelungen. Gleichzeitig lassen sich die Außenflächen wesentlich kostengünstiger dämmen.

Doppelhäuser sparen zudem noch die Wärmeverluste einer gesamten

Dämmschichtstärken von 20 cm sind beim Dachausbau mit wenig Mehrkosten zu realisieren. Meist sind die Sparren schon entsprechend hoch ausgelegt

Eine Wand wird von außen mit Hartschaumplatten gedämmt

Große, nach Süden gerichtete Fensterflächen sorgen bei diesem Haus für passiven Energiegewinn. Die Kombination von überdurchschnittlicher Dämmung und Solarkollektoren sowie Photovoltaik macht das Haus von Fremdenergie so gut wie unabhängig

Außenwand ein. Bei einem Reihenmittelhaus sind es sogar zwei Außenwände, die wegfallen.

Während Hausform und Dämmung in erster Linie Einfluss auf die Wärmeverluste haben, kann die Ausrichtung zur Sonne über mögliche Wärmegewinne entscheiden. Wer sein Haus zur Sonne öffnet, Wohnräume nach Süden und Nebenräume, Treppenhaus sowie den Eingang nach Norden legt, fängt während der Heizperiode mit jedem Sonnentag kostenlose Heizenergie ein. Die Fensterflächen nach Süden sollten dabei möglichst groß und mit Wärmeschutzglas versehen sein, das die Wärme herein aber nicht wieder hinaus lässt.

Investitionen, die sich dauerhaft auszahlen

Jeder Euro, der in das Planungskonzept „Viel Energie sammeln und möglichst wenig verbrauchen" investiert wird, verzinst sich durch niedrigere Heizkosten ein ganzes Hausleben lang. Dabei sollen diese Investitionen natürlich in einem angemessenen Rahmen bleiben.

Die passive Nutzung der Sonnenenergie (Passivhaus) muss bei geeigneter Lage des Grundstücks überhaupt nicht viel kosten. Und was die Dämmung angeht, kann man Lösungen wählen, die keine konstruktive Veränderung gegenüber den konventionellen Bauweisen erfordern.

Das in der Nordhälfte Deutschlands dominierende verklinkerte Haus besitzt heute meist eine 60 bis 80 mm starke Dämmschicht hinter der Klinkerfassade. Ohne größere Probleme lassen sich hier stattdessen auch Platten von 100 mm oder noch mehr einbauen. Gleiches gilt für Wandkonstruktionen mit Kerndämmung.

In der Südhälfte unseres Landes bevorzugt man verputzte Fassaden. Hier bieten sich Wärmedämmverbundsysteme aus Hartschaum an. Wer dann wiederum 100 mm oder mehr Dämmschichtstärke wählt, zahlt gegenüber der üblichen 60- oder 80-mm-Dämmung nur die zusätzlich anfallenden Materialkosten beim Hartschaum und bei den etwas längeren Dübeln.

Auch im Dach können Sie problemlos die Dämmschichtstärke erhöhen. Der Zimmermann wählt dann einfach einen etwas anderen Querschnitt bei den Sparren, damit Sie in den Zwischenräumen beispielsweise 200 mm Mineralwolle einbauen können.

Bauherren müssen, was die Optimierung der Dämmung angeht, bei Bauträgern und Architekten nur mit Nachdruck mehr verlangen, als heute üblicher Standard ist. Die Realisierung macht letztlich nur einen Bruchteil der Gesamtbaukosten aus. Ein Niedrigenergiehaus ist bei geschickter Planung kaum teurer als ein Normalhaus. Und es bietet – wie bereits angesprochen – ein besonders angenehmes Wohnklima.

Nicht mit Kanonen auf Spatzen schießen

Manche Planer verlieren in ihrem Bestreben, Energie sparende Häuser zu konzipieren, allerdings die Verbindung zur Realität und damit zu den ökonomischen Interessen der ganz normalen Häuslebauer.

Da baut man extrem Energie sparende Häuser, deren konventionelle Beheizung nicht viel kostet, und deckt diesen geringen Energiebedarf dann durch den Einsatz von ausgefeilter Technik, die aber viel mehr kostet als eine übliche Standardheizung.

Wer seine Heizung clever plant, bleibt hier auf dem Teppich. Denn wenn das erste Ziel, die Einschränkung des Heizwärmebedarfs, durch optimale Dämmung bereits erreicht ist, muss man bei der Heiztechnik wirklich nicht mehr den letzten Prozentpunkt an Wirkungsgrad herauskitzeln.

Unterm Strich wird viel weniger Brennstoff verbraucht als üblich. Somit hat man auf jeden Fall ein gutes Umweltgewissen. Und muss die Heiztechnik irgendwann erneuert werden, dann kann man ja technisch aufrüsten.

Planungsbeispiele für ein Einfamilienhaus

Die zweite Wärmeschutzverordnung von 1982 legte den Heizenergiebedarf auf 130 bis 180 kWh pro m² und Jahr fest. Das entspricht 13 bis 18 Litern Heizöl oder Kubikmetern Gas. Die dritte Fassung von 1995 reduzierte diese Werte auf 5,4 bis 10 Liter. Bei Niedrig-Energie-Häusern sinkt der Heizenergiebedarf noch einmal um etwa ein Drittel, auf etwa 3 bis 7 Liter.

Die Gesamtbaukosten liegen bei Niedrigenergiehäusern etwas höher. Bei 120 m² Wohnfläche spart man aber bereits 360 l Öl bzw. Kubikmeter Gas ein. Außerdem zahlt der Staat für Niedrig-Energiehäuser, deren Heizwärmebedarf 25% unter den Anforderungen der aktuellen Wärmeschutzverordnung liegt, gegebenenfalls einen Zuschuss.

Bei dem verminderten Heizenergiebedarf reicht für ein solches Haus – vorausgesetzt es besitzt Erdgasversorgung – eine einfache Kombiheiztherme aus, die unterm Dach platziert wird und auch das warme Wasser fürs Bad erzeugt. Weitere entfernt liegende Zapfstellen wie Gästetoilette oder Küche werden am besten mit elektrischen Einzelgeräten versorgt. Die arbeiten zudem sehr komfortabel.

Gegenüber der Anschaffung eines Brennwertkessels mit Warmwasserspeicher wird so leicht gespart. Wenn der Brennwertkessel die für ein Niedrig-Energiehaus erforderliche Heizenergie mit 10% besserem Wirkungsgrad erzeugt, sind das bei 400 bis 500 Kubikmetern Erdgas gerade mal Ersparnisse von geringem Umfang pro Jahr. Bei diesen Relationen rechnen sich Mehrinvestitionen – wie man leicht sieht – nun überhaupt nicht mehr.

Ist kein Gasanschluss vorhanden, muss man auf den Energieträger Öl umwechseln, was Mehrkosten beim Heizkessel ausmacht, der zudem im Keller platziert werden muss und einen Tank benötigt, der weitere Kosten verursacht. Den Platz, den Kessel und Tank benötigen, muss man mit etlichen Baukosten berechnen. Nicht zuletzt kommt auch noch der erforderliche Schornstein mit Kosten hinzu. Unterm Strich kostet die Ölheizung fürs gleiche Haus also weit mehr.

Sobald damit zu rechnen ist, dass später ein Erdgasanschluss gelegt wird, lohnt es sich, für die Übergangszeit mit Flüssiggas zu heizen. Sogar bei Dauerberieb mit Flüssiggas kommt man bei dem niedrigem Energieverbrauch mit geringen Mehrkosten für den Brennstoff und der Miete für einen Tank günstiger weg als mit Öl.

Lässt sich Umweltenergie überhaupt rentabel nutzen?

Die Tatsache, dass für ein Niedrig-Energiehaus letztlich nur noch 400 bis 500 Kubikmeter Gas oder Liter Öl benötigt werden, lässt jede Amortisationsberechnung für Solaranlagen (möglicherweise mit aufwändigen Langzeitspeichern kombiniert) schlecht aussehen. Investitionen sind kaum gerechtfertigt, wenn damit Heizenergie von nur geringem Wert eingespart werden soll. Zumal die meisten Solaranlagen nicht den ganzen Winter überbrücken können und zusätzlich eine konventionelle Heizung vorhanden sein muss.

Für den Normalverbraucher kann Solarheizung also zur Zeit kein Thema sein. Wer das Geld für solche Projekte erübrigen kann, tut natürlich der Allgemeinheit einen Gefallen, indem er die Weiterentwicklung der umweltschonenden Solartechnik fördert, die in Zukunft vielleicht doch noch einmal breitere Anwendung finden wird.

Reihenhausbebauung nutzt die Grundstücksfläche optimal und sorgt durch Verringerung der Außenwände für deutlich niedrigere Heizkosten als bei freistehenden Häusern

Heizungsanlagen selbst montieren

Ist die Entscheidung für ein bestimmtes Heizsystem samt dazugehörigem Kessel entschieden, steht die Montage an. Es gibt Anbieter, die gut durchdachte Bausätze für Heimwerker präsentieren

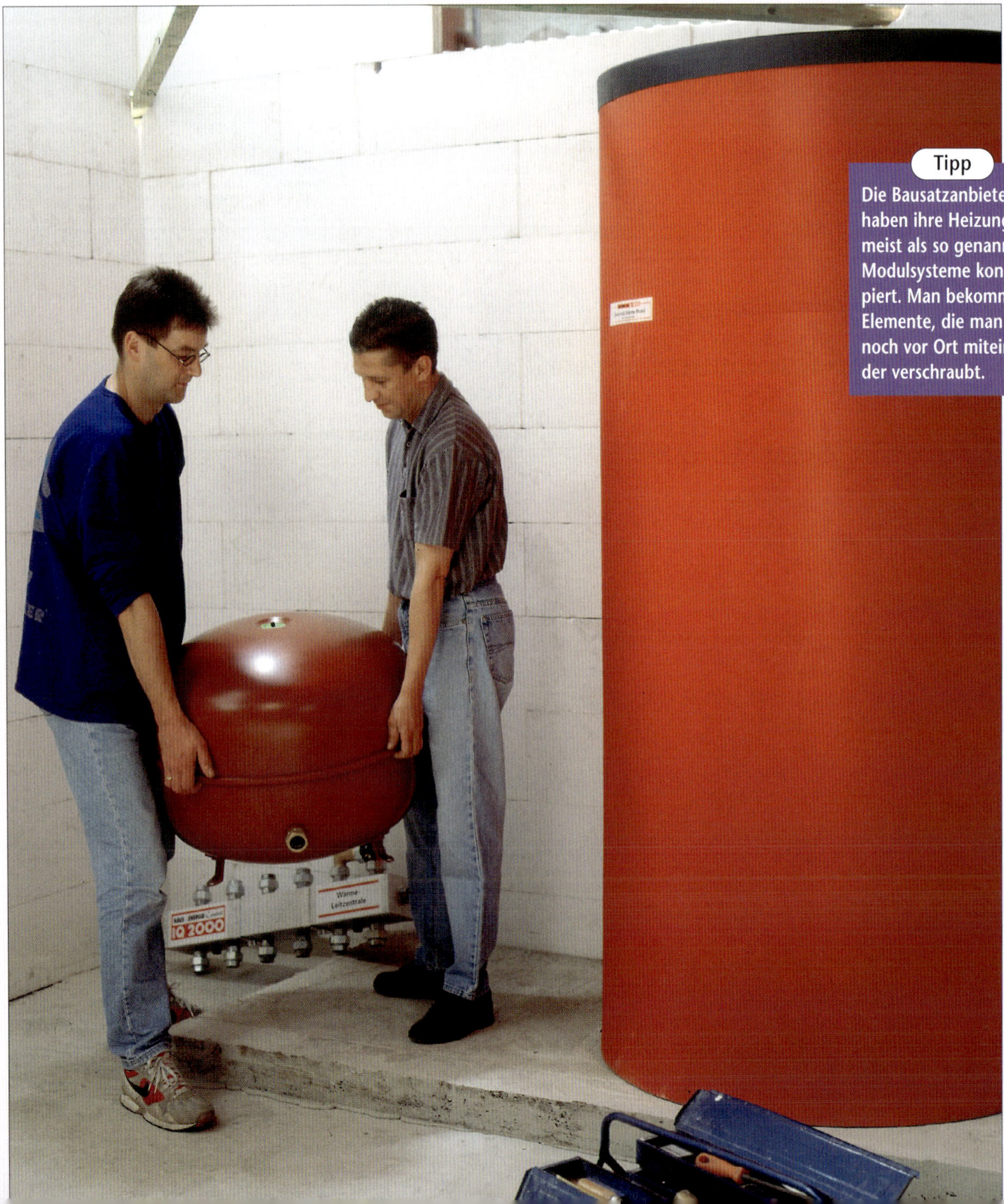

Tipp

Die Bausatzanbieter haben ihre Heizungen meist als so genannte Modulsysteme konzipiert. Man bekommt Elemente, die man nur noch vor Ort miteinander verschraubt.

Montageschritte einer Selbstbauheizung

Am Anfang steht die Frage, ob Sie Ihr Haus mit konventionellen Heizkörpern oder mit einer Fußbodenheizung erwärmen wollen. Fußbodenheizungen mit ihren niedrigen Vorlauftemperaturen sind die ideale Ergänzung einer Kesselanlage, die im Niedertemperaturbereich arbeitet. Selbstverständlich lassen sich auch beide Systeme kombinieren.

Eine Reihe von Anbietern hat sich auf Heizungsbausätze für Heimwerker spezialisiert. Sie übernehmen neben einer individuellen Planung und Zusammenstellung des Bausatzes auch die Betreuung vor Ort sowie die baurechtlich vorgeschriebene Abnahme der fertigen Anlage.

Wer einen Bausatz kauft, muss kein Handwerker sein, sollte aber schon ein wenig technisches Geschick mitbringen. Ausführliche Montageanleitungen und mitgeliefertes Spezialwerkzeug runden üblicherweise den Service der Bausatzanbieter ab.

Zuerst erfolgt die Installation des Kesselraums. Man stellt die Kessel-Brennereinheit möglichst nahe am Kamin auf und schließt das Rauchrohr an. Kaminquerschnitt und Rauchrohrdurchmesser müssen vorher mit dem zuständigen Schornsteinfeger abgesprochen werden.

Nach der Installation der Verbindungsleitung zwischen Heizkessel und Warmwasserspeicher wird das Ausdehnungsgefäß aufgestellt und angeschlossen. Dann folgt die Armaturengruppe, bei der alle Rohre zusammenlaufen. Zuletzt erfolgt die Verbindung mit dem Kaltwassersystem des Hauses.

Die Elektro- und Gasanschlüsse, die im Kesselraum gegebenenfalls nötig sind, müssen Sie einem Fachmann überlassen, der in der Regel vom Bausatzanbieter selbst gestellt oder zumindest vermittelt wird.

Kein Löten oder Schweißen

Die Armaturengruppe mit den verschiedenen Anschlüssen, die zum Brenner, zum Warmwasserspeicher usw. führen. Rechts sieht man die Umwälzpumpe

Beim System für die Selbstmontage wird mit flexiblen Rohren gearbeitet. Löten ist nicht erforderlich. Schraubfittings erlauben die problemlose Verbindung

Das hier eingesetzte Verbundrohr verlegt man einfach von der Rolle. An den Anschlussstellen wird es mit einer Spezialzange passend abgelängt

Mit einem Spezialwerkzeug müssen Sie anschließend die Schnittstelle kalibrieren (abrunden), damit das Rohrende genau in den Klemmfitting passt

Nun heißt es nur noch: das Rohrende einstecken und die Überwurfmutter des Klemmfittings auf das Gewinde des Gegenstücks drehen – fertig

6

Tipp

Ist die Kesselrauminstallation abgeschlossen (Bild 6, oben), geht es an die Installation der Verteilungsrohre im ganzen Haus. Beim hier gezeigten System wird mit Etagenverteilungen gearbeitet, die von Hauptsteigleitungen gespeist werden. Von diesen Stationen gehen dann die einzelnen Heizungsrohre ab.

7

Die Etagenverteilungen bestehen aus Stahlschränken, die man in vorbereitete Maueröffnungen setzt. Man sieht die Abzweige der einzelnen Heizkreise

8

Hier wird ein Heizkreis der Fußbodenheizung verlegt. Die Rohre steckt man in Fixierschienen, die für gleichmäßige Abstände der Schleifen sorgen

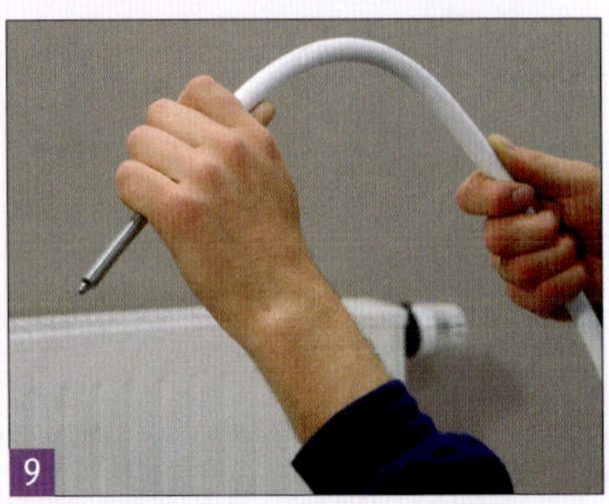

9

Wenn man mit Heizkörpern arbeitet, werden Vor- und Rücklaufrohre von der Etagenverteilung herangeführt und dort mit Klemmfittings verschraubt

Bei modernen Heizungsanlagen sieht man heute meist eine Verteilung vor, bei der von zwei Hauptsteigleitungen Etagenverteilungen gespeist werden, an die man die einzelnen Heizkreise anschließt.

Für die Steigleitungen werden meist spezielle Sandwich-Rohre verwendet, die aus einem Aluminiumkern bestehen, der ein Kunststoffinnenrohr sowie eine wärmeisolierende Kunststoffaußenhülle besitzt. Löten oder auch Schweißen ist nicht erforderlich: Man verbindet die Rohre durch so genannte Schraub- oder Klemmfittings.

Besondere Sorgfalt ist bei Deckendurchführungen erforderlich. Hier müssen die Rohre zusätzlich mit einer weichen PVC-Umhüllung versehen werden, die einbetoniert werden kann. Vor- und Rücklaufrohr werden auf jeder Etage an die Verteilungsstation angeschlossen. In den Etagenverteilungen montiert man Verteilerregister, die für jeden Heizkreis einen eigenen Vor- und Rücklaufanschluss besitzen.

Ist das Rohrnetz vom Kesselraum hin zu den Etagenverteilern fertig installiert, geht es an die Verbindungen zu den einzelnen Heizkörpern bzw. Heizkreisen der Fußbodenheizung. Die Verbindungsrohre zu Heizkörpern können direkt auf dem Rohestrich verlegt werden. Man gießt sie später einfach in den Estrich ein.

Bei Fußbodenheizungen geht der Vorlauf direkt von der Etagenverteilung auf den Boden, wo das Rohr schnecken- oder mäanderförmig verlegt wird. Zum Fixieren der Rohre gibt es verschiedene Hilfsmittel. Hier werden Schienen gezeigt, in die man die Schleifen einklemmt. Zuletzt führt der Rücklauf dann wieder zur Verteilung.

Bei besonders gut gedämmten Niedrigenergiehäusern ist der Heizwärmebedarf so gering, dass sich ein konventioneller Kessel oft nicht lohnt. Hier kann die rechts oben gezeigte Elektroheizung eingesetzt werden.

Elektrofußbodenheizung

1 In Häusern mit geringem Heizwärmebedarf, kann man auch eine Elektrofußbodenheizung installieren. Auf den Rohbeton kommen Folie und Gipsplatten

2 Als Vorbereitung zum Ausgießen des Fließestrichs wird nun rundum eine Randdämmung aus Spezialschaumstoff von der Rolle aufgestellt

3 Auf die Gipsplatten kommt nochmals eine Lage Folie. Sie verhindert, dass Feuchtigkeit aus dem frischen Estrich nach unten in den Bodenaufbau wandert

4 Im folgenden Arbeitsschritt verlegen Sie eine Schicht Dämmmatten aus Mineralwolle. Damit wird gleichzeitig eine Trittschalldämmung aufgebaut

5 Je nach dem für die Räume ermittelten Heizwärmebedarf werden nun die Heizmatten der Elektrofußbodenheizung ausgebreitet und die Anschlüsse vorbereitet

6 Ein Stahlgittergewebe (Estrichmatte) kommt anschließend auf die Heizmatten. Das Gitter verhindert, dass die Matten sich beim Estrichgießen hochheben

Estricharbeiten

Wenn Sie möglichst schnell einen begehbaren und absolut ebenen Estrich wünschen, ist Fließestrich die erste Wahl. Das dünnflüssige Material verläuft fast von selbst zu einer absolut ebenen Fläche (1-4). Rohre von Fußbodenheizungen werden optimal umschlossen und geben somit ihre Wärme ungehindert an den Estrich ab. Fließestrich muss aber vom Profi verarbeitet werden und ist etwas teurer als Zementestrich (5), den man mit etwas Geschick auch selbst verlegen kann.

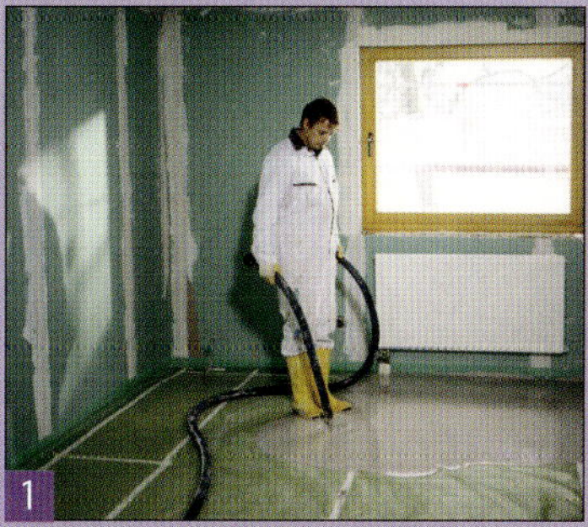

1 Fließestrich muss immer von einem Fachmann verlegt werden

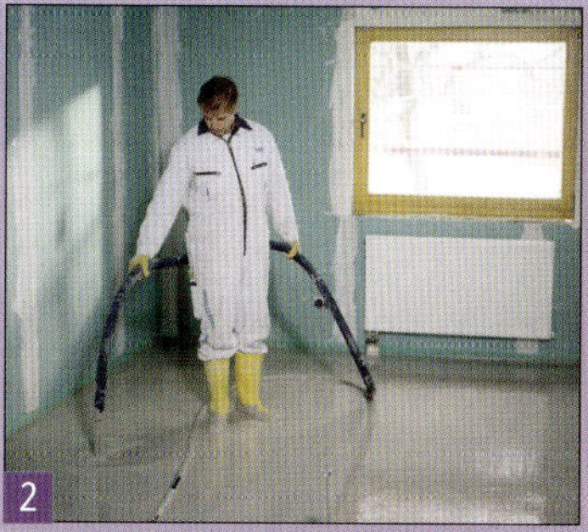

2 Aus einem Silowagen wird das flüssige Material in den Raum gepumpt

3 Ein Messgerät zeigt die Höhe des selbstverlaufenden Materials an

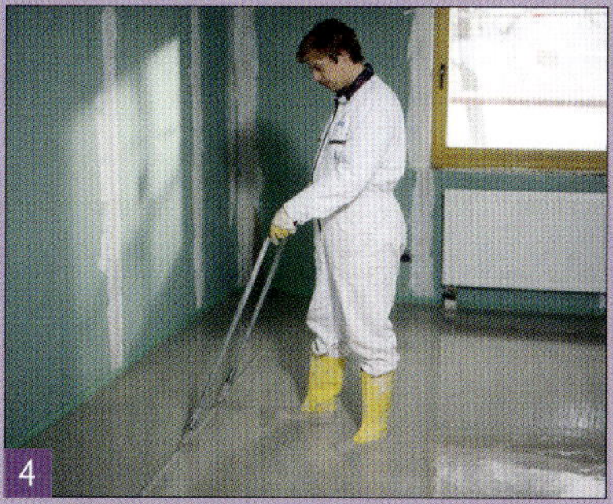

4 Ist die vorgesehene Höhe erreicht, wird die Masse ein wenig geglättet

5 Klassischer Zementestrich kann selbst angemischt und verlegt werden

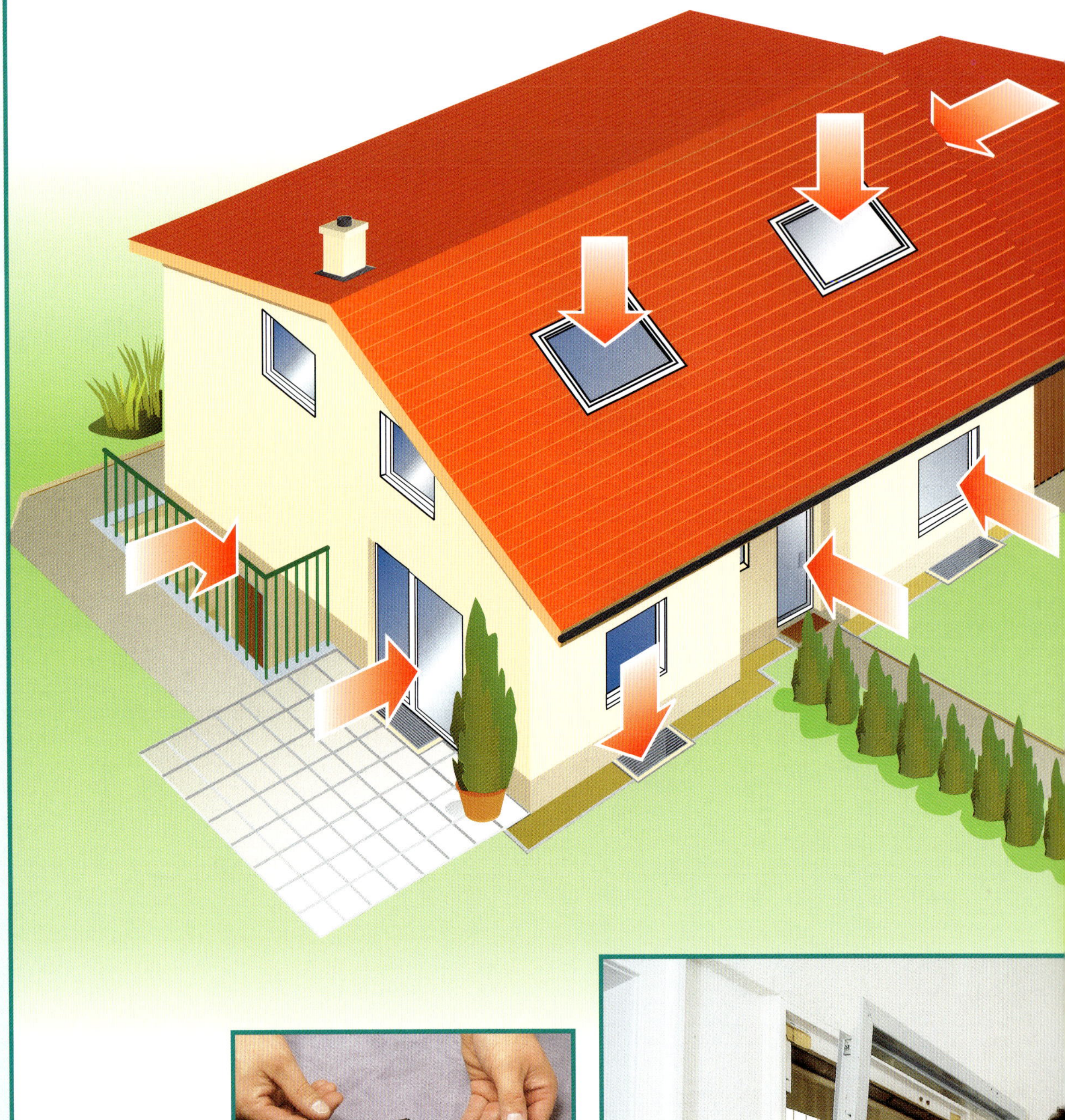

Sicherheit für das ganze Haus

- Sicherheitsrisiken
- Stabile Schlösser und Beschläge einbauen
- Fenstersicherungen nachträglich einbauen
- Wie Alarmanlagen Ihr Heim schützen können

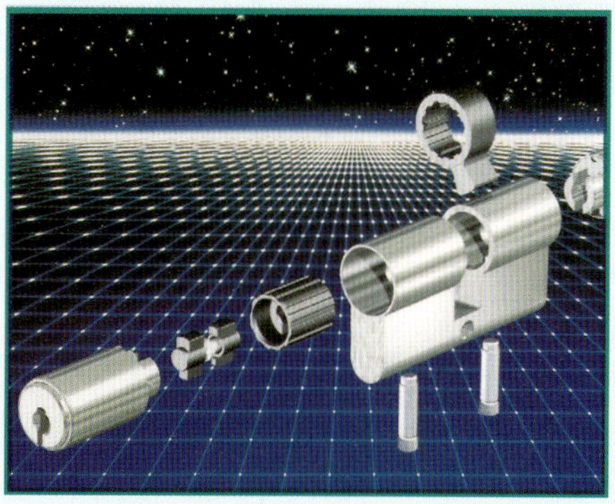

Sicherheitsrisiken

Etwa alle drei Minuten wird in Deutschland in eine Wohnung oder ein Haus eingebrochen. Das sind nahezu 200.000 Einbrüche im Jahr. Dabei wird es den Dieben meist viel zu leicht gemacht

Tipp

Versuchen Sie einmal, Ihr Haus oder Ihre Wohnung mit den Augen eines Einbechers zu sehen. Schauen Sie sich Türen, Fenster und Nebeneingänge nach den hier beschriebenen Kriterien kritisch an. Und wenn Sie einen Schwachpunkt entdecken, handeln Sie sofort. Umso ruhiger können Sie in Zukunft schlafen.

Ungenügend gesicherte Türen und Fenster locken Einbrecher geradezu an

Zwar berichtet die Polizei, dass die Zahl der Einbrüche neuerdings leicht zurückgegangen sei, gemessen an der oben genannten Gesamtzahl ist dieser Rückgang aber wenig beruhigend. Das Niveau ist nach wie vor erschreckend hoch. Jeder kann heute durch ein Einbruchdiebstahldelikt geschädigt werden. Doch nicht nur die Zahl der Straftaten gibt zu denken, hinzu kommt eine zunehmend gewaltbereite Tätergeneration, die beispielsweise Konfrontationen mit den Wohnungsbesitzern in Kauf nimmt und dabei auch nicht vor dem Einsatz von Waffen zurückschreckt. Es reicht allerdings nicht, bei den Politikern verantwortungsbewusstes Handeln einzuklagen. Man kann und muss auch selbst etwas tun. Es gibt nämlich nur wenige Wohnungen und Häuser, die einen wirksamen Rundum-Schutz gegen Einbruch vorweisen. Solange man nicht betroffen ist, sieht man in der Regel keinen Handlungsbedarf. Dies ist ein verhängnisvoller Irrtum.

Nachlässigkeit und Leichtsinn machen es Einbrechern leicht

Wer erst einmal Opfer eines Einbruchs geworden ist, bereut es in der Regel sehr, vorher nichts für zusätzliche Sicherungen getan zu haben. Zwar werden bei Vorhandensein einer angemessenen Hausratversicherung die materiellen Schäden ersetzt. Oft genug aber gehen unwiederbringliche Erinnerungsstücke verloren, für die das Geld von der Versicherung keinen Ersatz bieten kann.

Ganz wichtig sind auch die psychologischen Folgen, die ein Einbruch für die Betroffenen mit sich bringt. Der Gedanke, dass die Täter in die Privatsphäre eingedrungen sind, führt häufig zu andauernden Angstzuständen. Nicht selten wechseln die Betroffenen später die Wohnung, weil sie sich in der alten Wohnung einfach nicht mehr sicher fühlen.

Nutzen Sie auf jeden Fall alle bereits vorhandenen Sicherheitseinrichtungen! Es ist erschreckend, wie oft man in dieser Hinsicht auf Nachlässigkeit stößt. Dies spiegelt auch die Polizeistatistik wider: Mehr als 5% der Einbrecher dringt durch offene, unverriegelte oder gekippte Fenster ein. An Türen lassen sich in mehr als 10% der Fälle keine Einbruchspuren nachweisen – vermutlich waren die Türen unverriegelt, also nicht richtig abgeschlossen.

Guten Rat in puncto Sicherheit gibt es kostenlos. Erste Anlaufstelle für Ratsuchende, die ihr Haus oder ihre Wohnung besser gegen Einbruch schützen wollen, sind die Kriminalpolizeilichen Beratungsstellen, die es in jeder größeren Stadt gibt. Auskunft über die nächstgelegene Beratungsstelle erteilt auf Anfrage jede Polizeidienststelle.

Die Fachleute von der Kripo stehen jedem Bürger kostenlos mit gutem Rat zur Seite. Nach Terminabsprache kommen sie sogar zu Ihnen ins Haus und beraten Sie direkt vor Ort.

Das ist gefährlich!

Hinweise, die potenziellen Einbrechern zeigen, dass niemand zu Hause ist: Zettel an der Tür (A), überquellender Briefkasten (B), nicht an ihrem Platz stehende Mülltonne (C). Solche Nachlässigkeit kann Sie teuer zu stehen kommen.

Sicherheit, die Sie gar nichts kostet

Viele Einbrüche könnten verhindert werden, wenn die bereits vorhandenen Sicherheitseinrichtungen konsequent benutzt würden. Fenster und Fenstertüren im Erdgeschoss sollten Sie vor Verlassen des Hauses grundsätzlich schließen. Das Gleiche gilt für solche Fenster, die über Garagendächer etc. für einen geübten Kletterer erreichbar sind.

Das Schloss der Außentür sollten Sie nicht nur einschnappen lassen, sondern durch Drehen des Schlüssels vollständig verriegeln. Bei Abwesenheit sind Außensteckdosen nach Möglichkeit abzuschalten. Leitern und sonstige Hilfsmittel auf dem Grundstück, die von Einbrechern benutzt werden könnten, sind wegzuschließen.

Wenn Sie Ihr Heim regelmäßig tagsüber verlassen müssen, sollten Sie unbedingt einen Nachbarn bitten, bei Bedarf den Briefkasten zu leeren oder die geleerte Mülltonne wieder an ihren Platz zu stellen. Bei längerer Abwesenheit – z. B. wegen Urlaubs – sollte eine Vertrauensperson nach dem Rechten sehen und während Ihrer Abwesenheit morgens die Rollläden hochziehen oder bei Bedarf den Rasen mähen.

Stabile Schlösser und Beschläge einbauen

Niemand ist vor Einbruch sicher. Ein Sicherheits-Check aller Schlösser und Beschläge der Türen und Fenster steht daher an erster Stelle

Tipp

In Mehrfamilienhäusern Sind Wohnungseingangstüren im obersten Stock oder am Ende langer Flure besonders gefährdet, weil Einbrecher dort relativ ungestört arbeiten können.

Viele Wohnungsabschlusstüren sind äußerst ungenügend gesichert

Wenn Sie in einem Mehrfamilienhaus wohnen, sind im Erdgeschoss die Fenster, insbesondere Fenstertüren an Balkonen, beliebte Einstiegswege für Einbrecher. In höher gelegenen Wohnungen, deren Fenster auch für geübte Kletterer unerreichbar sind, bleibt die Wohnungsabschlusstür der einzige Zugang und muss entsprechend gut gesichert werden.

Die Standardausstattung ist in den meisten Fällen mehr als ungenügend. Die Wohnungsbaugesellschaften sparen an der Sicherheit. Lassen Sie Tür, Schloss und Beschläge von einem Fachmann überprüfen und kaufen Sie gegebenenfalls die empfohlenen Nachrüstprodukte, mit denen Sie die Tür deutlich sicherer machen können.

Ein geübter Heimwerker kann Nachrüstsicherungen für die Tür meist ohne große Probleme selbst montieren. Achten Sie beim Kauf allerdings darauf, dass die Sicherungen von guter Qualität sind. Am besten fahren Sie mit Produkten, die eine VdS-Anerkennung aufweisen. Solche Sicherungen wurden in aufwändigen Laborversuchen geprüft und haben ihre Standfestigkeit und Zuverlassigkeit unter Beweis gestellt.

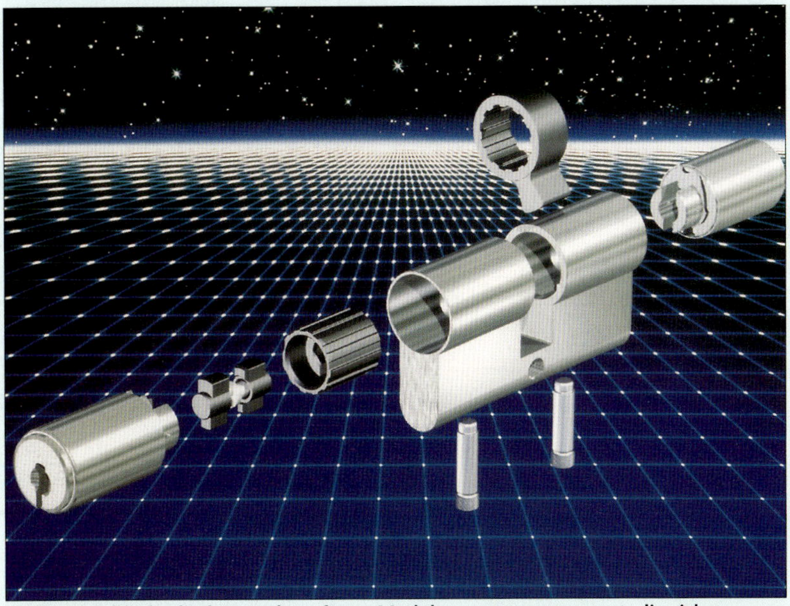

Moderne Schließzylinder werden oft aus Modulen zusammengesetzt, die sich zu unterschiedlichen Zylinderlängen zusammenfügen lassen

Nachrüstprodukte für die Tür müssen fachgerecht montiert werden

Wenn die vorhandene Wohnungsabschlusstür einigermaßen stabil ist, können Sie den Einbruchschutz durch wohlüberlegt eingesetzte Nachrüstprodukte noch erheblich verbessern. Zunächst sollten Sie aber das vorhandene Einsteckschloss kontrollieren. Entspricht es der DIN 18251 und ist es VdS-geprüft (Aufdruck kontrollieren)? Ragt der Schließriegel beim Verriegeln mindestens 20 mm heraus?

Muss das Schloss ausgetauscht werden, empfiehlt sich ein selbstverriegelndes Schloss, das automatisch bei jedem Zuschlagen der Tür verriegelt. Der Austausch bereitet einem Fachmann keine Probleme.

Ist das Einsteckschloss minderwertig, muss meist auch der Schließzylinder ausgetauscht werden. Wählen Sie hier Produkte der VdS-Klassen A oder B. Klasse A ist einbruchhemmend, Klasse B erhöht einbruchhemmend.

Der beste Schließzylinder nutzt allerdings wenig, wenn er mit einem Türschild kombiniert wird, der sich abschrauben lässt oder den Zylinder so weit herausragen lässt, dass dieser abgebrochen werden kann. Daher sollten Sie einen dreifach von innen verschraubten Schutzbeschlag aus gehärtetem Stahl montieren. Auf Wunsch besitzen solche Schutzbeschläge aus Spezialstahl gefertigte Abdeckungen des Schließzylinders. Diese Ausstattung bietet einen zusätzlichen Schutz gegen Aufbohren und anschließendes Herausziehen des Schließzylinders.

Das Schließblech sorgt für festen Halt im Rahmen der Tür

Um die Kräfte aufzufangen, die bei Angriffen gegen Schloss und Türblatt über den Schließriegel auf den Rahmen übertragen werden, muss ein stabiles Schließblech montiert werden. Viele Türen besitzen nur ein kurzes, etwa 2 mm dickes Schließblech, das mit kurzen Holzschrauben im Rahmen verankert ist.

Ein solches Schließblech hält einem Aufhebelversuch, einem kräftigen Tritt oder einem Schulterstoß gegen die Tür nicht Stand. Sie sollten es unbedingt gegen ein 50 cm langes Schließblech aus 3-mm-Stahl austauschen, das mit langen Dübeln fest im Mauerwerk verankert wird.

Neue Beschläge

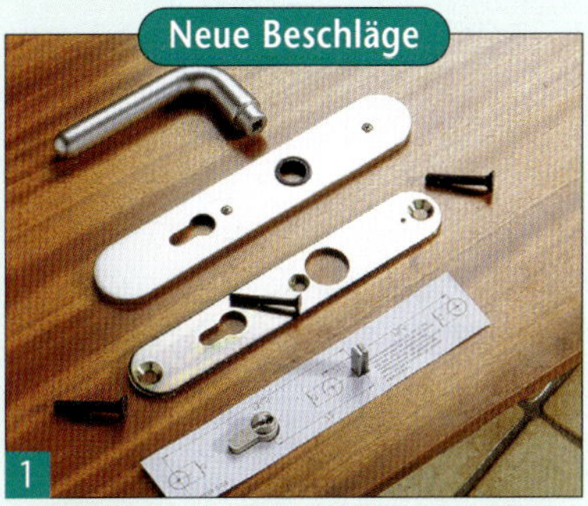

1 Ein solcher Sicherheitstürbeschlag für die Eingangstür besitzt Standardmaße. Der alte Beschlag kann relativ schnell gegen einen solchen ausgetauscht werden

2 Schrauben Sie einfach den alten Beschlag ab. Gegebenenfalls müssen die Löcher im Türblatt für die neuen Befestigungsschrauben erweitert werden

3 Das zum Türbeschlag passende Schließblech an der Rahmenseite muss eingelassen werden. Zeichnen Sie die Umrisse an und stemmen Sie das Holz aus

4 Lange, schräg ins Mauerwerk gesetzte Dübel verankern den Beschlag. Bohren Sie die Dübellöcher mit einem möglichst scharfen Bohrer ohne Schlag

Querriegel

Bei der Montage des Querriegels wird zuerst der Schlossdurchlass mit Bohrmaschine und Lochsäge ausgeschnitten. Die Position liegt unter dem alten Schloss

Bevor Sie im nächsten Schritt den Querriegel innen ans Türblatt schrauben, wird der Riegelausschluss (die Endposition der beiden Riegel) passend eingestellt

Die Schlossfallen rechts und links neben der Tür müssen später die Last möglicher Aufhebelversuche tragen. Entsprechend gut müssen Sie verankert werden

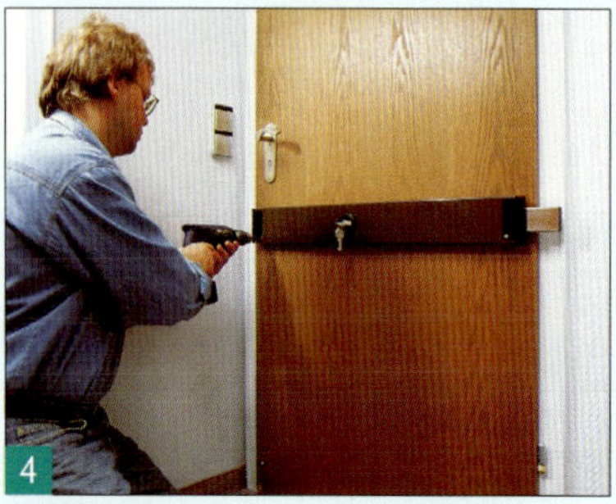

Zuletzt schrauben Sie die Abdeckung des Querriegels auf. Ein solches Zusatzschloss ist nicht unbedingt eine Zierde, bietet aber sehr guten Einbruchschutz

Ein Querriegel stabilisiert die gesamte Tür

Ist das vorhandene Schloss nicht sicher genug und lässt auch die Stabilität des Türblatts zu wünschen übrig, heißt die Empfehlung des Sicherheitsexperten: die gesamte Tür gegen eine moderne Sicherheitstür austauschen. Wenn dies bei einer Mietwohnung nicht möglich ist oder die Kosten den Rahmen des Haushaltsbudgets sprengen, kann ein so genannter Querriegel an der Innenseite die Lösung sein.

Das Querriegelschloss wird von innen quer auf das Türblatt geschraubt. Eine mittig angesetzte Bohrung bildet die Schließöffnung an der Außenseite der Tür. Sowohl von innen als auch von außen lässt sich der Querriegel mittels eines Zylinderschlosses betätigen.

Die Riegel des Schlosses greifen rechts und links in Schließkästen, die man an der Türzarge und im Mauerwerk befestigt. Hier kommen wie beim Montieren eines Sicherheitsschließbleches lange Rahmendübel zum Einsatz, die den Schließkästen sicheren Halt in der Türlaibung geben.

Die Konstruktion des Querriegels sorgt dafür, dass die Tür sowohl auf der Schlossseite als auch auf der meist vernachlässigten Bandseite verstärkt wird. Außerdem stabilisiert das quer montierte Schloss das gesamte Türblatt.

Das Kastenzusatzschloss erfüllt zwei Funktionen

Wenn Türblatt und Bandseite in Ordnung sind, das Schloss aber eher kümmerlich erscheint, dann kann auch die Anschaffung eines Kastenzusatzschlosses empfehlenswert sein.

Kastenzusatzschlösser werden von innen auf das Türblatt geschraubt. Der Schließkasten, in den der Riegel greift, wird innen auf der Türzarge montiert. Sehr viel besseren Halt bietet aber die zusätzliche Verankerung im Mauerwerk, das die Tür umgibt. Von außen

Kastenzusatzschloss

Bei der Montage eines Kastenzusatzschlosses befestigen Sie zuerst die Grundplatte für den Schließkasten. Die Schraublöcher muss man vorbohren

Zum Lieferumfang gehört eine Schablone, mit deren Hilfe Sie die Befestigungspunkte für das auf dem Türblatt sitzende Schloss anzeichnen können

Den Durchlass für den Zylinder des Kastenzusatzschlosses stellt man am besten mithilfe eines Forstnerbohrers her. Dann den Zylinder einschieben

Das fertig montierte Zusatzschloss. Die hier gezeigte Ausführung hat einen eingebauten Sperrriegel, der die Tür noch sichert, wenn sie einen Spalt weit öffnet

lässt sich das Schloss mit einem Schlüssel betätigen, von innen durch einen Drehknopf. Bei Türen mit Glaseinsatz wäre ein Kastenschloss mit Drehknopf allerdings ungeeignet, da der Einbrecher ein Loch in die Scheibe schlagen und dann den Drehknopf betätigen könnte. In diesem Fall sollten Sie ein Produkt wählen, das auch innen mit einem Schließzylinder ausgestattet ist.

Zum Schutz vor Überfall sind viele Kastenzusatzschlösser mit einem Sperrbügel ausgestattet, der in vorgelegtem Zustand ein Öffnen der Tür um etwa 10 cm ermöglicht. So kann man aus sicherer Distanz mit Personen reden, die vor der Tür stehen. Dieser Bügel ist stabiler als die bekannte Sperrkette, die einem Schulterstoß nicht standhält. Er sollte dann aber auch regelmäßig benutzt werden.

Bandsicherungen und Hinterhaken dürfen Sie nicht vergessen
Beim Nachrüsten von Haus- und Wohnungsabschlusstüren wird die Scharnierseite immer wieder vernachlässigt. Was nutzen die schönsten Schlösser, wenn die Scharniere der Tür nur mit kurzen Holzschrauben in der Zarge verankert sind? Einbrecher wissen dies auch und wenden sich gezielt diesem Schwachpunkt zu.

Die Scharniere komplett auszutauschen ist aber mit erheblichem Aufwand verbunden und oft aufgrund der Gegebenheiten gar nicht möglich. Dann bietet es sich eher an, zusätzliche Hintergreifhaken zu montieren.

Hintergreifhaken bestehen aus zwei Teilen: einer Platte mit Metallzapfen, die in den Türfalz eingelassen und verschraubt wird, sowie einem entsprechenden Gegenstück mit Aussparung für die Zarge der Tür. Schließt man die Tür, greifen die Zapfen der Bandsicherungen in die Aussparungen der Gegenstücke und verhindern das Aufhebeln. Grundsätzlich sollte man mindestens zwei gut im Mauerwerk verdübelte Hintergreifhaken vorsehen.

Bandsicherungen und Türspion

1 So genannte Einbohrbänder, wie man sie noch immer an vielen Wohnungstüren findet, sind äußerst schwach. Sie halten einen festen Tritt kaum stand

2 Die Lösung für diese Schwachstelle ist eine solche Bändersicherung mit einem Hintergreifbolzen. Ein langer Dübel verankert den Beschlag in der Wand

3 Hier sehen Sie die neue Bändersicherung im eingebauten Zustand. Der Zapfen auf der Türseite greift in eine entsprechende Aussparung im Rahmen

4 Nicht teuer, schnell montiert und sehr wirkungsvoll: der Türspion. Sie müssen nur ein passendes Loch bohren, die Optik einschieben und verschrauben

Türspione für die Anwesenheitssicherung
Immer häufiger werden vor allem ältere Menschen an der Tür überrumpelt und dann ausgeraubt werden. Abhilfe schafft hier ein Türspion. Eine solche Optik ist schnell eingebaut. Die erforderliche Bohrung hat gerade 25 mm Durchmesser. Mieter benötigen aber die Erlaubnis des Hauseigentümers. Diese wird jedoch in der Regel problemlos erteilt.

Praxistipps zum richtigen Verankern von Dübeln

Bei allen Dübelbefestigungen rund um die Tür stellt sich das Problem, dass randnah gebohrt werden muss. Bei der Verwendung von Spreizdübeln ist dann oft zu beobachten, dass die Steine ausbrechen. Die Dübel finden einfach keinen Halt.

Der Fachmann wählt daher möglichst lange Dübel, deren Spreizpunkt tiefer im Mauerwerk liegt, und er bohrt möglichst schräg, damit er aus dem Randbereich des Mauerwerks herauskommt. Wichtig ist auch, das Schlagwerk der Bohrmaschine auszuschalten. Häufig zertrümmert es die Steinstruktur, sodass man keinen Dübel mehr zum Halten bekommt.

Zeigt es sich, dass ein Dübel sich nicht fest verspreizt und durchdreht, versuchen erfahrene Praktiker, ihn mit Montage-Acrylat, Injektionsmörtel oder Zwei-Komponenten-Mörtel im Mauerwerk zu verkleben. Die Masse wird mittels einer Kartusche ins Bohrloch gedrückt. Dann wird der Dübel eingeführt und die Schraube leicht angezogen. Ist der Mörtel erstarrt, kann die Schraube richtig festgezogen werden.

Die richtige Befestigungstechnik ist enorm wichtig für die Wirksamkeit von Zusatzsicherungen. Hier schludern die Monteure gern. Insbesondere scheuen sie oft die aufwändige Klebetechnik.

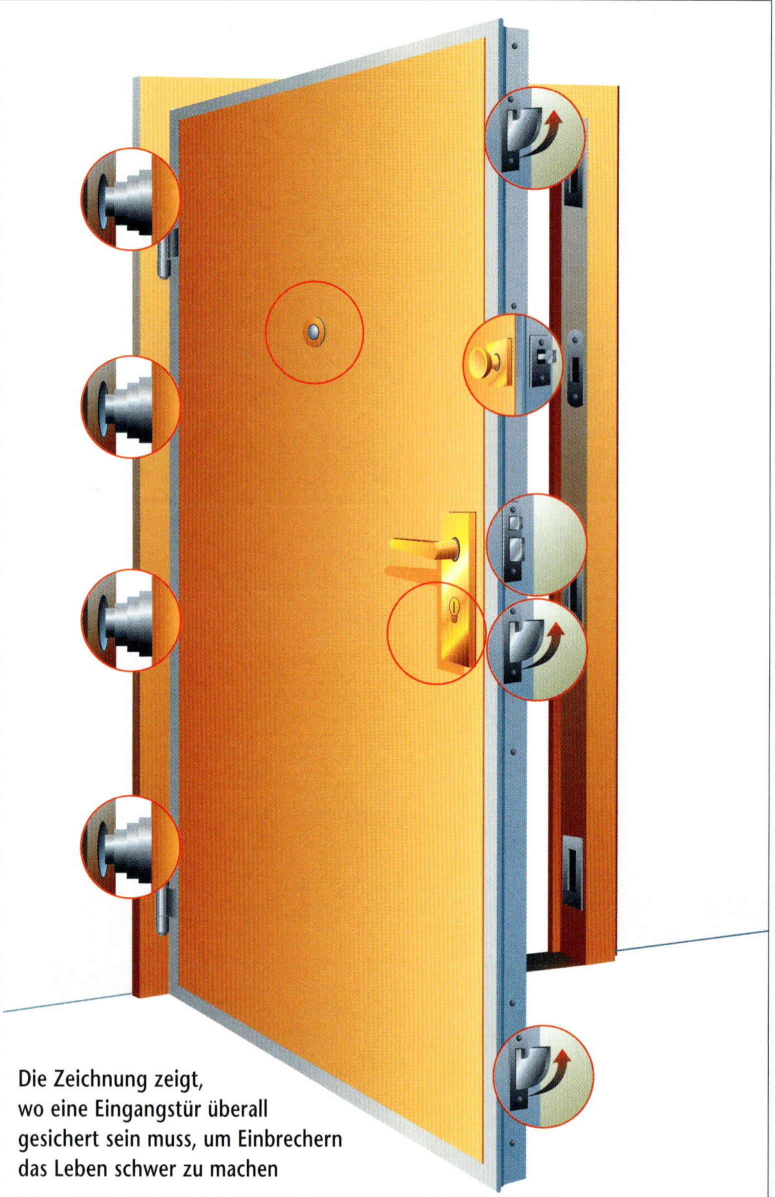

Die Zeichnung zeigt, wo eine Eingangstür überall gesichert sein muss, um Einbrechern das Leben schwer zu machen

Geprüfte Sicherheitstüren bieten optimalen Einbruchschutz

Wohnungsabschlusstüren sind häufig von ihrer gesamten Konstruktion her viel zu leicht und instabil. Ein simpler Test macht dies deutlich: Ausgehängt und auf eine Waage gestellt, muss eine Tür mindestens 25 kg wiegen. Leichtere Türen sollten komplett gegen neue Türelemente mit Sicherheitsausrüstung ausgetauscht werden. Für Wohnungsmieter gilt es allerdings abzuwägen, ob sich eine solche Investition lohnt, sofern nicht der Vermieter zumindest einen Teil der Kosten übernimmt. Auf jeden Fall muss zuvor die Erlaubnis des Hausbesitzers eingeholt werden.

Haus- und Wohnungsabschlusstüren werden in drei Widerstandsklassen angeboten. Die Widerstandsklasse ET1 reicht im Regelfall aus. Für besonders gefährdete Türen sollten Sie die Widerstandsklasse ET2 wählen. Widerstandsklasse ET3 wird nur für außergewöhnlich gefährdete Sonderbereiche empfohlen. Wohnungsabschlusstüren der Sicherheitsklasse ET1 reichen in der Regel völlig aus. Für anspruchsvollere Türen in Stilausführung kommt man aber leicht auf höhere Kosten.

Neben der Stabilität des Türblatts sind natürlich die Schlösser und Beschläge wichtig für die Einbruchsicherheit. Beginnen wir mit dem Schloss. Der Zylinder sollte mit VdS-Kennzeichnung versehen sein. Billigzylinder aus dem Baumarkt bieten keinen ausreichenden Schutz.

Auf der Rahmenseite muss die Falle des Schlosses in ein Sicherheitsschließblech greifen – mindestens 3 mm stark und an mindestens zwei Stellen mit möglichst langen Schrauben im Mauerwerk verankert.

Der Türschild muss bohrgeschützt sein und darf sich von außen nicht abschrauben lassen. Der Schließzylinder muss bündig mit dem Türschild abschließen, damit er nicht vorsteht und sich dann von außen durch eine Zange packen und abdrehen lässt.

Optimal sind Schlösser, die über Mehrfachverriegelungen verfügen, sich also auch noch im oberen und unteren Bereich des Türblatts im Rahmen verankern. Wo diese nicht vorhanden sind, können so genannte Querriegelschlösser und zusätzliche Kastenschlösser eine akzeptable Verstärkung bieten. Nicht zu vergessen ist die Bandseite der Tür. Schwache Scharniere müssen durch Hintergreifhaken verstärkt sein, die sich bei geschlossener Tür in entsprechenden Aussparungen des Türrahmens verankern.

Ist auch nur einer der Punkte Türblatt, Schließzylinder, Schließblech, Türschild, Scharniere/Bänder unbefriedigend, muss die Tür nachgerüstet oder gegen eine moderne Sicherheitstür ausgetauscht werden, wobei ein Komplettaustausch der Tür einer punktuellen Nachrüstung durch Zusatzsicherungen vorzuziehen ist.

Austausch einer alten Wohnungseingangstür gegen eine Sicherheitstür

Marode Wohnungseingangstüren, die einen Einbrecher geradezu einladen, werden – wir haben es bereits angesprochen – im Idealfall durch geprüfte Sicherheitstüren mit Zertifikat ersetzt.

Diese Komplettlösung ist immer besser als das Nachrüsten durch Zusatzsicherungen. Weil der Austausch der alten Zarge jedoch mit viel Schmutz und anschließendem Renovierungsaufwand verbunden ist, hat die Industrie auch Renovierungselemente entwickelt, die den Austausch der Tür mit überschaubarem Aufwand möglich machen.

Die Bilder rechts zeigen die Montage einer so genannten Eckzarge, bei der die alte Holzzarge nur teilweise entfernt werden muss.

Die Anschlüsse zum Putz im Treppenhaus und zur Tapete im Innenbereich bleiben erhalten. Statt der alten Holztür schützt nach der Umbaumaßnahme eine Stahlsicherheitstür der Widerstandsklasse ET3 nach DIN 18103 die Wohnung. Sie schützt gegen die üblichen Hebel- und Schlagwerkzeuge und wehrt auch erfahrene Täter ab. Als Schloss wurde im hier gezeigten Fall ein komfortables Elektronikschloss gewählt, dass durch Code-Eingabe oder elektronischen Schlüssel bedient wird.

Links sehen Sie ein so genanntes Komplett-Element. Bei seiner Montage wird die alte Tür vollständig ausgebaut

Montageschritte

Von der alten Holzzarge wird auf der Innenseite ein Streifen abgesägt und dann mit dem Stechbeitel sauber abgetrennt. Der Rest der Zarge bleibt stehen

Die entsprechend der Öffnung im Mauerwerk bestellte Stahleckzarge kann nun eingepasst werden. Man richtet sie nach der Wasserwaage aus und verkeilt sie

Statt eines Standardschlosses wurde hier ein elektronische Schloss mit Code-Eingabe montiert. Diese Technik bietet hohen Komfort und guten Einbruchschutz

Die Anschlussfuge zwischen Stahleckzarge und alter Holzzarge wird mit Acryl ausgespritzt und dann überlackiert. Das Ergebnis kann sich sehen lassen

Fenstersicherungen nachträglich einbauen

Fenster und Fenstertüren sind bei Einbrechern der beliebteste Einstiegsweg. Sie lassen sich meist sehr leicht aufhebeln. Doch mittlerweile gibt es zahlreiche Zusatzsicherungen, mit denen Sie den Einbruchschutz Ihrer Fenster ganz erheblich verbessern

Tipp

Sogar im gekippten Zustand kann man ein Fenster zusätzlich sichern. Beachten Sie aber, dass die Versicherung bei gekippten Fenstern grundsätzlich die Zahlung für eventuelle Einbruchschäden verweigern kann.

Messen, ausrichten und dann verdübeln

Wie bei den Türen bevorzugen Einbrecher auch bei Fenstern die Methode des Aufhebelns. Dazu bedienen sie sich meist eines stabilen Schraubendrehers und setzen mit Vorliebe an der Griffseite an.

Ist ein Fenster mit normalen Rollzapfen ausgestattet, hat ein geübter Täter es in etwa 20 Sekunden auf, ohne dass er dazu größere Kraft aufwenden müsste. Wer sich dies einmal bei Vorführungen der Kripo demonstrieren lässt, mag kaum glauben, wie wenig Sicherheit Standardfenster bieten.

Zusätzliche mechanische Sicherungen können ein Fenster nicht unüberwindbar machen. Wenn sie einem Einbruchversuch jedoch mehrere Minuten standhalten, wird der Einbrecher aller Wahrscheinlichkeit nach aufgeben und sich einem anderen Objekt zuwenden.

Abschließbare Fenstergriffe sind im Nu montiert

Nach wie vor geht ein Teil der Einbrecher mit roher Gewalt vor und schlägt die Fensterscheibe einfach in Höhe des Griffes ein, um dann hineinzulangen und das Fenster zu öffnen. Gegen dieses Vorgehen helfen abschließbare Griffe. Für den Austausch lösen Sie ganz einfach die unter der Abdeckung verborgenen Halteschrauben und ziehen dann den Griff samt Vierkantstift heraus. In umgekehrter Reihenfolge wird der neue Griff eingesetzt. Tauschen Sie die Griffe aller Fenster aus, die kletternd erreicht werden können.

Flügelsicherung mit Schloss- und Schließkasten

Um den „Aufhebelkünstlern" unter den Einbrechern das Leben schwer zu machen, werden mittlerweile die verschiedensten Zusatzbeschläge angeboten, die Sie von innen auf die Rahmen schrauben. Passend zum Material des Fensters gibt es weiße, metall- oder holzfarbene Ausführungen.

Die rechts gezeigte Flügelsicherung ist für zweiflügelige Fenster sowie Fenstertüren, Schiebetüren und Hebe-Schiebetüren geeignet. Sie montieren zuerst den Schlosskasten am linken Flügel, dann auf gleicher Höhe rechts den Schließkasten.

Fensterschloss mit kippbarem Sperrbügel

Ausgesprochen bedienerfreundlich bei hohem Einbruchwiderstand ist das rechts gezeigte Fensterschloss mit Sperrbügel. Der vorhandene Fenstergriff wird für die Montage entfernt. Dann setzen Sie den neuen Griff mit 7-mm-Standard-Vierkant und 43 mm Schraubenabstand ein. Er besitzt ein Schloss und greift mit einem seitlich herausstehenden T-Zapfen in den Sperrbügel des Schließkastens.

Bei geschlossenem Fenster wird nun der Schließkasten neben dem Fenstergriff an den Fensterrahmen gehalten, um seine genaue Position zu markieren. Zur Befestigung lösen Sie anschließend die Anschraubleiste vom Kasten und halten sie nochmals an, um die Bohrlöcher anzureißen. Mit den zum Montageset gehörenden Schrauben montieren Sie die Leiste nach dem Vorbohren auf dem Rahmen. Bei Kunststoffrahmen ohne Metallkern müssen Sie Zwei-Komponenten-Spezialdübel verwenden, um im Kunststoffprofil des Rahmens aus-

Fenstergriffe

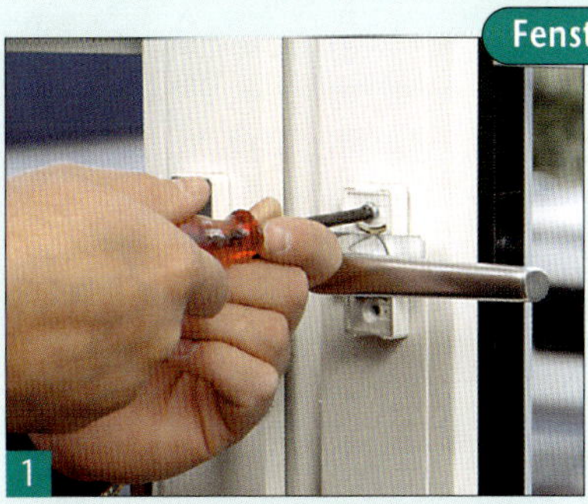

1 Um einen abschließbaren Fenstergriff anzubringen, schrauben Sie zunächst den alten Griff ab. Die Schrauben verbergen sich hinter dem drehbaren Beschlag

2 Die Vierkantstifte und Schrauben von Fenstergriffen sind genormt. Sie können daher den neuen abschließbaren Griff problemlos einschieben und fixieren

Flügelsicherung

1 Hier die Montage einer Flügelsicherung. Erst müssen Sie den Schlosskasten an das Rahmenprofil des Fensters schrauben – am besten mit dem Akkuschrauber

2 Im nächsten Schritt halten Sie den Schließkasten auf gleicher Höhe am anderen Flügel an, markieren die Bohrlöcher und befestigen das Teil

Schloss mit Sperrbügel

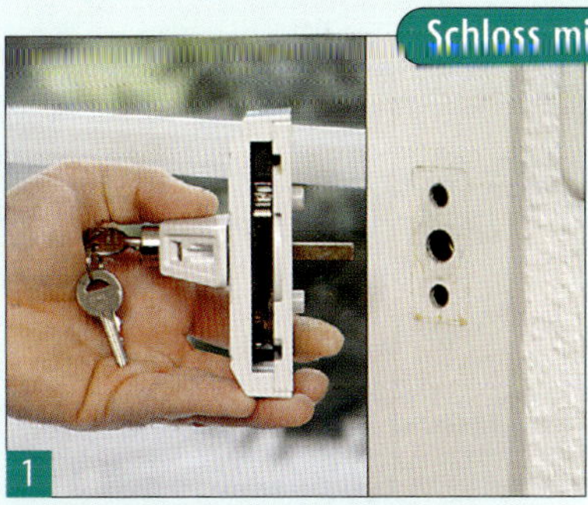

1 Um ein Fensterschloss mit Sperrbügel anzubringen, muss man zunächst den alten Fenstergriff entfernen. Dann setzen Sie den neuen Griff ein

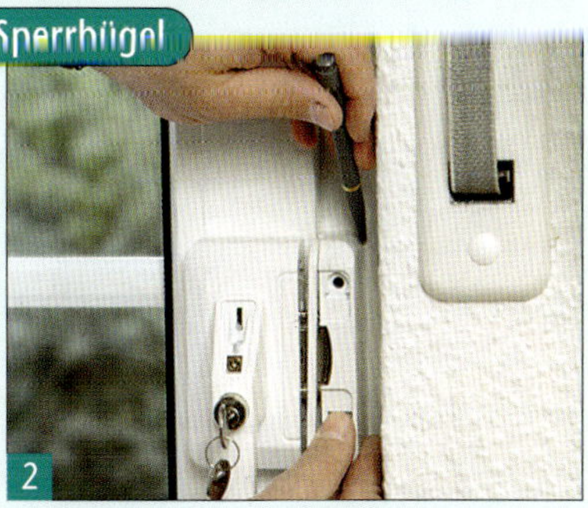

2 Ist der Griff befestigt, halten Sie den dazugehörigen Schließkasten am Fensterrahmen an und markieren seine Befestigungsposition mit einem Stift

3 Die Schraublöcher müssen mit einem passenden Metallbohrer vorgebohrt werden. Dann drehen Sie die Schrauben bis in den Metallkern des Fensterprofils

4 Der Beschlag ist montiert und kann auf seine Funktionstüchtigkeit geprüft werden. Hier sehen wir das Fenster im gekippten Zustand mit Bügelsicherung

Aushebesicherung

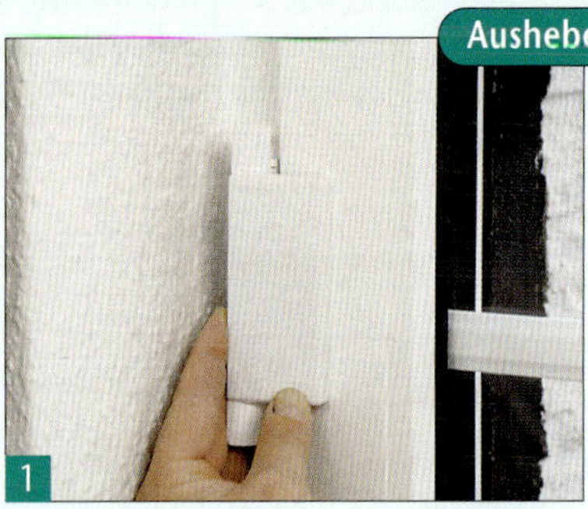

1 Zum Schutz der Scharnierseite des Fensters soll hier eine Aushebesicherung montiert werden. Man hält das Teil auf halber Höhe an und markiert die Position

2 Auch hier müssen die Befestigungslöcher vorgebohrt werden. Dann befestigt man das Klappbügelelement zur Verstärkung der vorhandenen Scharniere

3 Im nächsten Schritt setzen Sie das Schließblech in den Klappbügel ein und zeichnen die Befestigungspunkte auf dem Fensterflügel an

4 Nachdem das Teil auf dem Flügel angeschraubt ist, können Sie die Abdeckhaube aus weißem Kunststoff aufsetzen. Die Bandseite ist nun wirksam gesichert

Stangenscharniere

1 Stangenscharniere für die Nachrüstung von Fenstern gelten unter Sicherheitsfachleuten als besonders stabil. Sie sind allerdings recht auffällig

2 Hier das Stangenscharnier im geschlossenen Zustand. Der Beschlag hat den Vorteil, dass er beim Schließen des Fensters ganz automatisch mit verriegelt wird

reichenden Halt zu finden. Ob der Rahmen einen Metallkern besitzt, merkt man beim Anbohren. Zuletzt hängen Sie den aus gehärtetem Stahl bestehenden Sperrbügel in den T-Zapfen ein und setzen den Schlosskasten auf.

Fensteraushebesicherung für die Scharnierseite

Obwohl aufs Fensteraufhebeln spezialisierte Einbrecher sich stets zuerst der Griffseite zuwenden, sollten Sie auch die Scharnierseite verstärken – beispielsweise mit der links oben vorgestellten Aushebesicherung. Bei diesem Produkt muss der lichte Abstand zwischen Fensterflügel und Laibung mindestens 28,5 mm betragen.

Zum Schutz der Scharniere greifen bei geschlossenem Fenster zwei Krallen des Schließbleches in einen Klappbügel. Die um 90° umgekanteten Krallen bieten bei Aushebelversuchen Widerstand. Wird der Fensterflügel geschwenkt, dreht sich der Klappbügel automatisch mit. Wollen Sie den Flügel kippen, müssen Sie den Klappbügel zuvor seitlich umschwenken, bis er einrastet.

Das Klappbügelelement der Sicherung wird auf halber Höhe zwischen den vorhandenen Scharnieren/Bändern des Fensters am Rahmen montiert. Nun setzen Sie das Schließblech in den Klappbügel ein, füttern mit einer zum System gehörenden Kunststoffplatte auf und drehen die Befestigungsschrauben ein. Zuletzt schieben Sie dann die dazugehörige Abdeckhaube über das Schließblech. Die Sicherung ist für alle nach innen öffnenden Fenster geeignet.

Stangenverriegelungen mit hoher Stabilität

Stangenschlösser (links) wurden hinsichtlich Schutzwirkung und Bedienungsfreundlichkeit von der Stiftung Warentest als gut bewertet. Sie haben den Vorteil, dass man sie über den Griff automatisch ver- und entriegelt. Damit sind Bedienungsfehler so gut wie unmöglich.

Beim Schließen des Fenstergriffes fahren die Stangen nach oben und unten aus und greifen in stabile Schließkästen. Somit wird der gesamte Flügel mit einem Handgriff gesichert. Die Stangen werden bei der Montage auf die erforderliche Länge zugesägt.

Schlösser für Hebe- und Schiebetüren

Die meisten Hebetüren sind bereits mit einer Sperre versehen, die ein Anheben der verriegelten Tür verhindert. Hier sollten Sie aber zusätzlich eine abschließbare Sicherung für den Hebel montieren. Für Schiebetüren gibt es Zusatzsicherungen, die ein Aufschieben verhindern und auch eine Verriegelung in Lüftungsposition mit 4,5 cm Spalt ermöglichen.

Eine preiswerte Sicherung für Hebe-Schiebetüren besteht in einem Kantholz von 6 x 6 cm, das Sie bei geschlossener Tür in die Laufschiene einlegen (Zeichnung rechts).

Rollläden gegen Hochschieben sichern

Die meisten Wohnungsinhaber, deren Fenster mit handelsüblichen Kunststoffrollläden versehen sind, glauben, damit eine zusätzliche Einbruchsicherung zu besitzen. Dies stimmt aber nur mit Einschränkung.

Wie das Foto rechts zeigt, lassen sich solche Rollläden meist leicht hochschieben. Probieren Sie es einmal aus. Abhilfe schaffen Rollladenverschlüsse, die mit Riegel oder Bolzen in die Lamellen greifen und so das Hochschieben verhindern. Dennoch bleibt die Schutzwirkung relativ gering. Die Kunststofflamellen sind so labil, dass sie leicht aus ihren Führungen herausgerissen werden können.

Rollläden, die bei Einbruch der Dunkelheit herabgelassen werden, haben allerdings eine nicht zu unterschätzende Signalwirkung: Sie zeigen Einbrechern, die nach einem geeigneten Objekt Ausschau halten: Hier ist ganz offensichtlich jemand zu Hause.

Fenstertürsicherungen

1 Fenstertüren mit Hebetürenbeschlägen sind sehr unsicher. Hier ein Verschluss für den Hebel einer Hebetür. Er umfasst den Kipphebel vollständig.

2 Speziell für Schiebetüren wurde die hier gezeigte Sicherung konstruiert. Bei zugeschobener Tür und in Lüftungsposition kann man den Beschlag verschließen

3 Simpel, aber ausgesprochen wirksam ist ein Kantholz, das Sie als Einbruchschutz einfach in die Laufschiene einer Schiebetür einlegen. Die Tür ist so blockiert

Rollladensicherungen

1 Ungesicherte Rollläden lassen sich mit wenig Mühe hochschieben. Machen Sie einmal den Versuch. Sie werden überrascht sein, wie leicht das geht

2 Das Modell oben zeigt eine Rollladensicherung mit Stahlstiften, die paarweise rechts und links am Fensterrahmen angebracht werden müssen

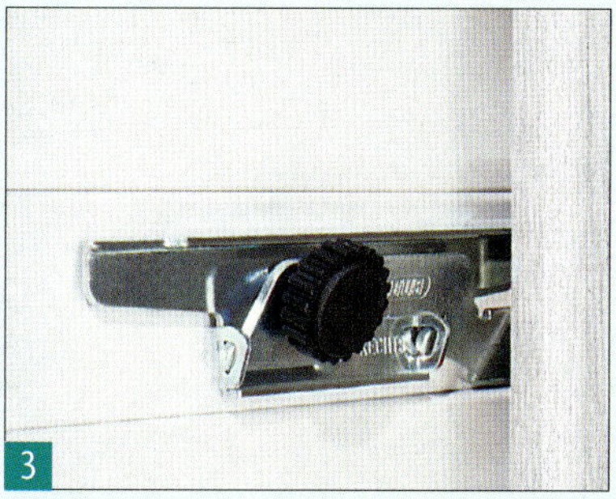

3 Dieser Rollladenverschluss wird zwischen Lamellen und Führungsschiene geschoben und dann verspannt. Er eignet sich als Zusatzsicherung für dem Urlaub

4 Für den ständigen Gebrauch ist diese Sicherung gedacht. Sie verriegelt den Rollladen automatisch, wenn man von außen versucht, ihn hochzuschieben

Wie Alarmanlagen Ihr Heim schützen können

Wer ein optimales Rundum-Sicherheitspaket für sein Heim schnüren will, verbindet die mechanische Absicherung von Türen und Fenstern mit einer bedienungsfreundlichen Alarmanlage

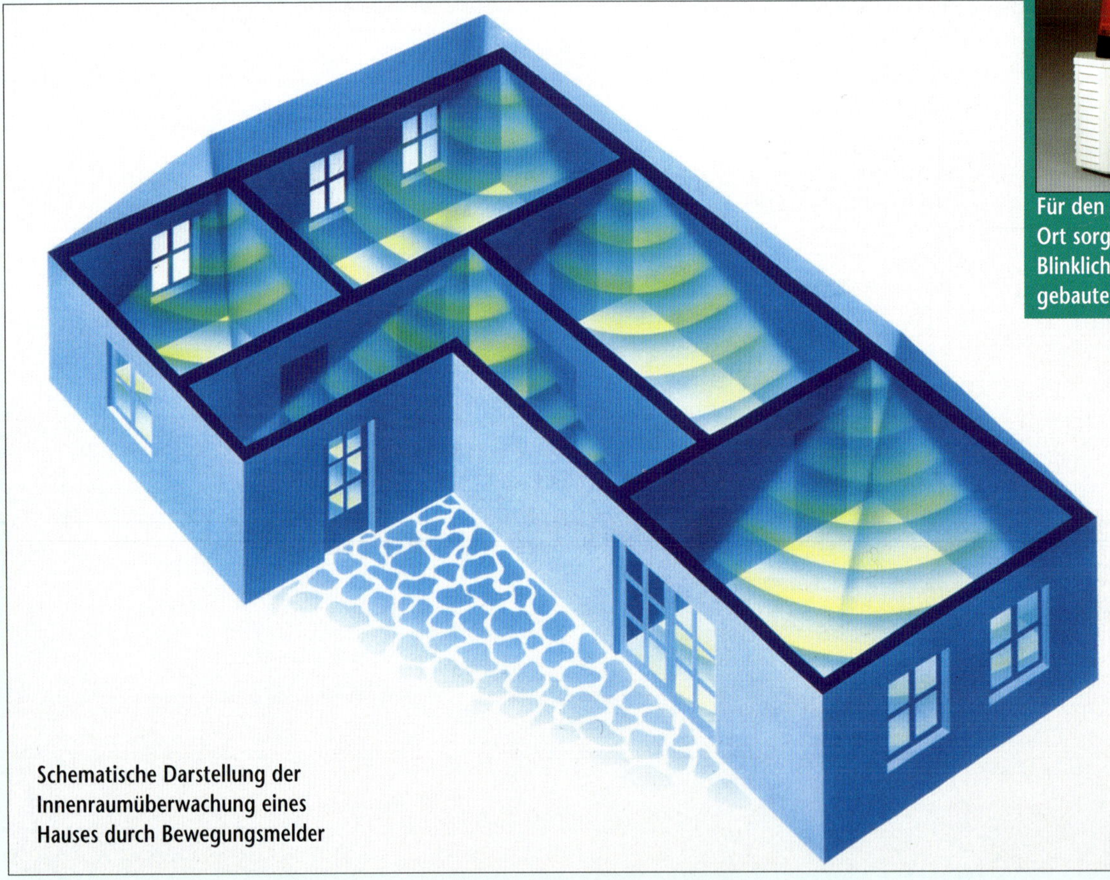

Schematische Darstellung der Innenraumüberwachung eines Hauses durch Bewegungsmelder

Alarmgeber

Für den Alarm vor Ort sorgen meist Blinklichter mit eingebauter Sirene.

Mechanik plus Elektronik ergibt Rundum-Sicherheit

Mechanische Sicherungen stellen für einen Eindringling Hindernisse dar, die er überwinden muss. Im besten Fall verhindern sie einen Einbruch, können aber niemals auf den Einbruchversuch reagieren, indem sie Alarm geben und Hilfe mobilisieren. Dies ist Aufgabe einer Einbruchmeldeanlage, meist Alarmanlage genannt. Daher kann eine solche Alarmanlage eine wichtige und wirksame Ergänzung der Sicherungsmaßnahmen darstellen.

Alarmanlagen kann man mit dem Türschloss oder einer separaten Schalteinrichtung scharf oder unscharf schalten

Die Basis eines effizienten Sicherheitssystems – und das kann nicht oft genug betont werden – ist aber in jedem Fall der mechanische Schutz: also gute Schlösser, Aufhebelsicherun-

Die Komponenten einer Alarmanlage

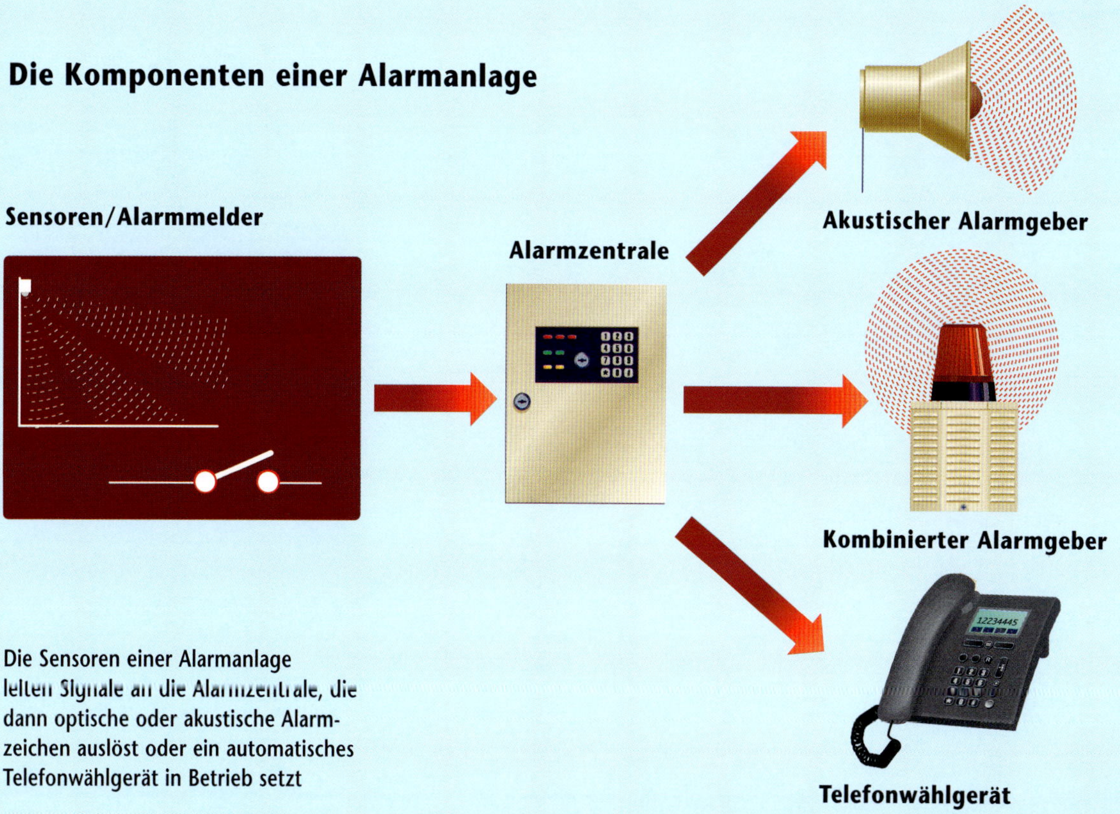

Die Sensoren einer Alarmanlage leiten Signale an die Alarmzentrale, die dann optische oder akustische Alarmzeichen auslöst oder ein automatisches Telefonwählgerät in Betrieb setzt

gen usw. Im Prinzip lässt sich jedoch jedes mechanische Hindernis überwinden. Kein Schloss ist raffiniert genug, kein Türblatt stabil genug, als dass es einem geschickten und mit modernem Werkzeug ausgerüsteten Einbrecher auf jeden Fall Paroli bieten könnte. Für Fachleute ist konkrete Sicherheit immer nur eine Frage der Zeit – nämlich der Zeit, die der potenzielle Einbrecher erwartungsgemäß braucht, um eine Sicherung zu überwinden. Alles, was länger als nur ein paar Minuten dauert, schreckt den Eindringling ab. Er läuft Gefahr, entdeckt zu werden. Also sucht er sich lieber ein anderes Objekt, das deutlich weniger Widerstand bietet.

Gelingt es ihm aber, die vorhandenen mechanischen Sperren zu knacken und in das Haus oder die Wohnung einzusteigen, kann er unter Umständen in aller Seelenruhe ausräumen und so einen erheblichen Schaden anrichten. Ist der Einbruch unbemerkt geblieben und sind die Wohnungsin-

Verschiedene Sensoren

1 Magnetschalter, die auf ein unbefugtes Öffnen von Fenstern reagieren, bestehen aus zwei Teilen. Eins kommt an den Rahmen, eins an den Flügel des Fensters

2 Bewegungsmelder werden so positioniert, dass sie einen Raum möglichst vollständig überwachen können. Am besten hängen sie kurz unter der Decke

3 Bei Magnetschaltern wird das Teil mit dem Magnet immer am beweglichen Teil, also dem Fensterflügel montiert. Im Gegenstück befindet sich der Reedkontakt

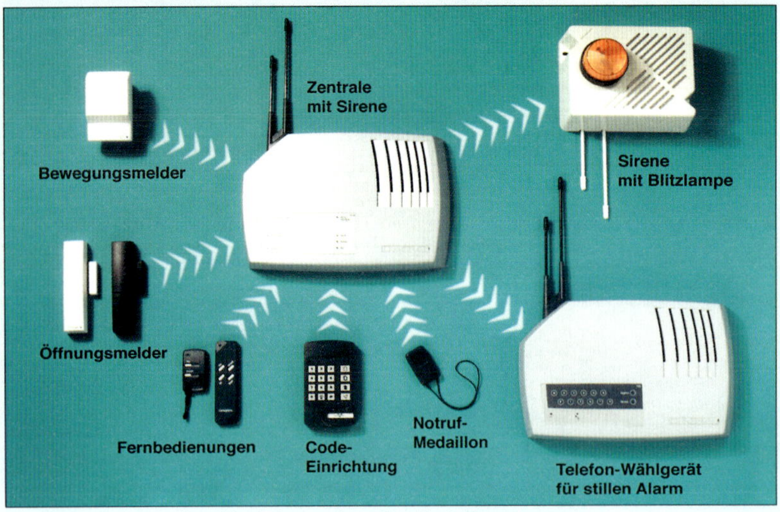

Die Komponenten einer Funkalarmanlage für die Selbstmontage

haber noch für Stunden außer Haus oder gar in Urlaub, nimmt niemand von seiner Anwesenheit Notiz. Es sei denn, man hätte zusätzlich noch eine Alarmanlage installiert. Die erzeugt durch ihren Alarm Aufmerksamkeit – je nach Schaltung bei den Nachbarn, direkt bei der Polizei oder bei einem professionellen Wach- und Sicherheitsunternehmen.

Das grundsätzliche Funktionsprinzip einer Alarmanlage

Die mechanischen Sicherungen bieten, wenn man so will, aktiven Schutz. Sie halten dem Eindringling mechanischen Widerstand entgegen. Ist dieser jedoch einmal überwunden, sind Haus oder Wohnung dem Eindringling schutzlos ausgeliefert.

Alarmanlagen hingegen halten den Eindringling nicht auf. Sie reagieren aber auf seinen Einbruch und alarmieren Dritte. So, wie die mechanische Sicherung keine Hilfe herbeiholen kann, ist die Alarmanlage nicht in der Lage, dem Eindringling Widerstand entgegenzusetzen. Beide Faktoren zusammen aber können sich hervorragend ergänzen und ergeben ein optimales Rundum-Sicherheitssystem.

Jede Alarmanlage besteht aus drei Grundkomponenten:

- Alarmmelder (Sensoren),
- Alarmzentrale und
- Alarmgeber.

Weitere ergänzende Bedienungseinrichtungen sind möglich, z. B. um die Anlage durch Draht- oder Funkverbindungen zur Zentrale scharf/unscharf zu schalten.

Wie arbeiten nun die drei genannten Grundkomponenten zusammen? Die Grafik auf Seite 291 macht es deutlich. Ein Alarmmelder oder Sensor registriert physikalische Veränderungen in seinem Erfassungsbereich und gibt daraufhin ein Signal an die Alarmzentrale weiter, mit der er durch Draht oder Funk verbunden ist. Die Alarmzentrale ihrerseits reagiert in programmierter Weise auf dieses Signal, indem sie sofort oder mit geplanter Verzögerung über angekoppelte Alarmgeber optische oder akustische Alarmzeichen gibt bzw. über ein automatisches Telefonwählgerät Hilfe herbeiruft.

Komponenten der Alarmanlage

Für jede Überwachungsaufgabe lässt sich heute ein passender Alarmmelder (Sensor) finden.

Es gibt Magnetschalter, die auf das Öffnen von Fenstern und Türen reagieren. Sie bestehen aus zwei ähnlich aussehenden Kunststoffgehäusen. In einem der beiden befindet sich ein Magnet, im anderen das eigentliche Schaltelement. Magnetschalter werden so montiert, dass sich der Magnet am beweglichen Teil der Tür oder des Fensters befindet. Zur Sicherung von Fensterscheiben werden Glasbruchmelder eingesetzt.

Man unterscheidet zwischen aktiven und passiven Glasbruchmeldern. Bei der passiven Ausführung reagiert der Sensor mechanisch auf die sehr hohen Schwingungen, wie sie typischerweise entstehen, wenn Glas zerbricht. Aktive Glasbruchmelder sind mit einem piezoelektrischen Wandler ausgerüstet, der die beim Glasbruch entstehenden Schwingungen in auswertbare Stromstöße umwandelt. Glasbruchmelder werden mit Silikonkleber direkt auf der zu sichernden Scheibe befestigt.

Die bisher angesprochenen Sensoren eignen sich in erster Linie zur Überwachung der Außenhaut eines Gebäudes, sprich der Türen und Fenster. Zum Überwachen von Innenräumen setzt man Bewegungsmelder ein.

Die am häufigsten verwendeten Bewegungsmelder nutzen die Infrarotstrahlung (Wärmeabstrahlung), die von Menschen abgegeben wird. Das Gerät erfasst mit seiner Optik einen bestimmten Blickwinkel. Die Spiegeloptik teilt den Erfassungsbereich in gegeneinander abgegrenzte Facetten auf. Bewegt sich nun ein wärmeabstrahlendes Objekt (Eindringling) innerhalb des in Zonen gefächerten Bereiches, registriert der Bewegungsmelder bei Überschreiten der Grenze zwischen zwei Zonen die Änderung der Wärmestrahlung und löst Alarm aus.

Die Alarmzentrale ist das Gehirn der Alarmanlage

Man unterscheidet zwischen kabelgebundenen Alarmanlagen und Funkalarmanlagen. Bei der klassischen Kabeltechnik ist jeder Sensor (Melder) durch ein Kabel mit der Zentrale der Anlage verbunden. Die Übertragungssicherheit ist bei solchen Anlagen sehr hoch, dafür ist die Montage aufwändig und entsprechend teuer. Dies gilt insbesondere für Nachrüstungen bestehender Gebäude.

Bei einer Funkalarmanlage besitzt jeder Melder einen kleinen Sender, der seine Signale an ein Empfangsteil in der Zentrale schickt. Die Daten müssen kodiert werden, damit Sabotage verhindert wird. Kabel sind bei einer Funkalarmanlage kaum notwendig. Daher ist der Installationsaufwand im Vergleich mit der kabelgebundenen Anlage deutlich niedriger. Das gilt auch für Nachrüstungen.

Ganz gleich ob Kabel- oder Funktechnik: Auf jeden Fall landen die Signale der Melder in der Alarmzentrale, die quasi das Gehirn der Anlage darstellt. Sie wertet die ankommenden Signale aus und schaltet gegebenenfalls Alarm.

Die Bedienung einer Alarmzentrale ist relativ einfach. Sie besitzt in der Regel Anzeigen für: Alarm, Störung, Überfall, Sabotage, scharf/unscharf, Batterie- oder Netzausfall und Betriebsstörung. Fällt der Netzstrom aus, muss die in der Zentrale eingebaute Batterie den Betrieb der Anlage für mindestens 60 Stunden gewährleisten.

Bei der Auswahl des Montageortes sind zwei prinzipiell widersprüchliche Aspekte zu berücksichtigen. Für einen Eindringling sollte die Zentrale nicht direkt sichtbar und schwer erreichbar sein. Andererseits sollte der Besitzer sie bequem bedienen können. Ein Kompromiss ist die verdeckte Montage der Alarmzentrale dann, wenn gleichzeitig zusätzliche Fernbedienungseinrichtungen installiert werden, beispielsweise im Schlafzimmer oder an der Eingangstür. Sind keine Fernbedienungseinrichtungen vorgesehen, wird die Anlage beim Verlassen der Wohnung direkt an der Zentrale scharf geschaltet – mit einer vorher programmierten Verzögerung, die einem das Verlassen und Wiederbetreten der Räume ermöglicht, ohne dass sofort Alarm gegeben wird. Dabei ist zu beachten, dass lange Verzögerungszeiten im Ernstfall auch dem Einbrecher zugute kommen, der die Zentrale finden und ausschalten kann.

Funkalarmanlage montieren

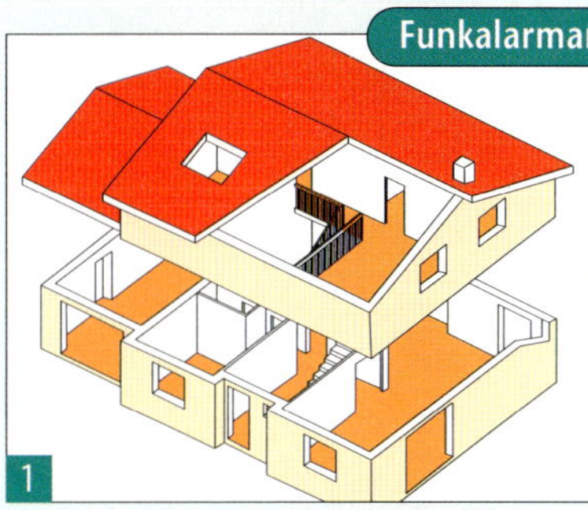

1 Machen Sie sich zunächst einen Plan des Hauses und zeichnen Sie an, wo Melder zur Überwachung verschiedener Bereiche und Eingänge hin sollen

2 Die meisten Funkalarmanlagen zur Selbstmontage bestehen aus einem Start-Set mit den Grundkomponenten. Meist braucht man noch weitere Melder

3 Nachdem die Teile ausgepackt und überprüft worden sind, beginnen Sie damit, die Teile zu personalisieren, das heißt, ihnen den gleichen Funk Code zu geben

4 An der geöffneten Zentrale können Sie verschiedene Funktionen der Anlage indi viduell einstellen: z. B. die Lautstärke der Sirene oder verzögerte Alarmauslösung

5 Nun folgt die Montage der Bewegungsmelder. Bringen Sie die Melder möglichst hoch an, damit die Möbel ihren Erfassungsbereich nicht einschränken

6 Die Zentrale wird so positioniert, dass sie einen möglichst guten Funkempfang aller installierten Melder hat, und gleichzeitig gut zu erreichen ist

7 Türen und Fenster, die in die Überwachung einbezogen werden sollen, werden mit Öffnungsmeldern versehen. Die Magnetkontakte schraubt man an

8 Nun können Sie auch die Zentrale am dafür vorgesehenen Ort an die Wand dübeln. Bevor alle Komponenten funktionieren, steht sie auf Testbetrieb

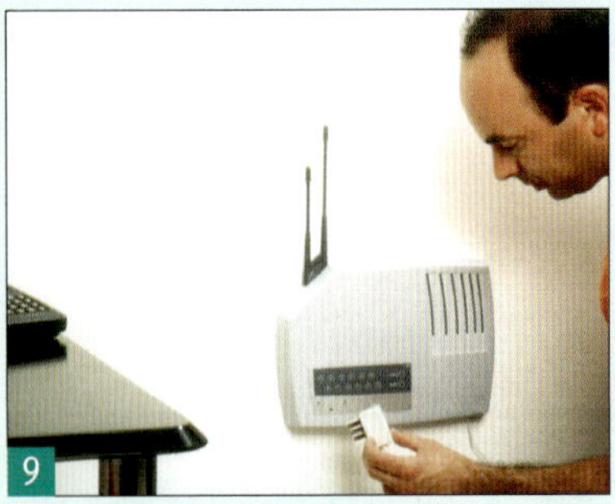

9 Wenn Sie ein automatisches Telefonwählgerat integrieren, kann die Anlage von außen Hilfe herbeiholen, am besten bei einem professionellen Wachdienst

10 Für den Alarm vor Ort montieren Sie die kombinierte Blitzlampe mit eingebauter Sirene gut sichtbar, aber schwer erreichbar von außen am Haus

11 Das Codeschloss neben der Haustür ist zum Eingeben des Codes gedacht, mit dem Sie die Anlage scharf oder unscharf schalten

Tipp

Ist die Alarmanlage bei einem Wach- und Sicherheitsunternehmen aufgeschaltet, so wird im Alarmfall zunächst ein Wagen losgeschickt, um den Alarm zu verifizieren. Erst dann wird gegebenenfalls die Polizei benachrichtigt.

Eine Funkalarmanlage selbst installieren

Obwohl Alarmsensoren und Zentrale bei der Funkalarmanlage keine Kabelverbindung brauchen, benötigen Sie doch einen einzeln abgesicherten Netzanschluss für die Zentrale.

Die Zentrale wird an der Wand montiert und mit dem Stromnetz verbunden. Bei Netzausfall übernimmt eine Batterie die Stromversorgung. Nach dem vorher festgelegten Plan installieren Sie dann weitere Bedieneinrichtungen wie externe Schlösser und setzen die einzelnen Sensoren an ihre vorgesehenen Positionen.

Die Bewegungsmelder sollen möglichst in einer Ecke des zu überwachenden Raumes in 2 bis 2,5 m Höhe angebracht werden. Ihre Stromversorgung erfolgt über Batterien.

Bei den Magnetkontakten zur Sicherung von Türen und Fenstern wird der Magnet am beweglichen Flügel, das Gegenstück mit Senderteil am Rahmen befestigt. Neben den Einbruchmeldern können Sie auch technische Melder in die Anlage integrieren, die Feuer, Rauch oder Gas aufspüren.

Vor Inbetriebnahme müssen noch sämtliche Sender der Funkalarmanlage auf einen gemeinsamen Funkcode eingestellt werden.

Bei der Bedienung der Alarmanlage Falschalarme vermeiden

Untersuchungen der Polizei zeigen, dass über 99% aller Alarme Falschalarme sind. Die überwiegende Anzahl wird dabei durch Fehler bei der Bedienung hervorgerufen. Um Falschalarme zu vermeiden, muss man sich einer strengen Disziplin unterwerfen. Alle Haushaltsmitglieder – auch Kinder und Senioren – müssen mit der Funktion der Alarmanlage vertraut gemacht werden. Sonst stören Sie durch Falschalarme Ihre Nachbarn bzw. verursachen durch Herbeirufen der Polizei oder des angeschlossenen Wachunternehmens hohe Kosten.

Technische Alarmmelder lassen sich integrieren

Wie bereits angesprochen wurde, können Sie an jede Alarmzentrale auch so genannte technische Alarmmelder anschließen, die auf Brand, ausströmendes Gas usw. reagieren. Zum Beispiel ein Warnton im Haus oder eine automatische Telefonmeldung an den Hausmeister können dann dafür sorgen, dass entsprechende Maßnahmen ergriffen werden.

Temperaturmelder

Steigt die Umgebungstemperatur eines solchen Sensors auf ca. 60 °C an, schließt ein Bimetallstreifen einen Kontakt, und ein Alarmsignal geht an die Zentrale. Da der überwachte Raumbereich, innerhalb dessen ein Brand frühzeitig ausgemacht werden kann, klein ist, empfiehlt sich der Einsatz des Sensors nur in direkter Nähe zum jeweiligen Heizkessel oder Kaminofen.

Rauchmelder

Soll ein Brand möglichst früh erkannt werden, müssen die eingesetzten Sensoren bereits auf Rauchbildung reagieren. Rauchmelder arbeiten nach dem optischen Prinzip. Sie erzeugen in ihrem Inneren kontinuierlich Lichtstrahlen, die beim Auftreffen auf eingedrungenen Rauch Streulicht erzeugen, das von einer Fotolinse erkannt wird.

Gasmelder

Ein Gasmelder besitzt einen Sensor auf Halbleiterbasis, der auf ausströmendes Gas im Überwachungsbereich reagiert. Die Alarmauslösung erfolgt noch weit unter der Explosionsgrenze des Gases.

Wassermelder

Überschwemmungen durch ausgelaufene Wasch- oder Spülmaschinen können durch Wassermelder vermieden werden, die – beispielsweise auf dem Boden der Waschküche platziert – auf Feuchtigkeit reagieren und eine Alarmauslösung verursachen. Wer keine Alarmanlage besitzt, sollte Wassermelder einsetzen, die man separat aufstellen kann.

Technische Melder

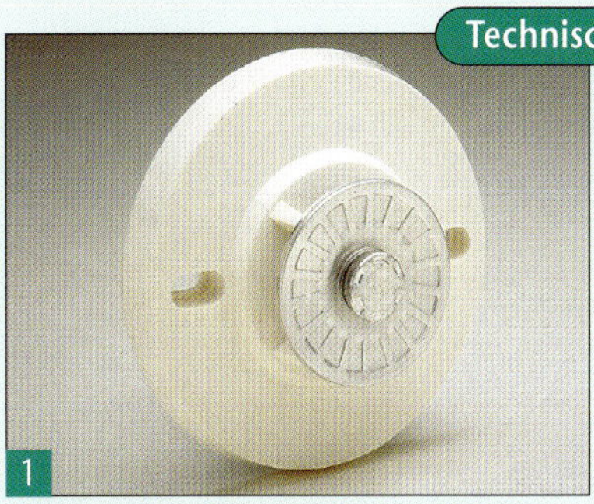

1 Temperaturmelder werden in direkter Nähe des zu überwachenden Objektes (z. B. einem Heizkessel) platziert. Ein Bimetall löst den Kontakt aus

2 Rauchmelder geben Alarm, wenn sich ein Feuer noch in der Entstehungsphase befindet. Das Gerät hat eine Messkammer mit einem optoelektronischen System

3 Der Sensor des Gasmelders reagiert auf ausströmendes Gas. Die Alarmauslösung ist auf einen Wert weit unterhalb der Explosionsgrenze eingestellt

4 Wassermelder werden auf dem Boden platziert. Sie reagieren auf auslaufendes Wasser aus Wasch- oder Spülmaschinen und vermeiden größere Wasserschäden

Rauchmelder können Leben retten

Befestigen Sie Rauchmelder

- immer an der Zimmerdecke, da der Rauch nach oben steigt,
- an der Decke in der Raummitte, bzw. mindestens 50 cm von Wänden entfernt,
- nicht in der Nähe von Luftschächten und nicht in starker Zugluft.
- nicht in der Dachspitze,
- nicht in Räumen, in denen normalerweise starker Dampf, Staub oder Rauch entsteht (Bad, Wirtschaftsgebäude).

Weitere Informationen zur Kampagne „Rauchmelder retten Leben", die für die Verbreitung der elektronischen Lebensretter wirbt, finden Sie im Internet unter www.rauchmelder-lebensretter.de.

Der Rauchmelder wird an der Decke installiert. Er besitzt einen Testknopf zur Funktionsüberprüfung. Bevor die Batterieleistung zur Neige geht, ertönt bei Qualitätsprodukten zunächst ein Warnton, der den baldigen Batteriewechsel anmahnt.

Rund ums Haus

- Klinkerpflaster für eine neue Terrasse
- Höfe, Plätze und Zufahrten pflastern
- Holzroste für die Terrassensanierung
- Neue Zäune und Sichtschutzelemente setzen

Klinkerpflaster für eine neue Terrasse

Schritt für Schritt zum professionellen Verlege-Ergebnis. Nach unserer Anleitung können auch Sie perfekt pflastern

Tipp

Wenn eine Terrasse saniert und neu gepflastert werden muss, können Sie die Gelegenheit nutzen, im Boden Wasserleitungen (Gartenbewässerung) oder Elektrokabel (Gartenbeleuchtung) zu verlegen.

Der Mutterboden im Bereich der Terrasse ist hier bereits abgetragen

Terrassenbau mit hart gebrannten Pflasterklinkern

Vor allem dort, wo traditionell Klinkersteine für den Hausbau gebrannt werden, versieht man häufig auch Wege und Terrassen mit dem natürlichen Pflasterbelag aus Ton.

Beim hier gezeigten Verlegebeispiel erhält ein für den norddeutschen Bereich typisches Klinkerhaus eine Terrasse aus dem dazu passenden Pflastermaterial. Der Bauherr hat sich für das Standardformat von 200 x 100 mm bei 62 mm Klinkerdicke entschieden. Die rot geflammten Steine sollen im Fischgrätverband parallel zur Flucht des Hauses verlegt werden. Im Randbereich sind bei diesem Verlegemuster halbe Steine erforderlich.

Das laut Verlegeplan erforderliche Material wird palettenweise angeliefert und sollte so gelagert werden, dass die Wege zum Verlegebereich möglichst kurz sind.

Der Unterbau

Um den Unterbau für die Pflasterklinker fachgerecht vorzubereiten, wird zuerst der Mutterboden abgetragen und seitlich zur späteren Wiederverwendung gelagert. Der anstehende bzw. gewachsene Boden unterhalb der Mutterbodenschicht muss anschließend so vorbereitet werden, dass er frostfrei und ausreichend tragfähig ist. Dazu ist in der Regel eine Planierung und Verdichtung erforderlich. Dann wird ein Unterbau aufgebracht, dessen Stärke sich nach der Höhe des anstehenden Bodens im Verhältnis zur Höhe des Fertigbelags richtet. Der Unterbau dient als Ausgleichsschicht (Auffüllung) für verbleibende Höhenunterschiede und zur Lastverteilung. Man wählt für diesen Zweck ein Grobkiesgemisch, das lagenweise aufgebracht und verdichtet wird. Die Gesamtschichtdicke beträgt etwa 50 cm. Das Verdichtungsmaß für Schüttgüter wie die im hier gezeigten Beispiel verwendete Kiesmischung beträgt ca. 33%. Bei grobkörnigen Schüttgütern ist darauf zu achten, dass die Korngröße nach oben hin abnimmt und die jeweiligen Schichtdicken weitgehend gleich sind. Auf diese Weise können spätere Setzungsunterschiede vermieden werden.

Eingeebnet und zuvor lagenweise sorgfältig verdichtet, ergibt der Unter-

Unterbau vorbereiten

1 Anhand des Plans wird die Terrasse abgesteckt. Bei Sanierungen können Sie jetzt die Fläche noch problemlos erweitern oder verkleinern

2 Ausgehend vom Terrassenaustritt bestimmt man die Fertighöhen des späteren Pflasterbelags. Eine Richtlatte überträgt die Höhe von der Austrittskante

3 Mit Grobkies gleicht man Unebenheiten des Untergrunds aus und stellt einen tragfähigen Unterbau her. Den Kies am besten von Hand gezielt verteilen

4 Lagenweises Abrütteln des Unterbaus verdichtet und ebnet die Fläche. So entsteht das so genannte Grobplanum. Die Rüttelplatte wird tageweise ausgeliehen

Randsteine setzen

1 So wird der Abstand der Randeinfassung zur Hauswand ermittelt. Man legt einfach eine Reihe Pflasterklinker aus, bis man den vorgesehenen Rand erreicht

2 Im Bereich der Randeinfassungen muss man den Unterbau nochmals verdichten. Hier entsteht die größte Belastung, da der Rand in Magerbeton verlegt wird

3 Erdfeuchter Mörtel bildet den Unterbau der Randklinker. Der Magerbeton muss so steif sein, dass man ihn problemlos zu einem kleinen Wall aufschichten kann

4 An den Enden des Randes werden Schnureisen eingeschlagen. Entlang der Schnur wird das Mörtelbett dann mit der Kelle auf die erforderliche Höhe abgezogen

5 Der erste Stein wird hochkant ins Mörtelbett gedrückt. Für diese Arbeit benutzt man einen Gummihammer oder einen Fäustel mit speziellem Gummiaufsatz

6 Mithilfe der Wasserwaage richten Sie den Stein aus. Bei Bedarf nochmals unterfüttern. Beim ersten Stein muss mit größter Sorgfalt gearbeitet werden

7 Stein für Stein klopft man nun mit dem Pflasterhammer entlang der Schnur fest. Der Fugenabstand zwischen den Pflastersteinen beträgt etwa 10 mm

8 Immer wieder werden die neuen Steine nicht nur an der Schnur ausgerichtet, sondern auch mit der Wasserwaage korrigiert, bis sie genau fluchten

9 Mit der quer aufgelegten Wasserwaage und dem Gummihammer können Sie die Randsteine zusätzlich ausrichten, wenn bereits eine kleine Reihe entstanden ist

10 Sobald der Mörtel ein wenig angezogen hat und die Steine sich nicht mehr bewegen lassen, verfugt man die Zwischenräume mithilfe des Fugeisens

11 Die Außenseite der Randeinfassung erhält eine so genannte Rückenstütze aus Mörtel. Damit stabilisieren Sie die Kante und verhindern, dass die Steine kippen

12 Durch sorgfältiges Abfegen der noch frischen Mörtelreste lassen sich Zementflecken auf den Klinkern verhindern. Späteres Reinigen ist sehr mühsam

bau aus dem aufgebrachten Kiesgemisch das so genannte Grobplanum.

Die Randeinfassung

Nachdem der Unterbau für unsere Klinkerterrasse auf die beschriebene Weise präpariert ist, geht es zunächst an die Vorbereitung der Randeinfassungen. Damit wird der Rahmen für den späteren Pflasterbelag geschaffen. Dieser Rahmen muss auf die exakte Endhöhe des Belags gebracht werden, und das Verlegemuster der Pflasterung muss genau in den Rahmen hineinpassen. Die Randeinfas-

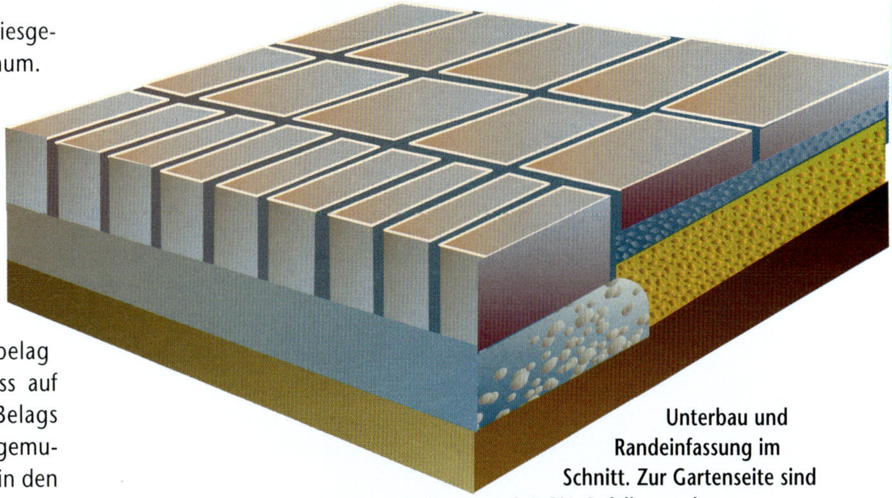

Unterbau und Randeinfassung im Schnitt. Zur Gartenseite sind 1,5–2% Gefälle anzulegen

Tragschicht anlegen

1 Wenn die Randeinfassungen wie auf der linken Seite beschrieben hergestellt sind, werden Schnüre gespannt, ...

2 ... an denen man die Höhe der Tragschicht aus relativ grobem Mineralgemisch ausrichtet

3 Wenn der Abstand des Unterbaus aus Mineralgemisch zur Schnürung überall gleich ist, ...

4 ...verdichtet und planiert man die Tragschicht sorgfältig mit dem Rüttler, indem man die gesamte Fläche abfährt

sung stabilisiert den Pflasterbelag dann zu den Seiten hin. Sie hat die Aufgabe, ein Verschieben der Pflasterklinker im Randbereich während der Herstellung und der Nutzung der Pflasterflächen zu verhindern. Die Klinker der Randeinfassung werden in Magerbeton verlegt – z. B. als so genannte Rollschicht mit hochkant stehenden Steinen. Nach außen stabilisiert man die Steine durch eine Rückenstütze aus Magerbeton (siehe Bilder auf Seite 300).

Um beim späteren Pflastern so wenig wie möglich schneiden zu müssen und ein sauberes Verlegemuster zu erzielen, wird der lichte Abstand der Randeinfassung – beispielsweise zur Hauswand – zuvor durch Auslegen von Pflasterklinkern mit 3–5 mm Fuge exakt ermittelt. So kann man bei der Verlegung ohne lästigen Verschnitt mit ganzen Steinen arbeiten.

Die lichte Höhe der Randeinfassung über dem Grobplanum errechnet sich aus der Höhe der anschließend aufzubringenden Tragschicht von mindestens 10 cm Dicke sowie der Dicke der Bettung (ca. 3 cm) und der gewählten Klinkerdicke. Dabei ist vom Haus weg hin zum Garten ein Gefälle von ca. 1,5–2% zu berücksichtigen.

Damit die Randsteine sich bei Frost nicht aus dem Betonbett lösen, muss man die Fugen zwischen den Steinen durch Mörtel verschließen. Dann kann kein Wasser eindringen. Frische Mörtelreste werden abgefegt, um Zementflecken zu vermeiden.

Die Tragschicht

In die geschlossene Randeinfassung wird jetzt als Oberbau die Tragschicht eingebracht. Sie sollte mindestens 10 cm dick sein und aus kornabgestuftem Material von 0–45 mm bestehen. Die Tragschicht hat die Aufgabe, die aus der Pflasterdecke eingebrachten Lasten zu verteilen, sodass sie von den darunter liegenden Schichten bzw. dem Untergrund aufgenommen werden können. Die Tragschicht muss zudem wasserdurchlässig sein, um Niederschläge, die durch die Fugen der Pflasterung einsickern, ableiten zu können. Das Mineralgemisch wird lagenweise mit ca. 1,5–2% Gefälle verdichtet.

Die Bettung aus Splitt

In die geschlossene Randeinfassung wird auf die planierte Tragschicht nun als letzte Lage die Bettung der Pflasterklinker eingebracht. Dazu verwendet man Brechsand (Splitt) in der Kornabstufung 2–5 mm. Die Materialmenge ist so zu bemessen, dass die Schichtdicke im abgerüttelten Zustand 3 cm nicht übersteigt. Um eine absolut gleichmäßige Oberfläche des Pflasterbetts zu erreichen, zieht man das Material zwischen vorher ausgerichteten Lehren ab. Als Lehren dienen Rohre, die mit der notwendigen Neigung von 1,5–2% in den Splitt eingelegt werden.

Bettung anlegen

1 Ein letztes Mal spannt man Schnüre, um die Höhe der Bettung festzulegen. Als Schicht direkt unter den Steinen muss die Bettung absolut planeben sein

2 Für die Bettung wird Feinsplitt auf der Tragschicht verteilt. Feinsplitt hat den Vorteil, dass dieses Material sich nach dem Verdichten nicht mehr absetzt

3 In den Splitt eingelegte Rohre dienen als Lehren zum Abziehen der Bettung. Der Abstand der Rohre zur Schnur wird mit dem Zollstock ausgemessen

4 Eine Aluschiene von 2 m Länge wird nun zum Abziehen benutzt. Gleichmäßig zieht man die Schiene über die Lehren und bringt den Splitt so auf eine Höhe

5 Auch parallel zur Hauswand werden Lehren in den Splitt gelegt. So sorgen Sie dafür, dass sich die Bettung auch hier auf gleichmäßige Höhe abziehen lässt

6 Zur Gartenseite hin besitzt die Bettung nach dem Abziehen ein leichtes Gefälle. Der Pflasterklinkerbelag lässt dann das Oberflächenwasser zum Garten fließen

7 An schmalen Stellen benutzt man beim Abziehen der Bettung ein Brett mit einer Ausklinkung für die Randeinfassung. Die Randsteine bestimmen dann die Höhe

8 Zuletzt wird der Splitt mit dem Rüttler verdichtet. Man fährt einmal in leicht überlappenden Bahnen über die gesamte Fläche, bis sie planeben ist

Tipp

Wenn die Bettung einmal vorbereitet und abgezogen ist, sollte sie nicht mehr betreten werden. Man legt sich am besten Laufbohlen oder Schaltafeln aus, wenn man doch noch einmal auf die Fläche gehen muss. Nun kann die Verlegung der Steine beginnen.

Achten Sie unbedingt darauf, dass die Oberfläche der fertigen Bettung so hoch liegt, dass die später darauf verlegten Klinker auch nach dem endgültigen Abrütteln der Pflasterung um etwa 10 mm über die Randeinfassung hinausragen. So wird für einen problemlosen Abfluss des Oberflächenwassers gesorgt.

Das Verlegen der Pflasterklinker
Um ein gleichmäßiges und natürliches Farbspiel der unterschiedlich geflammten Klinker zu erreichen, sollten die Steine grundsätzlich quergemischt aus mehreren Paletten verarbeitet werden.

Man beginnt bei den befestigten Rändern (Randeinfassungen, Mauern, Treppenstufen) und legt zunächst nur ein paar Reihen bzw. eine kleine Fläche in dem gewünschten Verband aus. Damit ist das Raster festgelegt und wird durch straff gespannte Schnüre auf den Rest der zu pflasternden Fläche übertragen. Im hier gezeigten Fall wird am Terrassenende rechts von der Terrassentür begonnen. Sobald etwa ein Quadratmeter Klinker im korrekten Anschluss an die Randeinfassung und die Hauswand ausgelegt ist, spannt man Schnüre parallel zu Hauswand und Randeinfassung bis zum gegenüber liegenden Terrassenende.

Ganz besonders wichtig beim Verlegen der Klinker ist es, zwischen den Steinen eine einheitlich breite Fuge von 3–5 mm zu lassen. Auch wenn die Klinker mit seitlichen Wülsten als Abstandhalter versehen sind, muss ein zusätzlicher Abstand eingehalten werden, damit später ausreichend viel Fugensand eingeschlämmt werden kann, der dem Pflasterbelag letztlich seine Stabilität verleiht.

Erforderliche Passstücke im Randbereich werden mit einem Zweihandwinkelschleifer (Diamantblatt) oder einer speziellen Steinsäge hergestellt. Bei dieser Arbeit eine Schutzbrille tragen!

Pflasterklinker verlegen

1 Die Verlegung der Pflasterklinkersteine beginnt am Austritt der Terrassentür. Sobald die ersten Steine liegen, kann man die Fläche gefahrlos belasten

2 Sind die ersten Reihen im Fischgrätverband ausgelegt, spannt man wie hier gezeigt im Verlauf der Fugen zwei Schnüre parallel zur Hauswand

3 Mit Steinen werden die Schnüre auf der gegenüber liegenden Terrassenseite provisorisch fixiert

Tipp
Im Fischgrätverband kommt die changierende Färbung der hier verwendeten Klinkersteine besonders gut zur Geltung. Man muss immer Steine von verschiedenen Paletten im Wechsel verwenden.

4 Die Schnüre können Sie einfach um einen Stein wickeln. Wenn der Abstand zwischen den Schnüren stimmt, werden weitere Klinker im Verband ausgelegt

5 Mit dem Richtscheit kontrolliert man die Fluchten quer zu den Schnüren. Durch Schlagen mit dem Scheit gegen die Kante lassen sich die Steine ausrichten

6 Beim Auslegen der Klinker orientiert man sich an den Schnüren,achtet dabei aber immer auch auf den richtigen Fugenabstand von ungefähr 3–5 mm

7 Schon nach wenigen Reihen haben Sie ein Gefühl für die richtigen Abstände bekommen. Das Ausrichten an der Schnur geht immer leichter von der Hand

8 Im Randbereich sind beim Fischgrätmuster halbe Steine erforderlich. Schon nach kurzer Zeit ist die Fläche der Terrasse weitgehend mit Pflasterklinkern belegt

Schichtaufbau im Schnitt

So stellt sich der Pflasteraufbau dar, wenn man ihn aufgräbt: Gewachsener Boden, Ausgleichsschüttung, Tragschicht, Bettung aus Splitt, Steine.

Die Pflasterfugen mit Feinsplitt einschlämmen

Bevor die fertig verlegte Pflasterfläche mit einem Rüttler mit Gummischuh oder Neoprene-Schutzplatte verdichtet wird, schlämmt man Brechsand (0–2 mm Körnung) in die Fugen ein.

Nach dem Abrütteln streut man nochmals Fugenmaterial auf und fegt es ein, um die Fugen vollständig zu füllen. Nach einigen Wochen wird die Prozedur erneut wiederholt.

Passstücke schneiden

1 Wo die Hauswand im Winkel von 45 Grad zur Terrasse verläuft, müssen individuelle Passstücke angerissen und entsprechend zugeschnitten werden

2 Markieren Sie die Schnittlinie mit Kreide auf den Steinen. Kleinere Mengen kann man gut mit dem Zweihandwinkelschleifer und der Diamantscheibe trennen

3 Verlegeprofis benutzen zum Schneiden von Steinen eine Säge mit Diamantblatt. Eine solche Maschine können Sie für größere Arbeiten auch ausleihen

4 Beim Schneiden wird das Sägeblatt mit Wasser gekühlt. So lassen sich die Steine problemlos in Serie durchschneiden. Immer Handschuhe und Brille tragen

5 Die Passstücke sollen auch zur Wand hin einen Fugenabstand von 3–5 mm aufweisen. Dann können Sie auch dort den notwendigen Fugensplitt einarbeiten

6 Stein für Stein wird der Randbereich geschlossen. Diese Maßarbeit nimmt häufig mehr Zeit in Anspruch als dass vorherige Verlegen der großen Fläche

7 Bei exaktem Schnitt erreicht man an der Wand eine gleichmäßig breite Fuge. Ein so exaktes Verlegebild erfordert größte Sorgfalt beim Messen und Schneiden

8 Am Terrassenaustritt ist ein Eckausschnitt erforderlich. Auch der kann mit der großen Nassschneidemaschine und dem Diamantblatt sauber hergestellt werden

Fugen einschlämmen

1 Nachdem das Pflaster verlegt ist und die Fugenverläufe kontrolliert sind, wird das Fugenmaterial eingebracht. Schräg zu den Fugen fegt man den Feinsplitt ein

2 Anschließend wird der Feinsplitt (Korngröße 1-3 mm) durch Zugabe von Wasser intensiv in die Fugen eingeschlämmt. Die Fläche stabilisiert sich zusehends

3 Mehrmaliges Fegen der gesamten Fläche sorgt dafür, dass die Fugen schließlich vollständig gefüllt sind. Die Steine können jetzt nicht mehr seitlich kippen

Abrütteln

Zum Schutz der Klinkeroberfläche erhält der Rüttler eine Kunststoffschürze. Die Stahlplatte würde sonst Riefen und Kratzer in der Klinkeroberfläche verursachen

Die Unwucht des Rüttlers wird beim Abrütteln des fertigen Belags auf eine mittlere Frequenz eingestellt. Die Maschine von außen nach innen führen

Nachdem man die Fläche gleichmäßig abgerüttelt hat, führt man den Rüttler noch einmal in den Randbereich sowie an der Hausmauer entlang

Tipp

Pflasterklinker, die durch Zementreste verunreinigt worden sind, können Sie mit so genanntem Zementschleierentferner säubern, der auch für Fliesenbeläge benutzt wird.

Höfe, Plätze und Zufahrten pflastern

Je größer die Pflasterflächen sind, umso wichtiger sind auflockernde Verlegemuster oder eingearbeitete Ornamente

Ein Hof wird zum Pflasterkunstwerk

Wo große Flächen durch Pflastersteine befestigt werden müssen, besteht stets die Gefahr der Eintönigkeit. Durch interessante und wechselnde Verlegemuster lassen sich solche Flächen auflockern. Auch Materialmix verschiedener Steinarten und -farben bringt Spannung ins Pflasterbild. Man kann das Pflaster aber auch zum Kunstwerk machen, indem man mit verschiedenfarbigen und auch verschieden großen Intarsiensteinen attraktive Ornamente in die Fläche legt.

Tipp

Lassen Sie sich Ihr Wunsch-Pflaster auf dem Computer-Bildschirm präsentieren! Einige Pflaster-Anbieter helfen ihren Kunden mit dem CAD-Service, die richtige Wahl zu treffen (CAD = Computer Aided Design). Gleichzeitig mit dem Verlegebild wird eine Materialliste mit den exakten Mengen der erforderlichen Steine erstellt.

Beim hier gezeigten Verlegebeispiel wurden Steine unterschiedlicher Farben und Formen verwendet. Die Steine besitzen feingestrahlte Oberflächen und bestehen aus farbigen Natursteinsplitten, die besonders strapazierfähig sind. Durch das Feinstrahlen werden die einzelnen Natursteinkörper freigelegt, was die Oberfläche attraktiv und dabei gleichzeitig schmutzunempfindlich macht. Verschiedene Steingrößen und Formate erlauben eine Vielzahl ganz unterschiedlicher Verlegemuster.

Intarsiensteine verarbeiten

Für besonders kreative Pflasterarbeiten bietet das hier vorgestellte Programm zudem verschiedenfarbige ins Raster des Formats passende Intarsiensteine, mit denen sich Muster, Rahmen und Ornamente legen lassen.

Wer sich an kreative Pflasterarbeiten heranwagen will, sollte seine Ideen stets maßstabsgetreu aufzeichnen, um sich ein möglichst detailgetreues Bild des späteren Aussehens machen zu können. Ebenso wichtig ist die exakte Aufstellung der benötigten Steinmengen verschiedener Formate und Farben. Um hier auf Nummer Sicher zu gehen, kann man den CAD-Service in Anspruch nehmen, den einige große Firmen anbieten (siehe Tipp-Kasten linke Seite). Dazu gehören ein Computerbild und die genaue Material-Aufstellung. Die Kosten für den individuellen Entwurf werden beim Kauf des Materials oft gutgeschrieben.

So besitzt man eine genaue Verlegeanleitung und geht zudem sicher, keinen einzigen Stein unnötig bestellt und bezahlt zu haben. Eine Rückgabe überschüssigen Materials ist in den meisten Fällen nämlich nicht möglich.

Dekorative Ornamente nach Plan verlegen

Der in unseren Fotos gezeigte Hof sollte nach individuell gefertigtem CAD-Verlegeplan mit vier verschiedenen Ornamenten versehen werden. Der Aufbau von Tragschicht und Bettung aus Feinsplitt wurde so durchgeführt, wie auf den vorhergehenden Seiten bereits gezeigt. Das eigentliche Verlegen der Steine gleicht dann teilweise einem Puzzle-Spiel. Aus der gesondert gepackten Palette mit den Intarsiensteinen sucht man die erforderlichen Elemente heraus und fügt sie Stück für Stück zusammen.

Immer wieder muss dabei das Verlegebild mit dem Computerausdruck verglichen werden. Die hohe Maßhaltigkeit der Steine sorgt dafür, dass

Nach Plan verlegen

1 Die Arbeitsfotos auf dieser Seite zeigen, wie das große Ornament im Zentrum des Hofes entsteht (siehe linke Seite). Auf den Steinen liegt der Verlegeplan

2 Die dafür erforderlichen Steine und Intarsien-Elemente sind im Verlegeplan genau bezeichnet. Wie ein Puzzle entsteht das vorher ausgesuchte Verlegebild

Farbauswahl

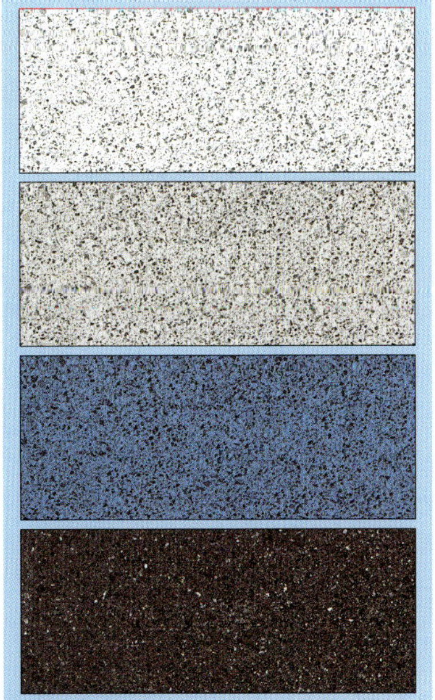

Diese Intarsiensteine sind in verschiedenen Farben erhältlich: z. B. in Granithell, Granitgrau, Blau und Basaltanthrazit. Es gibt Streifen, Dreiecke, Quadrate und einen Rechteckstein von 10 x 20 cm.

Hofeinfahrt

Hier wird gezeigt, wie die Einfahrt von der Straße zum Hof gepflastert wird. Dort lockert ein erstes etwas kleineres Ornament die Fläche auf

Verschiedenfarbige Steine in wechselnden Formaten fügen sich zum gewünschten Verlegebild zusammen. Die Maßhaltigkeit der Steine macht es möglich

Das kleine Ornament in der Einfahrt von oben gesehen. Der Computer liefert die verschiedensten Verlegevorschläge, unter denen man auswählen kann

Immer wieder wird der Verlegeplan zurate gezogen. Der Computerausdruck bildet eine narrensichere Anleitung, mit der jeder problemlos zurechtkommt

auch bei sehr unterschiedlichen Formen und Formaten das Grundraster des Steinprogramms präzise eingehalten wird und schließlich alles genau zusammenpasst.

Man kann regelrechte Kunstwerke entstehen lassen. Auf der folgenden Seite unten rechts sehen Sie ein besonders attraktives Verlegebild.

Ein System – viele Möglichkeiten der Gestaltung

Um bei der Gestaltung der Außenanlagen ein homogenes Erscheinungsbild erzielen zu können, braucht man ein Pflasterprogramm mit Elementen für die verschiedensten Anwendungsmöglichkeiten. Die hier gezeigten Steine lassen sich beispielsweise auch mit wasserdurchlässigem Pflaster kombinieren. So wird eine durchgängige Versiegelung der Fläche vermieden, ohne dass das Pflaster eintönig wirkt. Außerdem gibt es viele Sonderformen und auch passende Palisaden zum Abstützen von Böschungen.

Beispiele

Hier verschönern Ornamente aus Intarsiensteinen eine Garagenzufahrt. Versickerungsfähiges Pflaster in der Kombination mit Intarsiensteinen (links).

Verlegemuster

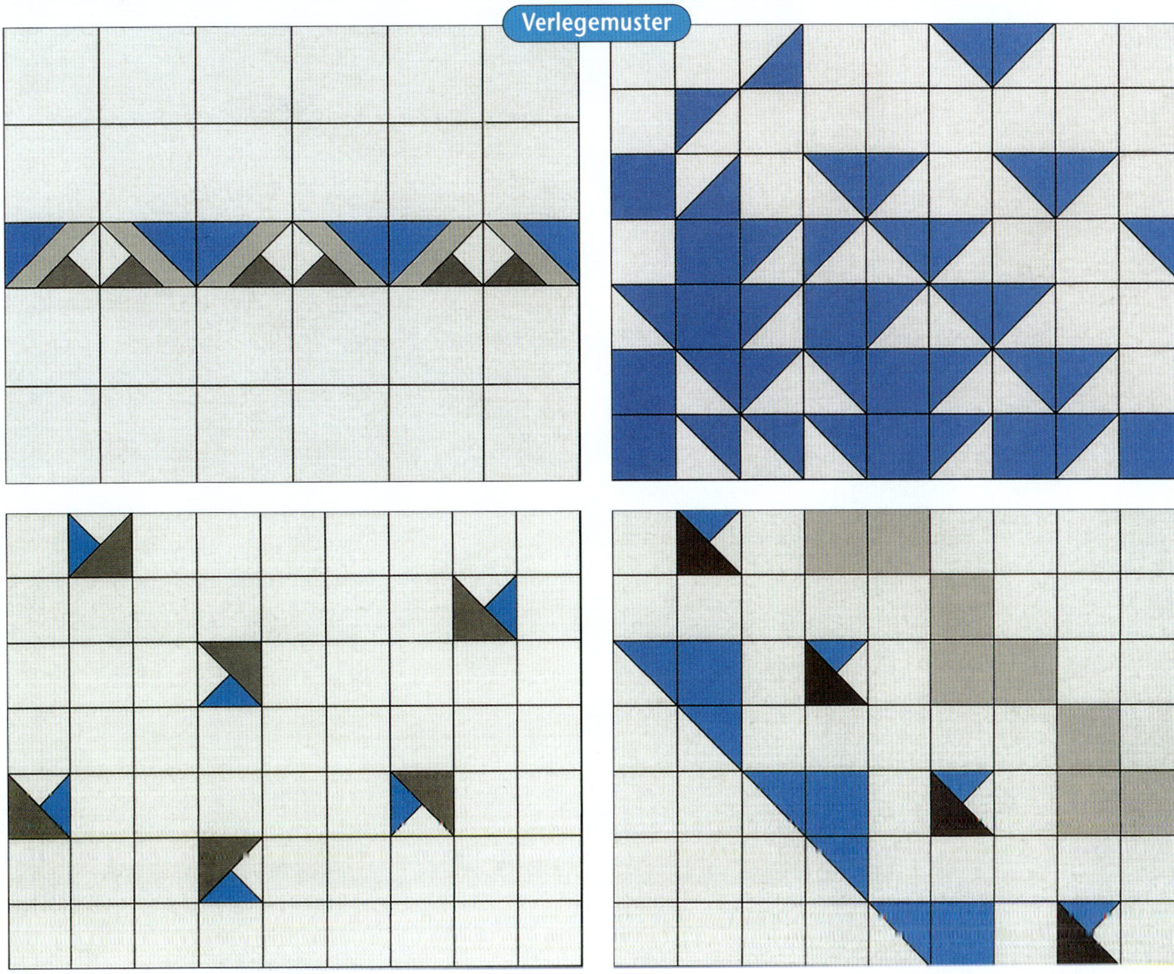

Wer sich für Pflastersteine aus einem breit gefächerten System entscheidet, findet für jede Anwendung das richtige Material – von der großformatigen Platte bis hin zur Palisade, mit der man Böschungen abstützen kann

Pflastern rund um eine Baumscheibe im Zentrum des Hofes

Die Natur sollte bei der Gestaltung von Außenanlagen immer im Vordergrund stehen. Auf einer größeren Hoffläche beispielsweise bietet es sich an, ins Zentrum einen schönen Baum zu pflanzen, der später Schatten spendet. Wird die Fläche dann gepflastert, rahmt man die Baumscheibe mit einem Pflasterkreis ein.

Die hier gezeigten Arbeitsfotos setzen ein, nachdem bereits die erste Hälfte des Hofes gepflastert ist. Auf einen verdichteten Unterbau aus Recycling-Material ist eine Splittschicht als Bettung der Pflastersteine aufgebracht und abgezogen worden. Die aus einem Betonpflaster-Programm gewählten Steine sind 30 x 30 cm bzw. 15 x 15 cm groß. Durch die Kombination der verschiedenen Steingrößen ergibt sich ein lebhaftes Verlegemuster.

Tipp

Gerade fürs Pflastern von Kreisen sind Verlegepläne, bei denen Steingrößen und -mengen angegeben werden sehr hilfreich. Viele Hersteller bieten solche Anleitungen in ihren Verlegerichtlinien.

Kreise pflastern

Die Baumscheibe soll durch drei Kreise aus 15 cm breiten Kreissteinen eingerahmt werden. Sobald man die Außenkante dieses Rings beim Auslegen des Flächenpflasters erreicht, wird zuerst der Kreis gepflastert, ehe man rundherum in der Fläche weiterarbeitet.

Der innere Ring des Pflasterkreises muss im Mörtelbett verlegt werden, um so einen festen Randabschluss zu erreichen. Dazu schlägt man mithilfe einer Schnur einen Kreis im vorgesehenen Radius. Der Hersteller bietet in seinen technischen Unterlagen Zeichnungen für die Kreisverlegung, bei denen verschiedene Radien mit dem exakt erforderlichen Steinbedarf dargestellt sind. Für die drei kleinsten möglichen Kreise werden bei diesem Programm nur kleine bzw. große Kreissteine verwendet. Bei größeren Radien wechselt man dann zwischen großen Kreissteinen und Normalsteinen vom Format 15 x 15 cm. Ab einem Kreisradius von 84,5 cm kann man nur noch mit Normalsteinen arbeiten.

Beim hier gezeigten Verlegebeispiel besitzt der innere Kreis an der Baumscheibe einen Radius von 61,5 cm, der dritte äußere Kreis hat dann einen Radius von 84,5 cm.

Mithilfe von Wasserwaage und einem langen Richtscheit wird die Höhe der Pflasterfläche auf den Kreis übertragen. Wenn die Kreissteine liegen, wird rundherum weitergepflastert.

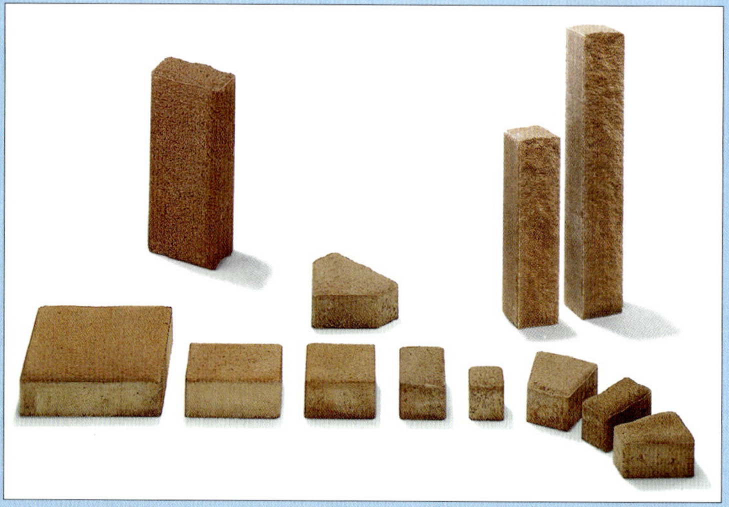

Neben Normalsteinen und Kreissteinen gibt es Diagonalsteine, so genannte Bischofsmützen, und verschieden hohe Palisaden

Die Verlegeschritte

1 Zuerst wird der Radius des inneren Kreises im Splitt angerissen. Man arbeitet dabei mit einer Schnur und einem Holz. Der Baum ist der Kreismittelpunkt

2 Zur Markierung der Höhe spannt man eine Schnur über die seitlich bereits gepflasterte Fläche. Von dort kann man dann das Höhenmaß leicht übernehmen

3 Nun kratzt man den Splitt im Bereich des inneren Rings bis auf die Tragschicht weg. Hier muss eine stabile Verlegung der Randsteine im Mörtelbett erfolgen

4 Dann wird erdfeucht angemischter Mörtel als Bettung der Steine aufgetragen. Man verteilt das Material erst mit der Schaufel und glättet dann mit der Kelle

5 Der erste Kreisstein wird mit einem inneren Radius von genau 61,5 cm ins Mörtelbett gesetzt. Die Maße wurden einem Verlegeplan entnommen

6 Bei jedem weiteren Kreisstein legt man die markierte Schnur an, um den gewünschten Radius beizubehalten. Das ist mühsam, sorgt aber für Präzision

7 Mithilfe der Wasserwaage lässt sich die Höhe der Kreissteine kontrollieren. Man überträgt die Höhe vom angrenzenden Belag der Hoffläche

8 Falls erforderlich, werden die Steine dann mit dem Gummihammer tiefer ins Mörtelbett geklopft, bis sie alle ganz genau auf gleicher Höhe liegen

9 Kontrolle der Steinhöhe durch Auflegen eines langen Richtscheits. So sorgen Sie dafür, dass Steinring und Flächenpflaster auf einer Höhe liegen

10 Ein Kantholz dient als Unterlage, wenn die Steine nachgeklopft werden müssen. Sie können nur so lange nachkorrigieren, wie der Mörtel noch frisch ist

11 Der innere Ring erhält eine Rückenstütze aus Mörtel, die man später durch aufgefüllten Mutterboden abdeckt. Hier wird bereits der zweite Steinring geschlossen

12 Nachdem auch der dritte Kreis gelegt ist, geht das Pflastern der Fläche mit ganzen Steinen weiter. Zuletzt schließt man die verbleibenden Lücken mit Passsteinen

Holzroste für die Terrassensanierung

Ist Ihnen das Erneuern einer Pflasterung zu aufwändig, können Sie auch mit Holzrosten arbeiten

Tipp

Holzroste werden wie alle im Freien verbauten Hölzer mit der Zeit grau. Die Haltbarkeit des Materials wird dadurch aber nicht beeinträchtigt. Nur wenn Sie Wert auf dauerhaft schöne Holztöne legen, müssen Sie die Roste immer wieder neu lasieren.

Vorgefertigte Holzroste zur Terrassengestaltung

Ältere Terrassen aus unansehnlich gewordenen Steinen oder Waschbetonplatten können Sie mit fertig gekauften Holzrosten im Nu sanieren. Jedes einzelne der rechts oben gezeigten Elemente beinhaltet alle zur Montage erforderlichen Komponenten. Eine Unterkonstruktion aus Lagerhölzern – wie bei klassischen Holzterrassen – ist nicht erforderlich.

Jedes Rost im Format 90 x 90 cm besteht aus sechs Brettern, die auf der Unterseite durch drei Querriegel verbunden sind. Insgesamt fünf höhenverstellbare Nivellierfüße erlauben das genaue Ausrichten jedes Elements. Sonderteile muss man sich selbst zuschneiden. Die Roste gibt es in Douglasie oder Bangkirai. Die Nivellierfüße muss man nur in die dafür vorbereiteten Bohrungen der Roste stecken und je nach Untergrund entsprechend einstellen.

Roste aus Thermoholz zum Renovieren von Balkon oder Terrasse
Wie das System mit den Nivellierfüßen sind auch die in den Bildern darunter präsentierten Holzroste ideal zum Renovieren. Bei ebenen Untergründen braucht man keine Lagerhölzer. Die 102 x 102 cm oder 102 x 203 cm großen Teile bestehen aus so genanntem Thermoholz, das durch eine Spezialbehandlung witterungsunempfindlich gemacht wurde. Den Randabschluss der Verlegefläche bilden Traversen von 28 cm Breite, die mit Gehrungsschnitten für die Außenecken oder als gerade Verlängerungsstücke geliefert werden. Die Roste lassen sich individuell kürzen. Zur Montage werden sie mit den Traversen wie auch untereinander verschraubt.

Variable Holzroste für den mobilen Einsatz im Garten
Als preiswerte Lösung für variable Einsätze bieten sich die ganz unten gezeigten Holzroste aus kesseldruckimprägnierter Kiefer an. Die Elemente sind 50 x 50 cm bzw. 75 x 150 cm groß. Die Bretter der Deckfläche sind von unten mit Querbrettern verschraubt und vernagelt. Aus acht großen Elementen lässt sich eine Fläche von 300 x 300 cm herstellen, beispielsweise als Boden eines Pavillons, der nur für die Sommermonate aufgestellt wird. Im Herbst baut man den Pavillon ab, schraubt die Roste wieder auseinander und verstaut alles witterungsgeschützt.

Problemlos nivellieren

1 Die Nivellierfüße werden in die vorgesehenen Bohrungen eingeschlagen. Man legt die Elemente im Schachbrettmuster aus und verschraubt sie miteinander

2 Die Nivellierfüße lassen sich dann von oben mit einem Inbusschlüssel einstellen. So können Sie den Holzbelag problemlos einer unebenen Terrasse anpassen

3 Für einen sauberen Abschluss der Außenkante sorgen stumpf angeschraubte Bodenbretter, die es passend zu den Rosten zu kaufen gibt

Für ebene Untergründe

1 Als äußerer Rahmen der Verlegefläche dienen Traversen, die miteinander verschraubt werden. Hier ist der Rahmen aus Thermoholz bereits vorbereitet

2 Nun werden die Holzroste eingelegt und mit den Traversen verbunden. Die Schraublöcher am besten erst vorbohren und dann verzinkte Schrauben eindrehen

3 Weitere Elemente einfügen. Etwaige Sondermaße müssen individuell zugeschnitten werden. Im Nu ist der alte Steinbelag der Terrasse ganz überdeckt

Schnell verschraubt

1 Der Boden des Pavillons ist aus acht rechteckigen Elementen zusammengesetzt. Sie sind schnell miteinander verschraubt und auch wieder gelöst

2 Die kleineren quadratischen Elemente im Schachbrettverband. Wenn Sie die Roste im Winter trocken lagern, halten die Elemente viele Jahre lang

Neue Zäune und Sichtschutzelemente setzen

Für die Einfriedung des Grundstücks und als Sichtschutz im Garten sind montagefertige Holzsysteme aus imprägniertem Material ideal

Montageschritte

1 Messen Sie vor Ort die Länge der gewünschten Zaunfelder ab

2 Betonieren Sie dann die Pfosten ein – am besten mit stabilen H-Ankern

3 Distanzstücke sorgen für gleichmäßige Abstände der Bretter zueinander

Fundamente nutzen

Wo ein Betonfundament vorhanden ist, wählen Sie solche angedübelten Schraubanker zur Pfostenmontage.

Montage einer Zaunanlage aus dem Baukasten

Wenn Sie Zaunelemente aus einem Baukastensystem verwenden, ist die Montage im Nu erledigt. Anhand der örtlichen Gegebenheiten werden die Längen der Zaunfelder berechnet und die erforderlichen Pfosten, Querriegel und Zaunprofile bestellt. Zuerst setzen Sie die Pfosten. Einbetonieren mit H-Ankern bringt die höchste Stabilität. Dann schrauben Sie die Querriegel an. Anhand einer Richtschnur befestigen Sie im nächsten Schritt die einzelnen Zaunprofile. Ein zwischengelegtes Distanzstück sorgt für gleich bleibende Fugenbreite. Arbeiten Sie nur mit rostfreien Edelstahlschrauben.

Naumann & Göbel Verlagsgesellschaft mbH
Gesamtherstellung: Naumann & Göbel Verlagsgesellschaft mbH, Köln
Zeichnungen: Malcolm Powell, Köln
Layout: Wolfgang Rattay, Köln

ISBN 10: 3-625-11283-3
ISBN 13: 978-3-625-11283-9

www.naumann-goebel.de